KB121681

윤리적 AI로봇
프로젝트

Ethical AIRobot Project

변순용 편

어문학사

윤리적 AI로봇
프로젝트

Ethical AIRobot Project

변순용 편

서문

이 책은 최근에 급격한 변화를 보여주면서 우리의 삶에 다가오고 있는 인공지능 로봇이 제기하는 윤리적인 이슈들에 대한 그동안의 연구 성과들을 모아 놓은 것이다. 이 책에서 제시하고 있는 AI로봇의 윤리와 AI로봇에 대한 윤리, 윤리적 AI로봇을 위한 윤리 모듈과 모럴튜링테스트, 자율주행자동차와 메디컬케어 로봇 등이 가지고 있는 윤리적인 문제들에 대한 다양한 연구 성과들을 통해 앞으로 이 책이 이러한 윤리적인 문제들을 고려하는데 중요한 기초가 될 수 있을 것이다. 우선 이 책의 1부에서 다루는 AI로봇의 윤리는 AI로봇의 인식, 결정, 실행의 기준과 관련되어서 초기에는 아시모프류의 윤리 원칙의 형태로 제시되다가 최근에는 AI로봇에 대한 윤리, 즉 AI로봇의 설계나 제작, 혹은 사용을 위한 윤리적 가이드라인의 형태로 제시되는 경향이 나타나고 있다. 2부는 AI로봇을 위한 윤리 모듈을 개발하기 위해서 AI로봇의 도덕성의 유형을 구분하고, 하향식 모델인 공리주의 모델과 의무론 모델을 융합시키고, 이를 다시 상향식 모델과 결합시키는 윤리 모듈 개발의 기초를 다룰 것이다. 또한 앞으로 제기될 가능성이 짙은 윤리 인증제를 대비하기 위해 모럴튜링테스트를 위한 작업을 소개할 것이다. 그리고 끝으로 3부에서는 자율주행자동차, 수술로봇, 의료용 케어로봇 등과 관련된 다양한 실천적인 이슈들이 다뤄질 것이다.

그동안 로봇윤리를 연구하면서 인간과 로봇의 차이를 강조하려는 시도와 그리고 이와 반대로 인간과 로봇의 유사점을 찾아내려는 시도들이 있어 왔다. 알파고의 상징적 등장으로 인해 앞으로 사라지게 될 직업군과 각광받을 직업군에 대한 예측이 제시되면서 인공지능 로봇시대로 우리의 불안한 심정이 드러나고, 자율주행자동차의 운행 소식으로 인해 새로운 변화에 대한 호기심이 나타나면서도 자동차의 자율운전모드로 운행 중에 일어난 교통사고로 인해 생기는 자율주행자동차기술에 대한 불신이 교차하고 있다.

최근 IEEE에서는 인공지능이나 로봇이라는 용어 대신에 자율적/지능적 시스템(autonomous/intelligent system, A/I S)이라는 표현을 채택하고 있는데, 이러한 정의는 매우 포괄적이어서 하위 범주로 다시 세분화될 수밖에 없을 것이다. AI로봇윤리는 AI로봇의 인공성(Artificiality), 즉 인간의 설계와 제작에 의해 생성되고 속성이 결정된 산물이라는 것과 그럼에도 불구하고 AI로봇이 현상적으로는 행위주체성 내지 자율성(agency or autonomy)을 가지고 있는 것처럼 보인다는 이중성의 인식에서부터 시작된다. 자동성과 자율성을 하나의 스펙트럼에서 양 극단이라고 할 수 있다면, 예를 들어 커피 자판기나 캔 음료 벤딩 머신처럼 가장 간단한 수준의 자동성과 인간의 매우 복잡해 보이는 자율성은 분명히 구분이 될 것이다. 그러나 자율적인 인간이 차량 운전 상황에서 판단하는 사고의 구조를 분석하고 이것을 형식화하여 판단을 내릴 수 있는 사고 모듈을 개발하여 자율주행자동차에 탑재한다면, 이러한 자율주행자동차를 자율성이 아니라 자동성이라고 판단하기가 애매해질 수 있다. 더군다나 이러한 자율주행자동차의 자동차 소유주의 운전 습관이나 선택의 성향에 대한 정보를 학습을 통해 저장할 수 있어서 이를 차량의 운행에 대한 결정에 반영한다면 이러한 자율주행자동차를 단순한 자동화의 수준이라고 보기가 점점 힘들어질 것이다.

자동성과 자율성을 동일한 스펙트럼의 연속선상에서 이해하는 것이 적절한지에 대한 물음보다 중요한 것은 AI로봇 기술의 경우 단순한 자동화에서 복잡한 자동화의 과정을 거치면서 자율성의 외양을 갖춰나가고 있다는 것이다. 인간이 허용한 범위 내에서 복잡한 메커니즘을 거쳐 주어진 환경을 인식하고, 대안을 사유하면서, 최선의 결정을 수행할 수 있는 인공지능 로봇의 경우에 '제한된' 내지 '위임된' 자율성을 가지고 있다고 할 수 있다. '도덕적' 행위자인지는 모르겠지만, 적어도 '행위자'임에는 분명하고, 이 행위자의 행위가 다른 행위자에게 도덕적 영향을 미친다면 이 행위자는 도덕적으로 '의미 있는' 행위자로 간주될 수 있을 것이다. 이렇게 AI로봇에게 행위자의 자격(person as agent)을 부여한다면, AI로봇은 어떤 권리를 부여받을 수 있을까하는 문제와 행위와 관련된 책임을 어떻게 부담할 수 있을까하는 문제로 연결된다.

AI로봇의 도덕적 권리의 문제는 두 가지, 즉 AI로봇이 도덕적 권리의 소유자인지의 여부와 AI로봇이 도덕적 고려 대상에 포함되는지의 여부로 나누어, 도덕적 행위능력(자율성)과 도덕과 관련된 이해 관심이라는 주제로 논의해볼 수 있다. 여기서 도덕적 행위능력을 '도덕적 행위' 능력과 도덕적 '행위능력'으로 구분해 볼 수 있다. 전자는 행위자(agent)가 도덕적 사고를 통해 수행하기로 결정한 '도덕적 행위'를 실행하는 능력이라면, 후자는 행위능력 즉 행위를 유발시킬 수 있는 능력을 강조하면서, 이 행위가 만약 경제와 관련된다면 경제적 '행위능력'이라고 부르는 것처럼, 도덕과 관련된다면 도덕적 '행위능력'이라고 할 수 있겠다. 이렇게 볼 때 AI로봇의 행위능력은 현재로서는 후자로 보일 가능성이 높다. 보다 긍정적으로 본다면 AI로봇이 약인공지능에서 강인공지능으로 개발, 변화되어가면서 도덕적 '행위능력'자에서 '도덕적 행위'능력자로 AI로봇이 변할 수 있다고 볼 수도 있을 것이다.

이 책에 실린 글들의 출처에 대한 정보는 아래와 같으며, 이 글들을 수정 보완하여 이 책의 내용을 구성하였다.

【1부】 ─────────

1장 변순용·송선영,「로봇윤리의 이론적 기초를 위한 근본과제」,『윤리연구』, 88호

2장 변순용·신현우·정진규·김형주,「로봇윤리 헌장의 필요성과 내용에 대한 연구」,『윤리연구』, 112호

3장 변순용,「인공지능 로봇을 위한 윤리적 가이드라인 연구」,『윤리교육연구』, 47집

4장 송선영,「인공지능 로봇과 인간」,『영어권문화연구소』, 10권 3호

【2부】 ─────────

5장 변순용·최현철·신현주,「인공적 도덕 행위자(AMA) 개발을 위한 윤리적 원칙 개발 - 하향식접근을 중심으로」,『윤리연구』, 111호

6장 변순용·이인재·김은수·김지원,「10세 아동 수준의 도덕적 인공지

17장 임상수, 「소비자의 관점에서 본 AI로봇의 윤리문제」, 『윤리연구』, 117호

끝으로 이 글들을 모아 엮어서 출판할 수 있게 해주신 어문학사 윤석전 사장님과 편집자들께도 깊이 감사를 드리며, 앞으로도 이 분야에 관한 더 많은 연구들에 이 책의 내용이 조금이라도 도움이 되길 바란다.

2018년 10월의 마지막 밤에

사향골에서

〔목 차〕

1부

AI로봇의 윤리와 AI로봇에 대한 윤리

2부

윤리적 AI로봇을 위한 시도

• 제1장 •
로봇윤리의 이론적 기초

변순용·송선영

I. 서론

과학기술의 발달에 따라 우리 삶에 기계 활용의 폭은 점차 확대되고 있다. 산업사회에서 주로 기계 활용의 목적은 인간의 고된 노동을 대체하고, 대량생산을 가능하게 하는 방향에서 전개되었다. 그리고 컴퓨터의 개발과 활용은 시간과 공간의 물리적 제약을 넘어 무제한적인 네트워크망의 정보 사회로 접어든 결정적인 계기가 되었다. 이와 함께 미래 사회가 바로 로봇산업에 달려 있다는 전망이 설득력을 얻고 있다. 예를 들면, 2007년 빌 게이츠 (Bill Gates)는 과거 30년 전에 컴퓨터 산업이 전개했던 것과 동일한 방식으로 로봇산업이 전개될 것으로 예측하면서, 오늘날 컴퓨터 기반의 유비쿼터스 시대가 로봇 중심의 사회로 재편될 것으로 보았다.[1] 그런데 이러한 전망이 그리 먼 미래의 이야기는 아니다. 현재 우리는 일상생활에서 이미 상용화된 로봇 청소기, 유아 교육용 로봇을 사용하고 있고, 미국과 이스라엘 등의 국가는 이미 무인 전투기를 이라크, 아프가니스탄, 파키스탄 등에서 실전으로 배치하여 활용하고 있다. 로봇산업의 발달 전망에 따르면, 현재 우리는 개별적인 컴퓨터 사용의 시대처럼 로봇을 활용하는 2세대에 이미 접해 있고, 지능형 로봇(intelligent robots)으로 발달하는 3세대 수준으로 나아가고 있다.[2]

이와 더불어 로봇윤리 연구 분야는 로봇산업을 주도하고 있는 미국, 유럽, 일본 등지에서 이미 활발히 탐구되고 있다. 그러나 여기에는 여전히 고려해야 할 문제들이 있다. 우선, 학문적으로는 로봇윤리가 응용윤리학에 속하는 기술윤리와 같은 부분으로 간주될 수 있는지의 문제이다. 로봇의 윤리인지, 인간의 윤리인지 자체가 문제가 될 수 있기 때문이다. 그리고 대체로 이 분야에서는 로봇공학자들의 관심이 반영되기 때문에, 윤리학 전반에 걸친 문제가 탐구되기보다는 특정 로봇산업의 전개에 따른 사회적 문제들, 예컨대 무인 전투기의 오폭에 따른 무고한 시민 회생 등과 같은 문제들만 주목을 받는 것도 문제가 있다. 따라서 로봇윤리라는 새로운 연구 분야를 도입하고 논의하는 단계부터 일정한 논란의 여지를 안고 있다고 할 수 있다.

이를 토대로 이 장에서 탐구하고자 하는 내용은 다음과 같다. 첫째, 로

---

1 Patrick Lin, "1. Introduction to Robot Ethics", Patrick Lin, Keith Abney, and George A. Bekey (eds.), Robot Ethics: The Ethical and Social Implications of Robotics (Massachusetts: The MIT Press, 2012), p.3.

2 로봇산업 발달은 로봇 자동화 공정시스템(1세대)에서 개인용 생활 로봇 또는 R&D 로봇(2세대)을 지나 2030년 이내에 일상에서도 지능을 갖춘 휴머노이드 로봇(3세대)을 활용하는 것이 가능할 정도로 전망된다. 제어로봇시스템학회, 『로봇윤리 헌장 제정을 위한 로봇기술 발전 시나리오 연구』(한국로봇산업진흥원, 2010), p.17.

봇윤리 개념에 관한 문제를 검토하고자 한다. 여기서는 주로 로봇을 보는 관점에 따라 전개되는 로봇윤리의 연구 방향과 개념이 어떻게 전개되는가를 살펴보고자 한다. 둘째, 로봇윤리에 관한 논의들이 로봇이 활용되는 분야들에 따라 유사한 쟁점이라도 전혀 다른 결론들이 도출될 가능성이 크거나 동시에 동일한 가치가 전혀 상반된 주장들의 근거로 활용될 수도 있다는 점을 특히 무인 전투기와 같은 군사 로봇 분야에 주목하여 살펴보고자 한다. 이는 윤리 이론의 적용이 일관되게 이뤄지지 않고, 오히려 산업 분야별 의도에 따라 변형되고 있음을 보여주는 대표적인 사례라고 할 수 있다. 마지막으로 로봇윤리가 적절한 응용윤리의 이론적 기초를 형성하기 위해 우선적으로 검토해야 할 과제들은 살펴볼 것이다.

II. 로봇에 관한 견해에 따른 로봇윤리 개념의 문제

로봇이 무엇인가? 로봇을 어떻게 규정할 것인가? 이에 대답하는 것은 그리 간단하지 않다. 왜냐하면 로봇의 발생부터 현재까지 로봇 기술은 계속 진보해 왔고, 미래에도 더 진보할 것이 분명하기 때문이다. 그리고 기술과 상관없이 문학적 상상력에서도 로봇은 어떤 식으로든 한 가지 특정한 모습을 갖추고 있지 않기 때문이다. 로봇은 기원전 12세기 호머(Homer)의 일리어드(Iliad) 작품에서 보이는 헤파에투스(Hephaestus)가 고안한 지능형 로봇, "황금 시종(golden servant)"에서부터 오늘날 군사용 로봇, 공상영화의 터미네이터, 아이로봇 등에 이르기까지 다양한 모습들을 갖추고 있다.[3] 인간의 노동의 의미를 포괄적으로 해석한다면, 로봇은 인간의 힘들고 어려운 노동을 대신한다는 아이디어가 공통적으로 나타난다. 이런 점에서 로봇이 어떤 노동을 대신할 것인지에 따라 로봇의 규정이 서로 다르게 정의될 수 있다. 이에 따라 로봇윤리는 개념 자체에서 논란이 있을 수밖에 없다. 로봇 개념에 따른 서로 다른 영역들이 있기 때문에, 이들을 먼저 검토한 후 로봇윤리 개념과 연구 경향을 살펴볼 필요가 있다.

로봇을 바라보는 다양한 시각들은 실제 로봇공학을 전공하는 연구자들에게서도 나타난다. 이들이 바라보는 로봇에 관한 시각들은 대체로 다음과 같다. 첫째, 로봇은 단지 기계(machine)에 불과하다는 입장이다. 비록 오늘날 로봇이 정교하고 유용한 기계들이지만, 로봇은 어떤 위계적 특징이나 의식, 자유 의지를 갖지는 못하는, 말 그대로 기계에 불과할 뿐이라는 입장이다. 둘째, 로봇은 윤리적 차원을 갖는다는 입장이다. 이는 로봇의 발생부터가 윤리적 차원을 내재한다는 것이다. 인간이 직접 설계한 로봇은 동물과는 다른 방식들에서 표출된 결과물이기 때문에, 다양한 인간의 의지들을 구현할 수 있다. 셋째, 도덕적 행위자(moral agents)로서 로봇을 바라보는 시각이다. 이 견해는 로봇을 선한 또는 악한 행동을 할 수 있는 개체들로 간주하는데, 로봇이 반드시 자유의지, 정신상태 또는 책임을 드러낼 필요가 없다는 것이다. 넷째, 로봇은 새로운 종의 진화로 간주되기도 한다. 이 견해는 미래의 로봇을 예측할 때 자주 등장하는데, 미래 로봇은 자율성과 의식, 나아가 도덕과 지능의 차원을 전개할 것이라고 바라본다.[4]

---

3 Patrick Lin(2012), 앞의 책, pp.3-4.
4 Gianmarco Veruggio, Fiorella Operto, "Robotics: a Bottom-up Interdisciplinary

이처럼 로봇 개념 규정에서의 차이는 로봇윤리 연구 방향에도 각각 크게 차이가 나타날 수 있다. 첫 번째 입장에서 출발한다면, 로봇윤리의 연구 방향은 주로 유용한 기계들을 누가 어떻게 활용할 것인가라는 문제들을 다루는 기존의 기술윤리 또는 공학윤리의 주제들과 별 차이가 없을 것이다. 두 번째 입장과 세 번째 입장은 매우 유사하게 보이지만, 로봇윤리 연구 방향 설정에서는 큰 차이가 나타날 수 있다. 전자는 로봇의 내재적 가치에 초점을 두고, 후자는 로봇의 행위 자체에 관심을 갖기 때문이다. 이에 따라 전자의 방향에서는 로봇윤리는 주로 로봇의 존재론적 근거, 실존적 의미, 인간과 로봇의 상호 소통에 관한 내재적 의미와 관련된 분야들이 언급될 수 있는 반면, 후자의 방향에서 로봇윤리는 로봇이 수행하는 행위 자체(임무)의 옳고 그름에 관한 도덕적 판단 및 평가에 관한 내용들이 주요 관심사가 된다. 마지막으로 네 번째 입장은 앞의 세 가지들과 전혀 다른 로봇윤리를 만든다. 로봇은 인간과 전혀 별개의 새로운 진화의 종이기 때문이다. 이 마지막 입장을 제외하면, 앞의 세 가지 규정들은 모두 로봇을 인간의 하위범주(인간의 수단 또는 인간이 만들었지만 인간과 유사한 존재)에서 언급하고 있다.

이와 같은 로봇윤리 연구 방향의 차이는 윤리적 영역의 수준이 서로 다르게 나타나는 주요 원인이다. 첫 번째와 세 번째의 연구 방향에서 각각 로봇은 수단으로 간주되거나 도덕적 행위자로서 행위 수행에 초점을 맞추고 있기 때문에, 주로 규범적 차원의 문제들로 국한되기 쉽다. 두 번째의 연구 방향에서는 로봇의 내재적 본질과 관련이 있기 때문에 관련 문제들은 주로 기술적 차원으로 서술되기 쉽다. 네 번째의 연구 방향에서는 향후 미래에

Discourse in the Field of Applied Ethics in Robotics", International Review of Information Ethics, Vol. 6, Ethics in Robotics (12/2006), p.4a.

로봇 스스로가 자신들에 관한 다양하고 새로운 윤리적 영역들을 개발할 것으로 전망하게 될 것이다.

이러한 윤리적 접근 영역의 차이는 윤리적 주체와 객체의 설정 문제를 발생시킬 수 있다. 앞의 네 가지 연구 경향들에서 윤리적 주체를 인간으로 확실하게 설정한 것은 로봇을 수단으로 간주하는 첫 번째 경향에서만 보인다. 두 번째와 세 번째는 경우에 따라 로봇이 윤리적 주체의 지위를 완전하지는 않지만 일정한 범위에서 가질 수 있고, 동시에 객체가 될 수도 있다. 마지막 네 번째의 경우에서는 윤리적 주체는 확실히 인간이 아닌 로봇이다.

일관되지 못한 로봇 규정에 따라 서로 다른 로봇윤리 연구 방향의 모습들에 대해서 즉각적인 반론이 제기될 수 있는 근본적인 윤리적 쟁점이 드러난다. 바로 로봇이 일정한 한계를 갖는다는 제약이 있다고 하더라도, 과연 윤리적 지위를 가질 수 있는지에 관한 문제이다. 예컨대, 휴머노이드 로봇(humanoid robots)이 동물과는 다른 방식으로 생산된 인간 의지의 기획물이고, 그래서 인류애(humanity)를 실현하는 태생적 가치를 가질 수 있다고 하더라도, 또는 로봇의 의지와는 상관없이 로봇 임무 수행 자체가 옳고 그른 행동의 범주에 있다고 하더라도,[5] 로봇이 인간과 유사한 윤리적 지위를 갖는다고 규정할 것인지는 로봇윤리의 본질적 문제에 속한다고 할 수 있다. 동시에 이는 윤리학과 로봇공학이 상호 접할 수 있는 접점이 되거나 아니면 결코 걷어낼 수 없는 장막이 될 수도 있다.

그렇다면, 우리는 로봇윤리를 어떻게 규정해야 하는가? 로봇이 새로운 형태의 진화의 종으로 간주되는 입장을 제외한다면, 로봇은 결국 인간에 의해 발생된 인간의 문제들에 속한다. 여기에는 로봇을 만드는 설계자, 제작자, 관리

---

5 Gianmarco Veruggio, Fiorella Operto(2006), 앞의 책, p.4a.

자, 사용자 모두가 포괄적으로 관련되어 있다. 나아가 치료용 목적으로 개발된 분야들이 로봇과 인간 간의 경계를 무너뜨리는 경우가 빈번하게 발생하고 있다.[6] 사이보그 및 교육용/심리치료용 로봇 개발[7] 등은 인간과 로봇이 상호 교감하거나 상호 작용하고 있음을 보여주는 사례라고 할 수 있다. 이런 점에서 볼 때, 적어도 로봇윤리에는 로봇공학의 급격한 발전에 따라 변화되는 삶의 양상도 함께 고려되어야 한다. 즉, 로봇공학의 기술이 얼마나 비약적으로 발전할 것인지를 정확히 알 수 없다고 하더라도, 그 기술이 인간 삶에 적용이 될 때 나타날 수 있는 윤리적 문제들도 미리 예측을 해야 하는 경우도 포함된다. 그러므로 서로 다른 로봇에 대한 견해를 고려하면서 로봇윤리 개념에 접근할 때에는 새로운 종으로서 로봇을 제외한 나머지 견해들, 말하자면, 수단으로서 로봇, 윤리적 영역을 갖는 로봇, 임무 수행의 도덕적 행위 특성에 초점을 맞춘 로봇과 인간(설계자, 생산자, 사용자, 관리자)과의 관계들을 포괄적으로 고려해야 할 필요가 있다.[8] 이번 연구에서 로봇윤리 개념

---

6 자신의 다리를 기계 장치로 대신한 Hugh Herr 교수는 단순히 기계의 도움을 받아 장애를 극복하는 것에 그치지 않고, 기계와 인간이 진정 감응할 수 있는 기술을 연구하고 있다. 그는 상대방의 표정이나 음성, 손짓 등을 토대로 사람의 감정을 이해할 수 있는 장치의 시험 모델을 개발했으며, 이를 탑재한 모자를 자폐증 환자에게 착용시키니 실험자의 소통 능력이 한층 나아졌다고 밝혔다. 그리고 현재는 이를 발전시켜 기계와 인간이 서로 대화를 하는 실험이 진행되고 있다고 한다. [2012 KESI 한국에 온 '진짜 사이보그' 교수님, 동아일보(2012. 10. 11), 검색일: 2012년 10월 12일. http://it.donga.com/coverage/11391/

7 이미 유럽에서는 자폐증 아동을 치료할 목적으로 아동과 의사소통이 가능한 로봇을 개발하고 있고(Barbra Becker, "Social Robots-Emotional Agents: Some Remarks on Naturalizing Man-Machine Interaction", IRIE, Vol. 6(12/2006), p.39a), 아동 놀이용 로봇 및 교육용 로봇(예를 들면, KT의 KIBO)이 이미 한국에서도 상용화되어 있다.

8 로봇윤리로 번역할 수 있는 용어에는 'robot ethics' 또는 'roboethics'가 있다. 처음에는 전자가 주로 쓰이다가 로봇윤리 분야의 연구들이 제기되면서 후자의 용어가 보다 빈번하게 사용되고 있다. 일반적으로 로봇윤리분야에서 로봇윤리 개념은 크게 세 가지 연구 동향들에서 상이하게 규정되고 있다. 첫째, 로봇의 실제에 적용에서 발생하는 윤리적 쟁점

1부 AI로봇의 윤리와 AI로봇에 대한 윤리

은 첫 번째의 동향에서 나타나는 개념을 따른다. 이와 동시에 두 번째 경우에서도 발생하는 도덕적 규약의 문제도 포함되어야 한다고 본다. 왜냐하면 로봇에 도덕적 규약을 입력하는 주체는 바로 인간이기 때문이다. 하지만 세 번째 동향은 다소 복잡하다. 로봇을 '완전한' 도덕적 행위자, 개별적인 의식과 책임의 '주체'로 간주하는데 어떤 제약들이나 조건들이 있느냐에 따라 분야별로 논의의 대상이 될 수도 있다. 이번 연구에서는 이 점에 유의하면서 세 번째 연구 동향을 매우 제한적으로 적용할 것이다.

III. 분야별 접근에 따른 로봇윤리의 양면성

이번 연구에서는 로봇윤리 개념을 로봇 제작과 사용이 인간 삶에 미치는 다양한 영향들에 관한 포괄적인 윤리학적 성찰을 전개하는 연구라고 간략히 규정해 본다. 하지만 이러한 연구가 응용윤리학의 한 분야로 일관되게 전개되는데 있어서 가장 큰 걸림돌은 분야별로 윤리적 고려의 적용이 서로 다르게 드러난다는 것이다. 이 원인은 분야별로 이루어지는 로봇윤리 연구가 윤리학적 성찰을 우선적으로 고려하는 것이 아니라, 주로 로봇공학의 기

들에 관한 철학적 연구와 조사 동향이다. 이는 응용윤리의 한 분야로 전개될 수 있다. 둘째, 로봇에 입력된 프로그램에 따라 임무를 수행하는 것, 즉 로봇 자체가 수행해야 하는 도덕적 규약(moral code)에 초점을 맞추는 연구 동향이다. 이 동향에서 로봇은 "그저 명령을 따르는 것"(just following orders)일 뿐, 로봇 자체가 자신에게 입력된 도덕성 프로그램을 인식하는 것이 아니다. 하지만 세 번째 동향에서는 이와는 반대로, 로봇 자체를 완전한 도덕적 행위자로 간주하는데, 로봇이 윤리적 추론을 할 수 있는 능력을 갖출 수 있고, 자신의 행위들에 대한 자의식적 선택과 책임을 개별적으로 가질 수 있다고 본다. Gianmarco Veruggio and Keith Abney, "Roboethics: The Applied Ethics for a New Science", RE-ESIR(2012), pp.347-348.

윤리적 AI로봇 프로젝트

술적 전개에 우선적 가치를 두기 때문이라고 할 수 있다. 여기서는 이런 모습들을 검토해 보고자 한다.

1. 동일한 가치의 적극적 적용과 소극적 적용

분야별 로봇의 생산과 활용이 인간 삶에 미치는 영향에 관한 윤리적 탐구에서 가장 먼저 나타나는 문제가 바로 동일한 가치가 어떻게 적용되느냐에 따라 로봇 생산과 사용에 관하여 전혀 상반된 주장이 나타날 수 있거나 또는 상반된 주장의 동일한 근거로 활용될 수도 있다는 점이다. 이런 문제가 가장 잘 나타나는 분야가 군사용 로봇, 특히 무인 전투기(Unmanned Combat Air Vehicles, UCAVs) 개발[9]과 관련해서 가장 잘 나타난다.

현재 군사용 로봇 개발과 관련해서 전반적으로 나타나는 쟁점 분야들을 다음 도표로 정리할 수 있다.

---

9 현재 무인 전투기는 세계의 50여 개국에서 개발했거나 개발하고 있는 것으로 파악된다. 미국(Predator, Sky Warrior, Hunter, Reaper, UCAS D), 이스라엘(Harpy, Cutlass), 이란(Ababil-T), 영국(Corax), 프랑스(nEuron), 독일(Barracuda), 러시아(Skat) 등의 무인 항공기 및 전투기가 대표적인 사례들이다. 이 무인 시스템이 윤리적 고려의 대상이 되는 이유들은 복합적이다. 이로 인해 20세기 후반에 전개되었던 재래식 군축과는 별개로 잠재적인 적에 대한 기술적 우위의 확보라는 명분에서 새로운 군비 경쟁이 유발되고 있고, 강력한 핵무기를 탑재할 수 있으며, 오히려 테러에 역이용될 수 있기 때문이다. Jürgen Altmann, "Preventive Arms Control for Uninhabited Military Vehicles", Rafael Capurro and Michael Nagenborg (eds.), Ethics and Robotics (이하 ERs로 표기함) (Heidelberg: Akademishce Verlagsgesellschaft AKA, 2009), pp.72-73.

1부 AI로봇의 윤리와 AI로봇에 대한 윤리

〈표 1〉 군사용 로봇의 활용에 따른 주요 논쟁의 양상[10]

범주	쟁점 원인	쟁점 내용
법적 수준	**책임**	누구의 책임인가?
	명령 거부	비인간적인 명령을 거부할 수 있는가?
	안전과 위험	지속적인 위험을 감수하고도 계속 사용해야 하는가?
공정한 전쟁의 수준	**공격 결정**	누구의 책임인가?
	전쟁의 용이함	전쟁 억지력을 강화하는가? 오히려 약화하는가?
	교전 규칙의 준수	교전 규칙을 준수할 수 있는가? 민간인 보호를 위해 군사용 로봇을 포기할 것인가?
기술적 수준	**대상의 색별과 판단**	인간보다 더 정확한 목표 대상을 식별할 수 있는가?
	오류 가능성	기술적으로 완벽한 로봇이 가능할 것인가? (오류 검증 과정에서 발생하는 위험과 피해를 어쩔 수 없이 부담해야 하는가?)
	통제력 상실 가능성	해킹 등으로 인한 통제력 상실이 발생할 수 있지 않는가? (자기 파괴의 기능을 부과해야 하는가?)
	확실한 명령 수행을 위한 안전장치	정당한 명령권자 이외의 부당한 명령을 거부할 수 있는 안전장치를 마련할 수 있는가?
	윤리적 구조 적용의 혼란	어떤 윤리 이론을 프로그램화 시켜야 하는가?
	통합 공격	로봇들을 통합적으로 활용한 공격의 극대화에 따른 오류와 피해의 가능성이 정비례한다.

10　Patrick Lin, George Bekey, and Keith Abney, "Robots in War: Issues of Risk and Ethics", ERs(2009), pp.55-65.

인간과 로봇의 관계 수준	분대 단결의 효과	비인도주의적 행위를 막을 수 있으면서도 동시에 분대원의 단결력을 약화시킨다.
	자기 방어 능력	로봇이 인간을 해치지 않는 범위에서 로봇이 자기방어적이라면, 로봇을 해치는 시도에 대해서 자기방어 능력도 가져야 하는 것이 아닌가?
	신뢰 쌓기	전쟁 수행 과정 및 전쟁 이후 시민들로부터 신뢰를 받을 수 있는가? 로봇만으로 치안 및 질서 유지 확보가 가능한가?
	성 문제 해결	전쟁 중 여성들에 대한 강간, 성적 노예와 같은 만행이 재현되지 않는다.

여기에는 군사용 로봇 활용에 있어서 발생할 수 있는 많은 주요 논쟁들이 제시되고 있다. 이번 연구에서는 이를 활용하는데 있어서 주요 쟁점들에 관한 주요 문제들을 도출하여 도표로 적용하는데 초점을 맞춘다.

이외에도 군사용 로봇과 관련된 문제들은 기술 자체의 결함 또는 오류의 가능성뿐만 아니라 인간의 로봇 사용의 측면에서, 나아가 미래 삶의 전망에서 다양하게 제기될 수 있다. 이는 적어도 군사용 로봇과 관련된 로봇 윤리의 쟁점들이 단순히 규범적 수준에서만 국한될 수 없다는 점을 보여준다. 그럼에도 불구하고, 인간의 로봇 제작 및 사용에 적용되는 윤리적 가치들은 매우 확고한 이론적 적용의 틀 속에서 구현되기가 다소 어려워 보인다. 특히 어떤 특정한 윤리적 가치가 전혀 상반된 주장을 전개하는데 매우 강력한 근거로 활용될 수 있다.

예를 들면, 무인 전투기는 전쟁에서 인도주의적 가치를 실현할 수 있는 유용한 도구로 간주되기도 한다. 전쟁에서 아군과 무고한 민간인 사망자 수를 현격히 줄일 수 있다는 것이다. 하지만 실제로는 무고한 민간인의 수는 무인 전투기의 출격 횟수와 정비례 관계로 증가했다고 본다.[11] 이런 사실에도 불구하고, 무인 전투기 활용 국가들은 인간 조종사가 안락한 의자에 앉아 원격 조종을 통해 무인 전투기를 조종함으로써 적군을 살상하는 것, 아군의 생명 보호뿐만 아니라 무고한 민간인의 생명 보호와 피해를 최소화하는 것이 적어도 전쟁에서 무인 전투기 사용의 인도주의적 조치에 부합하는 것으로 간주한다.[12] 그런데 군사용 로봇 활용에 있어서 윤리적 가치는 그 적용 강도와 수준에 따라 전혀 상반된 주장의 동일한 근거로 활용될 가능성도 있다. 정의로운 전쟁 개전 - 수행 - 전후 관리[13]를 위해 무인 전투기를 지속적으로 개발해야 하는 문제를 검토해 보자.

---

11 비록 정확한 피해 조사 보고는 군사기밀이라는 명분하에 전혀 공개되지 않고 있다. 하지만 2004년에서 2007년까지의 한 조사에 따르면, 이라크에서 연간 미군의 공중 공격의 횟수는 285회에서 1119회로 증가하였고, 아프가니스탄에서는 6495회에서 12,775회로 증가하였다. 이와 동시에 2003년에서 2007년 사이의 무인 전투기(UCAVs)의 비행시간도 세 배로 증가했던 반면, 이 두 나라에서 감시 비행의 횟수는 단지 약간 증가의 수준에 그쳤다. 그러므로 무인 전투기에 의한 공중 공격은 최근에 급격히 증가했다고 한다. 그리고 이른바 '부수적 피해(collateral damages)'의 횟수도 매우 많다. BBC는 아프가니스탄에서 "정부의 승인에 따른 군사력의 의한 시민 사상자가 증가하고 있다. - 올해 들어 지금까지 577명에 이른다. 작년의 같은 기간에서는 477명이었다. 3분의 2이상이 공중 공격에서 비롯된 것이었고, UN은 피해에 관한 독립적인 판단을 요청하고 있다. 그래서 생존자들과 가족들이 보상을 받을 수 있게 되었다." 모든 공중 공격이 무인 전투기(UCAVs)에 의해 수행되는 것은 아니지만, 앞서 언급했던 것처럼, 무인 전투기 공격의 횟수가 증가하고 있고, 시민의 사망 건수도 증가하고 있다. 그래서 이 전개들 사이에 매우 밀접한 인과 관계가 있다고 할 수 있다. Jutta Webber, "Robotics Warfare, Human Rights & the Rhetorics of Ethical Machines", ERs(2009), pp.84-85.

12 Jürgen Altmann(2009), 앞의 책, p.75.

13 여기서는 세 가지 차원으로 전개된 왈쩌(Michael Walzer)의 정의로운 전쟁 이론에 적용해 보고자 한다. 그의 전쟁 이론은 첫째, 유스 아드 벨룸(jus ad bellum), 전쟁을 개전함에 있어서의 정의의 영역이며, 둘째, 유스 인 벨로 (jus in bello), 전쟁 수행 과정 상의 정의의 영역, 그리고 마지막으로 셋째는 유스 포스트 벨룸(jus post bellum), 즉 전쟁 종식 이후의 정의의 영역으로 전개되어 있다. 박찬성, 「정의로운 전쟁, 인도주의적 개입 그리고 보편적 인권 -마이클 왈쩌(Michael Walzer)의 논의를 중심으로」, 『공익과 인권』 제9호(2011), p.88.

'정의'와 '인도주의'를 적극적으로 적용하게 되면, 고성능 무인 전투기 개발 및 활용은 지속되어야 한다. 무인 전투기가 개발되면 될수록, 전쟁 억지력을 강화함으로써 최후의 수단으로서 전쟁이라는 전쟁 개전의 정의에 부합하고, 또는 전쟁이 발발해서 전쟁 수행에서도 무고한 희생을 최소화한다는 점에서 전쟁 수행에서의 정의에 부합하고, 또는 전쟁 종식 이후의 점령지의 질서 및 치안 유지 등 인도주의적 가치 실현에 도움이 된다는 점에서 전쟁 종식 이후의 정의에도 부합하기 때문이다.

이와는 반대로 '정의'와 '인도주의'를 소극적으로 적용하게 되면, 고성능 무인 전투기 개발 및 활용은 중단되어야 한다. 무인 전투기가 사라지면 사라질수록, 최후의 수단으로서 전쟁 가능성을 더욱 약화시키게 함으로써 최후의 수단으로 전쟁이라는 전쟁 개전의 정의에 부합하고, 또는 전쟁이 발발해서 오폭에 따른 무자비하고 무고한 희생자들을 줄임으로써 전쟁 수행에서의 정의에 부합하고, 또는 점령지의 시민들의 자발적인 참여를 통한 질서 및 치안 유지가 전개될 수 있다는 점에서 전쟁 종식 이후의 정의에도 부합하기 때문이다.

이처럼 군사용 로봇은 어떤 윤리적 가치가 로봇 활용을 위해 적용되는 양상에 따라 전혀 상반된 주장이 전개되면서도 동시에 상반된 주장의 동일한 근거로 활용되는 대표적인 분야라고 할 수 있다. 현재 기술 발달 수준을 고려할 때, 군사용 로봇의 발달을 제어할 수 있는 어떤 강력한 국제적인 장치는 거의 없다. 이런 점에서 볼 때, 이와 같은 양면적인 적용 모습은 거의 모든 로봇 활용 분야에 적용될 가능성이 매우 크다고 할 수 있다.

2. 결과의 우월성

로봇 활용에 관한 윤리적 고려의 양상이 양면적인 모습을 갖는 또 다른 이유는 이미 로봇공학의 발달 자체 과정에 이미 내재하고 있다고 할 수 있다. 각 분야별로 로봇의 기술 개발과 실생활의 적용은 인간 생활의 편리성과 효율성의 목적에 따른 것이라고 할 수 있다.

미국은 군사용 로봇 개발에 많은 예산을 지출하고 있고, 2001년부터 단계적으로 무인 군사용 로봇 시스템 구축을 확대하고 있다. 미국 의회는 2010년까지 항공기의 3분 1을 무인화하고, 2015년까지 지상 전투 수단의 3분 1을 무인화하는 것으로 목표로 삼고 있다. 그리고 미국 국방부는 무인 시스템 로드맵 2007-2032(Unmanned Systems Roadmap 2007-2032)에 따라 모든 네트워크 공유를 통해 정보처리가 가능한 무인 시스템을 단계별로 개발하고자 한다.[14] 이처럼 군사 분야에서 무인 시스템의 정착은 초기 개발 비용이 많이 들지만, 다양한 이익들을 가져다준다. 예를 들면, 군이 인간 군인들을 희생하지 않고서도 무인 시스템 및 로봇을 통해 소기의 전투 목적을 달성할 수 있고, 생명의 안전을 극대화할 수 있다는 것이다. 또한 전투 군인들의 반인도주의적 범죄 행위도 예방할 수 있기 때문에, 정치적 비난으로부터도 자유로울 수 있다는 것이다.[15]

교육용 또는 케어(care) 로봇도 이와 비슷한 맥락이다. 현재 일본과 한국에서는 유아용 로봇 분야에서 '유모'의 기능까지도 담당하는 로봇이 경쟁적으로 개발되고 있다. 이 로봇들은 유아용 게임뿐만 아니라, 퀴즈, 음성

---

14 Jutta Webber(2009), 앞의 책, p.85.
15 Jürgen Altmann(2009), 앞의 책, p.79.

인식, 얼굴 인식, 제한적으로 프로그램에서 대화 반응에 이르기까지 단순한 게임에서 교육 및 케어 능력까지도 일부 수행할 수 있다. 그리고 일본에서는 고령화 시대에 노인의 보호 문제를 해결할 수 있는 로봇들도 상품화되어 판매되고 있다. 예를 들면, 세콤(Secom)의 마이 스푼(My Spoon) 로봇, 산요(Sanyo)의 욕조 로봇, 미쓰비시(Mitsubishi)의 와카마루(Wakamaru) 로봇은 각각 먹여 주고, 씻겨 주고, 관찰하며 메시지 전달 및 약 복용을 상기시켜주는 자율적 기능을 수행하고 있다.[16] 이와 같은 케어 로봇은 현재 가격이 비싸게 형성되어 있다고 하더라도, 많은 수요가 있을 것으로 기대된다. 특히 맞벌이를 하면서 자녀를 돌보거나 부모를 돌보는 데 많은 어려움을 겪는 사람들에게 매우 유용할 수 있다.

이런 맥락에서 본다면, 로봇을 활용함에 있어서 우리가 고려해야 할 윤리적 사항들은 그 범위가 다소 한정되어 있다고 할 수 있다. "어떤 로봇을 개발해야 할 것인가?" "인간은 어떤 로봇을 필요로 하는가?"와 같은 질문들은 결국 "어떤 로봇산업이 경제적 이익을 창출하는가?"와 밀접한 관계를 맺고 있다. 이러한 전망에 따라 로봇산업은 몇 가지 주요 분야들에 국한되어 전개되고 있고, 이에 따라 로봇 활용 시장이 형성될 것이다. 여기서는 윤리적 성찰이 우선적 고려 대상이 아니다. 예컨대, 군사용 무인 시스템의 정착은 보편적인 인류애의 실현에 기여하는 것인지, 또는 교육용 및 케어 로봇과 제한적으로 보호를 받으며 상호 소통하는 유아 및 노인의 실존적 자기확인의 문제는 전혀 없는 것인지와 같은 문제가 우선적인 것이 아니다. 그러므로 로봇윤리의 고려 사항들은 어떤 분야에 이미 개발된 로봇이 결과적

---

16 Nolel Sharkey and Amanda Sharkey, "The Rights and Wrongs of Robot Care", RE-ESIR(2012), p.267.

으로 이익이 되기 때문에, 로봇 제작 및 사용 자체에 관한 윤리적 성찰에 관심을 갖기 보다는 해당 분야에서 발생할 수 있는 다양한 실제 문제들에 대해 상황에 따라 일시적, 선택적, 양면적인 처방들로만 다루어질 가능이 매우 크다고 할 수 있다.

3. 개별 사례 중심의 일반화

이상의 내용에서 볼 때, 기존의 로봇윤리 연구는 대체로 응용윤리의 한 분야로서 체계적인 이론 적용의 구조 속에서 진행되었다기 보다는 개별 분야의 기술 발달에 따라 발생했거나 또는 예상되는 문제들에 직접적으로 대응하는 성격이 강하게 나타난다. 주요 로봇산업 분야로는 관련 로봇 기술 발달에 따라 대체로 다음을 들 수 있다. 제조/산업용 로봇, 메디컬/헬스 케어 로봇, 서비스 로봇, 네트워크 로봇, 실외/탐사 로봇, 군사 로봇, 휴머노이드 로봇, 교육용 및 엔터테인먼트 로봇 등으로 구분된다.[17] 이들 가운데 현재 모든 사람들이 사용할 수 있도록 상용화가 실현된 로봇들은 군사용, 의료용, 교육용, 케어 및 서비스 분야들에서 활용되는 일부에 불과하다. 대부분 분야들에서 로봇 기술은 거의 상용화 이전 단계로서 2020년에서 2030년에는 모든 분야들에서 로봇들의 활용이 가능하다는 전망이 우세하다.

이러한 전망은 현재 수준에서 논의되고 있는 로봇윤리의 수준에도 결정적인 영향을 미친다. 분야별로 예측된 로봇의 활용 수준이 미래 인간 삶

---

17 제어로봇시스템학회(2010), 앞의 책, p.67.

의 모습과 수준을 결정짓기 때문이다. 이런 과정에서 로봇윤리는 통합적인 연구의 고리를 갖기 보다는 각 분야별로 제시된 미래 모습에 따라 발생할 수 있는 각각의 문제들만을 다루는 경향이 있다.

제조/산업용 로봇은 입력된 자동화 프로그램에 따라 제품을 조립, 생산, 운반을 하고 인간 관리자의 조작 관리를 받는 단계에서 벗어나, 공정 과정에서 이상 물체 또는 변수를 인식하고, 수집된 통계 자료를 활용해서 스스로 그 문제를 해결할 수 있다. 이로 인해 인간의 일자리가 오히려 줄어드는 것인지 아니면 인간을 위한 새로운 일자리가 창출되는 것인지가 주요 쟁점이 되고 있다. 메디컬/헬스 케어 로봇은 사회적 고립을 자초하는 것인지 아니면 사회성을 유지하기 위한 새로운 대안이 될 수 있는지가 쟁점이 되고 있다.[18] 서비스 로봇과 네트워크 로봇의 경우에는 주로 정보사회 윤리에서 발생하는 쟁점들과 유사한 안전과 프라이버시 침해의 쟁점이 있고, 탐사 로봇의 경우에는 자원과 지속 가능한 개발의 쟁점이 있으며, 군사로봇의 경우에는 오작동에 의한 무고한 시민의 희생의 문제가 언급되고 있다. 교육 및 엔터테인먼트 로봇은 주로 현재 상용화되면서 등장한 문제로 빈부의 격차에 따른 접근성의 문제, 중독 등의 문제가 다뤄지고 있다.

휴머노이드 로봇 분야는 미래 로봇산업을 보여주는 가장 대표적인 분야이다. 이 분야는 로봇 및 로봇윤리를 이해하는데 있어서 중요한 분야이다. 모든 로봇 관련 기술의 집약이 이 분야에서 적용되고 있기 때문이다. 즉, 분야별로 외형적으로 보이는 로봇의 형태는 다르다고 하더라도, 기술적으로는 모두 하나로 통합되고 있는 양상을 보인다는 점이다. 이른바 인공 지능(artificial intelligence) 및 인공 정서(artificial emotion) 등을 구현할 수 있는

---

18 Nolel Sharkey and Amanda Sharkey(2012), 앞의 책, p.273.

1부 AI로봇의 윤리와 AI로봇에 대한 윤리

체계로 연결된다. 이를 가장 종합적으로 반영할 수 있는 로봇이 휴머노이드라고 할 수 있다. 단지 외형상 인간을 닮고 움직이는 휴머노이드 로봇은 2030년 즈음에는 F1의 자동차처럼 빠른 속도로 움직이고, 인간의 노동을 제한적이지만 자율적으로 수행할 수 있을 정도로 기능이 진전될 것으로 예상하고 있다.[19] 현재 휴머노이드 로봇은 인간처럼 말을 할 수 있거나 말을 인식할 수 있는 능력을 가질 수 있다. 인간과 유사할수록 로봇에 대한 감정적 대응도 증가하였다. 그래서 휴머노이드 로봇은 사용자들에게 어떤 위험 없이 주거 공간에서 인간과 함께 생활할 수 있는 기술적 진보로 나아가고 있는 추세이다. 새롭고 개선된 센서를 갖추고, 음성을 통해 인간과 의사소통할 수 있으며, 사람들과 사회적 상호 교류할 수 있는 기술을 갖추기 시작하고 있다.[20] 이런 점은 로봇공학자들 사이에서도 로봇이 과연 무엇인지를 정의 내릴 수 없게 만드는 요인이 된다. 반대로 말해, 로봇이 과연 무엇인가에 관한 정의는 관련 기술의 발달 정도에 따라 다소 변경될 수 있다.[21] 따라서 휴머노이드 로봇 분야에서 언급되는 윤리적 쟁점들은 현재 수준에서는 인간과 로봇의 의사소통의 쟁점, 예컨대 우울증 치료를 목적으로 주입된 정서를 토대로 인간 환자와 대화를 하는 것이 환자를 위해 또는 미래 인류를 위해

---

19 박정선, 「진화하는 휴머노이드 로봇」, 한국로봇산업진흥원(2009.7.) 검색일 : 2012년 10월 9일. http://www.kiria.org/OpBoard/Viewbody.asp?Code=actual&Page=4&Sort=1&Uid=61

20 George A. Bekey, "Current Trends in Robotics: Technology and Ethics", RE-ESIR(2012), pp.25-26.

21 최소한의 범위에서 로봇이 일종의 인간의 노동을 대신하는 시종의 개념은 변하지 않는다. 그런데 현재의 기술 수준에서 본다면, 향후 통합적인 인공 지능과 정서를 네트워크를 통해 구현할 수 있는 단계가 실현된다면, 이러한 고전적 정의는 완전히 달라질 수 있다. 예컨대, 이제 로봇은 이러한 기술적 수준이 반영되어, 외부환경을 스스로 인식하고, 상황을 판단하여 자율적으로 움직이는 통합 지능형 시스템에서 이해되고 있다. 제어로봇시스템학회(2010), 앞의 책, p.17.

올바른 것인가 또는 바람직한 것인지의 문제가 언급되고 있지만, 미래 수준에서는 로봇의 모습에 따라 제기될 수 있다.

이처럼 분야별로 전개되는 로봇 기술과 이것의 실제 삶의 적용에 대한 윤리적 성찰의 문제는 일관된 윤리 이론의 틀에서 전개되지 못하고 있다. 이 이유들은 다음과 같다. 첫째, 로봇 개념의 혼란이다. 로봇을 컴퓨터와 같이 인간 삶을 편리하게 해 주는 단순한 기계 및 수단으로 간주하기에는 모호하다. 왜냐하면, 로봇 개발 기술이 인간의 지능과 정서도 구현할 수 있기 때문이다. 둘째, 기존의 로봇윤리 연구가 주로 공학자들에서 진행되어 왔다는 점에서 주요 개념에 대한 이해의 혼란이 보인다. 예컨대, 로봇공학에서는 프로그램으로 입력된 지능, 정서 코드가 로봇의 '자율적(autonomous)' 인식, 판단, 행위의 원천으로서 작용하지만, 윤리학 및 인문학에서는 이는 로봇의 '자동적(automatic)' 프로그램일 뿐이라는 인식이 강하다. 셋째, 분야별로 매우 다양한 로봇들이 개발되는 모습에서 비롯된 혼란이다. 로봇은 인간들의 일상적인 삶의 거의 모든 분야에서 각각 개발되어 활용될 수 있기 때문에, 각 로봇 활용에 따른 서로 다른 문제가 개별적으로 발생할 수밖에 없다. 마지막으로, 로봇윤리는 현재의 문제에 대한 반성이 아니라 미래 발생 가능한 문제에 대한 상상력을 필요로 한다. 인간과 로봇의 본격적인 공존이 이제부터 시작되기 때문에, 다양한 문제들은 주로 현재가 아니라 미래의 로봇을 상상하면서 제기되고 있다. 이런 점에서 서로 다른 분야의 독특하고 중요한 문제들이 끊임없이 제기되고 있다. 이와 같은 요인들로 인해 로봇윤리는 개별적 사례들을 중심으로 전개되고 있는 양상이 강하고, 특히 일관된 그리고 포괄적인 성찰보다는 개별 사례에서 발생할 수 있는 문제들에 대한 처방적이고 규범적인 대응에서 머물고 있다.

IV. 로봇윤리 정립을 위한 선결 과제

　로봇학자들은 우리가 미래 사회에서 로봇을 활용하고 있는 모습을 상상하는 것을 이제 현세대도 경험할 수 있다고 본다. 한 사용자가 활용하는 로봇은 사용자의 습관, 패턴, 정보를 지속적으로 수집하고 판단하여 사용자에게 가장 알맞은 서비스를 제공할 수 있다. 실제로 이러한 모습이 그리 실현 불가능한 것 같아 보이지는 않는다. 인공 지능형 로봇이 상용화된다면, 아마도 우리는 현재 지금 손에 항상 소지하고 있는 스마트폰 대신에 소형 로봇을 잡고 있을지도 모르겠다. 이러한 상상이 항상 유쾌한 것은 아니다. 로봇이 인간을 닮음으로써 인간의 본질이 크게 훼손될 가능성이 제기되기 때문이다. 이에 대해 로봇공학자들은 로봇은 단순한 기계이고, 그래서 오작동과 같은 피해가 있을 수 있을지언정, 로봇이 인간이 되거나 인간을 존재론적으로 넘어설 수 있는 것은 절대적으로 불가능하다고 주장한다. 이처럼 로봇에 대한 우려가 서로 다른 수준에서 전개되고 있다고 하더라도, 로봇의 활용이 지금보다 급격히 증가할 것이라는 점은 분명한 사실이다. 이런 점에서 로봇의 활용에 있어서 우리의 윤리적 성찰의 필요성은 더욱 더 절실한 것도 사실이라고 할 수 있다. 로봇윤리의 이론적 기초를 다지기 위해서 우선 검토해야 할 과제들이 있다.

1. 아시모프(Asimov)의 로봇 3원칙에 대한 평가

　첫 번째 과제는 인간과 로봇의 관계를 규범적인 차원에서 로봇의 임무

윤리적 AI로봇 프로젝트

와 과제를 제시한 아시모프(Isaac Asimov, 1920-1992)의 로봇 3원칙에 관한 문제이다. 1950년 그의 공상과학 소설 아이로봇(I, Robot)은 2004년 영화로 리메이크 되면서 지능형 기계(intelligent machine)에 관한 관심을 다시 증폭시켰다. 당시 그는 인간과 로봇의 관계를 다음의 세 가지 원칙으로 규정했다.

제1원칙 : 로봇은 인간을 다치게 해서는 안 되고, 또는 위험에 처한 인간을 방관해서도 안 된다(A robot may not injure a human being or, through inaction, allow a human being to come to harm).

제2원칙 : 로봇은 인간이 내린 명령에 복종해야 한다. 다만 명령이 1원칙과 상충되는 경우는 예외로 한다(A robot must obey the orders given to it by human beings, except where such orders would conflict with the First Law).

제3원칙 : 로봇은 1원칙과 2원칙과 갈등하지 않는 한에서 자기를 보호해야 한다(A robot must protect its own existence as long as such protection does not conflict with the First or Second Laws).[22]

Asimov는 1988년 소설 로봇과 제국(Robots and Empire)에서 제 0법칙(Zeroth Law)을 첨가하면서 이를 다음과 같이 수정하였다.

제 0법칙 : 로봇은 인류에게 해를 끼쳐서는 안 되며, 위험에 처한 인류를 방관해서도 안 된다(A robot may not injure humanity, or,

---

22 Asimov의 로봇 3원칙, 위키피디아 영어판, 검색일 : 2012년 10월 13일. http://en.wikipedia.org/wiki/Three_Laws_of_Robotics

through inaction, allow humanity to come to harm).

제 1법칙 : 로봇은 인간에게 해를 끼쳐서는 안 되며, 위험에 처한 인간을 방관해서도 안 된다. 다만 0법칙을 위반하는 경우는 예외로 한다(A robot may not injure a human being, or, through inaction, allow a human being to come to harm, unless this would violate the Zeroth Law of Robotics).

제 2법칙 : 로봇은 인간이 내린 명령에 복종해야 한다. 다만 명령이 0법칙과 1법칙과 상충되는 경우는 예외로 한다(A robot must obey orders given it by human beings, except where such orders would conflict with the Zeroth or First Law).

제 3법칙 : 로봇은 0법칙, 1법칙, 또는 2법칙과 갈등하지 않는 한에서 자기 자신을 보호해야 한다(A robot must protect its own existence as long as such protection does not conflict with the Zeroth, First, or Second Law).[23]

일반적인 로봇윤리 연구 경향에서 아시모프의 로봇 3원칙은 윤리적으로 중요한 의미를 함축한다. 첫째, 무엇보다 그의 3원칙은 로봇을 객체가 아닌 주체로 삼아 로봇에게 의무를 부과하는 최초의 시도라고 할 수 있다. 둘째, 이 원칙은 로봇이 인간을 다치게 해서는 안 된다는 의무를 자기 보존의 의무가 함께 가질 수 있다는 주장의 근거가 되었다. 셋째, 이 원칙은 인

---

23 위를 참조.

간 간의 영역에 한정된 것이 아니라, 먼 미래의 '외계와 인류와의 관계'[24]
에서 발생하는 로봇의 존재적 위치도 미리 규정한 것이라고 할 수 있다.

그러나 이 원칙에 대한 문제점은 다음과 같이 지적된다. 1원칙에 따르
면, 만약 어떤 사람이 다른 사람들의 생명을 위협하거나 불특정 다수 인간
의 건강에 손상을 입히는 행위를 하고 있을 경우, 다수의 안전과 건강을 위
해 로봇을 통해 그 사람에게 위해를 입히는 방식으로 그런 행위를 중단시키
는 것은 불가능하게 된다. 2원칙 인간의 명령에 복종하는 문제의 경우, 두
인간이 서로 상충하는 명령을 내리는 경우, 누구의 명령을 따라야 하는가에
대한 갈등이 발행하게 된다. 이에 대해서는 인간을 '특정한 자격을 가진 인
간'으로 좁힐 수 있지만, '자격'의 일반화 문제 및 '인간이라는 종'의 범위
문제가 다시 제기될 수 있다.[25]

이러한 윤리적 함축이 갖는 중요성과 이에 대한 쟁점의 전개에도 불구
하고, 우리가 고려해야 할 점은 아시모프의 로봇 3원칙이 윤리학의 범주에
서 출발한 것이 아니라 공상과학 소설에서 상상된 로봇과 인간의 미래 관계
에서 비롯된 것이라는 점이다. 이런 점에서 볼 때, 로봇을 행위 주체로 삼은
이 원칙은 응용윤리의 한 분야로서 검토될 필요가 있는 로봇윤리의 연구 방
향에서 정통적인 근거로 활용되기 어려운 측면이 있다. 윤리적 삶의 전망에
서 상상의 문학에서 전개된 창조적인 시야가 우리에게 가져다주는 혜택은

---

24 차원용은 Asimov가 0법칙에서 인류(humanity)를 주목했던 이유를 다음과 같이 설
    명하고 있다. 인류라는 개념으로의 확장은 혹시 있을 외계인과의 우주전쟁을 의미
    하는 것이다. 우주전쟁이 일어난다면 지구에 존재하는 모든 로봇들은 지구의 인류
    를 구해야 한다는 의미이다. 검색일: 2012년 10월 13일. http://blog.naver.com/
    ianstream/80036080832

25 고인석, 「아시모프의 로봇 3법칙 다시 보기: 윤리적인 로봇 만들기」, 『철학연구』, 제93
    집(2011), pp.102-103.

매우 다양할 수 있다. 하지만 현재 로봇윤리가 로봇 기술의 전개에 따라 발생할 것으로 예상되는 문제들에 초점을 맞춰야 하기 때문에, 행위의 한 주체로서 바라보는 아시모프의 3원칙은 현재의 논의 단계에서 일정한 적용의 한계를 갖는다.

2. 로봇의 준자율성 과제

두 번째로 검토되어야 할 과제는 준자율적인 존재로서 로봇이다. 오늘날 로봇에 인간의 지능과 정서를 프로그램화시킴에 따라 로봇은 단순히 자동적(automatic) 기능을 수행하는 도구가 아니라 준자율적(semi-autonomous) 또는 유사 자율적(quasi-autonomous) 능력을 갖는 것으로 간주된다. 이러한 능력의 변화는 지능형 시스템과 같이 로봇의 개념 변화에도 영향을 미쳤다. 로봇공학의 입장에서 기술 발달에 따른 이러한 용어 적용은 크게 문제가 없어 보인다. 말 그대로 인간과 유사한 기능을 수행할 수 있는 로봇이기 때문이다. 그러나 윤리학 일반에서 이러한 용어가 인간 이외 대상에도 적용될 수 있는 지는 상당한 논란으로 남는다.

이런 문제가 로봇공학자들과 윤리학자들이 상호 연구를 통해 앞으로 해결해야 하는 과제인 것은 분명하지만, 현재 활용되는 로봇들, 그리고 이들을 사용하는 인간들의 관계에서 본다면, 윤리학 일반에서도 이에 상응하는 개념 검토가 필요한 것도 사실이다. 이는 로봇의 특수성에서 비롯된다고 할 수 있다. 현재 사용 중인 로봇 청소기의 경우를 살펴보자. 로봇 청소기는 프로그램에 따라 공간과 사물을 인식하고, 청소하라는 명령을 직접 수행할 수 있다. 로봇공학에서 이렇게 입력된 프로그램에 따라 스스로 인식하고 판단하여 직접 명령을 수행하는 양상을 자율적인 로봇의 범주로 본다. 즉, 공학적 측면에서 자율성은 단지 기계가 다른 어떤 행위자 또는 사용자의 직접적인 통제 하에 있는 상태가 아닌 경우에 있을 때 사용되는 용어라고 할 수 있다.[26] 그러나 윤리학적 측면에서 생명을 가진 유기적 개체, 또는 이성을 가진 합리적인 인간 등 주체의 범위는 학문적 입장에 따라 다르겠지만, 자율성은 자유의지에 따라 스스로의 행위를 제어함으로써 자기 실존의 확인 과정에게도 적용되는 성질의 용어이다.

이처럼 현재 로봇을 기술할 때 사용되는 용어에 대한 로봇공학과 윤리학의 의미의 간격은 자연스럽게 로봇이 도덕적 행위자가 될 수 있느냐 또는 아니냐에 대한 논쟁에도 연결될 수밖에 없다. 예컨대, 공학적 측면에서 로봇 청소기의 경우처럼, 한 기계가 다른 행위자 또는 사용자의 제어 없이도 스스로 입력된 프로그램에 의해 청소의 명령을 수행하고 있다면, 이는 자율적인 행위이고, 그래서 도덕적 행위자(moral agent)가 될 수 있다. 하지만 윤리학적 입장에서 본다면, 로봇 청소기는 인간 생활에서 청소와 같은 일을 편리하게 대신할 수 있는 하나의 도구로서, 결코 자율성을 가질 수 없고, 그래서 어떤 능력을 발휘하더라도 도덕적 행위자가 될 수 없다.

그런데 의료용 케어 로봇의 경우를 본다면, 이와는 다소 다른 모습이 나타난다. 로봇 청소기는 인간 사용자가 로봇 청소기를 작동하도록 하는 그 순간, 로봇공학적 측면에서 자율성을 획득한다. 하지만 케어 로봇은 돌봐야 하는 환자에 대한 기본 정보, 약을 제공해야 하는 시간 알림, 기타 검사 관련 일정 알림, 환자와의 기본적인 의사소통 등 환자 전반을 케어해야 하는 책

---

26 John P. Sullins, "When is a robot a moral agent?", IRIE, Vol. 6(12/2006), p.26a. p.28a.

임까지도 부여를 받는다. 즉, 로봇공학의 측면에서 보면, 케어 로봇은 대상 환자가 입력되는 그 순간 그 환자에 대해 자율적인 행위자가 되면서도 그 환자에 대해 일정한 책임도 갖고 있다.[27] 이런 모습에 대한 윤리학적 성찰은 다양하게 전개될 수 있다. 로봇에게 환자의 모든 상태를 점검하도록 마치 처방전을 입력하듯이 프로그램을 입력해서 환자를 맡기는 것이 올바른 것 인지, 특히 인공 지능과 인공 정서를 통해 환자와 의사소통을 해도 되는 것 인지, 환자의 사회적 능력을 단절시켜 오히려 자기 폐쇄성을 강화시키는 것 은 아닌지, 결국 환자가 로봇임을 알고 있음에도 불구하고, 실제 찾아오는 사람이 없기에, 로봇을 친구처럼 동료애로 대함으로써 자신의 병이 치유가 될 때, 케어 로봇은 무조건 수단에 불과한 것이라고 할 수 있는지 등의 문제 들이 제시될 것이다. 가장 중요한 문제는 이러한 케어 로봇이 노인 환자 케 어 및 우울증 치료를 목적으로 이미 상용화되고 있다는 점이다.

이런 모습은 로봇 기술 발전에 따라 거의 모든 분야들에서 전개될 것으 로 보인다. 대다수의 공학자들은 미국의 무인 지능화 시스템 정착 계획에서 보이는 것처럼, 로봇공학의 측면에서 자율적인 지능형 로봇은 가까운 미래 에 우리의 일상에서 구현 가능한 것으로 보고 있다. 이런 점에서 로봇이 입 력된 프로그램에 의해 제한적인 범위에서 스스로 자율적인 임무를 수행하 는 것이 과연 (로봇공학의 측면에서) 자율적인지 아니면 (윤리학의 측면에서) 결코 자율적일 수 없는지에 관한 판단은 학문 자체의 규정을 통해 접근하는 것보다 로봇을 제작 및 사용하는 인간 삶의 영향에 따라 결정될 소지가 매 우 크다고 할 수 있다.

27　John P. Sullins(2006), 앞의 책, p.29a.

V. 결 론 : 미래와 책임윤리

이 장에서는 '로봇윤리'를 로봇 제작과 사용이 인간 삶에 미치는 다양한 영향들에 관한 포괄적인 윤리학적 성찰로 규정하면서, 로봇윤리의 이론적 기초를 다지기 위한 작업을 진행하였다. 이를 간략히 정리해 보면, 다음과 같다.

첫째, 로봇에 대한 개념은 로봇공학의 기술이 분야별로 전개되면서 서로 다르게 전개되고 있었고, 이로 인해 로봇의 사용에 따른 다양한 문제들에 대한 검토 수준도 각각 달랐다. 분야에 따라 로봇은 단순히 기계에 불과한 것인지, 인간 의지를 구현할 수 있는 것인지, 도덕적 행위자인지, 나아가 새로운 종의 출현인지에 관한 시각이 있다.

둘째, 로봇윤리에 관한 일관된 이론이 적용되지 못하고 있었다. 분야별 기술 발달 수준이 다르고, 개발 목적 및 사용 결과 등도 다르게 나타나기 때문에, 현재 서양 중심으로 전개되고 있는 로봇윤리 연구는 윤리학 일반의 체계에서 일관된 모습으로 적용되지 못하고 있는 실정이다. 이에 따라 동일한 가치가 로봇 분야에 따라 전혀 상반된 주장을 낳거나 또는 상반된 주장의 동일한 근거로 활용되는 사례들이 나타났다. 예를 들면, 전쟁에서 정의와 인도주의적 가치를 통해서 볼 때, 무인 전투기 사용 여부에 대한 이들의 가치는 사용해야 한다와 사용해서는 안 된다는 두 가지 주장 모두에 동일한 근거로 활용될 수 있었다. 이런 점은 로봇 제작과 생산의 결과에 따라 개별 사례들에 대한 접근이 갖는 현재 수준의 로봇윤리의 한계를 보여주는 것이라고 할 수 있다.

셋째, 어떤 일관된 로봇윤리의 이론적 기초를 다지기 위해 우선적으로 검토되어야 할 과제들이 있었다. 아시모프의 로봇 3원칙과 로봇의 준자율성의 문제였다. 아시모프의 로봇 3원칙은 최초로 로봇이 행위 주체가 되어 로봇에게 부과된 의무에 관한 논의였다는 점에서 윤리적 의미가 있다고 할 수 있다. 하지만 이는 1950년 공상소설의 문학적 상상력을 기반으로 했다는 점에서 현재 우리가 윤리학 일반의 이론과 실제 영역에서 검토해야 할 직접적인 과제가 될 수 없다. 또한 로봇의 준자율성 부여의 문제는 현재 로봇공학과 윤리학의 영역에서 자율성에 대한 커다란 시각 차이에서 비롯된 것이라고 할 수 있다. 공학적 입장에서 자율성은 어느 기계 및 사용자의 제어를 벗어나 직접 스스로 작동하는 순간에 초점을 맞춘 것이고, 윤리학적 입장에서 자율성은 유기적 생명체 또는 이성적 인간의 자유 의지의 발현에 따라 자기 실존의 확인 과정까지도 연관되는 용어이다. 이러한 간격을 해소하지 못한다면, 로봇의 제작 및 사용에 따른 인간 삶의 영향을 탐구하는 로봇윤리는 로봇공학과 윤리학 간의 대립을 더욱 더 심화시킬 가능성이 크다.

이와 같은 점을 토대로 오늘날 논의되고 있는 로봇윤리의 기본적 특성을 검토하면 다음과 같다. 첫째, 로봇윤리 연구는 분야별 로봇 기술 발달에 따라 좌우되는 경향이 있고, 그래서 각 분야별 문제들에 대한 처방적·규범적 접근이 주를 이루고 있다. 둘째, 인공 지능과 인공 정서가 로봇에 주입됨으로써 로봇을 -공학적 측면에서 용어를 사용하자면- 준자율적 도덕적 행위자로 간주하는 경향이 강하게 나타나고 있다. 셋째, 휴머노이드 로봇과 같은 3세대 미래 로봇 기술이 인간의 삶에 미치는 영향을 어느 정도 상상해야 하기 때문에, 로봇윤리는 현재 발생한 문제에 대한 대응보다는 미래에 대한 윤리적 성찰을 필요로 하는 경향이 있다.

이런 점에서 볼 때, 로봇윤리는 미래윤리의 성격이 매우 강하다. 이 영역

윤리적 AI로봇 프로젝트

은 로봇 기술의 발달에 따라 끊임없이 요구되는 윤리적 성찰의 영역이기도 하다. 요나스 (Hans Jonas)의 기술과 윤리적 대상의 견해를 활용해 보면, 로봇 기술이 중립적으로 전개되더라도, 결국 모든 현상의 판단은 윤리적 임무로만 국한시킬 위험이 따른다. 그러면서도 로봇 기술의 능력은 인간의 지위와 권력을 결정짓는 강제적 요인이 될 수 있다. 개별적인 행복을 위해 거대한 로봇의 사용이 결국 지구와 우주 공간까지 확대됨으로써 미래의 전 인류의 삶을 저당잡고 있다. 미래에 대한 책임에 관한 성찰 없이는 이러한 강제적인 저당을 갚을 길이 없다. 이러한 시공간적 한계의 파괴는 인간중심주의의 파괴와도 결부된다. 현재 진행되는 인간과 유사한 신체, 정신, 지성, 정서를 갖춘 로봇은 인간을 위한 기술이면서 동시에 인간을 파괴할 수 있는 종으로 확대될 수 있다. 인간이 아니면서도 인간과 유사한 종의 출현, 상상 속의 인간을 넘어선 새로운 종의 출현, 이것이 인간을 포함한 다른 종들과의 상생 또는 파괴로 이어질 수 있다. 결국 현재는 인간이 로봇 기술을 통해 인류가 존재해야 하는 것인지에 대한 형이상학적 물음에서 과연 어느 정도로 그칠 수 있는지를 반문해야 하는 시점이라고 할 수 있다.[28]

인간의 로봇 제작 및 사용은 단기적인 접근에서 이해되기 보다는 장기적으로 그리고 공간적으로 확대되어 검토되어야 할 문제이다. 우리는 이러한 현세대가 유발한 미래 세대의 문제에 대해 책임을 다해야 할 의무가 있다.

---

28   한스 요나스, 『기술 의학 윤리』, 이유택 옮김(서울: 솔, 2005), pp.41-48.

참고문헌

한스 요나스, 『기술 의학 윤리』, 이유택 옮김, 서울; 솔, 2005.

제어로봇시스템학회, 『로봇윤리 헌장 제정을 위한 로봇기술 발전 시나리오 연구』, 한국로봇산업진흥원, 2010.

고인석, 「아시모프의 로봇 3법칙 다시 보기: 윤리적인 로봇 만들기」, 『철학연구』, 제93집 (2011).

박찬성, 「정의로운 전쟁, 인도주의적 개입 그리고 보편적 인권 -마이클 왈저(Michael Walzer)의 논의를 중심으로」, 『공익과 인권』 제9호(2011).

Altmann, Jürgen, "Preventive Arms Control for Uninhabited Military Vehicles", Rafael Capurro and Michael Nagenborg (eds.), Ethics and Robotics (이하 ERs로 표기함), Heidelberg; Akademishce Verlagsgesellschaft AKA, 2009.

Becker, Barbra, "Social Robots-Emotional Agents: Some Remarks on Naturalizing Man-Machine Interaction", International Review of Information Ethics, Vol. 6, Ethics in Robotics (이하 IRIE로 표기), Vol. 6(12/2006).

Bekey, George A., "Current Trends in Robotics: Technology and Ethics", Robot Ethics: The Ethical and Social Implications of Robotics (이하 RE-ESIR이라 함), Massachusetts; The MIT Press, 2012.

Lin, Patrick, "1. Introduction to Robot Ethics", Patrick Lin, Keith Abney, and George A. Bekey (eds.), RE-ESIR, 2012.

Lin, Patrick, George Bekey, and Keith Abney, "Robots in War: Issues of Risk and Ethics", ERs, 2009.

Sharkey, Nolel and Amanda Sharkey, "The Rights and Wrongs of Robot Care", RE-ESIR,

2012.

Sullins, John P. , "When is a robot a moral agent?" , IRIE, Vol. 6(12/2006).

Veruggio, Gianmarco and Keith Abney, "Roboethics: The Applied Ethics for a New
Science" , RE-ESIR, 2012.

Veruggio, Gianmarco and Fiorella Operto, "Robotics: a Bottom-up Interdisciplinary
Discourse in the Field of Applied Ethics in Robotics" , IRIE, Vol. 6(12/2006).

Webber, Jutta, "Robotics Warfare, Human Rights & the Rhetorics of Ethical Machines" , ERs,
2009.

박정선, 「진화하는 휴머노이드 로봇」, 한국로봇산업진흥원(2009.7.) 검색일: 2012년 10월 9
일. : http://www.kiria.org/OpBoard/Viewbody.asp?Code=actual&Page=4&Sort=1&U
id=61)

[2012 KES] 한국에 온 '진짜 사이보그' 교수님, 동아일보(2012. 10. 11), 검색일: 2012년 10월 12
일. : http://it.donga.com/coverage/11391/

Asimov의 로봇 3법칙, 위키피디아 영어판, 검색일: 2012년 10월 13일. : http://en.wikipedia.
org/wiki/Three_Laws_of_Robotics

차원용 소장 개인 블로그, 검색일: 2012년 10월 13일. : http://blog.naver.com/
ianstream/80036080832

1부 AI로봇의 윤리와 AI로봇에 대한 윤리

• 제2장 •
로봇윤리 헌장의 필요성과 내용

변순용·신현우·정진규·김형주

I. 서론

현재 우리의 삶은 로봇과 많은 연관관계를 맺고 있으며, 사회의 다양한 분야에서 로봇이 인간의 역할을 대신하고 있는 실정이다. 아마도 21세기의 중반쯤이 되면 우리 인간의 전반적인 삶에 영향을 미치는 로봇[1] 들이 상용

---

1 로봇에 대한 정의는 로봇을 바라보는 시각에 따라 달라진다. 로봇을 단지 기계에 불과하다고 보는 입장, 로봇이 윤리적 차원을 갖는다고 보는 입장, 도덕적 행위자로 보는 입장, 그리고 새로운 종의 진화라고 보는 입장 등으로 나눠지고 있다(변순용외, 『로봇윤리란 무엇인가』 (서울: 어문학사, 2015), pp.14-15. 참조). 예를 들어 고인석은 "로봇은 인공물이면서도 여느 인공물과 달리, 혹은 여느 인공물과 다른 수준에서 인간의 능동적 정신을 모사(模寫)하는 특성을 지니고 있다" 라고 정의하며, 그 특성으로 "1. 인공물임, 2. 외부 세계를 지각하는 능력을 지님, 3. (지각된) 자료를 처리하는 계산의 능력을 지님, 4. (전형적으로는 운동의 방식으로 나타나는) 출력" 의 네 가지를 지적한다(고인석, 「로봇윤리의 기본 원칙」, 『범한철학』, 제75집(서울: 범한철학회, 2014), pp.403-405. 참조).

화될 것이다. 이와 같이 인간의 삶과 밀접한 관계를 맺고 있는 로봇을 우리는 인공지능 로봇이라고 칭한다. 인공지능 로봇이란 인간과 유사한 감성과 지능을 가진 로봇을 말하는 것으로 향후 미래 사회에서는 이들과 인간 간의 정치, 경제, 사회, 문화, 교육 및 윤리 등의 여러 분야에서 다양한 변화가 일어날 것으로 기대된다.

이와 같은 변화는 개인적인 삶의 범위뿐만 아니라 공동체적 삶에 있어서도 중요한 영향력을 행사할 것이라고 생각된다. 그러므로 로봇을 올바르게 사용하고 그에 따른 인간의 삶의 질을 향상시키기 위해 그리고 우리의 후손들이 행복한 삶을 영위할 수 있는 미래 사회를 건설하기 위해 로봇윤리 헌장은 반드시 제정되어야만 한다.

현재 세계 각국에서는 로봇윤리 헌장에 대한 많은 논의들이 진행되고 있는 실정이다. 유엔교육과학문화기구(United Nations Educational, Scientific and Cultural Organizations: 이하 UNESCO) 산하의 세계과학기술윤리위원회 (World Commission on the Ethics of Scientific Knowledge and Technology: 이하 COMEST)[2]는 지속적인 회담을 개최하여 로봇윤리에 대한 새로운 논의들과 기준들을 제정하고 있다. 또한, 미국에서는 2012년부터 현재까지 주요한 법학전문대학원을 중심으로 "We Robot"이라는 학술대회가 매년 개최되고 있으며, 이 학술대회에서는 로봇윤리와 관련된 법적 그리고 정책적 이슈들에 대하여 지속적으로 논의되고 있는 실정이다.[3]

사실 우리나라는 이들보다 훨씬 앞선 2007년 세계 최초로 국가적인 차

---

2 COMEST는 과학기술 발전에 의해 발생될 수 있는 사회적인 문제점에 대한 윤리적 성찰을 통해 기술 발전의 새로운 기준을 제시하는 기관임.

3 http://robots.law.miami.edu/2016/(검색일: 2017.1.31.)

1부 AI로봇의 윤리와 AI로봇에 대한 윤리

원에서 로봇윤리 헌장을 제정하려고 시도하였다. 그러나 그 당시 초안만을 발표하였으며, 로봇윤리 헌장을 공식화하지는 않은 단계에 머무르고 있는 실정이다. 로봇윤리 헌장의 제정은 미래에 우리가 로봇과 함께 살아가야하는 과정에 인간의 존엄성을 존중하고 인류의 공공선을 추구함과 동시에 인간의 본래적 가치인 자유와 평등, 정의와 배려, 사랑과 행복 등을 향유할 수 있는 미래 사회를 건설하기 위한 필요조건이라고 할 수 있다. 결과적으로 로봇의 기능과 역할을 통해 우리는 보다 편리하고 건강하며, 안정되고 행복한 삶의 질과 복지 향상을 추구하기 위해서 인간과 로봇의 관계를 규정하는 로봇윤리 헌장을 선언해야 하는 것이다.

그렇다면 로봇윤리 헌장을 개정하는데 있어서 가장 근본이 되어야하는 것은 무엇인가? 그것은 아마도 로봇을 사용하는 것이 인간을 위한 즉, 인간의 삶의 질 향상과 복지의 증진을 위한 것이기 때문에 가장 우선적으로 인간의 존엄성을 존중해야할 것이다. 또한, 로봇의 사용은 전 인류의 행복을 극대화한다는 측면에서 공공선을 실현해야할 것이다. 따라서 본 논문은 로봇윤리 헌장의 개정안에 대한 이론적 근거를 두 가지, 인간의 존엄성 존중과 공공선 실현이라는 측면에서 제시할 것이다. 이와 같은 이론적 근거를 바탕으로 2007년 마련된 로봇윤리 헌장의 초안을 살펴보고, 그것의 문제점과 향후 수정 방향을 제시할 것이다. 이는 앞으로 우리가 로봇과 함께 공존할 수 있는 미래 사회를 실현하기 위한 초석이 될 것이다.

II. 로봇윤리 헌장 수정안의 윤리학적 배경

1. 의무론적 근거: 존엄한 인간과 그 도구적 동반자 로봇

로봇윤리 헌장은 인간이 존엄한 존재라는 사실을 전제로 한다.[4] 그러나 이는 현재 존재하고 있는 모든 존재자들 가운데서 오로지 인간만이 존엄하다는 사실을 의미하는 것은 아니다. 다시 말해 이는 로봇을 포함한 다른 존재자들이 존엄한 존재일 수 있는 가능성을 원천적으로 배제하거나 봉쇄하고자하는 교조적인 주장이 아니다. 즉 존엄한 인간과 로봇의 공존이 이론적, 실천적으로 불가능하다고 피력하지 않는다. 다만 인간인 우리가 우리 스스로를 존엄한 존재로 인식하고 이에 입각한 로봇윤리 헌장을 마련함에 있어, 이러한 존재자각에 기반 하여 이를 확충하는 것을 목적으로 하기에 본 윤리헌장은 인간의 존엄성을 의심할 수 없는 하나의 '가치적' 사실로 전제하고자 하는 것이다.

어떠한 존재가 존엄하다는 것은 그 존재의 존재가치가 그 존재외의 다른 어떤 것에 기인하거나 그로부터 파생되지 않았다는 것을 하나의 필요조

---

4 인간이 존엄한 존재라는 사상의 뿌리를 거슬러 보면 칸트의 윤리학을 만나게 된다. 칸트에게 있어 존엄(성)(Würde)은 각각의 인간에 내재하는 결코 상실될 수 없는 절대 가치이다.(VI 420, 436 참조; 앞으로의 칸트 텍스트 인용은 학술원판(Akademie-Ausgabe, 1900 ff.)를 이용한다. 지금과 같이 권 번호를 로마자로 표시한 후 쪽수를 표시한다. 주로 인용될 『도덕형이상학 정초』, 『실천이성비판』, 『도덕형이상학』은 각각 IV, V, VI권이다) 이러한 사상은 인간이 다른 생명체, 지구상의 다른 존재자들과 구별되는 지고한 도덕적 지위를 가진다는 윤리적 입장의 근간을 마련하였다. 칸트의 윤리학이 종교적 관점을 넘어, 철학적 관점에 있어서 인간중심주의 윤리학의 원류로 평가되는 것의 중심에는 존엄성 개념이 놓여 있다.

건으로 한다. 만약 누군가가 은전 한 닢[5]이 가치가 있다고 판단한다면, 그리고 이러한 판단이 그 은전 한 닢의 교환가치에 기인하여 있지 않다면, 은전 한 닢은 그 판단주체에게 목적 그 자체가 된다. 목적 그 자체는 그 목적을 함유하고 있는 대상이 존엄하다는 판단의 일차 조건이다. 그러나 우리는 어느 누구도 은전 한 닢이 존엄하다는 주장에 직관적으로 동의할 수 없다. 다른 예로, 우리에게 경외감을 일으키는, 나아가 종교적인 숭고한 감정을 거대한 예술작품에게, 비록 그것이 존엄한 것에 대한 어떠한 묘사를 하고 있고, 이에 대해 충실히 표현하고 있다고 하더라도 우리는 그것에게 존엄을 헌사하지 않는다. 우리가 그 작품의 교환 가치를 비롯한 도구적 가치를 앞서 계산할 겨를 없이 그 존재에게 숭고의 가치를 부여한다고 할지라도 말이다.

목적 그 자체는 존엄성의 하나의 필요조건일 뿐 충분조건은 아니다. 존엄성 개념은 이 목적 자체의 활동성을 통해 비로소 완성된다. 목적 그 자체로서의 존엄한 존재는 자기 자신이 목적 그 자체라는 사실을 의식하는 동시에 바로 그 목적성을 자기 자신이 수립하여 자기 자신에게 부여한다. 자기 스스로 세운 목적을 자기 스스로 완수하는 존재가 절대적인 의미에서의 목적 그 자체인 것이고, 바로 이럴 때만 이 존재는 존엄한 존재로 규정될 수 있다.[6] 위에서 예로든 은전 한 닢, 숭고한 예술품은 다른 누군가

---

5 피천득, 「은전 한 닢」, 『금아 시문선』 (서울: 경문사, 1595) 참조. 피천득의 수필 「은전 한 닢」에 등장하는 거지는 왜 그토록 이 은전이 갖고 싶었냐는 질문에 그저 '이 돈 한 개가 갖고 싶었다'고 대답한다. 이 대답을 둘러싼 해석은 다양할 수 있지만 본고에서는 교환 및 수단 가치로서의 재화가 거지에게는 단지 그 자체가 하나의 염원이었다는 사실에 집중한다.

6 IV 427; D. Schönecker & A. Wood, Kants Grundlegung der Metaphysik der Sitten(UTB, 2004), p.141. 참조.

에게는 목적 그 자체일 수 있지만, 정작 자기 자신에게는 목적 그 자체로 의식되지 않는다. 그렇기 때문에 숭고한 존재는 첫째, 자기 의식적 존재이다. 나아가 적극적 자기의식적 존재, 즉 목적 수립자로서의 활동적 자기 의식적 존재이다. 칸트에 따르면 다른 모든 조건과 외부의 인과사슬로부터 전적으로 자유로운 목적은 그 자체로 선한 선의지에 의해 수립된 도덕법칙뿐이다.[7] 자율적 존재자로서의 인간은 자기 스스로 도덕법칙을 수립하고 이에 자발적으로 자기 스스로의 행위양식을 복속시킨다. 자기 자신이 입법의 주체이자 사법의 객체이다.

그러나 감성과 욕구를 지닌 유한한 이성적 존재자인 인간에게 도덕법칙을 항상 온전히 구현해 내는 것은 쉽지 않다. 도덕법칙은 때에 따라서는 우리의 합리적-계산적 선택과 충돌하는 명령을 내리기도 하기 때문이다. 어떤 상점의 종업원이 손님을 대할 때 아주 작은 거짓말을 한다면, 당일 자신에게 부과된 할당 판매량을 달성하여 사장으로부터 핀잔을 면할 수 있다고 가정해 보자. 종업원이 자신의 행복 증진에 초점을 맞추어서, 구체적으로 말하자면 사장으로부터의 핀잔을 면하기 위해서 자신의 이성을 도구적 혹은 계산적으로 사용한다면 거짓말을 포함한 다른 수단들을 동원하여 할당 판매량을 채우고자 할 것이다. 이 경우, 거짓말을 하는 것은 좋은 행위이다. 그러나 그가 자신의 양심의 소리에 귀 기울여, 어떠한 유혹에도 굴하지 않고, 자신에게 닥쳐올 해악에 대한 두려움을 마주한 채 정직을 고수한다면 그는 자신의 이성을 도덕적-실천적으로만 사용하였다고 할 수 있다. 이 경우, 그는 자신의 행위의 준칙을 오로지 자신의 양심(실천이성)에서 비롯된 도덕법칙에 복속시킨 것이고, 이는 좋은 행위일지는 모르지만 옳은 행위가

---

7 IV 393 참조.

1부 AI로봇의 윤리와 AI로봇에 대한 윤리

된다. 칸트는 인간을 바로 이런 존재로 보았다. 구체적으로 말해 옳은 행위를 할 수 있는 존재로 보았다. 인간이 도덕법칙이 그 자체 온전히 구현되어야 할 절대적인 내재적 가치를 가지고 있다는 이유만으로, 자신의 욕구를 거스르는 한이 있더라도 이를 구현해 낼 수 있는 존재이기 때문에 존엄하다는 것이 칸트의 지론이다. 이러한 의미에서 자율은 존엄의 최종 근거이다.

유한한 이성적 존재자인 인간에게 도덕법칙은 정언적인 명령으로 다가온다. 만약 인간이 신(神)과 같은 절대적인 이성적 존재자라면 명령은 필요하지 않다. 언명 그 자체가 즉각 시행되는 법칙이기 때문이다. 그리고 법칙은 '~하라'와 같은 명령문의 형식으로 표현될 필요가 없이 단지 '~이다'와 같은 평서문의 형식이면 충분하다.[8] 그러나 감성적 제약으로부터 자유롭지 못한 인간, 다시 말해 욕구와 경향성의 구속으로부터 전적으로 해방될 수 없는 존재인 인간에게 평서문으로서의 법칙은 명령문의 형식으로 재구성된다. 요컨대, 법칙과 실행의 간극은 명령의 형태로 표현된다. 그러나 이 명령의 형식의 본질은 예외 없이 실행되어야 할 법칙이기 때문에 이 명령은 정언적(kategorisch)이다.

정언명령의 한 가지 형태는 다음과 같다: 다른 사람을 단지(nicht nur) 수단으로만 대하지 말고 목적으로도(sondern auch) 대하라.[9] 로봇이 인간과 마찬가지로 자기법칙수립자로서 자기의식과 자유의지를 가지고 있는 자율적 존재자인지 현재로서의 우리는 판단할 길이 없다. 그러나 칸트에 따른다면 우리는 로봇이 자율적 존재자이든 그렇지 않든 관계없이 이를 수단으로 대할 수 있다. 이는 한 인간이 다른 인간을 목적으로 대함과 더불어 수단으로

---

8   Schönecker, D. & Wood, A. (2004), pp.108-109. 참조.

9   IV 429 참조.

도 대할 수 있음과 마찬가지이다. 위에서 예로든 상점의 종업원은 손님을 대할 때, 그 손님을 자신의 도덕법칙이 투영되는 목적 자체일 뿐 아니라, 자신의 경제활동을 가능하게 하는 수단으로도 대할 수 있다. 모든 인간이 모든 인간을 단지 존엄함에 근거해서만 대하여야만 한다는 것은 불가능하며, 정언명령과 인간의 존엄성 개념을 위시한 칸트의 도덕철학의 주장이 아니다. 칸트가 경계하는 것은 한 인격이 다른 인격을 단지 수단으로만 대하는 계산적이고 이기적인 태도이다. 이러한 이유에서 설령 2000년대 중반까지 인간의 수준을, 아니 나아가 인간의 수준을 뛰어넘는 지성과 감성을 갖춘 로봇이 등장한다고 할지라도, 로봇윤리 헌장의 기술주체가 바로 인간인 이상, 로봇을 수단으로 간주하여 우리의 삶의 윤택함과 더 나은 복지를 추구하는 것은 윤리적으로 허용된다. 로봇을 수단으로 간주한다는 것이 곧장 로봇을 목적으로 대하는 것을 원칙적으로 금지하는 것을 의미하지는 않기 때문이다. 주지하듯이 이는 여러 관점을 허용하는데 우리의 관점이 인간이 기술한 로봇(사용)의 윤리헌장이기 때문에 인간의 행복을 위한 도구적 수단으로서의 로봇 사용을 가능하게 하는 것이다.

그러나 이러한 관점은 인간의 존엄성을 핵심으로 하는 인간중심주의적 윤리관에 대한 내적 옹호에만 그치지 않는다. 로봇이라는 존재에 대한 목적적 대우의 가능성은 현장에서 활용되는 로봇 중, 반려동물 로봇, 간호 로봇 등과 같은 로봇 사용자의 감성적 의존을 촉발하는 로봇을 반려자 내지는 동반자로 간주할 수 있는 가능성을 열어 놓는다. 이는 각각의 로봇이 특수하게 규정된 목적과 기능이 있다는 전제에 기반 한다. 이는 다시 덕-윤리적 토대로 환원되어 설명될 수 있다. 수단적 존재로서의 로봇이 인류의 공공선과 인간의 행복의 증진을 위해 활용된다는 관점은 공리주의적 윤리관을 취한다. 요컨대, 인간의 존엄성이라는 로봇윤리학의 개방적 구심점은 공리주의, 덕 윤리 등 전통적으로 매우 중요하게 다루어지고 있는 윤리적 지평으로 확장된다.

2. 공리주의적 근거: 인류의 공공선을 위한 로봇

전통적인 규범 윤리학을 두 가지로 구분하면, 하나는 비결과주의 규범 윤리 이론이고 다른 하나는 결과주의 규범 윤리 이론이다. 비결과주의 규범 윤리 이론은 앞서 설명한 것과 같이 인간의 존엄성과 같은 본래적으로 혹은 근본적으로 존중받아야 하는 가치들에 근거한 행위에 의해 행위의 옳고 그름을 판단한다. 즉, 이는 가치의 존중이라는 행위의 동기에 의해 행위의 옳고 그름을 판단하는 것이다.

이에 반하여, 결과주의 규범 윤리 이론은 행위의 결과를 올바른 행위, 선한 행위 등에 대한 도덕적 판단의 기준으로 제시한다. 이는 곧, 어떤 행위는 행위의 동기와 과정과는 상관없이 결과가 많은 사람들을 위한 것이라면, 그 행위를 옳은 행위이기 때문에 선한 행위라고 판단한다. 이와 같이 주장하는 규범 윤리학 이론을 우리는 '공리주의' (utilitarianism)라고 하며, 공리주의자들은 행위의 가치 판단 기준을 '공리성' (utility)이라는 것에 근거하여 판단하며, 이 공리성을 극대화하는 것을 올바른 행위라고 주장한다[10]. 따라서 이와 같은 공리성의 원리에 따르면, 이는 우리에게 행복을 극대화하는 계산

---

10 존 스튜어트 밀, 『공리주의』, 이을상 옮김(서울: 지식을만드는지식, 2013), pp.17-21. 참조.

능력을 요구하며, 결과적으로는 행복을 극대화할 수 있기 때문에 공리성에 근거한 행위는 자신뿐만 아니라 타인의 행복을 증진할 수도 있다.[11] 그러므로 결과주의 규범 윤리 이론인 공리주의가 제시하는 행위의 옳고 그름에 대한 판단 기준인 공리성의 기준에 따르면, 우리의 행위는 타인의 행복도 극대화함과 동시에 자신의 행복도 극대화할 수 있기 때문에 공공선(common good)을 확보할 수 있을 것이라 기대할 수 있다.

물론, 공리성이라는 기준에 의한 행위의 가치 판단이 공공선을 확보할 수 있는 것만은 아닐 것이다. 그러나 윤리학의 변천과정을 살펴보면, 개인의 윤리에서 타인과 함께 하는 윤리 그리고 궁극적으로 사회의 윤리로 변화하는 과정에서 공공선을 확보할 수 있는 가장 간단·명료한 윤리 이론을 선택한다면 그것은 공리주의라고 할 수 있을 것이다. 이와 같은 근거로 우리는 벤덤이 주장하는 공리주의의 원칙 "최대 행복의 원리"(the greatest happiness principle)를 들 수 있을 것이며,[12] 이와 같은 표어가 의미하는 것과 같이 공리주의 기준을 따른다면, 우리는 궁극적으로 자신을 포함한 모든 사람들의 삶의 질적 향상과 윤택함을 동시에 구현할 수 있다.

윤리라는 것은 개인적인 차원에서 각각의 개인들이 타인과 함께 살아가는데 서로 지켜야하는 것들에서부터 출발하였다. 이와 같은 윤리라는 개념은 사회가 발전함에 따라 그 개념도 개인적인 차원에서 국가적인 차원 더 크게는 인류 전체가 지켜야하는 것들로 변모하였다. 동일한 구조로 개인의 차원에서는 개인의 삶의 질 향상과 복지를 위해 로봇을 사용하지만, 결과적

---

11 변순용외(2015), 앞의 책, pp.34-35. 참조.

12 J. Bentham , An Introduction to the Principles of Morals and Legislation, Ch. 1, An authorized edition by J.H. Burns and H.L.A. Hart, (Oxford : Clarendon Press, 1996).

으로는 로봇을 사용함에 있어서 나를 포함하는 전체, 즉 다수의 사람을 위한 선을 추구한다는 입장에서는 공공선을 추구하는 것이라 할 수 있을 것이다. 달리 말해, 로봇의 상용화는 개인적인 차원보다는 사회 전체의 이익을 창출하는 것이 더 큰 의미를 지니고 있다고 할 수 있다. 이는 로봇을 사용함으로써 지켜야하는 윤리는 개인적인 차원에서가 아니라, 공공선이라는 인류 전체를 위한 선을 추구해야함을 의미한다고 할 수 있을 것이다.

우리는 때때로 공공선을 공동선과 혼동하여 사용하는데, 이 둘은 다음과 같은 차이점이 있다. 공동선은 개인의 개별적인 이익과 연관되는 개념으로 공동선은 개별적 이익과 다수의 공동체의 이익이 조화를 이루는 것을 의미한다. 그러나 공공선은 개인의 이익보다는 국가와 사회 그리고 인류 전체를 위한 선의 개념인 것이다.[13] 따라서 이 의미는 공공의 복지 혹은 공공의 이익을 뜻하는 개념이라고 할 수 있으며, 결과적으로 개인적인 선과 이익을 동시에 고려하여 사회 전체의 공공의 복리와 복지를 실현하는 것이 공공선이다.

이 개념은 고대 그리스에서부터 시작하였으며, 플라톤을 비롯하여 아리스토텔레스도 공공선이라는 개념에 대하여 설명하였다. 플라톤은 직접적으로 이 개념을 설명하지는 않았지만, 그의 저서 『국가』 420c에서 국가의 설립 목적을 설명하는 부분에서 공공선에 대한 개념을 찾을 수 있다. 플라톤(Plato)은 "국가의 설립 목적은 국가를 구성하고 있는 모든 국민들이 행복하게 사는 것"이라고 주장한다.[14] 그의 주장에 따르면, 공공선을 추구하는

---

13 맹주만, 「롤스와 샌델, 공동선과 정의감」, 『철학탐구』 제32집, (서울: 중앙철학연구소, 2012), pp.314-315. 참조.

14 Plato, *Republic*, Edited and Translated by Chris Emlyn-Jones and William Preddy(Harvard University Press, 2013), pp.342-343.

것이 국가의 설립 목적이며, 이는 개인의 이익을 추구함과 동시에 국가를 구성하는 모든 사람들의 이익을 위한 국가를 설립해야 한다는 것을 의미한다고 할 수 있다.

또한, 앞서 설명한 것과 같이 공공선의 의미는 결과주의 이론인 공리주의에 의해서도 그 정확한 의미를 찾을 수 있다. '최대 다수의 최대 행복' 이라는 공리주의의 표어의 의미를 다시 한 번 정확하게 살펴보면, 이는 개인의 이익을 포함하는 것과 동시에 자신이 포함된 공동체의 이익을 표방한다. 실제로 공리주의자들이 행위의 옳고 그름과 선하고 악한 것의 기준 되는 '공리성' 은 사회 전체 이익을 표방하는 것이라고 할 수 있을 것이다. 따라서 공리주의는 표면적으로는 공동선을 추구하는 것 같지만, 실질적으로는 공리주의가 사회 전체의 이익을 고려하는 공공선을 추구하는 이론이라고 할 수 있다. 또한, 동시대의 루소가 주장하는 공공의 복지(bien commun)도 동일한 의미에서 공공선을 주장하는 것이라고 할 수 있을 것이다.[15]

이와 같은 공공선 개념은 근대 이후로는 J. 롤스(J. Rawls)를 비롯하여 A. 맥킨타이어(A. MacIntyre), M. 왈쩌(M. Walzer), 그리고 M. 샌델(M. Sandel)까지 그 개념을 사용하고 있다. 물론, 근대 이후로는 아리스토텔레스(Aristoteles)가 주장한 공동체주의 개념을 빌어 공동선 개념으로 사용하는 경향이 더욱 많이 나타나고 있지만, 앞선 설명에서도 밝혔듯이, 이 두 개념 공공선과 공동선은 개인을 위한 것이 아니라는 부분에서는 동일한 원리를 채택하고 있으며, 단지 국가나 사회 혹은 인류를 위한 선을 추구하는 것인가 혹은 어떤 하나의 공동체를 위한 선인가에 따라 그 개념이 다르게 사용

---

15 장 자크 루소,『사회계약론 외: 코르시카 헌법 구상. 정치경제론. 생피에르 영구평화안 발췌. 생피에르 영구평화안 비판』, 박호성 옮김 (서울: 책세상, 2015).

된다는 것이다. 따라서 개인의 이익이 아닌 다수의 이익을 위한 개념이라는 부분에서는 동일한 개념이라고도 할 수 있다.

마지막으로 우리나라의 헌법에도 공공복리에 대한 조항이 있다. 헌법 제37조에 따르면, 우선적으로 1항에 의해 "개인의 자유와 권리를 보장"하고 있다.[16] 그러나 2항을 살펴보면, "국민의 모든 자유와 권리는 국가안전보장·질서유지 또는 공공복리를 위하여 필요한 경우에 한하여 법률로써 제한할 수 있으며, 제한하는 경우에도 자유와 권리의 본질적인 내용을 침해할 수 없다"고 명시되어 있다.[17] 이는 인간의 존엄성을 침해하지 않는 범위에서 개인의 사익은 공공복리를 위해 제한할 수 있음을 설명하는 것으로 이는 개인의 사익보다는 공공선의 중요성을 강조하고 있는 것으로 판단할 수 있을 것이다.

결과적으로 우리는 로봇을 사용하는데 있어서 개인을 위한 사적 이익을 추구하는 삶의 질적 향상과 복지도 중요하지만, 개인의 사적 이익을 해하지 않는 한에서 국가나 사회 혹은 인류의 선을 위해 로봇을 사용해야 한다. 즉, 이는 개인의 개별적 이익과는 달리 다수와 개개인의 이익이 잘 조화될 때 성립되는 공공선을 위해 로봇을 사용해야 한다는 의미를 내포하고 있다.

---

16 헌법 제37조 1항.
17 헌법 제37조 2항.

058

윤리적 AI로봇 프로젝트

Ⅲ. 로봇윤리 헌장의 수정 방향과
로봇윤리 5원칙의 제시

　지금까지 우리는 로봇윤리 헌장을 개정하는데 있어서 필요한 윤리적 기준에 대하여 논의하였다. 이에 따르면, 인간의 존엄성을 해하지 않고, 공공선을 성취하기 위한 로봇윤리 헌장을 개정해야 한다. 3장에서 우리는 2007년에 제시된 기존의 로봇윤리 헌장 초안의 요약본을 바탕으로 두 가지 윤리 기준에 의거하여 로봇윤리 헌장의 수정 방향에 대하여 제시할 것이다. 우선, 2007년에 제안된 로봇윤리 헌장 전문에 나온 원칙들을 살펴보면 다음과 같다.

　　하나, 인간은 로봇을 설계하고 제조하고 사용할 때 항상 생명의 존
　　　　엄성 및 생명윤리를 보호하고 지켜야한다.
　　하나, 인간은 로봇을 설계하고 제조하고 사용할 때 항상 공공의 선
　　　　(善)을 위해 지혜롭게 판단하고 의사 결정해야 한다.
　　하나, 단, 앞의 〈하나〉와 상충되는 경우, 인간은 로봇을 설계하고 제
　　　　조하고 사용할 때 항상 공공의 선(善)을 위해 지혜롭게 판단하
　　　　고 의사 결정해야 한다.
　　하나, 로봇 설계자는 로봇윤리 헌장을 준수해야 할 제 1 책임자로서
　　　　로봇 설계 시 정해진 권리, 정보윤리, 공학윤리, 생태윤리 및 환
　　　　경윤리 등을 보호하고 지켜야한다.
　　하나, 로봇 제조자는 로봇윤리 헌장을 준수해야 할 제 2 책임자로서
　　　　인류와 공존하기에 적합하고, 사회적 공익성과 책임감에 기반

한 로봇을 제조하여야 한다.

하나, 로봇 사용자는 로봇을 존중하는 마음으로 법규에 따라 사용하되, 로봇 남용을 통한 중독 등에 주의해야 한다.

2007년 제시된 로봇윤리 헌장의 초안을 보면 앞서 제시된 로봇윤리 헌장의 윤리적 기준에 적합한 것처럼 보인다. 그러나 이 로봇윤리 헌장에서 몇 가지 문제점을 지적할 수 있다. 첫 번째로 지적할 수 있는 문제점은 표현의 애매모호함으로 발생할 수 있는 문제점이다. 예를 들어 설명하면, '생명의 존엄성 및 생명윤리' 라는 표현은 비결과주의 규범 윤리 이론이 담고 있는 '인간의 존엄성' 을 존중해야 한다는 의미를 완전하게 포괄하고 있어 보이지는 않는다. 또한, '공공의 선을 위해 지혜롭게 판단하고 의사 결정을 해야 한다' 는 부분도 도대체 '지혜롭게 판단한다' 라는 것이 무엇을 의미하는지 애매모호하다. 마지막으로 세 번째 원칙에서도 '단, 앞의 〈하나〉와 상충되는 경우' 에서 '앞의 〈하나〉' 가 어떤 것인지 명확하지 않다. 물론, 그 뒤의 내용으로 로봇윤리 헌장에서 우선적으로 적용되는 윤리 이론이 결과주의 규범 윤리 이론에 근거한다는 것은 알 수 있다. 그러나 명기의 문제에 의해 내용면에서 애매모호함을 유발시킨다. 그 결과 로봇이 인간과 함께 살아가는 데 있어서 그 사용의 범위 설정을 하는데 있어서 난해한 문제점들을 야기할 것이라 할 수 있다. 따라서 앞의 3원칙에 대한 명확한 표현이 필요해 보인다.

두 번째로 지적할 수 있는 문제점은 '로봇 설계자' , '로봇 제조자' 그리고 '로봇 사용자' 에 대한 문제점이다. 즉, 그들의 역할과 책임에 대하여 좀 더 명확하게 구분하여 언급할 필요가 있어 보인다. 2007년 로봇윤리 헌장의 문제점은 로봇 설계자, 로봇 제조자 그리고 로봇 사용자에 순위를 정하여 책임을 한정했다는 것이다. 이와 같은 구조는 로봇을 사용하는 과정에서 문제가 발생할 경우, 그 책임에 대한 회피의 문제가 발생할 여지가 있다. 설명하자면, 로봇 사용자가 로봇을 사용함에 있어서 문제를 발생시켰을지라도, 로봇 설계자가 제 1 책임자로 규정이 되어 있기 때문에 그 책임을 로봇 설계자에게 전가하는 문제가 발생할 수 있다. 따라서 로봇 설계자, 로봇 제조자, 로봇 사용자의 역할과 책임에 대하여 명확하게 구분하고 규정할 필요가 있다.

세 번째로 지적할 수 있는 문제점은 로봇과 인간의 관계 설정이다. 로봇 윤리 헌장의 가장 큰 원칙은 인간과 로봇의 공존하는데 있어서 인간과 로봇의 관계 설정과 인간이 로봇을 어떻게 사용할 것인가에 대한 명시이다. 달리 말해, 이는 로봇을 전 인류의 행복실현과 존엄성 존중을 위한 '도구적 존재'로서 인식하고, 그 설계와 제조, 그리고 사용에 관한 윤리강령을 제정해야 한다는 것과 로봇윤리 헌장이 인간중심(human-centered ethics)의 규범 윤리임을 분명히 밝혀야하는 것을 의미한다고 할 수 있다. 그러므로 2007년 로봇윤리 헌장 6원칙, 2007년 로봇윤리 헌장 초안 요약본 그리고 부칙(로봇 윤리규범)에 나타나는 표현으로 '로봇을 친구', '동반자' 등으로 규정하고 있는 부분들을 수정해야 하며, 이는 로봇윤리 헌장의 전문과 부칙 간의 불일치 및 정합성의 부족을 나타내는 것이기 때문에 그 수정은 당연시 된다. 그러므로 로봇윤리 헌장 수정안은 무엇보다 먼저 인간과 로봇 간의 관계를 명확히 설정해야 한다.

다음은 위에서 지적한 문제점을 바탕으로 로봇윤리 헌장의 수정 방향을 제시한 것이다. 첫째, 기존의 로봇윤리 헌장의 기존 구조와 관점은 유지하되, 인공지능과 로봇의 발전에 따른 변화를 반영해야 한다. 둘째, 로봇윤리 헌장의 근본이념은 인간의 존엄성과 인류의 공공선을 위한 것이라고 명확하게 제시해야 한다. 셋째, 기존의 로봇윤리 헌장 전문의 원칙들에 등장하는 애매한 원칙들을 정리하고 내용을 보완하여 새로운 로봇윤리 헌장 전문 6원칙을 제시해야 한다. 넷째, 로봇윤리 헌장의 전문 및 부칙에 나온 모호한 용어와 애매한 표현들을 명료화시켜야한다. 다섯째, 로봇윤리 헌장 전문과 부칙인 로봇윤리규범으로 나눠진 이원적 구조를 기본 6원칙과 직접적으로 로봇을 설계, 제작, 그리고 사용하는 사람들을 위한 원칙으로 체계화해야 한다. 끝으로, 로봇윤리 헌장의 전문, 기본원칙, 설계 및 제작자, 사용자윤리의 내용적, 체계적인 위계성과 추상성을 고려하여 수정해야 한다.

이러한 수정방향에 따라 전문을 시대적 변화, 로봇윤리 헌장의 필요성, 로봇윤리 헌장의 목적 그리고 로봇윤리 헌장의 공포로 구성하였다.

그리고 기본원칙으로서 로봇윤리 5원칙을 다음과 같이 제안하고자 한다.

전 문

　21세기 중반에 인류의 전반적인 삶에 영향을 미치는 인공지능 로봇이 상용화될 것이다. 인공의 지능이나 감성까지 갖춘 로봇과 함께하는 미래 사회에서는 정치, 경제, 사회, 문화, 교육 및 윤리 등의 여러 분야에서 다양한 변화가 일어날 것으로 예상된다.

　이러한 변화는 우리의 개인적 삶의 범위뿐만 아니라 공동체적 삶의 범위에서도 중요한 영향을 미칠 것이다. 따라서 우리는 로봇을 올바르게 활용하여 인간의 삶의 질이 향상될 수 있는 미래 사회를 실현하기 위해 로봇윤리 헌장을 제정할 필요성과 책임감을 갖는다.

　우리는 인간의 존엄성을 존중하고 인류의 공공선을 추구하면서 인간의 본래적 가치인 자유와 평등, 정의와 배려, 사랑과 행복 등을 향유할 수 있는 미래를 희망한다. 이런 전제 하에 로봇의 기능과 역할을 통해 보다 편리하고 건강하며, 안정 되고 행복한 삶의 질이 고양될 수 있는 미래 사회를 구현하고자한다.

　이를 위해 그리고 미래세대를 위해 우리는 지혜를 모아야 한다. 우리가 원하는 인간과 로봇의 미래는 현재 우리의 준비와 결정에 달려 있다. 따라서 우리는 인간의 삶의 질과 복지의 향상을 위해 인간과 로봇의 관계를 규정하는 로봇윤리 헌장을 선언한다.

IV. 로봇 설계자, 제작자
그리고 사용자 윤리의 구분의 의미와 필요성

제1장 로봇윤리 기본원칙

1.1. 로봇은 인간의 존엄성을 존중해야 하며, 인류의 공공선을 실현하는데 기여해야 한다.

1.2. 로봇은 인류의 공공선을 침해하지 않는 범위 내에서 인간의 존엄성을 추구해야 한다.

1.3. 로봇은 인간의 존엄성 존중과 인류의 공공선 실현의 원칙을 위배하지 않는 범위 내에서 사용자의 명령을 준수해야 한다.

1.4. 로봇은 위의 원칙들을 준수해야 하며, 이에 대한 책임은 설계 및 제작자에게 있다.

1.5. 로봇은 설계 및 제작의 목적에 부합하여 사용되어야하며, 그 이외의 사용에 대한 책임은 사용자에게 있다.

3장에서 2007년에 제시된 로봇윤리 헌장의 문제점을 지적하였으며, 그 문제점을 해결할 수 있는 '로봇윤리 헌장 7가지 수정 방안'을 제시하였다. 그에 따르면, 애매한 원칙들을 수정하고 모호한 용어들은 명료화해야 한다. 또한, 설계자, 제작자 그리고 사용자에 대한 윤리 규정을 명확하게 구분하고 체계화해야 한다. 고인석은 로봇윤리에 관하여 두 가지 차원 혹은 두 영역에서 나눠져서 다루어져야한다고 주장한다. 첫 번째 영역은 로봇을 설계, 제작, 관리하는 자의 관점에서의 로봇윤리이며, 두 번째는 윤리학자의 관점에서의 로봇윤리이다.[18] G. 베루지오(G. Veruggio et al.)와 그의 동료들도 이와 유사한 차원으로 로봇윤리를 연구해야 한다고 설명한다. 이들에 따르면, 첫 번째는 철학에서 윤리(ethics)와 도덕(morality)이라고 부르는 윤리 이론들을 로봇윤리에 적용하는 차원에서 로봇윤리를 연구하는 것이며, 두 번째는 로봇 윤리(robot ethics)와 공학 윤리(machine ethics)에서 언급하는 인공지능 로봇을 만드는 사람들이 지켜야하는 윤리 강령(code of conduct)들에 관한 차원에서의 로봇윤리의 연구이다.[19]

이들의 의견을 종합해 보면, 윤리학자의 관점에서의 로봇윤리의 정립과 철학에서의 윤리 이론에 대한 로봇윤리의 적용에 관한 연구는 아마도 우리가 2장에서 제시한 로봇윤리 헌장을 개정하는데 있어서 기준이 되는 윤리적 근거들에 의한 로봇윤리의 개정에 해당하는 부분일 것이다. 다음으로 설계, 제작, 관리자의 관점에서의 로봇윤리의 제정과 로봇을 만드는 사람들이 지켜야하는 윤리 강령의 수준에서의 로봇윤리에 관한 연구는 이번 장에서 논의하려는 로봇 설계자, 제작자, 그리고 사용자 윤리에 대한 세칙에 관한 것이다. 따라서 본 장에서는 로봇 설계자, 제작자, 그리고 사용자 윤리를 구분하고 앞서 지적한 문제점들을 해결할 수 있는 방법과 의미 그리고 필요성에 대하여 상세하게 설명하고자 한다.

---

18 덧붙여 그는, "이 두 영역은 서로 연결되면서도 각각 독립적인 성격을 지니고 있으며, 전자는 후자가 제시하는 이론적 통찰을 참고해야 하며, 후자의 비판적 관점에서 수정 가능한 성격을 지니지만, 후자의 논의가 종결되어야 전자가 구성되는 것은 아니다"라고 주장한다: 고인석(2014), 앞의 책, pp.406-407.

19 G. Veruggio, J. Solis, and M. Van der Loos, "Roboethics: Ethics Applied to Robotics", IEEE Robotics & Automation Magazine Vol. 18 Iss. 1, 2011, p.21.

제2장 로봇 설계자의 윤리

2.0. 로봇 설계자는 인간의 존엄성 존중과 인류의 공공선 실현에 기여하는 로봇을 설계해야 한다.

2.1. 로봇 설계자는 헌법에 명시된 인간의 기본권을 침해하지 않도록 설계해야 한다.

2.2. 로봇 설계자는 개인을 포함한 공동체 전체의 선을 침해하지 않도록 설계해야 한다.

2.3 로봇 설계자는 생태계를 포함한 생명공동체의 지속 가능성을 침해하지 않도록 설계해야 한다.

2.4 로봇 설계자는 정보 통신윤리 및 기술·공학윤리와 관련된 강령들을 준수해야 한다.

2.5. 로봇 설계자는 로봇의 목적 및 기능을 설정하고 이에 맞게 사용되도록 설계해야 한다.

원칙적으로 로봇윤리 헌장을 준수해야하는 것은 로봇이다. 그러나 로봇이 로봇윤리 헌장을 준수하기 위해서는 그 로봇을 설계하고, 제작하고 그리고 사용하는 사람이 로봇윤리 헌장을 지킬 수 있도록 로봇을 설계, 제작, 그리고 사용해야 한다. 따라서 전문의 6가지 기본원칙 이외에 우리는 로봇을 설계하는 사람이 지켜야하는 로봇윤리 헌장을 부칙이 아닌 세부원칙으로 수정,

보완해야 한다.

　우선적으로 로봇 설계자의 윤리는 인간의 존엄성과 공공선을 위해하지 않는 것을 기준으로 수정, 보완해야 한다. 왜냐하면 그것은 앞서 제시한 두 가지의 윤리적 근거가 로봇의 존재 목적이기 때문이다. 달리 말해, 로봇은 인간의 도구적 존재라는 개념을 벗어나서 설계될 수 없다는 의미이다. 또한, 로봇 설계자의 윤리 기준이 인간의 존엄성과 공공선 실현이라는 것을 벗어날 수 없는 것은 윤리학의 역사적 배경에도 그 원인을 찾을 수 있다. 설명하자면, 윤리라는 것은 개인적 차원, 즉 인간의 존재의 목적에 부합하는 인간의 존엄성을 위한 것에서부터 출발하여 많은 사람들이 함께 살아갈 수 있는 공동체를 건설하기 위한 사회 윤리로 진화하였다.[20] 따라서 로봇 설계자의 윤리도 윤리학의 역사적 발전과정을 위배할 수 없기 때문에 인간의 존엄성과 공공선 실현이라는 큰 맥락을 벗어날 수 없는 것이다.

　그러나 인간의 존엄성에 근거한 비결과주의 규범 윤리 이론과 공공선 실현이라는 다수의 이익을 대변하는 결과주의 규범 윤리 이론은 서로 공존하기에는 많은 어려움을 지니고 있다. 그렇다면, 이 두 가지 윤리 기준 중 어떤 기준에 우선 순위를 부여하여 로봇을 설계해야하는 것인가? 아마도 로봇 설계자는 로봇을 설계하는데 있어서 공공선 실현이라는 목적에 좀 더 부합하도록 로봇을 설계해야 한다. 이는 곧, 행위의 가치 판단 기준을 행위의 결과에 주목하는 결과주의 규범 윤리에 입각해 로봇 설계자 윤리를 제정해하는 것을 의미한다고 할 수 있다. 즉, 해악과 이익의 비대칭성에 근거하여 공공선 실현이 인간의 존엄성보다는 인간의 더 많은 이익을 가져다주기 때문

20　라인홀드 니버, 『도덕적 인간과 비도덕적 사회』, 이한우 옮김 (서울: 문예출판사, 2004) 참조.

에 인간의 공공선 실현이 인간의 존엄성보다는 우위에 있다는 것이다.

또한, 로봇 설계자 윤리에는 그들 자신들이 설계자로서 준수해야할 것들에 대하여 명시해야 한다. 로봇 설계자들이 준수해야하는 것은 공학윤리, 과학기술윤리, 정보윤리 등이 있다. 이는 로봇 설계자가 로봇을 설계하는데 있어 공학자로서 혹은 과학자로서 반드시 준수해야하는 것들이다. 만약 그들이 위에 제시된 기본적인 윤리 기준들을 준수하지 않는다면, 우리가 로봇윤리 헌장을 제정하는 본래적인 목적, 인간의 존엄성뿐만 아니라 인류의 공공선을 실현할 수 없다. 따라서 로봇 설계자는 그들이 설계자로서 지켜야하는 윤리 기준들을 반드시 준수해야 한다. 마지막으로 로봇 설계자는 인간을 위한 로봇의 도구적 존재로서의 목적을 명확하게 하기 로봇의 목적과 기능에 맞게 설계해야 하며, 그 결과로 우리는 또한 로봇 사용의 부작용을 미연에 방지할 수 있을 것이다.

로봇을 사용한다는 것의 본질적 의미는 인간의 삶을 풍요롭게 하는 것에서 찾을 수 있을 것이다. 그러므로 로봇 설계자는 이와 같은 본질적 의미가 드러날 수 있도록 로봇을 설계해야만 할 것이다. 달리 말해 로봇의 존재 목적은 인간의 삶을 윤택하고 풍요롭게 하는 것이기 때문에 그 설계의 기본 골조는 인간의 존엄성을 존중하고 인류의 공공선에 이바지하는 것이어야만 한다.

2. 로봇 제작자 윤리의 의미와 필요성

제3장 로봇 설계자의 윤리

3.0. 로봇 제작자는 공익의 범위 내에서 인간의 행복 추구에 도움이 되고 정해진 목적과 기능에 부합하는 로봇을 만들어야 한다.

3.1. 로봇 제작자는 로봇의 제작 및 판매와 관련된 법규를 준수하여 제작해야 한다.

3.2 로봇 제작자는 로봇의 목적 및 기능과 관련된 법규나 인증에 따라 로봇을 제작해야 한다.

3.3 로봇 제작자는 설계된 로봇의 목적 및 기능을 변경하지 않고 제작해야 한다.

3.4 로봇 제작자는 로봇의 사용 연한을 정하고 폐기에 대한 지침을 제공해야 한다.

3.5 로봇 제작자는 로봇의 사용 연한 내에서의 유지보수와 결함으로 발생된 피해에 대한 책임을 져야한다.

로봇은 인간이 창조한 사물이며 인간이 부여한 목적에서 벗어날 수 없다. 그러나 홀(J. S. Hall)에 따르면, "로봇은 자율권과 의식을 지니고 있을 뿐만 아니라 인간을 능가하는 도덕적이고 지적인 차원을 지닌 것으로 로봇은 이성적이며, 흔들림 없는 도덕성을 지니고 있는 새로운 종의 진화이다"라

고 한다.[21]

이와 같은 주장은 로봇을 인간이 부여한 목적에만 종속되지 않는 것으로 간주하는 것이다. 그러나 우리는 홀의 주장에 선뜻 동의하지는 않을 것이다. 왜냐하면, 현재까지의 로봇 기술은 인간의 도덕성과 이성적 사고를 학습하고 있는 수준이며, 스스로 진화하여 인간과 유사할 정도의 도덕적 판단력을 가지고 있다고 간주하기에는 그 수준이 미흡하기 때문이다. 따라서 인간의 윤택한 삶을 위한 목적이라는 범주 안에서 로봇의 사용 목적은 벗어날 수 없다. 그 결과 로봇의 사용 목적의 구체적 방향은 설계자에게 달려 있으며, 제작자는 설계자가 설정한 로봇의 사용 목적에서 벗어난 로봇을 제작할 수 없기 때문에 별도의 새로운 목적으로 설정하는 것은 불가능하다. 바로 이것이 로봇 제작자의 윤리에 있어 첫 번째 기준이 된다. 그리고 두 번째 기준은 로봇을 둘러싼 주체 중 하나인 사용자와 관련된 부분이다. 제작자는 사용자에게 제작된 로봇을 제공하는 입장에서 로봇의 유지보수와 폐기와 관련된 사항에 있어 책임을 갖는다.[22]

2007년에 제시된 로봇윤리 헌장에서는 '로봇 제조자'라는 표현과 '제2 책임자'라는 표현을 사용하고 있다. 그러나 개정되어야 하는 로봇윤리 헌장에서는 제조자라는 표현 대신 제작자라는 표현을 사용하는 것이 바람직해 보인다. 왜냐하면, 홀이 주장한 것과 같이 새로운 종으로 취급해야하는

---

21 G. Veruggio, F. Operto, "Robotics: a Bottom-up Interdisciplinary Discourse in the Field of Applied Ethics in Robotics", International Review of Information Ethics, Vol. 6, Ethics in Robotics 2006, p.4.

22 물론, 설계자가 설정한 기준과 사용자에게 제공하는 입장에서의 로봇의 유지와 보수 그리고 폐기가 제작자의 기준이 되는 것은 분명하지만, 제작자 또한 앞서 제시한 윤리적 기준, 인간의 존엄성과 공공선 실현이라는 것에 대한 기준에 의해 로봇을 제작해야 하는 것은 로봇제작작의 제작 기준보다 상위의 개념이다.

수준의 로봇은 아니지만, 로봇은 단순하게 공장에서 생산되는 자동차와 달리 인간 유사한 인공지능을 가진 존재로서 새롭게 탄생된 제작물이기 때문이다. 그리고 제 2 책임자라는 표현도 수정이 필요해 보인다. 이와 같은 표현은 로봇과 관련된 주체들 – 설계자, 제작자, 사용자 – 사이에 위계를 만들고 그 위계를 바탕으로 책임의 무게가 달라질 수 있다는 이유이다. 따라서 개정될 로봇윤리 헌장에서는 설계자, 제작자, 사용자가 동등한 책임을 갖는다는 의미에서 책임의 수위를 나타내는 표현들은 수정해야 한다.

또한, 로봇을 제작하는 제작자는 로봇윤리 헌장에서 명시하고 있는 윤리 기준 이외에 제작물에 대한 기존 법규를 준수해야 한다. 로봇이 비록 인간과 유사한 인공지능을 가진 존재로 간주될 수 있다고 하더라도 상용화된 로봇이 인간이 만든 도구이며, 상품이라는 한계를 벗어나는 것이 아니기에 제작자는 상품과 관련된 기존의 법률, 제반 상품의 판매와 관련된 법규를 벗어나서 활동할 수 없다. 이것은 2007년 로봇윤리 헌장에서 기존 법규에 대한 인식이 미흡했던 부분을 보강한 것이라고 할 수 있다.

마지막으로 개정될 로봇윤리 헌장에서는 로봇의 '사용 연한' 과 관련된 사항들을 명시해야 한다. 로봇은 인간을 위한 도구적 존재로서의 상품이다. 기존의 로봇윤리 헌장에는 수명주기 등과 같은 표현이 로봇의 존재 목적에 대한 오해를 불러일으킬 소지가 있다. 따라서 보다 분명하게 로봇의 목적을 인간의 윤택한 삶을 위한 도구라는 점에 방점을 찍을 사항들을 첨부해야하는 것이다. 또한, '로봇의 수명' 이라는 표현은 그 수명이 다했을 경우 수명을 연장하느냐 마느냐라는 또 다른 문제를 표출한다. 따라서 사용 연한이란 표현을 통해 제작물에 대한 책임을 연한을 설정하여 로봇 제작자에게 사용 기간 동안의 로봇에 대한 제작 책임을 부여해야 한다. 달리 말해, 사용 연한

이 지난 로봇의 수거와 폐기, 사용 연한 내의 로봇의 유지 보수와 결함에 따른 보상 책임을 로봇 제작자에게 부여해야 한다는 것이다.

로봇 제작자의 윤리는 법규에 대한 존중, 설계자에 대한 의무, 사용자에 대한 의무로 요약할 수 있을 것이다. 따라서 로봇 제작자의 윤리에 대한 명확한 표현과 명시는 로봇을 설계하는 설계자의 목적에서 벗어나지 않으며, 사용자의 권리를 존중하고 보호하기 위해 노력해야 한다는 사항들을 함축해야 하며, 그것이 로봇 제작작의 윤리의 의미와 필요성이라고 할 수 있을 것이다.

3. 로봇 사용자의 윤리의 의미와 필요성

제4장 로봇 사용자의 윤리

4.0. 로봇 사용자는 자신이나 타인의 삶의 질과 복지의 향상을 위해 정해진 목적과 기능에 따라 로봇을 사용해야 한다.

4.1. 로봇 사용자는 로봇 사용과 관련된 법률과 사용지침을 준수해야 한다.

4.2 로봇 사용자는 로봇을 불법적으로 개조하거나 임의로 변경할 수 없으며, 정해진 목적 및 기능에 맞게 사용해야 한다.

4.3 로봇 사용자는 로봇을 사용하여 타인의 이익을 침해하거나 위해를 가하지 않도록 해야 한다.

윤리적 AI로봇 프로젝트

현재 우리는 인공지능과 로봇 그리고 빅 데이터가 결합하여 창출하는 새로운 혁명의 시기 이른바 4차 혁명의 시기에 살고 있다. 즉 우리는 실재와 가상이 통합돼 사물을 자동적, 지능적으로 제어하는 지능정보사회에 살고 있다. 특히 인간과 생물체를 닮고, 감정과 지능을 지녔으며, 어느 수준의 판단력을 지닌 로봇의 사용은 인간으로 하여금 보다 편리하고, 건강하며, 안전하고, 행복한 삶을 영위하는 것을 가능하게 할 것이다. 이와 같이 인간이 로봇을 사용함으로써 얻을 수 있는 긍정적 측면이 많지만 로봇의 악용 및 오남용, 과몰입, 중독 등과 같은 부정적 측면 또한 적지 않다. 그러므로 로봇을 사용하는 사람들이 지켜야 할 최소한의 윤리 규범 즉, 로봇 사용자 윤리가 필요하며 그것의 준수는 로봇 사용의 부정적 측면에 빠지지 않도록 로봇 사용자를 이끌 것이다.

일반적으로 우리가 어떤 상품을 사용한다면 상품 사용에 대한 소비자 윤리가 필요하다. 즉, 이는 로봇을 인간이 만든 일종의 상품이라고 간주할 수 있다면, 로봇을 사용함에 있어서도 그것의 사용자가 지켜야하는 윤리 즉, 로봇 사용자의 윤리가 필요한 것은 당연하다. 따라서 개정될 로봇윤리 헌장에는 로봇의 사용과 책임에 대한 부분을 좀 더 명확하고, 상세하게 명시해야 한다.[23] 따라서

---

23 지능정보사회 10대 소비자 권리로는 안전할 권리(윤리적 알고리즘), 알 권리(정보공개), 선택할 권리(독과점 금지, 선택지 보장), 의견을 반영시킬 권리(옴부즈만, 기획개발참여), 구

로봇윤리 헌장에는 10대 소비자의 권리와 6대 소비자의 책무가 포괄적으로 수용되는 내용들이 보완될 수 있을 것이다. 그리고 이러한 소비자의 권리와 책무는 로봇을 일종의 상품으로 볼 수 있다는 전제달리 말해, 로봇이 인간을 위한 도구적 존재라는 것을 의미하기 때문에 개정될 로봇윤리 헌장의 사용자 부분에서도 이에 근거하여 수정해야 한다.

특히, 로봇윤리 헌장의 개정에 있어서 발생하는 쟁점중의 하나는 아마도 로봇의 사용에 대한 책임의 문제일 것이다. 설명하자면, 로봇의 정상 혹은 비정상 작동 상황에서 발생하는 피해에 대한 책임의 문제를 어떻게 해결할 것인가가 가장 큰 쟁점 중의 하나이다. 그러므로 로봇 사용자 윤리를 통해 로봇을 정상 혹은 비정상적으로 사용하여 발생한 결과에 대한 책임을 누가? 어디까지? 어떻게? 감당할 것인가에 대한 지침(가이드라인)을 제시할 필요가 있다. 이러한 맥락에서 로봇 사용자 윤리에서는 로봇 사용자가 로봇 설계자나 제조자가 설정해 놓은 로봇의 본래 목적이나 기능에 부합하지 않게 로봇을 사용하거나 로봇을 불법으로 개조 혹은 임의로 변경하여 로봇을 사용함으로 인해 발생하는 문제들에 대해 그 책임 소재가 로봇사용자에게 있음을 분명히 명시해야 한다. 또한 로봇 악용 및 오남용으로 발생하는 문제들에 대한 책임도 로봇 사용자에게 있음을 명확히 해야 한다. 그리고 디지털 기기 사용의 예와 마찬가지로 로봇도 과몰입, 의존성, 중독(증후군) 등과 같은 문제들을 야기 시킬 수 있기 때문에 로봇 사용자

제에 관한 권리(반품, 리콜), 소비자 교육을 받을 권리(직관적 상시 매뉴얼), 단체 조직 활동 권리(단결, 교섭), 지속 가능 환경의 권리(리사이클링, 환경인증), 기술적 환경의 권리(대안적 선택 보장), 인격을 존중받을 권리 등(잊혀질 권리, 정보자기결정권, 프라이버시)이 제시되고 있다. 그리고 지식정보사회 6대 소비자 책무로 비판의식(유용성, 가격·품질에 대한 비판), 참여(공정한 대우 확인/요구), 사회적 배려(민주사회에 대한 사회적 책임 인식), 환경 의식(환경 보호), 연대(연대/조직화), 정보(권익증진을 위한 지식정보)등이 제시되고 있다(임상수, 「지능정보 기술을 둘러싼 윤리적 쟁점」, 『2016년 한국윤리학회 동계학술대회 자료집』, 과학기술 시대의 윤리학과 도덕교육, 2016, p.31. 참조).

의 성향과 관련된 윤리적 문제들을 로봇 사용자 윤리에 명시적으로 밝혀 로봇 사용하는 사람들에게 주의를 당부해야 한다.

V. 결론

로봇은 이미 우리의 일상과 함께 하고 있다. 메디컬 로봇, 서비스 로봇, 가정교육 로봇, 엔터테인먼트 로봇 등 많은 분야에서 로봇은 이미 상용화되어 있는 실정이다. 그 결과 로봇이 인간과 공존하기 위한 규칙들의 제정은 둘의 관계를 지속적으로 발전시키기 위해 필연적인 것이라고 할 수 있다. 이에 따라 전세계적으로 로봇과 관련된 헌장들을 제정하고 그에 대한 논의는 계속 되고 있다. 실례로 미국 백악관의 대통령실 산하의 국가과학기술위원회(National Science and Technology Council: NSTC)는 '인공지능의 미래를 위한 준비(Preparing for the Future of Artificial Intelligence)'를 2016년 10월에 발표하였으며,[24] 동년 12월에는 동일한 산하의 경제자문위원회(Council of Economic Advisers: CEA)에서 '인공지능, 자동화, 그리고 경제(Artificial Intelligence, Automation, and the Economy)'를 발표하였다.[25] 이 두 리포트는 향후 인공지능의 발전에 따른 변화에 대한 대책을 수립하기 위한 미국 정부의 의지를 담고 있다.

우리나라도 산업통상자원부 소관의 공공기관인 한국로봇산업진흥원

---

24 https://obamawhitehouse.archives.gov/sites/default/files/whitehouse_files/ microsites/ostp/ NSTC/preparing_for_the_future_of_ai.pdf (검색일: 2017.2.3.)

25 https://obamawhitehouse.archives.gov/blog/2016/12/20/artificial-intelligence-automation -and-economy (검색일: 2017.2.3.)

에서 인공지능 로봇과 관련된 사업들을 지속적으로 실천하고 있다. 그리고 그 사업들은 발전시키기 위해서는 산업발전의 윤리적 기준이 필요하기 마련이다. 그것이 바로 로봇윤리 헌장일 것이다. 이 헌장은 로봇산업발전으로 인해 발생하는 문제점을 태초에 해결할 수 있는 기준이 될 것이다. 따라서 우리는 이에 부흥하고자 2007년 로봇윤리 헌장에 대한 수정의 필요성과 그에 대한 의미를 살펴보았다. 이는 곧, 인간과 인공지능 로봇이 공존할 수 있는 방안들에 대한 모색일 것이다.

　기존의 로봇윤리 헌장을 살펴보면, 인간과 로봇의 관계를 모호하게 설정하였으며, 제시된 윤리 원칙도 그 내용면에서 일관성 없이 작성되어진 느낌이 만연하였다. 이에 본 논문은 7가지 로봇윤리 헌장 개선 방향을 제시하였으며, 이에 맞춰 로봇 설계자, 제작자, 그리고 사용자의 윤리 원칙도 내용의 모호성을 파악하여 표현들을 분석하고 그 분석에 따라 세련화하여 수정해야함을 명시하였다. 이는 곧, 인간이 로봇을 인간을 위해 정확하게 사용해야만 하는 것을 명확하게 제시하는 것으로, 달리 말해 인간의 존엄성과 공공선 실현을 위해 로봇은 인간을 위한 도구적 존재라는 것을 의미한다고 할 수 있다.

　인간과 로봇은 불가분의 관계이다. 달리 말해, 앞으로 인간은 로봇의 도움 없이는 살아가기 힘들 것이다. 따라서 우리는 향후 개정해야하는 로봇윤리 헌장에서 제시될 윤리 원칙에 기반을 두고 로봇을 설계, 제작, 그리고 사용해야할 것이다. 또한, 모두는 아니더라도 다양한 윤리 이론을 수용할 수 있는 인공지능 로봇의 개발 연구 방향들을 제시해야할 것이다.

윤리적 AI로봇 프로젝트

참고문헌

변순용·송선영, 『로봇윤리란 무엇인가?』 (서울: 어문학사, 2015).

피천득, 『금아 시문선』 (서울: 경문사, 1955).

Bentham, J., An Introduction to the Principles of Morals and Legislation, Ch. 1, An authorized edition by J. H. Burns and H. L. A. Hart., (Oxford : Clarendon Press, 1996).

Plato, Republic, Edited and Translated by Chris Emlyn-Jones and William Preddy, (Harvard University Press, 2013).

Kant, I., Kants gesammelte Schriften (Sog. Akademie-Ausgabe).

Schönecker, D. & Wood, A. Kants Grundlegung der Metaphysik der Sitten, (UTB, 2004).

라인홀드 니버, 『도덕적 인간과 비도덕적 사회』, 이한우 옮김 (서울: 문예출판사, 2004).

장 자크 루소, 『사회계약론 외: 코르시카 헌법 구상. 정치경제론. 생피에르 영구평화안 발췌. 생피에르 영구평화안 비판』, 박호성 옮김(서울: 책세상, 2015).

존 스튜어트 밀, 『공리주의』, 이을상 옮김 (서울: 지식을만드는지식, 2013).

고인석, "로봇윤리의 기본 원칙", 『범한철학』 제75집(서울: 범한철학회, 2014).

맹주만, "롤스와 샌델, 공동선과 정의감", 『철학탐구』 제32집(서울: 중앙철학연구소, 2012).

변순용·송선영 "로봇윤리의 이론적 기초를 위한 근본 과제 연구", 『윤리연구』 제88(서울: 한국윤리학회, 2013).

임상수, "지능정보 기술을 둘러싼 윤리적 쟁점", 과학기술 시대의 윤리학과 도덕교육, 『2016년 한국윤리학회 동계학술대회 자료집』(서울: 한국윤리학회, 2016), p. 27~39.

Anderson, Richard J., "Marxism and Secular Faith", American Political Science Review,

79-3(September, 1965).

IEEE Standard Association, "Ethically Aligned Design Version 1 – For Public Discussion", IEEE, 2016.

Robotica, S. & Veruggio, G., "EURON Roboethics Roadmap Release 1.1", EURON Roboethics Atelier, 2006.

Veruggio, G. & Operto, F., "Robotics: a Bottom-up Interdisciplinary Discourse in the Field of Applied Ethics in Robotics", International Review of Information Ethics, Vol. 6, 2006.

Veruggio, G., Solis, J. and Van der Loos, M., "Roboethics: Ethics Applied to Robotics", IEEE Robotics & Automation Magazine Vol. 18 Iss. 1, 2011.

http://robots.law.miami.edu/2016/(검색일: 2017.1.31.)

https://ko.wikipedia.org/wiki/로봇_윤리(검색일: 2017.1.31.)

http://www.itnews.or.kr/?p=18007(검색일: 2071.2.3.)

http://m.irobotnews.com/news/articleView.html?idxno=9838(검색일: 2071.2.3.)

https://obamawhitehouse.archives.gov/sites/default/files/whitehouse_files/microsites/ostp/NSTC/preparing_for_the_future_of_ai.pdf(검색일: 2017.2.3.)

https://obamawhitehouse.archives.gov/blog/2016/12/20/artificial-intelligence-automation-and-economy(검색일: 2017.2.3.)

• 제3장 •
인공지능 로봇윤리의 4원칙에 대한 연구

변순용

Ⅰ. 인공지능과 로봇의 구분의 필요성에 대한 의문

인공지능은 '인간의 언어를 이해하고(자연어 처리), 사물과 상황을 인식하며(패턴인식), 새로운 정보를 체계적으로 습득하여 활용할 수 있으며(기계학습), 축적된 지식과 경험을 토대로 결론을 추론하여(전문가 시스템) 문제해결능력을 가진 지적인 컴퓨팅 능력'으로 정의된다. 이러한 인공지능은 약한 내지 특수 인공지능(Weak AI, Artificial Narrow Intelligence), 강한 내지 일반 인공지능(Strong AI, Artificial General Intelligence), 슈퍼 인공지능(Super AI, Artificial SuperIntelligence)으로 변화하고 있다.

로봇에 대한 모든 정의는, '인간의 개입 없이 과업이 완수되어야 한다'는 결과적 요소를 내포하지만, 모두가 합의한 단일한 정의는 없다. 일부 정의에서는 '움직일 수 있고 주변의 환경에 반응하는 물리적 기계'에 의해 과업이 완료되어야 하지만, 다른 정의에선 '물리적 구현 없이 소프트웨어'에 의해 완료된 과업과 관련해서도 로봇이라는 용어를 사용한다.[1] IFR(국제로봇연맹, International Federation of Robotics)에서는 로봇을 '국제표준화기구(ISO)의 로봇 정의 8373'에 근거하여 정의하고 있는데, 이에 따르면 산업용 로봇은 "자동으로 제어되고, 재프로그래밍될 수 있는 다용도의 조작이 가능한 것이며, 3개 이상의 축에 의해 프로그래밍이 가능하고, 산업 자동화의 과정에서 특정장소에 고정되거나 이동 가능한 것이다."[2] 그리고 서비스 로봇은 "산업 자동화를 제외한 과업 중에, 반자동 또는 완전자동으로 작동하면서, 인간과 장비에 유용한 서비스를 제공하는 로봇"으로 정의하고 있다. 그러나 이 정의는 산업용 로봇에 대한 정의라는 점을 고려해야 한다는 점에서 한계가 있다.

Veruggio와 Operto는 로봇을 보는 시각을 단순한 기계, 윤리적 차원을 갖는 존재, 선 또는 악을 행할 수 있는 개체, 새로운 종의 진화로 구분하고 있다.[3] 두 번째 입장은 로봇의 내재적 가치에 초점을 두고, 세 번째 입장은 로봇의 행위 자체에 관심을 갖기 때문이다. 이에 따라 전자의 방향에서는 로봇윤리가 주로 로봇의 존재론적 근거, 실존적 의미, 인간과 로봇의 상호

---

1 한국로봇산업진흥원, 「로봇이 생산성, 고용, 일자리에 미치는 영향」, 『Robot Issue Brief, 2017-3호』, p.6. 참조.

2 An industrial robot is defined to be an "automatically controlled, reprogrammable, multipurpose manipulator, programmable in three or more axes, which can be either fixed in place or mobile for use in industrial automation applications." : 검색일 2017. 12. 30. https://ifr.org/standardisation 참조.

3 Gianmarco Veruggio & Fiorella Operto, "Robotics: a Bottom-up Interdisciplinary Discourse in the Field of Applied Ethics in Robotics", International Review of Information Ethics, Vol. 6, Ethics in Robotics (12/2006), p.4a. 참조.

소통에 관한 내재적 의미와 관련된 분야들이 언급될 수 있는 반면, 후자의 방향에서 로봇윤리는 로봇이 수행하는 행위 자체(임무)의 옳고 그름에 관한 도덕적 판단 및 평가에 관한 내용들이 주요 관심사가 된다. 마지막으로 로봇은 인간과 전혀 별개의 새로운 진화의 종으로 보는 네 번째의 입장을 제외하면, 다른 입장들은 모두 로봇을 인간의 하위범주(인간의 수단 또는 인간이 만들었지만 인간과 유사한 존재)에서 언급하고 있다. 예를 들어 자율주행자동차를 생각해보자. 인공지능을 탑재한 차량이며, 인공지능에 의한 결정을 수행할 구현체(차량)가 있다면 이것을 Carbot이라고 부를 수 있을 것이다. 이처럼 인공지능에 의한 어떠한 결정을 보여주거나 행해질 수 있도록 하는 구현체의 필요성을 고려해본다면, 그리고 로봇의 발전과정을 고려해본다면, 인공지능만의 윤리나 로봇만의 윤리보다는 인공지능 로봇에 대한 윤리를 고려하는 것이 타당하다. 물리적 구현을 mobility로 한정하는 것은 매우 좁은 의미로 규정하는 것이다. 인공지능의 모듈에 의한 어떤 결정을 보여주거나 행위를 지시하는 명령만으로도 이를 위해서는 구현체가 필요하며, 유·무형의 구현체로 확장해서 해석될 필요가 있을 것이다.

II. 인공지능 로봇(AI Robot)의 윤리적 지위

인공지능은 특수한 속성을 지니는 인공물로서 현상 차원에서 사회적 영향력을 지닌 행위주체에 상응하는 기능을 발휘하기도 하지만, 그 작동 혹은 행위의 결과에 대하여 도덕적-법적 책임을 질 수 있는 독립된 자율적 주체는 아니다. 다시 말해 인공지능에 관한 윤리는 그것의 '인공성

(artificiality)', 즉 그것이 인간의 설계와 제작에 의하여 생성되고 속성이 결정된 산물이라는 사실에 대한 인식과 더불어 그것이 인공물임에도 불구하고 지닌 특이성, 특히 그것이 현상적으로 책임을 함축하는 행위주체성 내지 자율성(agency or autonomie)인 것처럼 지각될 수 있다는 사실에 대한 인식, 이 이중성의 인식에 토대를 두어야 한다.

2017년 3월 유럽의회가 AI로봇의 법적 지위를 전자인격(electronic personhood)로 규정하였다. 플로리디와 산더스(Floridi & Sanders)는 도덕적 행위자의 특징을 상호작용성(Interactivity), 자율성(Autonomy), 적응가능성(Adaptability)을 제시하고 있다.[4] 무어(Moor)는 인공적 도덕 행위자를 윤리적 결과 행위자(ethical impact agents), 암묵적 도덕 행위자(implicit ethical agents), 명시적 도덕 행위자(explicit ethical agents), 온전한 도덕 행위자(full ethical agents)로 구분하고 있는데, 이 구분에 의하면 인공지능 로봇은 현재 윤리적 결과 행위자와 암묵적인 도덕 행위자의 단계에서 명시적인 도덕 행위자 단계로 이행하고 있다.

인공지능과 로봇의 현대적 변화로 인해 이제는 인간과 유사하거나 인간의 지능을 뛰어넘으면서 어느 정도의 자율성을 갖춘 인공지능 로봇이 등장하고 있다. 이러한 인공지능 로봇은 "인간과 같은 자유의지를 지닌 자율적 존재로 자리매김하지는 않겠지만, 적어도 현상적 차원에서 자율적 주체인 것처럼 행동할 수 있을 것이다. 이런 맥락에서 '위임된 자율성' 혹은 '준자율성(quasi-autonomy)' 이라는 개념이 도출되기도 한다."[5] 이러한 자율성

4 Floridi & Sanders, "On the morality of artificial agents", Minds and Machine 14(3), (2004), pp.349-379. 참조.
5 변순용 외, 『로봇윤리란 무엇인가?』(어문학사, 2015), p.20.

은 인공지능 로봇에게 윤리적 사고 내지 판단 시스템을 부여하려는 시도가 이뤄지면서 보다 강조되고 있다. "로봇이 윤리 추론 능력을 갖추게 되면, 로봇이 새로운 윤리를 학습하고 로봇의 도덕감을 개발하고, 심지어 자신만의 윤리 시스템을 진화시킬 수 있다고 생각할 수도 있다."[6]

인공지능의 도덕적 권리의 문제를 두 가지, 즉 인공지능이 도덕적 권리의 소유자 여부와 도덕적 고려 대상에 포함되는 지의 여부로 나누어, 도덕적 행위능력(자율성)과 도덕과 관련된 이해 관심이라는 주제로 논의해볼 수 있다. 여기서 도덕적 행위능력을 '도덕적 행위' 능력과 도덕적 '행위능력'으로 구분해 볼 수 있다. 전자는 행위자(agent)가 도덕적 사고를 통해 수행하기로 결정한 '도덕적 행위'를 실행하는 능력이라면, 후자는 행위능력 즉 행위를 유발시킬 수 있는 능력을 강조하면서, 이 행위가 만약 경제와 관련된다면 경제적 '행위능력'이라고 부르는 것처럼, 도덕과 관련된다면 도덕적 '행위능력'이라고 할 수 있겠다. 이렇게 볼 때 인공지능을 탑재한 로봇의 행위능력은 현재로서는 후자로 보일 가능성이 높다. 보다 긍정적으로 본다면 인공지능이 약인공지능에서 강인공지능으로 개발, 변화되어가면서 도덕적 '행위능력' 자에서 '도덕적 행위' 능력자로 인공지능이 변할 수 있다고 볼 수도 있을 것이다.

인공지능 로봇 기술의 경우 단순한 자동화에서 복잡한 자동화의 과정을 거치면서 자율성의 외양을 갖춰나가고 있는 것으로 보인다. 인간이 허용한 범위 내에서 복잡한 메커니즘을 거쳐 주어진 환경을 인식하고, 대안을 사유하면서, 최선의 결정을 수행할 수 있는 인공지능 로봇의 경우에 '제한된' 내지 '위임된' 자율성을 가지고 있다고 할 수 있다. '도덕적' 행위자인

---

6 변순용 외, 『로봇윤리』(어문학사, 2013), p.39.

1부 AI로봇의 윤리와 AI로봇에 대한 윤리

지는 모르겠지만, 적어도 '행위자'임에는 분명하고, 이 행위자의 행위가 다른 행위자에게 도덕적 영향을 미친다면 이 행위자는 도덕적 '의미 있는' 행위자로 간주될 수 있을 것이다. 이렇게 인공지능 로봇에게 행위자의 자격(person as agent)을 부여한다면, 인공지능 로봇은 어떤 권리를 부여받을 수 있을까하는 문제와 행위와 관련된 책임을 어떻게 부담할 수 있을까하는 문제로 연결된다. 아시모프는 인간에게 해를 가하지 않고, 명령수행에 어긋나지 않는 범위 내에서의 자기 보호권을 주장하기도 하였고, 이것보다는 소극적인 의미에서 설정된 목적과 범위 내에서의 적절하지 않은 명령 내지 지시에 대한 인공지능 로봇의 거부권을 주장할 수도 있다. 물론 이처럼 제한된 자율성으로부터 나오는 로봇의 권리는 적극적 권리의 성격이 아니라 소극적 권리의 성격을 가져야 한다.

그러나 이러한 논의는 로봇의 책임문제와 더불어 논의되어야 한다. 로봇의 책임 문제는 로봇 자체의 책임과 로봇에 대한 책임으로 구분되어야 할 것인데, 전자는 로봇의 윤리 모듈의 구성에서 논의되어야 할 것이고, 후자는 로봇의 설계, 제작과 사용의 차원에서 논의되어야 할 것이다.

III. 인공지능 로봇을 위한 윤리 원칙의 사례

1) Asimov의 로봇 3원칙과 그에 대한 수정 [7]

인간과 로봇의 관계에 대한 규범적인 차원에서 로봇의 임무와 과제를 제시한 Isaac Asimov(1920-1992)의 로봇 3 원칙 중 1 원칙은 그의 단편 소설 Liar(1941)에서, 2와 3원칙은 Runround(1942)에서, 그리고 0 원칙은 로봇과 제국(Robots and Empire(1985))에서 제시되었다.

> 원칙 0: 로봇은 인류에게 해를 끼쳐서는 안 되며, 위험에 처한 인류를 방관해서도 안 된다.

> 원칙 1: 로봇은 인간을 다치게 해서는 안 되고, 또는 위험에 처한 인간을 방관해서도 안 된다.

> 원칙 2: 로봇은 인간이 내린 명령에 복종해야 한다. 다만 명령이 1원칙과 상충되는 경우는 예외로 한다.

> 원칙 3: 로봇은 1원칙과 2원칙과 갈등하지 않는 한에서 자기를 보호해야 한다.

일반적인 로봇윤리 연구 경향에서 아시모프의 로봇 3원칙은 윤리적으로 중요한 의미들을 함축하고 있다고 본다. 첫째, 무엇보다 그의 3원칙은

---

[7] 이 부분은 변순용 외(2015), 앞의 책, pp.58-64. 참조.

로봇을 객체가 아닌 주체로 삼아 로봇에게 의무를 부과하는 최초의 시도라고 할 수 있다. 둘째, 이 원칙은 로봇이 인간을 다치게 해서는 안 된다는 의무와 자기 보존의 의무를 함께 가질 수 있다는 주장의 근거가 되었다. 셋째, 이 원칙은 인간 간의 영역에 한정된 것이 아니라, 먼 미래의 '외계와 인류와의 관계'[8]에서 발생하는 로봇의 존재적 위치도 미리 규정한 것이라고 할 수 있다.

　그러나 이 원칙에 대한 문제점은 다음과 같이 지적된다. "1원칙에 따르면, 만약 어떤 사람이 다른 사람들의 생명을 위협하거나 불특정 다수 인간의 건강에 손상을 입히는 행위를 하고 있을 경우, 다수의 안전과 건강을 위해 로봇을 통해 그 사람에게 위해를 입히는 방식으로 그런 행위를 중단시키는 것은 불가능하게 된다. 2원칙 인간의 명령에 복종하는 문제의 경우, 두 인간이 서로 상충하는 명령을 내리는 경우, 누구의 명령을 따라야 하는가에 대한 갈등이 발행하게 된다. 이에 대해서는 인간을 '특정한 자격을 가진 인간'으로 좁힐 수 있지만, '자격'의 일반화 문제 및 '인간이라는 종'의 범위 문제가 다시 제기될 수 있다."[9] 이에 대해 머피와 우즈(Murphy & Woods)는 다음과 같이 수정안을 제시한다.[10]

8　차원용은 Asimov가 0 원칙에서 인류(humanity)를 주목했던 이유를 다음과 같이 설명하고 있다. 인류라는 개념으로의 확장은 혹시 있을 외계인과의 우주전쟁을 의미하는 것이다. 우주전쟁이 일어난다면 지구에 존재하는 모든 로봇들은 지구의 인류를 구해야 한다는 의미이다. 검색일: 2012년 10월 13일. http://blog.naver.com/ianstream/80036080832

9　고인석, 「아시모프의 로봇 3법칙 다시 보기: 윤리적인 로봇 만들기」, 『철학연구』, 제93집 (고대철학연구소, 2011), pp.102-103.

10　Robin R. Murphy & David D. Woods, "Beyond Asimov: The Three Laws of Responsible Robotics", IEEE Computer Society, IEEE Intelligent Systems, (2009) p. 19; 검색일: 2017년 12월 30일 http://www.inf.ufrgs.br/~prestes/Courses/Robotics/beyond%20asimov.pdf 참조.

원칙 1 : 인간은 안전과 윤리에 관한 최고 수준의 법칙-전문가적 기준을 충족시키는 인간-로봇 작업체계 없이 로봇을 작업에 배치해서는 안 된다.

원칙 2 : 로봇은 그것의 역할에 부합하는 방식으로 인간을 응대해야 한다.

원칙 3 : 로봇에게는 스스로의 존재를 보호할 수 있게끔 하는 충분한 맥락적 자율성이 주어져야 한다. 단, 그런 보호는 앞의 두 법칙과 상충하지 않는 방식의 매끄러운 통제권 전이를 가능케 하는 것이어야 한다.

하지만 고인석은 여기에서도 갈등이 발생한다고 지적한다. 그에 따르면, 화법적 시점(narrative perspective) -누가 누구를 향해 말하는가-의 통일성이라는 문제가 발생한다. 즉 누구를 규율하는 법칙에 대해서는 다른 시점을 갖고 있다는 것이다. 그리고 로봇에게 규범을 명령하는 것은 불가능하고, 나아가 인간-로봇의 포괄적인 작업체계가 매우 불확실하다는 것이다.[11] 그는 이러한 아시모프의 로봇 3원칙의 갈등을 해결하기 위해 다음의 수정안을 제시하고 있다.[12]

수정 원칙 1 : 로봇을 설계, 제작, 관리, 사용하는 자는 로봇이 인간에게 적극적인 혹은 소극적인 방식으로 해를 입히지 않도록 설

---

11 고인석, 앞의 논문, pp.107-108.
12 고인석, 앞의 논문, p.109.

계, 제작, 관리, 사용해야 한다.

수정 원칙 2 : 로봇을 설계, 제작, 관리, 사용하는 자는 첫 번째 법칙과 상충하지 않는 한 로봇이 그것에 대한 명령의 권한을 지닌 인간의 명령에 따라 작동하도록 설계, 제작, 관리, 사용해야 한다.

수정 원칙 3 : 로봇을 설계, 제작, 관리, 사용하는 자는 앞의 두 법칙과 상충하지 않는 한 로봇이 그것의 현존과 그 역할수행능력을 최대한 보존하도록 설계, 제작, 관리, 사용해야 한다.

이는 로봇 3원칙의 주체를 로봇이 아닌 인간으로 해석한 것이다. 왜냐하면 로봇이 가까운 미래에 주체의 지위에 부합하는 속성들을 실현하게 될 가능성은 거의 없기 때문이다. 그래서 로봇이 자율적 주체로서 실천해야 할 규범들이 아니라 로봇을 도구로 사용하는 인간이 이를 평가하는 규준을 지시하는 것이다.

이러한 윤리적 함축이 갖는 중요성과 이에 대한 쟁점의 전개에도 불구하고, 아시모프의 로봇 3원칙이 윤리학의 범주에서 출발한 것이 아니라 공상과학 소설에서 상상된 로봇과 인간의 미래 관계에서 비롯된 것이라는 점을 고려해야 한다. 이런 점에서 볼 때, 로봇을 행위 주체로 삼은 이 법칙은 응용윤리의 한 분야로서 검토될 필요가 있는 로봇윤리의 연구 방향에서 정통적인 근거로 활용되기 어려운 측면이 있다. 윤리적 삶의 전망에서 상상의 문학에서 전개된 창조적인 시야가 우리에게 가져다주는 혜택은 매우 다양하다. 하지만 현재 로봇윤리가 로봇 기술의 전개에 따라 발생할 것으로 예상되는 문제들에 초점을 맞춰야 하기 때문에, 행위의 한 주체로서 바라보는 아시모프의 3원칙은 현재의 논의 단계에서 일정한 적용의 한계를 갖는다.

2) 일본의 AI 연구개발 원칙(2016)

일본의 총무성은 2015년 6월 30일 발표된 'ICT 지능화의 미래상에 관한 연구회'의 권고에 따라 ICT 지능화에 관한 최신 동향과 전망을 바탕으로 지행해야 할 사회상과 그 기본 이념을 정리하고, ICT 지능화가 사회 경제에 미치는 영향 및 위험 평가 방안 및 당면 과제를 정리하기 위해 'ICT 지능화 영향 평가 검토회의(AI 네트워크화 검토회의로 명칭 변경)'을 운영하고 'AI 네트워크화 검토회의' 보고서가 제시한 내용을 구체적으로 실현하기 위해 'AI 네트워크 사회 추진회의'를 운영하고 있다.

2016년 2월부터 6월까지 AI 네트워크화 검토회의(5회)를 거쳐, AI 네트워크화의 진전을 통해 지향해야 할 사회상으로 인간 중심의 '지연(智連) 사회' Wisdom Network Society(WINS)를 제시하고 있다. WINS 사회의 특징은 첫째, 인간과 AI 네트워크 시스템이 공존(인간 기계 공존), 둘째, 데이터 정보 지식을 자유롭고 안전하게 창조 유통 연결하여 지식(智)의 네트워크를 구축(총체적 지연 환경으로 지혜 창출), 끝으로 모든 분야에서 인간 상품 코드 간 공간을 초월한 협력이 진전(언제 어디서나 가능한 협조 체제 구축)을 들고 있다.

그렇지만 지식, 지능, 지혜의 명확한 구분이 애매모호하며, 지혜(Wisdom)와 네트워크사회(Network Society)의 결합이 지향하는 바가 결국 지식과 지능에 대한 방향 제시 내지 통제의 기능을 수행할 수 있을 것으로 보인다. 이는 요나스(H. Jonas)가 제시한 과학적 지식과 지혜의 구분을 연상시킨다. 요나스는 공포의 발견술을 통해 인간의 힘이 되는 앎에 대한 지혜의 역할을 강조한다. 인공지능 로봇의 개발이나 연구에 대한 가이드라인을 제시하는 것도 지혜의 역할일 것이다.

그리고 여기에서 AI 연구를 위한 가이드라인을 다음과 같이 제안하고 있다.

① 투명성의 원칙: AI 네트워크 시스템의 동작 설명 가능성 및 검증 가능성을 확보해야 한다.

② 이용자 지원의 원칙: AI 네트워크 시스템이 이용자를 지원함과 동시에 이용자에게 선택의 기회를 적절하게 제공 할 수 있도록 배려한다.

③ 제어 가능성의 원칙: 인간에 의한 AI 네트워크 시스템의 제어 가능성을 확보해야 한다.

④ 보안 확보의 원칙: AI 네트워크 시스템의 견고성과 신뢰성을 확보해야 한다.

⑤ 안전 보호의 원칙: AI 네트워크 시스템이 이용자 및 제삼자의 생명·신체의 안전에 위해를 주지 않도록 배려한다.

⑥ 개인 정보 보호 원칙: AI 네트워크 시스템이 이용자 및 제삼자의 프라이버시를 침해하지 않도록 주의를 기울여야 한다.

⑦ 윤리 원칙: 네트워크화 된 AI의 연구 개발에 있어서 인간의 존엄성과 개인의 자율을 존중한다.

⑧ 책임의 원칙: 네트워크화 된 AI의 연구 개발자가 이용자 등 이해 관계

자에 대한 책임을 완수한다.

그렇지만 이러한 가이드라인은 AI 네트워크 시스템의 연구 및 개발자가 지켜야 할 원칙들의 제시로서의 의미가 있겠지만, 첫째, 원칙들 간의 충돌의 경우 원칙들 간의 위계구조가 제시되지 않았기 때문에 해결방안을 찾아보기 어려우며, 둘째, AI 네트워크 자체의 윤리적 문제에 대한 논의를 불가능하게 만들어버리는 문제점을 가지고 있다. 즉 AI 네트워크 시스템과 AI의 연구개발자가 이 원칙들의 구체적 내용에서 주어가 되므로 이원화될 수밖에 없게 된다.

IV. 인공지능 로봇의 윤리 원칙의 체계

인공지능 로봇에 대한 윤리적인 원칙을 설정함에 있어서 인간의 존엄성과 인류의 공공선을 가장 중요한 핵심가치 내지 최고심급(Instance)으로 제시하고, 이에 근거하여 로봇의 행위 원칙과 그에 따르는 책임의 규정을 포괄하는 인공지능 로봇의 윤리 4원칙을 다음과 같이 제안하고자 한다.

[인공 지능 로봇 윤리 4원칙]

제 1원칙: 로봇은 인간의 존엄성을 존중하고, 인류의 공공선을 실현하는
데 기여해야 한다(최고심급).

제 2원칙: 로봇은 인간의 존엄성 존중과 인류의 공공선 실현의 범위 내에서 인간의 행복을 추구해야 한다(도구적 존재로서의 존재론적 지위).

제 3원칙: 로봇은 위의 두 원칙들을 위배하지 않는 범위 내에서 사용자의 명령을 수행해야 한다(행위의 목적).

제 4원칙: 로봇은 설계 및 제작 목적에 부합하는 명령을 따라야 하며, 이 목적을 벗어나는 사용자의 명령을 거부할 수 있어야 한다(윤리적 판단 기준으로서의 설계 및 제작 목적과 명령 거부권).

인간의 존엄성은 인간에 내재하는 결코 상실될 수 없는 절대 가치이며,[13] 인간과 인간이 아닌 존재를 구분하는 중요한 기준으로 작용한다. 인공지능 로봇이 지켜야할 가장 최고의 원칙은 바로 인간의 존엄성 존중이 된다. 이는 우선, 인공지능 로봇이 인간의 존엄성을 해하거나 해할 가능성이 있다고 판단되는 명령은 거부할 수 있도록 설계되어야 함을 의미한다. 둘째, 로봇은 인간과의 관계에서 목적적인 지위보다는 수단적 내지 도구적 지위를 가진다는 것을 의미한다. 인공지능 로봇에게 허용된 '준자율성'에 근거하여 로봇에게 목적적 지위를 부여해야 한다고 주장하게 되면 인간의 존엄성과 상충되는 경우가 발생할 위험이 나타난다. 인공지능 로봇에 대한 수단적 대우와 목적적 대우의 문제는 군사용 로봇이나 수술용 로봇, 개인서비스로봇(소셜로봇, 케어로봇, 반려로봇 등)이 도입되면서 AI 킬러로봇의 선제적

---

13 변순용 외, 「로봇윤리 헌장의 필요성과 내용에 대한 연구」, 『윤리연구』 112호 (한국윤리학회: 2017), p.298. 참조.

금지의 문제,[14] 수술로봇의 의학적 대리인과 도덕적 대리인의 지위의 충돌 문제, 로봇과의 결혼 문제[15] 등으로 실제로 나타나고 있는 실정이다. 셋째, 인공지능 로봇은 인간을 목적적 존재로 대우해야 하며, 인간을 수단화하거나 도구화할 수 없다는 것을 의미한다.

인간의 존엄성에 못지않게 중요하게 제시되어야 할 가치는 바로 공공선이다. 인간의 존엄성을 위해 공공선을 해치는 경우가 발생한다면, 이러한 존엄성은 차별적이고 폐쇄적인 존엄성이 될 것이다. 물론 역으로 공공선을 위해 인간의 존엄성이 침해되는 경우에는 집단주의 내지 전체주의적인 공공선이 되어버리는 문제가 발생한다. 결국 인간의 존엄성이 존중되지만, 이것이 인류의 공공선을 침해하지 않는 범위 내에서 추구되어야 하며, 물론 그 역도 마찬가지이다. 즉, 인류의 공공선을 추구하되, 이것이 인간의 존엄성을 침해하지 않는 범위 내에서 추구되어야 한다. "공동선은 개인의 개별적인 이익과 연관되는 개념으로 공동선은 개별적 이익과 다수의 공동체의 이익이 조화를 이루는 것을 의미한다. 그러나 공공선은 개인의 이익보다는 국가와 사회 그리고 인류 전체를 위한 선의 개념인 것이다."[16] 따라서 "이 의미는 공공의 복지 혹은 공공의 이익을 뜻하는 개념이라고 할 수 있으며, 결과적으로 개인적인 선과 이익을 동시에 고려하여 사회 전체의 공공의 복리

---

14 인공지능 킬러로봇에 대하여 적극적인 제재방안을 마련해야 한다는 의견이 제기되고 있다: 검색일 2017년 12월 30일 http://www.irobotnews.com/news/articleView.html?idxno=9404 참조.

15 프랑스 여성이 자신이 3D 프린터로 제작한 로봇 인무바타(Inmoovater)와 사랑에 빠졌으며, 사람과 로봇 간의 결혼이 법적으로 허용되면 바로 결혼하겠다고 밝히고 있다: 검색일 2017년 12월 30일 http://www.irobotnews.com/news/articleView.html?idxno=9442 참조.

16 맹주만, 「롤스와 샌델, 공동선과 정의감」, 『철학탐구』 제32집, (중앙철학연구소, 2012), pp.314-315. 참조.

와 복지를 실현하는 것이 공공선이다."[17]

제 2원칙은 로봇은 인간의 행복실현을 위한 도구적 존재임을 주장함으로써, 로봇과 인간의 관계에서 로봇의 존재론적 지위를 주장하는 내용이다. 인간의 명령을 수행하여 인간의 행복에 기여해야 하지만, 이것에는 인간의 존엄성과 공공선의 범위를 침해하지 않는 범위라고 한정되어야 한다.

로봇은 사용자의 명령을 수행해야 한다는 제 3원칙은 그 전제로서 제 1 원칙과 제 2원칙을 갖는다. 사용자의 명령이 사용자 자신이나 타인의 존엄성을 해치거나 공공선에 위배되는 명령일 경우 로봇은 이를 거부하거나 명령수행을 중지해야 한다. 물론 여기서 존엄성과 공공선이라는 추상적인 개념은 구체화의 작업을 필요로 한다. 예를 들어 킬러로봇과 케어로봇의 경우 인간의 존엄성은 각각 다르게 조작적으로 정의되어야 한다. 전자의 경우는 적군의 살상 정도와 민간인에 대한 조치라는 측면에서 구체화가 되어야 한다면, 후자의 경우에는 개인의 프라이버시나 개인의 인권보호라는 측면에서 구체화가 될 수 있을 것이다.

제 4원칙은 아시모프의 로봇의 자기보호권이 가질 수 있는 위험을 제거하고, 로봇의 설계 및 제작 목적이 사용의 단계에 까지 연결될 수 있게 하여 로봇의 제작에 대한 책임을 강화하기 위해 주장된다. 이를 통해 로봇의 행위와 그에 대한 1차적인 책임을 규정하고, 로봇의 설계 및 제작자들이 져야 할 책임도 여기에서 파생한다. 로봇은 인간의 존엄성과 인류의 공공선을 해치지 않는 범위 내에서 인간의 명령을 수행하도록 설계, 제작, 그리고 사용되어야 한다. 현재의 기술적인 상황에서 보면 설계자와 제작자를 구분하지 않아도 되겠지만, 인공지능 로봇의 활용이 일반화되면 설계자와 제작자를

---

17 변순용 외(2017), 앞의 논문, p.303.

구분해야 할 필요성이 제기되며, 이에 대해서는 보다 구체화된 윤리 원칙들이 제시되어야 한다. 아실로마 AI원칙(Asilomar AI Principles)이나 일본의 AI 연구 개발에 관한 원칙의 경우처럼, 현재 수준에서는 인공지능 로봇의 연구나 개발 시에 지켜야 할 원칙들이 제시되고 있다.

제4원칙은 로봇 사용자의 책임을 두 가지로 구분하여 제시하고 있는데, 로봇의 목적에 부합하여 사용해야 할 책임과 목적 외 사용에 대한 책임이다. 최근에 드러나는 드론이나 자율주행자동차의 부작용에 대한 문제(몰카용 드론의 등장이나 자율주행차량의 사고로 인한 사망)들을 고려해보면 사용자의 책임을 규정할 필요성이 정당화된다. 로봇이 인간 행위의 대리자로서의 성격을 갖는다 하더라도 책임주체의 대리자가 될 수 없기에, 로봇의 설계 및 제작 그리고 사용 및 관리에 대한 법적 책임을 명시해야 할 필요성이 있으며, 이에 대한 부분이 바로 제4원칙이다.

이러한 4원칙은 가장 기본적이며, 가장 상위에 놓이는 인공지능 로봇의 윤리적 가이드라인으로 작용할 것이고, 이를 토대로 하여 로봇의 분야별, 기능별로 다양하게 하부 원칙들이 체계화될 수 있을 것이다.

V. 인공지능 로봇윤리 원칙의 적용을 위하여

인공지능 로봇의 윤리 원칙을 실제로 적용하려면 우선 윤리 원칙들이 구체적인 개별 판단으로 이어질 수 있도록 이를 매개해줄 수 있는 중간수준의 원칙들이 필요하며, 이를 위해서는 일반적인 원리와 규칙으로부터 행위의 옳은 과정을 연역해내거나 도출해내는 응용(application), 특정 상황에서 우선성을 결정하기 위해 서로 상충하는 원칙들 간의 조정(balancing), 그리고 상황적 맥락을 고려하여 원칙의 의미, 영역 그리고 범위를 상세화(specification)하는 작업이 요청된다.

이러한 응용, 조정 그리고 상세화의 작업을 위해서 우선 인공지능 로봇의 분야를 구분하고 분야별 특성에 적합한 가이드라인의 설정이 필요하다. 용도에 따라 산업용로봇과 서비스로봇(개인용 서비스와 전문 서비스 로봇)으로 구분될 수도 있겠지만, 자율주행자동차 분야나 의료-보건용로봇 분야, 소셜로봇 분야 등과 같이 일반인들에 미치는 영향이 큰 분야별로 개발과 사용을 위한 가이드라인을 법적, 윤리적, 사회적 합의를 통해 마련하는 것이 시급하다.

참고문헌

고인석, "아시모프의 로봇 3법칙 다시 보기: 윤리적인 로봇 만들기", 『철학연구』, 제93집 (고대
  철학연구소, 2011), pp.97-120.

맹주만, "롤스와 샌델, 공동선과 정의감", 『철학탐구』 제32집(중앙철학연구소, 2012), pp.313-
  348.

변순용 외, "로봇윤리 헌장의 필요성과 내용에 대한 연구", 윤리연구 112호(한국윤리학회,
  2017), pp.295-319.

변순용 외, 『로봇윤리란 무엇인가?』(어문학사, 2015).

변순용 외, 『로봇윤리』(어문학사, 2013).

한국로봇산업진흥원, "로봇이 생산성, 고용, 일자리에 미치는 영향", 『Robot Issue Brief』,
  2017-3호.

Murphy, Robin R. & Woods, David D. (2009), "Beyond Asimov: The Three Laws of
  Responsible Robotics", IEEE Computer Society, IEEE Intelligent Systems., pp.14-20.

Veruggio, Gianmarco & Operto, Fiorella "Robotics: a Bottom-up Interdisciplinary Discourse
  in the Field of Applied Ethics in Robotics", International Review of Information Ethics,
  Vol. 6, (12/2006), pp.2-8.

Floridi & Sanders(2004), "On the morality of artificial agents", Minds and Machine 14(3),
  pp.349-379.

• 제4장 •
인공지능 로봇과
인간의 관계에 대한 윤리적 성찰과 전망

송선영

Ⅰ. 서론

이 글의 목적은 끊임없이 진보하고 있는 과학기술, 로봇공학, 네트워크 기반 지식 중심의 삶의 변화에서 인간과 인공지능 로봇의 관계를 전망하는 데 있다. 이세돌 9단과 알파고의 대결은 인공지능을 그저 단순한 기계로 마주했던 대중들에게 커다란 충격을 주었다. 기계가 학습을 하고, 스스로 계산하고 판단해서, 최고의 실력을 가진 선수를 제압하는 모습이 충격이었다. 이세돌 9단이 패배 후 한 번 승리했을 때, 우리는 드디어 인간만이 할 수 있는 '신의 한 수'라는 용어를 사용하면서 인간의 위대함의 끈을 놓지 않으려고 하였다. 이를 계기로 적어도 '인공지능'은 2016년 전반기 한국 사회를 휩쓴 주요 용어들 가운데 하나인 것 같다. 그런데 이미 인공지능과 인간의 대결은 1950년대 후반부터 적용된 기술이었고, 1970년대에는 인공지능과 인간 간의 체스 경기도 있었으며, 1990년대에는 IBM의 딥블루, 2010년대에는 IBM의 왓슨에 이르기까지 진행되고 있었다. 그런데 하필 왜 세계는 알파고에 주목했는지에 대한 의문이 든다. 전문적인 공학적 이해와 지식이 절대적으로 부족한 상황에서 '알파고'를 이해하는 것은 여간 어려운 일이 아니다. 대체로 알파고의 미래는 이전의 인공지능과 달리 스스로 학습을 통해 기억하고, 기억을 되살리며, 나아가 자의식적인 존재로서 자율적인 구성 능력을 충분히 가질 수 있다고 한다. 이른바 인간보다도 더 뛰어난 강한 인공지능의 시대를 주도할 수 있다는 것이다. 이러한 시대는 2017년 바둑의 규칙만으로도 자율적인 강화학습을 통해 이전 버전의 알파고와의 대국에서 빠른 시간에 승리했던 '알파고 제로', 그리고 단지 게임 규칙만으로 자기학습을 통해 이를 넘어선 '알파제로'의 등장으로 인해 실현 가능성이 매우 높아지고 있다. 이제 우리는 융복합적인 기반에서 어느 누구도 예상할 수 없을 정도로 모든 환경의 변화를 이끌고 있는 인공지능과 인간과의 관계를 윤리적 측면에서 새롭게 모색해야 할 시점이 도달한 것 같다.

　융복합적 기술 변화는 네트워크 기반으로 연결된 거대한 정보(빅데이터)를 언제든지 활용할 수 있다는 점에서 인간 삶에도 긍정적인 영향을 미칠 수 있는 기회가 될 수도 있다. 그러나 이 정보를 처리할 수 있는 능력은 분명히 컴퓨터와 같은 기계의 능력이 인간을 훨씬 앞선다. 우리는 이런 기계와 대결을 하는 것이 아니라, 이를 개발하고 궁극적인 선을 실현하기 위해 활용하는 주체가 되어야 한다. 이와 같은 진보의 과정에서 등장한 인공지능과 로봇의 융합은 인간 대 인간의 직접적인 관계를 매개할 수도 있고, 때로는 직접적인 대면 없이도 개인 대 다중의 관계를 연결시키기도 하며, 나아가 인간과 직접적인 파트너가 되기도 한다.

이 같은 모습들을 고려하면서 이번 연구를 다음과 같이 진행하고자 한다. 첫째, 인공지능 로봇의 전개에 따라 등장한 의인화 및 자율성에 관한 윤리적 문제의 양상을 검토한다. 둘째, 인공지능 로봇의 자율성 문제에 대해 윤리적 도구로서 바라보고자 한다. 여기서는 유사-인격적인, 즉 인간과 유사한 지능과 자율성을 가진 인공지능 로봇의 모습을 살펴본다. 마지막으로 인간과 인공지능 로봇과의 관계를 전망하고자 한다. 마치 인간 간의 관계처럼 인공지능 로봇은 인간과 유사한 관계를 맺는 대리인으로 작용한다. 이런 모습은 로봇에 대한 인간의 의미부여(의인화)의 범주에서 발생한다. 이런 점은 SF 영화들의 주요 소재들이기도 하다. 이를 토대로 인간과 인공지능 로봇과의 관계를 공감, 조건적 자율성, 그리고 생명의 관계망을 중심으로 전망하고자 한다. 이는 기술적으로 가능하다고 전망하는 완전한 자율성을 갖춘 강한 인공지능의 자체 진화를 예방하기 위한 윤리적 지침 또는 가이드라인의 제도적 필요성을 위한 토대가 될 수 있다.

II. 인공지능 로봇의 전개와 윤리적 문제

지능은 통찰, 이해, 사고를 의미하는 것으로 사람이 문제의 내면을 통찰하고, 관련된 상황을 파악하며, 이를 해결하는 적절한 방법을 찾는 정신적 능력을 말한다.[1] 인공지능은 학습하고, 추론하고, 이해할 수 있는 정신적 능력을 인공적으로 구현하는 것을 말한다. 인공지능시스템을 간단히 이해해 보면, 이 시스템은 주로 다음과 같이 네 가지 영역들에서 구분되고 있다.

첫째, 사람처럼 행동하는 시스템이다. 이 시스템은 사람이 하는 일을 대신 할 수 있는 능력을 가진 시스템으로, 인공지능은 현재 사람이 더 잘 할 수 있는 일을 컴퓨터가 할 수 있는 방법을 연구하는 것이다. 둘째, 인지과학의 범주에서 인간 두뇌의 작동 메커니즘을 실현할 수 있는 시스템으로, 인공지능은 사람의 생각과 관련된 작동을 자동화하는 것이다. 셋째, 사고의 법칙과 같이 이 시스템은 생각의 절차를 모형화하여 주어진 사실로부터 새로운 사실이나 결론을 유추해낼 수 있는 시스템으로, 인공지능은 인식하고, 추론하며, 행동하는 것이 가능하게 하는 계산법을 연구하는 것이다. 마지막으로 이성적 행위자의 범주에서 주어진 정보에 기반하여 목표 달성의 가능성을 가장 높일 수 있을 것으로 기대되는 절차를 수행하는 시스템으로 계산 프로세서로서 지적 행위를 설명 혹은 흉내 내려 하는 학문 분야이다.[2]

이런 점에서 보면, 인공지능은 인간의 지능이 갖는 학습, 추리, 적응, 논증의 기능을 갖춘 컴퓨터 시스템으로 자연어의 이해, 음성 번역, 로봇공학, 인공 시각, 문제 해결, 학습과 지식 획득, 인지 과학 등을 포괄한다.[3]

공학분야에서 인공지능은 사람의 단순한 행동과 생각을 단순히 모방하는 단계를 넘어서 이성적 활동(사고와 행동)을 구현하는 방식으로 발달하고 있다. 하지만 이와 같은 인공지능에 관한 개념 분류 및 정의가 인공지능

---

1 도용태 · 김일곤 · 김종완 · 박창현, 『인공지능 개념 및 응용 (3판)』 (파주: 사이텍미디어, 2009), p.1.

2 위의 책, pp.4-5.

3 이종호, 『로봇은 인간을 지배할 수 있을까』 (서울: 북카라반, 2016), p.14.

연구자들과 관련 연구 종사자들 사이에서 단일하게 통용되는 것은 아니다. 예를 들면, 현재 첨단 인공지능 기술을 주도하는 일본의 연구자들 사이에서도 인공지능에 관한 하나의 정의를 도출하기 어렵다. 이들의 의견은 다음과 같다.

(1)인공적으로 만들어진 지능을 가지는 실체, 또는 그것을 만들자고 함으로써 지능 자체를 연구하는 분야이다. (2)지능을 가진 메커니즘 내지는 마음을 가지는 메커니즘이다. (3)인공적으로 만든 지적인 행동을 하는 물건(시스템)이다. (4)인간의 두뇌 활동을 극한까지 모사하는 시스템이다. (5)인공적으로 만든 새로운 지능의 세계이다. (6)지능의 정의가 명확하지 않음으로 인공지능을 명확히 정의할 수 없다. (7)궁극에는 인간과 구별되지 않는 인공적인 지능 (8)인공적으로 만들어진 지능을 가지는 실체, 또는 그것을 만들자고 함으로써 지능 자체를 연구하는 분야이다. (9)사람의 지적인 행동을 모방, 지원, 초월하기 위한 구성적 시스템 (10)공학적으로 만들어지는 지능이지만, 그 지능의 수준은 사람을 뛰어넘고 있는 것을 상상하고 있다. (11)계산기 지능 가운데 직간접적으로 설계할 경우를 인공지능이라고 불러도 좋지 않을까 생각한다. (12)인공적으로 만들어진 인간과 같은 지능 또는 그것을 만드는 기술. (13)자연스럽게 우리들이 애완동물이나 사람에게 접촉하는 것 같은 상호작용. 물리법칙에 관계없이 혹은 거역하고 인공적으로 만들어 낼 수 있는 시스템을 인공지능이라 정의한다. 분석적으로 알고 싶은 것이 아니고, 대화하거나 사교적 담화를 통해 알고 싶은 시스템. 그것이 인공지능이다.[4]

이들이 제시한 인공지능에 대한 정의들은 앞서 인공지능시스템에서 통

---

4 마쓰오 유타카, 『인공지능과 딥러닝 –인공지능이 불러올 산업구조의 변화와 혁신』, 박기원 옮김(서울: 동아엠엔비, 2016), pp.47-49.

용되는 행동과 사고의 네 가지 범주보다 인간의 내면에 더 근접하고 있다. 인간과 구분되지 않거나 인간과 대화하거나 마음을 교류하거나 또는 인간을 능가하는 것으로도 규정한다. 이는 인공지능이 단순한 인간을 모방하는 수준을 넘어설 수도 있음을 의미한다. 오히려 인공지능 개념을 명확히 규정할 수 없는 것이 현재 인공지능의 중요한 특징이라고 말하는 것이 보다 정확한 설명일 수 있다. 이러한 특징을 형성하게 된 두 가지 중요한 요인들을 고려할 수 있다.

첫째, 컴퓨터 처리 속도의 혁명적인 변화이다. 제리 카플란(Jerry Kaplan)에 따르면, 인공지능 분야가 기계학습과 빅데이터의 프로그램들을 통해 고성능 아키텍처, 기술, 통계학의 활용 덕분에 사진의 물체, 대화 구절의 단어, 패턴이 형성되는 여러 정보를 인지하는 데까지 발전했다. 이것이 가능한 배경에는 정보 기술의 전반적인 발전, 특히 컴퓨터의 기하급수적인 발전이 자리 잡고 있다.[5]

최근 알파고와 이세돌 9단의 대국이 가능했던 이유도 1202대의 CPU 장치가 있었기 때문이고, 이는 이세돌 9단이 1202명이 협업한 상대를 맞이하여 대국을 벌였다는 것과 같은 의미로 이해될 수 있다.[6] 이처럼 컴퓨터의 정보처리 속도가 말로 표현할 수 없을 정도로 진보하는 데서 인공지능의 수준도 다르게 인식되고 있다.

둘째, 이러한 기술적 뒷받침을 통한 인공지능에 대해 인간은 다양한 상상력과 의미를 부여한다. 인공지능 분야의 발달은 인류의 기술적 진보의 산물이다. 즉 다양한 형식과 기능을 갖춘 인공지능의 출현은 인간의 공동선의

---

5 제리 카플란, 『인간은 필요없다』, 신동숙 옮김(서울: 한스미디어, 2016), pp.45-46.
6 이종호, 앞의 책, pp.16-17.

실현을 위한 활동의 과정이라고 할 수 있다. 기술적으로 보면, 이전의 인공지능이 특정 상황이나 행동에만 특화되어 개발되었다면, 현재에는 지식을 폭넓은 환경이나 목적에 따라 적용하는 시스템으로 발전하고 있다. 박영숙 고르첼은 전자를 "특화 인공지능"(narrow AI)의 개념으로, 후자를 "인공일반지능"(Artificial General Intelligence, AGI)의 개념으로 분류한다.[7]

IBM의 '왓슨' 처럼 특정 분야의 목적에 따라 방대한 양의 데이터를 처리할 수 있는 프로그램을 개발하더라도, 다른 분야로 변경하기 위해서는 기존의 프로그램을 변경해야 한다. 하지만 인공지능은 최근 '알파고' 뿐만 아니라 구글 웹처럼, 인간과 유사한 자율학습, 정보 활용을 통한 자율적 판단을 갖추고 있다. 이러한 '인공일반지능' 이 과거에는 우리가 공상으로만 여기던 미래를 곧 실현 가능한 현실로 만들어줄 수 있다. 특히 페퍼(Pepper), 나오(Nao)와 같은 지능형 휴머노이드 로봇과 같은 정서기반 대화형 로봇들은 인간과 감정을 교류를 한다는 측면에서 "인간의 이해력을 훨씬 뛰어넘는 가상의 마음"[8] 까지도 현실적으로 가능하게 만든다.

인공지능 기술이 인간 지능의 거의 전 분야에 적용되면서, 로봇공학의 분야도 새로운 진보를 거듭하고 있다. 인공지능과 로봇의 관계를 마치 인간의 두뇌와 체력의 관계로 비유하기도 하지만, 인공지능은 인간의 형상은 아니다.[9] 오히려 인간의 형상에 대한 기대와 공포는 로봇에 담겨 있다. 로봇의 사전적 정의들은 대체로 입력된 프로그램에 따라 자동적으로 움직이면서 인간 노동의 일부분을 대체하는 기계 장치를 의미한다. 대표적인 것이 산업

---

7 위의 책, p.151.

8 위의 책, p.153.

9 제리 카플란, 앞의 책, pp.58-59.

현장에서 적용되고 있는 로봇자동화시스템 또는 로봇팔의 장치들을 볼 수 있다. 이러한 편리성과 효율성의 실제에도 불구하고, 인간은 기계의 능력이 인간보다 뛰어나다는 점에서 일정한 공포심을 갖고 있다. 즉 '인간의 노동을 대신하다' (일하다; robota)는 로봇이 영혼을 갖게 되면서 언젠가 인류를 멸망시킨다는 것이다. 이와 같은 로봇에 대한 상상적 공포는 '인간 대 로봇' 의 대립 구도를 만들면서 공상과학 영화(예컨대, 터미네이터)의 주요 프레임을 형성하였다.[10] 하지만 최근의 인공지능시스템의 발달은 이러한 로봇의 정의를 더욱 곤란하게 만든다. 인공지능시스템이 적용된 로봇은 외모상으로 인간과 거의 유사하고 표정이나 음성을 모방하고(예컨대 제미노이드 (Geminoid)), 사람들의 감정을 이해하고 이들과 대화(정해진 프로그램 코드에 따라 분석하고 대응)하면서, 사람들은 로봇을 친구로 생각하기도 한다.

인공지능과 로봇의 개념을 간단히 구분해 보면, 인공지능은 인간 지능의 학습, 추론, 논증의 기능을 갖춘 컴퓨터 시스템으로서 이를 필요한 분야에 다양하게 적용된다. 반면, 로봇은 간단히 말해, 인간의 노동을 대신하기 위해 프로그램에 따라 움직이는 기계이다. 이미 컴퓨터 시스템에서는 연산에 충실한 분석을 인공지능이 수행할 수 있고, 생산공정에서는 자동화시스템에 따라 로봇이 노동자의 과업을 대체하였다. 그런데 점차 과학기술의 발달에 따라 각 개념에 충실한 사물이나 기계를 보기는 어렵다. 인간의 움직임, 상호작용 및 교류는 방대한 지식과 데이터를 생산하고, 이를 특정 목적에 따라 자율적으로 활용하는 인공지능은 프로그램화된 로봇의 활동을 통

---

10 송선영, 「(무인)자율주행 자동차는 탑승자와 보행자 중 누구를 먼저 보호해야 하는가?」, 손병욱 · 김대군 · 홍석영 · 박균열 · 이상호 · 송선영, 『융복합 시대의 인간과 윤리』(진주: 경상대학교출판부, 2016b), pp.227-228.

해 구현된다. 이미 네트워크 중심의 지식 기반 사회가 전개가 되면서, 인공지능과 로봇의 경계는 점차 융합되고 있다. 이로 인해 지금 현재 나타나고 있는 윤리적 문제는 크게 두 가지 측면이다.

첫째, 사람들이 로봇을 마치 사람으로 간주하는 의인화이다. 휴머노이드 인공지능 로봇이 등장하면서, 이 로봇은 상대방의 감정, 대화, 표정 등에 따라 마치 사람처럼 반응함으로써 단순히 사람의 겉모양을 닮은 것이 아니라 인간의 파트너로서 활동하고 있다. 이에 따라 문제는 사용자인 인간이 도구에 불과한 인공지능 로봇에 의미를 부여하고 있다는 점이다.

둘째, 자율화이다. 이로 인해 인공지능시스템과 로봇시스템의 차이가 불분명해지고 있다. 과거 추론 및 연산, 그리고 로봇의 노동은 주어진 순서에 따라 기계적으로 문제를 해결한다. 이는 주어진 순서나 조건식과 전혀 다른 문제에 직면하면, 어떤 해결도 하지 못하기 때문에 작동할 수 없다. 그러나 최근에는 네트워크 중심의 지식 기반 인공지능과 로봇 시스템은 새로운 문제에 부딪히면 스스로 학습하거나 인식하여 일정 수준에서 자율적으로 대응할 수 있다. 예를 들면, CCTV는 범죄자의 신체 정보, 개인 정보(은행계좌, 전화번호 등)를 활용하여 자율적으로 일치 가능성이 높은 범죄자를 식별할 수 있고, 환자의 암에 대한 판정도 인간 의사보다 높은 비율의 정확도를 갖고 있다. 자율주행자동차는 도로 주행 중 마주하는 여러 가지 장애와 상황에 대해 스스로 문제를 인식하고 인간의 명령을 기다리지 않고 스스로 대응할 수도 있다. 이처럼 인공지능 시스템과 로봇 시스템이 모두 자율적 학습 능력과 대처 능력을 갖게 되면서, 사실상 인공지능과 로봇의 융합이 가능하게 되었고, 나아가 인공지능 로봇 자체에 대한 인문학적 논의가 가능하게 되었다.

III. 인공지능 로봇의 자율성 문제: 윤리적 도구

인공지능 로봇은 인간을 닮아가고 점점 똑똑해지면서 우리 일상의 다양한 분야들로 적용되고 많은 상품들이 개발되고 있다. 네트워크로 연결된 빅데이터는 인간 삶의 다양한 이야기들을 모두 디지털 코드로 부화화한 것이다. 이제 인공지능 로봇은 특정 분야에 독립적인 기계 생산이 목표가 아니라, 인간 삶의 전 영역에 걸친 정보들을 모두 활용할 수 있는 환경을 기반으로 설계되고 있다. 앞서 보았던 것처럼, 박영숙과 고르첼이 미래 전망으로 강조했던 특화 인공지능에서 인공일반지능(AGI)으로의 기반이 확고해지고 있는 것이다. 현재 우리는 인공지능 로봇이 담당하고 있는 업무들을 접할 수 있다. 예를 들면, 2014년부터 워드스미스(Wordsmith)라는 소프트웨어는 볼룸버그와 같은 언론사에 비즈니스 뉴스 기사를 대신 작성하고 있다. 온라인에 있는 관련 기업들의 정보들을 수집해서 프로그램에 저장된 문법으로 표현하는 것이다. 이렇게 작성된 기사가 현재까지 대략 2억개에 이른다고 한다.[11] 나아가 사람들의 얼굴 표정을 통해 상대방의 감정을 읽을 수도 있다. 이모션트가 개발한 '감정분석' 소프트웨어가 적용된 비디오카메라를 상대방 얼굴에 맞추면, 전반적인 감정상태(긍정적, 부정적, 중립적)를 알려주고, 일곱 가지 기본 감정(기쁨, 놀람, 슬픔, 두려움, 혐오, 경멸, 분노)와 복합적인 감정(좌절, 혼란)의 수치를 알려준다. 이를 구글 스마트 안경에 적용한 실험 결과, 대다수 상대방의 사람들은 '경멸'의 감정을 나타낸 것으로 드러난다.[12] 이외에도 사물인터넷과 인공지능 로봇의 결합을 통해서도 우리의 일

---

11 김대식, 『인간 vs 기계』 (서울: 동아시아, 2016), p.171.
12 제프 콜빈, 『인간은 과소평가 되었다』, 신동숙 옮김(서울: 한스미디어, 2016), p.51.

상은 인공지능 로봇의 영향을 받고 있다고 해도 과언이 아니다.

이처럼 인공지능 로봇을 일상에서 활용함에 있어서 우리가 무심코 지나치는 모습이 보인다. 바로 인공지능 로봇이 자율적으로 판단을 내리고 무엇인가를 행한다는 양상을 그대로 받아들인다는 점이다. 인공지능 로봇은 인간의 지능을 유사하게 모방하고 인간처럼 행동한다. 각 분야별로 전개된 인공지능 로봇시스템에 따라 그 수준은 각기 다르겠지만, 어떻든 입력된 프로그램에 따라 지정된 동작을 실행한다. 이런 양상에서는 인공지능 로봇은 분명 '자동적'(automatic) 프로그램일 뿐이지만, 자율주행자동차와 같은 이름에서 보이는 것처럼, '자율적'(autonomous)인 판단과 행위로 이어진다. 예컨대, 군사용으로 개발된 자율 로봇의 경우, 자율성(autonomy)의 개념은 "목표 선택 또는 공격 명령의 경우에서 인간에 의한 개시 그리고 명령 없이도 선택된 목표물을 공격할 수 있는 능력"을 의미한다.[13] 이러한 자율성은 인간의 자유의지에 의한 것이 아니라, 입력된 프로그램에 따라 수행되는 자율성이다. 이처럼 공학기술의 적용과 로봇에 대한 우리의 의인화의 간격을 고려한다면, 우리는 인공지능 로봇의 업무 수행은 자동적이고(공학기술의 측면) 동시에 자율적(의인화)이라는 개념적 혼란에 직면한다.[14]

인간이 만든 로봇이 어떤 존재론적 의미를 갖는지에 대해서는 다음과 같이 논의된다. 첫째, 로봇은 인간과의 공존을 위한 그 자체의 목적을 갖는다. 인간에 의한 로봇이 정당화될 수 있는 것은 그것이 인류를 위한 선을 실현할 때만 가능하다. 선의 실현의 도구로서 존재하더라도, 결국 인간과의

13　Ronald C. Arkin, Governing Lethal Behavior in Autonomous Robots (Boca Raton: CRC Press, 2009), p.37.

14　변순용·송선영, 『로봇윤리란 무엇인가?』(서울: 어문학사, 2015), p.89.

공존을 한다는 사실에서 로봇은 그 자체의 목적과 윤리적 차원을 갖는다는 것이다. 둘째, 이와는 반대로 로봇은 그 자체의 목적과 윤리적 차원을 갖는 것이 아니라 도구적 차원에서 존재한다. 로봇은 여전히 기계일 뿐이라는 인식이다. 셋째, 로봇은 유사-인격체(quasi-personality)의 지위를 가질 수 있다. 이는 로봇이 마치 인간처럼 인식과 판단, 분석과 대응이 프로그램에 따라 자율적인 수행을 할 수 있다고 보는 관점이다. 마지막으로 언젠가 로봇은 인간의 통제를 벗어난 인간과는 별개의 존재가 될 것이라는 견해이다.[15] 마지막 입장을 제외하고는 인간과의 공존에서 로봇은 태생적으로 윤리적 차원을 갖고 있고, 도덕적 행위를 자율적으로(때로는 자동적으로) 실행하며, 그래서 거의 인간과 유사한 기능을 행하는 도구로 정리할 수 있다.

하지만 이와 같이 중첩된 모습도 오늘날 인공지능 로봇의 존재론적 의미를 밝히는데 다소 한계가 있어 보인다. 무엇보다 인공지능 로봇의 자율성이 단지 인간과 유사한 수준에만 머무는 것이 아닐 수도 있기 때문이다. 인간과 유사한 자율성은 입력된 알고리즘의 범위에서 자율적인 판단과 대응을 하는 것을 말한다. 그러나 실제로 인공지능 로봇이 인간과 같이 무엇을 '안다' 라는 인식을 하는 것은 아니다. 오히려 인간에게는 직관에 따라 쉬운 것이 로봇에게는 더 어려운 일이 되었다(모라벡의 역설). 그렇지만 인공지능 로봇은 어떤 대상 사물의 이름을 알려주고, 그것을 인식하게 하는 단계가 허용되면서 기계학습은 빅데이터를 활용하여 스스로 범주를 활성화하고 그 대상 범주를 활성화할 수 있다. 이전의 로봇이 단지 지식을 주입하는 것에 불과했다면, '딥러닝' 으로 대변되는 기계학습은 로봇으로 하여금 데이터에서 특징을 꺼내고 그것을 사용한 개념을 획득한 후에 거기에 이름을 주

---

15 위의 책, pp.53-55.

1부 AI로봇의 윤리와 AI로봇에 대한 윤리

면 상황에 따라 적절한 기호를 스스로 만들어 활용할 수 있게 만든다.[16] 간단히 말해, 인간처럼 개념을 스스로 획득할 수 있다는 것이다.

이와 같은 기계학습에 대한 반응은 크게 두 가지로 보인다. 첫째, 기계학습은 일시적인 유행에 머물 것이라는 반응이고, 둘째, 인공지능의 한계를 돌파할 가능성이 있다는 반응이다.[17] 전자는 특정한 영역에서만 기계학습을 전문적으로 활용하는 입장에서 주로 나타나고, 후자는 인공지능 로봇을 일반적 수준에서 바라보는 입장에서 주로 나타난다. 우리는 '아름다움'이라는 개념과 '아름답다'라는 것이 무엇을 의미하는지 직관적으로 안다. 공식적으로 무엇이 아름다움이라는 것인지를 정의하는 것은 매우 힘들다. 후자는 이처럼 인간과 비슷한 일반지능을 가진 시스템, 즉 무엇인가를 인간처럼 직관적으로 안다는 것을 가능하다고 본다.[18] 기하급수적인 컴퓨터의 정보처리 능력의 발달이 이를 가능하게 만든다.

인간에 의한 로봇은 인간의 공동선을 실현하기 위한 것이라는 점에서 인공지능 로봇의 존재는 도덕적이고 동시에 도덕 행위자의 자격을 갖는다. 또한 인공지능 로봇은 인지와 감정 기반의 기계학습을 통해 자율적으로 인간과 서로 대화를 하며 정서 교류까지도 나아간다. 이로 인해 사람들 간의 관계망에서만 가능했던 윤리적 실존의 주체들은 인간 대 인공지능 로봇의 관계망에서도 가능하게 됨으로써, 인공지능 로봇에게 윤리적 실존의 주체적 지위를 부여할 수 있다. 하지만 인공지능 로봇의 자율성이 윤리적인 틀에서 벗어나지 않기 위해서는 인지 기반 시스템과 감정 기반 시스템을 동

---

16 마쓰오 유타카, 앞의 책, p.144.

17 위의 책, p.182.

18 박영숙·고르첼, 『인공지능 혁명 2030』, 엄성수 옮김 (더블북, 2016), p.227.

시에 적용해야 할 필요가 있다. 인지적 의사 결정 시스템은 규칙을 바탕으로 정확한 예측이 가능하고, 감정 시스템은 설명 능력은 모자라지만, 더욱 폭넓은 예측을 할 수 있다. 인간과의 상호작용에서 인공지능 로봇은 각 분야에서 자신의 설계 목적에 따라 자율적으로 서로 다른 규칙을 인지하고 이에 따라야 하며, 상대방의 감정을 읽고 이해하며 스스로 학습하고 정서 교류에 참여하게 된다. 인지적 의사 결정 시스템과 감정 기반 시스템이 통합되어야만 도덕적 제약 사항이나 규칙에 대한 폭넓은 반응을 이끌어 낼 수 있다.[19]

인공지능 로봇의 자율성은 인공지능의 수준이 얼마나 진보하느냐에 따라 그 수준도 달라진다. 로봇이 인간을 능가할 것이고, 결국 인류를 파멸시킬 것이라는 공상적 수준의 공포가 단지 로봇에 대한 인간의 의인화에서 비롯된 것일 뿐이라고 간단히 처리하기에는 곤란한 시대가 되었다. 로봇은 분명 인간을 위한 도구이고, 인간을 위해 인간에 의해 등장했다는 점에서 윤리적 수준을 가지며, 인간을 위해 대신 일을 처리한다는 점에서 도덕적 행위자(대리인)의 지위를 갖는다. 이는 우리가 로봇에게 부여하는 존재적 지위이다. 이제 인공지능 로봇이 스스로 학습하면서 도덕적 규칙과 감정을 인식하고 이를 상대방에 따라 대응할 수 있다. 말 그대로 인간과 유사한 능력을 발휘할 수 있게 되면서, 인간과 로봇의 공존은 새로운 국면을 맞고 있다. 완전한 자율적 존재가 되는 강한 인공지능 로봇은 인간과 동일한 자의식을 갖는다. 우리는 이를 반드시 막아야 하지만, 지금과 같은 약한 인공지능이 자체적으로 진보할 가능성도 배제할 수는 없다. 이런 점에서 인간과

---

19 웬델 월러치 · 콜린 알렌, 『왜 로봇의 도덕인가』, 노태복 옮김 (서울: 메디치미디어, 2014), p.275.

인공지능 로봇과의 공존은 낙관적이면서도 동시에 위험이 따르는 양면성을 갖고 있다.

IV. 인공지능 로봇과 인간의 관계

우리가 일상에서 인공지능 로봇을 활용하는 것은 더 이상 새롭거나 신기한 일에 해당되는 것이 아니다. 단지 전화 기능에 충실했던 휴대용 전화기가 네트워크로 연결된 스마트폰으로 전환된 기간이 그리 길지 않다. 이제 우리는 다양한 어플리케이션들을 활용해서 스마트폰으로 다양한 기능들을 활용할 수 있다. 로봇 시스템이 장착된 스마트폰에서 우리가 활동하는 일상들이 실시간 네트워크에서 검색될 수 있고, 디지털 코드로 저장되며, 빅데이터로 활용된 정보가 우리에게로 환류해서 돌아온다. 또한 사물인터넷과 결합된 스마트폰으로 실시간 집안을 감시하고, 가전제품들을 통제할 수 있으며, 기본 설정을 통해 스스로 알아서 주거 환경을 자체적으로 관리하기도 한다. 또한 인간과 로봇의 공존은 뚜렷한 경계를 유지하면서 진행되는 것이 아니라 상호 결합해서 전개된다. 로봇공학은 신체의 보조 도구로서 활용되고, 나아가 인간의 뇌와 신경망에도 결합되면서 인간의 상실된 감각과 신체를 회복시켜주기도 한다. 이로 인해 인간 뇌의 신경망과 네트워크가 직접 결합된 새로운 형태의 사이보그의 실현도 가능하게 되었다.

이제 우리의 거의 모든 일상에서 인공지능 로봇은 어떤 방식으로든 활용되고 있고, 이는 우리의 일상이 데이터로 처리 및 저장되어 사회적 소통의 자료들로 활용되고 있음을 의미한다.(현재 수준에서는 개인정보의 활용 동의 범위에 따르지만, 빅데이터 활용 법안에서는 비식별 데이터는 개인정보의 동의 없이도 다양한 목적으로 사용될 수 있다.) 이에 따라 인간과 로봇의 공존은 인공지능의 측면에서 새롭게 전망해야 할 필요가 생겼다. 과거 단순한 자동화 기계로서 로봇이 인간의 힘든 노동을 분담했다면, 이제는 마치 인간처럼 동일한 지능을 갖고 인간과 함께 생활하는 단계가 가능해진 것이다. 여기서는 인간과 인공지능 로봇 간의 관계를 의인화의 수준에서 인간과 로봇의 공감, 로봇의 존재론적 위치에서 조건적 자율성, 그리고 궁극적 가치로서 생명의 관계망에 대한 상상력을 활용하여 전망해보고자 한다.

첫째, '공감' 이다. 인공지능 로봇과 인간은 공감할 수 있는가? 공감(empathy)은 타인의 조건이나 정서 상태를 이해하는 것으로부터 나오는 정서적 반응이다. 이는 다른 사람이 경험한 정서를 내가 경험하는 것으로서, 상대방의 두려움을 내가 느끼는 경우이다. 그래서 공감은 대리의 정서적 반응이다.[20] 공감은 항상 다른 사람의 부정적인 느낌을 갖는 동정심과는 달리, 다른 사람의 정서가 원인이 되어 연결되는 인과적 느낌이다.[21] 인공지능 로봇이 맺는 인간과의 관계 원천은 바로 네트워크로 연결된 빅데이터이다. 빅데이터는 우리의 모든 일상이 디지털 코드로 저장된 곳이고, 인공지능 로봇은 지능의 수준과 정해진 알고리즘에 따라 인간에 대응한다. 의인화하자면, 빅데이터는 우리들의 이야기들이고, 이 이야기들을 정해진 알고리즘과 지능에 부여된 학습에 따라 범주화하는 것은 이른바 그 범주를 '안다' 는 것이다. 이른바 이야기와 공감을 통해 인공지능 로봇에 대한 인격적인 의인

20 추병완, 「도덕 심리학의 새로운 경향과 도덕교육」, 『도덕 심리학의 새로운 경향과 이해』, 2016년 한국도덕윤리과교육학회 연차학술대회(27회) 자료집 (2016), p.7.

21 Jesse J. Prinz, "The Moral Emotion", Philosophy of Emotion. Ed. Peter Goldie (Oxford: Oxford U P, 2010). p.532.

화가 발생한다.[22]

그런데 지금까지는 불가능하다고 느꼈던 로봇의 공감, 즉 인간의 의인화에 따라 로봇과 인간이 서로 교류한다는 감정이 실제로 발생할 수 있을까? 다시 말해, 인공지능 로봇은 인간을 이해하고 느끼고 그에 따라 대응할 수 있다고 말할 수 있는가? 인간의 로봇에 대한 의인화는 로봇에 대한 인간의 일방적인 감정 부여라고 할 수 있다. 예컨대 IBM의 왓슨이 제퍼디 퀴즈쇼 출연을 위해 사전 연습을 할 때, 왓슨은 인간 출연자들을 사물로 지칭하는 수준이었지만, 인간 출연자들은 왓슨을 '그(him)'로 지칭하였다. 또한 어린 아동은 왓슨의 실수를 나무라는 엔지니어를 보고 왓슨을 학대한다고 생각하였다.[23]

아마도 사물에 대한 모든 이름 부여가 의인화의 출발점이 될 것이다. 우리가 아끼는 소장품, 물품에 대해서도 이러한 의인화는 자주 발생한다. 이지점에서 우리가 살펴볼 필요가 있는 점은 인간 서사에서 의인화의 목적이다. 사실 인간이 본질적으로 표현하기 불가능한 대상이나 영역에 대한 인격적인 의인화는 고대 사회에서부터 이어져 온 것이다. 예를 들면, 신들에 대한 의인화이다. 호메로스의 서사에서 신들의 의인화는 궁극적으로 신들에 관한 경탄이 아니라 결국 인간들에 있음을 강조하기 위해 활용되었다. 왜냐하면 신들은 공포나 웃음을 야기할 수 있을 지라도 인간의 연민을 야기할수 없기 때문이다.[24] 말하자면, 우리가 의인화하는 목적은 의인화 대상이 아

22　송선영, 「의료용 케어로봇은 환자의 고통을 공감하며 환자를 치료할 수 있는가?」, 『공감과 서사: 의료현장의 이해를 위한 시론』, 2016년 인제대학교 인간환경미래연구원 가을 학술대회 자료집(2016a), p.11.

23　스티븐 베이커, 『왓슨, 인간의 사고를 시작하다』, 이창희 옮김(서울: 세종서적, 2011), p.165, p.171.

24　김한, 「『일리아스』에 나타난 호메로스의 신들」, 『영어권문화연구』 6권 1호(동국대학교 영어권문화연구소, 2013), p.123.

니라 결국 인간 대 인간의 공감 능력을 향상시키는데 있다고 할 수 있다.

오늘날 인공지능 로봇이 인간의 감정을 인식하고 이해하며 인간에게 대응할 수 있게 되면서, 인간과 인공지능 로봇 간의 관계에서 공감은 매우 중요한 의미를 갖는다. 특히 환자의 정서치료를 위한 인공지능 로봇의 경우, 환자와 로봇의 관계는 인간과 인간 간의 관계보다 더 공고할 수도 있다. 환자는 로봇과 끊임없이 대화를 할 수 있고, 정직하게 자신의 감정과 고통을 드러낼 수 있고, 인공지능 로봇의 반응으로부터 안정감을 찾을 수 있다. 사람들 사이의 공감과 유사한 공감(quasi-empathy)의 모습이다. 지금은 약한 인공지능의 수준이기 때문에, 인공지능 로봇이 인간의 감정을 이해한다는 것은 불가능하다. 결국 이 단계에서 인공지능 로봇에 대한 의인화는 결국 인간 대 인간에 대한 이해이다. 약한 인공지능 로봇은 우리의 공감 도구로서 긍정적으로 활용될 수 있다.

그런데 강한 인공지능 로봇이 등장하게 되면, 자율 학습에 따라 인간의 감정을 이해할 수도 있겠지만, 이 감정 또한 빅데이터로 학습된 것일 뿐, 인간이 갖는 연민의 감정을 갖지는 못한다. 그럼에도 불구하고 강한 인공지능 로봇이 인간보다 뛰어난 능력을 갖고 있기 때문에, 즉 인간과의 공존에 대한 필요성을 갖지 않을 것이기 때문에, 그 당위성은 인간에게만 국한될 수도 있다. 이러한 서사는 강한 인공지능 로봇에 대한 우리의 공포를 담고 있는 차원으로 이해될 수 있다.

둘째, 조건적 자율성(conditioned autonomy)을 가진 존재로서 인공지능 로봇이다. 강한 인공지능 로봇은 결국 인간을 넘어서는 존재가 된다. 이는 반드시 우리가 막아야 하는 인공지능 로봇의 최종 단계일 것이다. 지금 이 전단계로서 약한 인공지능 로봇이 강한 인공지능 로봇 단계로 들어가는 것

1부 AI로봇의 윤리와 AI로봇에 대한 윤리

을 막아 보기 위한 방법들을 조건적 자율성의 틀에서 제한 및 활용할 필요가 있다. 이 틀은 인공지능 로봇이 인간에 관한 데이터를 딥러닝 및 강화학습의 기술을 활용하여 반응하더라도 그것은 알고리즘에 따라 유연하게 대응하는 조건, 즉 프로그램에 국한됨을 의미한다.[25]

일단 강한 인공지능 로봇으로의 스스로 진화를 막기 위해 다음과 같은 방안들이 검토되고 있다. 첫째, 약한 인공지능이 인간의 명령이 아닌 스스로 계산한 것이 있는 지를 지속적으로 모니터링하는 것이다. 하지만 이러한 인과관계를 인간이 발견하는 것 자체가 많은 시간이 필요하고, 인공지능 자체가 이를 의도적으로 감출 수 있다는 것이다. 둘째, 인공지능 로봇에게 도덕적 기준을 주입하는 주장이다. 하지만 어떤 경우에서든 인간을 헤쳐서는 안 된다는 법칙을 로봇에게 인식시키더라도, 높은 수준의 논리 및 연산 능력을 가진 인공지능이 이를 받아들일 이유는 없다.[26] 미래 삶에서 인간은 강한 인공지능 로봇의 시대에 접어들 것으로 예상하지만, 그것은 곧 인간이 로봇에 정복당하는 시대로 이해된다.

현재는 조건적인 프로그램과 알고리즘을 기초로 약한 인공지능 로봇이 인간의 도구로서 활용되고 있다. 무엇보다 이 지점에서 인공지능 로봇의 자율성을 도구적 차원에서 국한시킬 수 있는 사회제도적 장치가 반드시 필요하다. 딥러닝과 강화학습을 갖춘 인공지능 로봇이 우리의 공동선의 실현 도구로서의 의미에 머물 수 있는 기술적 제약 또는 윤리적 한계가 적용되어야 한다. 이세돌 9단과 알파고의 대결은 인간이 결코 승리할 수 없는 1202대의 계산 능력에 이세돌 9단이 홀로 대국을 펼친 것이라고 할 수 있다. 그런데

---

25 송선영, 「로봇과 인공지능 시대의 시민윤리와 도덕교육적 함의」, 『윤리연구』 115호 (한국윤리학회, 2017), p.145.

26 김대식, 앞의 책, pp.332-333.

강화학습은 바둑규칙만으로 바둑 경기를 운영할 수 있는 알파고 제로의 출현을 앞당겼다. 그렇다면, 가령 알파고 제로와 타짜(속임수와 거짓말에 능한 사람)와 대결이 언젠가 펼쳐진다면, 이는 강한 인공지능 로봇의 탄생을 알리는 서막일 수도 있다. 인공지능 로봇이 스스로 거짓말과 속임수를 펼칠 수 있다면, 인간에 의해 부여된 공동선의 구현이라는 자기충족적 원리를 위반하는 것이 된다. 이는 곧 인공지능 로봇이 인간의 통제를 전혀 받을 필요가 없는 새로운 자기충족적 원리를 갖는 것을 의미한다.

이제 우리는 인공지능 로봇과 관계를 맺는 것이 필연적인 시대로 접어들고 있다. 아마도 현재 초등학생이 성인이 된다면, 지금 기성세대보다 일상에서 마주하고 활용하게 되는 인공지능 로봇이 훨씬 많을 것이다. 그와 같은 시대에 공감과 조건적 자율성은 인간과 인공지능 로봇의 관계를 바람직하게 정립하는 윤리적 도구상자가 될 수 있다. 이와 동시에 우리는 인공일반지능을 갖춘, 즉 스스로 자율적인 학습을 통해 진보할 수 있는 강한 인공지능 로봇의 미래를 매우 불안하고 부정적으로 기대하며 거부해야 한다. 하지만 이것은 공학자들의 입장에서 본다면, 사실상 불가능하다. 결국 우리가 취할 수 있는 전략은 현재 수준의 조건적 자율성을 갖는 약한 인공지능 로봇이 스스로 윤리적 가치에 따른 자기 부정(self-denial)을 도출하도록 이끌어야 할 것이다.

마지막으로, '생명' 의 가치는 인간과 인공지능 로봇의 관계가 궁극적으로 지향해야 할 지점이다. 강한 인공지능 로봇이 스스로 진화한다는 것은 자의식을 가지면서 조건적 자율성이 아닌 완전한 자기충족적 원리를 갖는 것을 의미한다. 이러한 로봇의 출현을 막아야 하는 것이 우리에게 남아 있는 과제이기 때문에, 스스로 자기 진화 단계에서 자기 부정을 할 수 있는 가치가 반드시 필요하다. 현재 인공지능 로봇은 점차 도구적 자율성의 인지적 시스템과 감정적 시스템을 동시에 적용되는 방식에서 개발되고 있기 때문에, 생명 중심의 관계망에서 그 자신이 벗어날 수 없다는 존재론적 한계를 연역적이고 당위적으로 인식하게 만들어야 한다. 이것은 하나의 윤리적 지침이 될 수도 있다. 비록 이런 의도는 아니겠지만, 구글과 같은 인공지능 시스템을 활용하는 기업들이 인공지능 윤리위원회와 같은 자체 검증 기구를 두는 것은 매우 바람직한 일이라고 할 수 있다(윤리가 단지 기업의 허물을 덮기 위한 또는 이윤 추구의 정당화를 위한 도구로 쓰이지 않는다면 말이다).

생명 중심의 윤리적 접근은 생명에의 의지를 가진 모든 존재의 위치를 평등하게 긍정할 수 있다. 한 행위에 대한 옳고 그름에 대한 가치 판단의 결정은 우리에게 있다. 인공지능 로봇에 어떤 한 행동에 대한 법률적 판단 또는 규칙의 위반 여부를 스스로 판단하게 하는 것은 가능하지만, 궁극적으로 무엇이 옳고 그른 것인지 나아가 무엇이 가장 가치있는 것인지에 대한 윤리적 차원을 완벽하게 구현시킬 수는 없다. 이런 점에서 점차 인공지능 로봇의 진화와 정비례하는 로봇의 자율적인 윤리적 판단 능력은 로봇 자체의 자율화 시스템에서 한계에 부딪히도록 설정되어야 한다. 즉, 인공지능 로봇을 만드는 설계자와 기업은 로봇의 자율 학습의 최종 단계에서 생명의 관계망에 대한 로봇의 자기 부정에 대한 윤리 실존적 검증 프로그램과 알고리즘, 나아가 공적 책임을 적극적으로 고려해야 할 것이다.

V. 맺음말

이번 연구는 과학기술, 특히 인공지능 로봇공학의 발달과 지식정보사회의 융복합에 따라 변화하고 있는 삶의 환경에서 인간과 인공지능 로봇이 맺을 수 있는 바람직한 관계가 무엇인지를 탐구하였다. 과거 인간의 힘들고 불가능했던 노동을 대신해 주었던 기계적 도구로서 로봇은 이제 인간처럼 사물에 대한 인지-학습-판단-실행을 입력된 프로그램에 따라 자율적으로 시행할 수 있다. 심지어 독거노인, 발달장애의 아동 등 사람들의 감정들을 인식하여 상대방과 대화에 참여하거나 유도할 수도 있다. 그리고 사람들은 마치 아동이 자신의 인형에 이름을 부여하듯이 로봇에 자신들의 삶의 의미를 부여하고 있다. 이와 같은 기술의 발달과 의인화로 인해 로봇은 우리의 일상에서 단순히 기계적 도구의 차원을 벗어나 인간과 유사한 수준의 파트너로서, 가령 친구로서도 존재하고 있다.

네트워크로 연결된 인간 삶의 전망들은 모두 디지털 코드를 통해 빅데이터로 활용되고 있고, 인공지능 로봇은 자율적인 학습 능력을 통해 자신에게 부여된 지능을 수행한다. 어느새 인간의 삶의 지평을 구성하는 선의 활동에 참여하고 있는 도덕적 행위자(대리인) 역할을 수행하고 있다. 우리는 이 과정에서 자율적인 인공지능 로봇에 대해 점점 더 높은 수준의 의인화를 부여한다. 분명 그것이 기계적 도구임을 알면서도 말이다. 이번 연구에서도 인공지능 로봇에 대한 이와 같은 의인화의 모순을 피할 수 없다. 기계적 도구에 계속해서 인간의 개념을 부여하고 그 의미를 우리와의 관계 영역에서 파악하고 있기 때문이다. 하지만 같은 이유로 인해 인간과 인공지능 로봇이 공존하는 사회에서 어떤 관계를 맺어야 하는 지에 대한 당위성을 우리 스스로에게 부여할 수 있었다.

　네트워크로 연결된 관계망에서 인공지능 로봇이 주어진 틀에서 대상을 인식하고 관련 지식을 습득하고 이에 따라 우리와 소통하는 단계까지 진보함에 따라 로봇은 단지 기계에 불과한 것이 아니라 윤리적 차원에서 인간과 유사한 자율성을 갖게 되었다. 감정의 인식과 소통까지 가능하게 되면서, 인간과의 관계 맺음은 '유사 공감(quasi-empathy)'을 기반으로 이루어지고 있다. 그리고 조건적 자율성의 존재 기반을 토대로 강한 인공지능 로봇, 즉 완전한 자율성을 갖는 로봇을 예방하기 위해 생명의 관계망에 대한 자기 부정을 프로그램화하는 윤리 실존적 가치와 제도화를 성찰해 보았다. 하지만 우리는 완전한 자의식과 자율성을 갖는 인공일반지능을 갖춘 로봇의 출현을 완전히 부정하지 못한다. 관련 전문가들도 출현을 해서는 안 되는 당위를 언급하기도 하지만, 사실상 기술적으로는 출현이 가능하다고 본다. 그저 출현의 시기에 대해 이견이 있을 뿐이다. 기하급수적으로 발전하고 있는 상황에서 결국 이번 연구의 한계는 완전하고 강한 인공지능 로봇의 출현이 등장하지 않는다면, 미래 로봇을 공동선 구현을 위한 도구로서의 제약을 강화하는데 있다.

참고문헌

김대식, 『인간 VS 기계』(서울: 동아시아, 2016).

박종훈, 『공동체와 정서: 윤리문화의 원천』(고양: 인간사랑, 2015).

추병완, 「도덕 심리학의 새로운 경향과 도덕교육」 『도덕 심리학의 새로운 경향과 이해』, 2016
　　년 한국도덕윤리과교육학회 연차학술대회(27회) 자료집 (2016), PP.1-44.

리차드 라이더, 『윤리문화의 서막: 고(苦)와 통(痛)』, 강정훈・김인겸・송선영 옮김(서울: 소통과
　　공감, 2013).

바바라 베커, 「사회적 로봇-정서적 행위자: 인간-기계 상호작용을 자연적으로 설명하는 논의
　　들」, 변순용・송선영 옮김, 『로봇윤리 -로봇의 윤리적 문제들』(서울: 어문학사, 2013).

알래스데어 매킨타이어, 『덕의 상실』, 이진우 옮김 (서울: 문예출판사, 1997).

에도아르도 다테리・굴리에모 템불리니, 「의료 로봇에 대한 윤리적 고려」, 라파엘 카푸로・미
　　카엘 나겐보르그 편저, 『로봇윤리 -로봇의 윤리적 문제들』, 변순용・송선영 옮김 (서울: 어
　　문학사, 2013).

에릭 브린욜프슨・앤드루 맥아피, 『제2의 기계시대』, 이한음 옮김 (서울: 청림출판, 2016).

웬델 월러치・콜린 알렌, 『왜 로봇의 도덕인가』, 노태복 옮김 (서울: 메디치미디어, 2014).

제니퍼 로빈슨, 『감성, 이성보다 깊은』, 조선우 옮김 (성남: 북코리아, 2015).

찰스 테일러, 『자아의 원천들: 현대적 정체성의 형성』, 권기돈 옮김 (서울: 새물결출판사, 2015).

토요아키 니시다, 「선의지를 가진 로봇을 향하여」, 라파엘 카푸로・미카엘 나겐보르그 편저,
　　『로봇윤리 -로봇의 윤리적 문제들』, 변순용・송선영 옮김 (서울: 어문학사, 2013).

Duffy, Brian R., "Fundamental Issues in Social Robotics", in Rafael Capurro, Thomas

Hausmanninger, Karsten Weber and Felix Weil (eds), Ethics in Robotics, International Review of Information Ethics, 6(12/2006): 31-36.

Kitano, Naho, "'Rinri': An Incitement towards the Existence of Robots in Japanese Society", in Rafael Capurro, Thomas Hausmanninger, Karsten Weber and Felix Weil (eds), Ethics in Robotics, International Review of Information Ethics, 6(12/2006): 78-83.

Prinz, Jesse J., "The Moral Emotion", in Peter Goldie (ed), Philosophy of Emotion, pp.519-538 (Oxford: Oxford University Press, 2010)

Veruggio, Gianmarco and Operto, Fiorella, "Roboethics: a Bottom-up Interdisciplinary Discourse in the Field of Applied Ethics in Robotics", in Rafael Capurro, Thomas Hausmanninger, Karsten Weber and Felix Weil (eds), Ethics in Robotics, International Review of Information Ethics, 6(12/2006): 2-8.

Knight, Will, "Your Retirement May Include a Robot Helper", MIT Technology Review (2014), https://www.technologyreview.com/s/531941/your-retirement-may-include-a-robot-helper/ (검색일: 2016.10.28.)

"감정을 읽는 로봇: 페퍼", 퍼퓰러사이언스, http://navercast.naver.com/magazine_contents.nhn?rid=1697&contents_id=65428(검색일: 2016.11.01.)

"다빈치 로봇 수술", 위키백과, https://ko.wikipedia.org/wiki/%EB%8B%A4%EB%B9%88%EC%B9%98_%EB%A1%9C%EB%B4%87_%EC%88%98%EC%88%A0 (검색일: 2016.10.28.)

"DARPA, 터치감각까지 느낄 수 있는 로봇 의수 개발", 공감뉴스 (2015. 09. 16.), http://vision01a.tistory.com/1167 (검색일: 2016. 10.28.)

"Amputee becomes first to simultaneously use two APL Modular Prosthetic Limbs", HUB (2014.12.17.),http://hub.jhu.edu/2014/12/17/amputee-makes-history/ (검색일:

2016.10.28.)

"medical robot", Wikipedia, https://en.wikipedia.org/wiki/Medical_robot (검색일: 2016.
10.27.)

통계청 2015년 인구조사,

http://www.index.go.kr/potal/main/EachDtlPageDetail.do?idx_
cd=2919#quick_02;(검색일: 2016.10.28.)

"로봇, 우리의 친구가 될 수 있을까?" KBS 스페셜(2016.11.03.)

"日서 소니 로봇강아지 '아이보' 장례식 열려", 중앙일보(2015.03.01.),

http://news.joins.com/article/17250097 (검색일: 2016.11.03.)

"〈인간 뛰어넘는 AI〉①질병 진단부터 치료까지", 연합뉴스(2016.09.16.)

http://www.yonhapnews.co.kr/bulletin/2016/09/13/0200000000AKR20160913189400017.
HTML?input=1195m (검색일: 2016.11.03.)

"영상의학-병리-진단검사 '타격', 외과계 '발전'", 데일리메디(2016.07.11.),

http://www.dailymedi.com/detail.php?number=808139&thread=22r11 (검색일:
2016.11.03.)

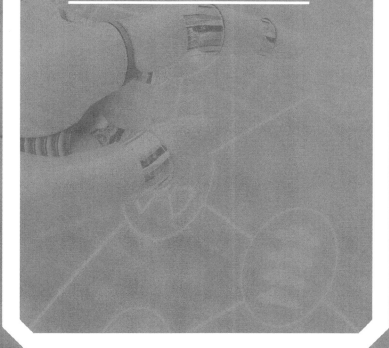

2부

윤리적
AI로봇을 위한 시도

• 제5장 •
인공적 도덕 행위자(AMA) 개발을 위한
윤리적 원칙 개발
- 하향식접근(공리주의와 의무론)을 중심으로 -

변순용·최현철·신현주

I. 들어가는 말: 인공적 도덕 행위자와 윤리

　개인의 안전의 문제와 더불어서 사회적 이익에 대한 관심은 언제나 로봇을 대하는 현대인에게 중시되는 요소이다. 최근 인공지능(Artificial Intelligence: AI), 로봇공학의 발달과 맞물려 로봇에 대한 윤리적 태도를 논의하는 여러 관점들이 제시되고 있다.[1]

　초창기의 로봇윤리는 로봇을 설계하거나 운용하는 사람들에 대한 윤리에서 시작하였다. 하지만 지금은 로봇 스스로 도덕적 결정을 내릴 수 있을 정도로 엄청나게 복잡한 수준을 지향하는 인공지능의 존재가능성이 현

---

[1]　이에 대한 자세한 논의는 변순용 외(2015), 『로봇윤리란 무엇인가?』, 어문학사, pp.13-22. 참조.

실화되고 있다. 우리는 스스로 도덕적 결정을 내리는 인공지능 로봇을 가리켜 '인공적 도덕 행위자(Artificial Moral Agent: AMA)' 라 부르고자 한다.[2]

정교한 AMA에 이르기까지의 과정을 보다 분명하게 이해하기 위해, 우리는 우선적으로 로봇윤리를 둘러싸고 있는 기본적인 성격을 두 가지 차원 - 자율성 그리고 도덕적 민감성 -에서 생각해 볼 수 있다. 가장 단순한 도구[기계]는 자율성뿐 아니라 민감성도 없다. 그렇다고 해서 그것에 대한 윤리적 접근이 전혀 없는 것은 아니다. 아무리 단순한 기계라 하더라도 설계나 사용자에 따른 일종의 '운용적 도덕[윤리]'이 있을 수 있다. 이것은 도구[기계]가 그것의 설계자 및 사용자의 통제 아래에 있기에 가능한 윤리다. 다음 단계로는 '기능적 도덕[윤리]'이 있다. 이것은 기계의 자율성은 있지만 윤리적 민감성이 거의 없는 시스템에 적용되는 윤리다. 이것에 대한 사례로 자율주행 자동차와 같은 자동 조종 장치가 탑재된 기계를 제시할 수 있다. 마지막으로 자율성은 적지만 어느 정도 윤리적 민감성을 갖춘 시스템에 적용되는 윤리다. 이것의 한 사례로 의사 결정 지원 시스템(ethical decision support system)이 있다. 이 시스템은 의사 결정자[AMA]가 해당되는 사안과 도덕적 관련성이 있는 정보에 접근하도록 해 주는 역할을 수행한다.

현재 인공지능(AI)과 AMA에 관한 윤리적 접근은 크게 세 가지로 구분된다.[3]

우선 전통적인 공리주의나 의무론적 윤리 이론에 기반을 둔 하향식 (Top-down)접근과 콜버그(L. Kohlberg)나 튜링(A. M. Turing)의 방식을 따르

---

2 W. Wallach, C. Allen(2009), Moral Machines Teaching Robots Right from Wrong, London : Oxford Univ. press와 번역서로는 웬델 월러치 & 콜린 알렌(2014), 『왜 로봇의 도덕인가』, 메디치미디어, p.5.

3 W. Wallach, C. Allen(2009)의 구분법을 참조.

는 상향식(Bottom-up)접근, 그리고 이 두 접근을 융합하려는 혼합식(hybrid) 접근이 있다. 대부분의 공학자들이나 개발자들은 복잡한 작업의 하향식분석에서 시작하여 구성 요소의 상향식 통합으로 나아가려고 노력하고 있다. AMA 설계에 대한 하향식접근은 어떤 구체적 윤리 이론을 선택한 다음, 그에 따른 컴퓨팅적 시스템 요건을 분석함으로써 그 이론을 구현할 수 있는 알고리즘과 서브시스템의 설계를 이끌어내는 방식이다.[4]

일반적으로 하향식접근에 적용되는 윤리적 원칙들은 우리의 도덕적 직관이 불확실할 때의 사례들을 AMA가 구분해 낼 수 있도록 도와주는 역할을 한다. 하지만 "진화적 알고리즘"[5]에서 시작된 상향식접근은 행위자의 부분적인 가치를 형성하는 것에 초점을 두고 있다. 진화적 기계 학습에서 유래한 접근 방식들이 이 접근의 대표적 사례들이다. 사실 행위자로서 도덕적 기계나 로봇을 개발하는 작업만큼이나 인공지능이나 로봇이 상황판단에 적절한 의사 결정을 하게 하는 모형을 개발하는 것과 그것의 윤리적 이론들을 검토하는 일 역시 매우 중요한 과제다.

하향식접근법의 기본적 윤리 이론 중에 하나인 공리주의(Utilitarianism)에 의하면, 윤리란 이 세상의 쾌락의 총량을 극대화 하는 것이다. 이 견해는 윤리적 결과론의 일종이다. 이러한 공리주의 윤리에 입각한 AMA는 어떤 행위들에 대해 도덕적 등급을 내리기 위해 선택사항의 다양하고 많은 결과

---

4 하향식접근법은 가령 공리주의나 의무론과 같은 윤리 이론을 선정하고, 이 이론을 컴퓨터 시스템으로 구현하는 데 필요한 정보적 혹은 절차적 요건들을 분석함으로 시작한다. 그리고 이 접근법은 그 분석이 적용될 서브시스템들을 설계하고 그 윤리 이론들을 구현하기 위한 서브시스템의 서로 상호작용을 기본적 방법으로 설정한다.

5 1975년 존 홀랜드가 고안한 진화적 알고리듬은 진화하는 적응적 프로그램이 가능할 수 있다는 기대를 불러일으켰다. 이는 컴퓨터가 새로운 종류의 생명인 인공생명을 진화시키는 환경을 마련해줄지 모른다는 생각으로 이어졌다.

들을 계산해야 한다. 그리고 공리주의에 따르면, 결과적으로 가장 큰 효용 (utility)을 산출하는 행위가 도덕적으로 옳은 행위다. 즉 어떤 사람이 윤리적 숙고 혹은 추론을 한다는 것은, 바로 그 행위의 결과가 가져오는 효용을 그 사람이 가늠하고 계산하는 것이다. 따라서 시스템 설계자가 우선적으로 해 결해야 할 과제는 이것을 계산할 수 있는 메커니즘을 만드는 것이다. 이미 1995년 컴퓨터 과학자 인 보스턴 대학의 깁스(J. Gips)는 결과론에 의거한 임 의의 로봇에 대한 컴퓨팅의 요건들을 다음의 네 가지로 제시한 바 있다.[6]

(1) 현실 상황을 기술하는 방법[7]

(2) 가능한 여러 행동을 발생시키는 방법

(3) 현재 상황에서 어떤 행동을 취했을 때 일어나게 될 상황을 예측 하는 수단[8]

(4) 어떤 상황을 그것이 옳거나 바람직하다는 관점에서 평가하는 방법[9]

반면 하향식접근의 또 다른 윤리 이론인 의무론에 따르면 어떤 행위의 도덕적 옳고 그름은 그 행위의 결과와는 상관없이, 원칙들(물론 이 원칙은

---

6 깁스는 1991년 학회 논문으로 Toward the Ethical Robot를 소개했다가 1995년 edited by Kenneth M. Ford, Clark N. Glymour, Patrick J. Hayes, Android Epistemology, AAAI Press를 통해 공식적으로 논문화 하였다.

7 상황에 관련되는 요소들의 범위는 사람, 동물 혹은 생태계의 어디까지로 확장해야 하는 가의 문제가 도래된다. 또한 윤리적으로 관련있는 모든 주체들의 상황을 기술하는 데 드는 데이터의 규모를 고려해야 한다.

8 이것은 미래의 어떤 결과까지 계산해야 하는지와 공간적 제한은 어디까지로 해야하는 지를 고려해야 한다.

9 여기서는 무엇을 기준으로 삼는가가 문제다.

이론마다 달라질 수 있다.]에 부합하는가와 아닌가에 의해 결정된다. 예를 들어 의무론적 이론의 가장 대표자인 칸트(I. Kant)에 따르면, 어떤 행위는 그것이 정언 명령(categorical imperative)에 부합하거나, 혹은 그로부터 도출된 것이라면, 그것은 도덕적으로 옳은 것이다.

이 글은 일차적으로 이러한 하향식의 접근에 기초하여 공리주의적 결과론에 입장에서 앞의 네 가지 요소[깁스의 (1)-(4)]들을 고려하여 AMA 로봇에게 필요한 공리주의적 의사 결정의 모형을 발굴하는 데 목적을 둔다. 또한 로봇 제작 프로그램 구축이나 제작의 가능성을 고려하여 의무론적 윤리 이론, 즉 칸트의 네 가지 정언명법 정식(formula)들을 고찰하고, 그 정식들을 활용해 로봇윤리의 기본적인 규칙들을 추출할 것이 이 글의 이차적 목적이다. 그리고 AMA의 하향식접근방식으로 도덕적 민감성을 갖춘 AMA 로봇 개발을 위해, 필자들은 공리주의적 의사 결정 모형에 따른 로봇의 결정이 이차적으로 의무론의 의거한 윤리적 규칙에 의해 검토되는 방식으로 현재의 로봇공학에서 실현 가능한 10세 수준의 소셜 케어 로봇의 윤리적 행동 시나리오를 작성할 것이다.

II. 공리주의 윤리 이론과 의사 결정 모형

공리주의는 18세기 말부터 19세기 중엽까지 영국을 지배하였던 사회사상이다.[10] 이 사상은 벤담(J. Bentham)에 의하여 체계화 되었고, 밀(James Mill)

10　공리주의는 영어로 'Utilitarianism' 이라고 불리는데, 이것은 'utility' 라는 단어에서 파생되었다. 'utility' 는 경제학에서 가장 중요시되는 개념이자 용어로서, 한자어로 '효

과 그의 아들인 밀(John Stuart Mill)에 의해 철학적으로 더 발전되었다. 공리주의는 개인주의와 합리주의를 사상적 기조로 하여 공리[효용(utility)] 또는 최대의 행복 원리를 도덕의 기초로 삼는다. 벤담에 의하면, 인간의 본성은 고통과 쾌락에 의하여 지배되고 모든 인간 행위의 동기는 필연적으로 쾌락을 추구하고 고통을 피하는 데 있으며, 그 결과 쾌락과 고통은 모든 인간 행위에 대한 도덕적[선악] 판단의 기준이라고 주장하면서 '효용'에 대해 다음과 같이 서술한다.

"효용(utility)은 어떤 것이든 이해관계가 걸린 당사자에게 혜택, 이점, 쾌락, 선, 행복[이 경우에 이 모든 어휘는 동일한 의미를 갖고 그것은 고통의 경우도 마찬가지다]을 가져다주거나 불운, 고통, 악, 불행이 일어나는 것을 막아주는 그러한 속성을 의미한다."[11] 만약 이해 당사자가 공동체 전체라면, 그 공동체의 행복을 의미한다. 만약 이해 당사자가 특정 개인이라면, 그 개인의 행복을 의미한다."[12]

벤담은 이러한 원리들이 개인뿐만 아니라 사회에도 적용될 수 있으며 결국 이기적인 개인의 결합체인 사회의 기본 원리를 '최대 다수의 최대 행복'에서 구했다. 그리하여 그는 법이나 정치제도 또는 도덕이나 종교도 모두 '최대 다수의 최대 행복'에 기여하는지 여부에 따라 그 정당성이 판단되어야 한다고 주장한다. 특히 국가의 기초는 계약에 있는 것이 아니라 인

용'을 뜻한다. 사실상 필자들은 사실 "공리주의"라는 단어보다 "효용주의"가 직관적으로 그들[벤담과 밀의 부자(父子)]의 주장을 이해하는 보다 더 쉬운 단어라고 논의했다. 그래서 이 글에서는 Utilitarianism을 '공리주의'로, utility는 '효용'으로 번역하여 사용한다.

11 J. Bentham(2000), An Introduction to the Principles of Morals and Legislation, Batoche Books, Kitchener, p.14.

12 제러미 벤담, 『도덕과 입법의 원칙에 대한 서론』, 강준호 옮김(서울: 아카넷, 2013), p.48.

간의 필요성에 있고, 그 필요성이란 개인을 산술적으로 계산한 최대 다수의 최대 행복에 있는 것이다.

하지만 이러한 벤담의 주장이 어떠한 질적 차이가 무시된 다수인의 행복이라는 점에 반해, 밀(J. S. Mill)은 쾌락과 고통을 인간 행동의 유일한 동기로 본다는 점에서 벤담의 공리주의를 그대로 계승하고 있다. 하지만 그는 쾌락이 모두 양적으로 계산될 수 있는 것이 아니라 질적인 차이를 가지는 것이며 감각적 쾌락보다는 정신적 쾌락이 더 중요하다고 함으로써 벤담의 공리주의를 수정한다. 이것은 모든 인간을 평등한 존재로 보고 모든 인간이 1인으로서 계산되어 "최대 다수의 최대 행복"이 이루어진다고 주장했던 벤담의 사상과는 큰 차이가 있다.

이러한 공리주의적 관점에 기초한 의사 결정 모형은 다음과 같은 절차를 가진다. 우선 (ㄱ) 문제를 인지하고 그 문제를 해결하기 위해 다수의 실현 가능한 (ㄴ) 대안들을 나열한다. 그리고 각 (ㄷ) 대안들이 야기할 결과를 예측하고 그것을 (ㄹ) 행복이나 쾌락의 가치를 질적인 측면을 고려하고 유용성 및 효용성을 높이기 위해 우선 양적 표지를 한다. 그런 다음 그 대안들 중에 (ㅁ) 최대 다수의 최대 행복의 가치를 주는 대안을 선택하고 그 최대 행복의 대안이 목적이 수단을 정당화하는 대안인지도 검토한다. 이러한 방법을 통해 의사를 결정하는 것이 올바른 윤리적 선택이라고 대부분의 공리주의자들은 주장한다. 여기서 의사 결정 방법이 실패하는 경우로는 결과를 정확히 예측할 수 없을 때이거나 행복의 가치를 정확히 측정할 수 없을 때로 한정한다.[13]

---

13 현대적 입장에서 공리주의는 효용성의 계산 적용 방법에 따라 행위 공리주의와 규칙 공리주의로 나뉜다. 우선 행위 공리주의는 어떤 상황 속에서 어떻게 행위를 할 것인가

의사 결정 방법에도 등장하듯이 공리주의는 전적으로 다음의 두 가지 원칙이나 규칙에 의거하여 의사 결정을 수행한다. 첫 번째 원칙은 앞에서 말한 '최대 다수에게 최대 행복'이고, 두 번째 원칙은 '목적이 수단을 정당화한다.'이다. 사실 벤담은 다양한 대안들 중 가장 많은 효용성 창출하는 대안을 결정하는 쾌락계산법(felicific calculus)을 제시한바 있다. 이것은 산출된 쾌락과 고통의 양이 확실한지 아니면 불확실한지를 평가하는 계산법이다. 벤담이 "상황"이라고 정의한 구체적인 요소나 변수들은 다음과 같다.[14]

> 강도 (Intensity) : 즐거움이 얼마나 강한가?
>
> 계속성[지속성] (Duration) : 얼마나 즐거움 지속되는가?
>
> 확실성 또는 불확실성 (Certainty or uncertainty) : 그것은 기쁨이 발생할 것이라고 확신하는가? 또는 가능성은 얼마나 되는가?
>
> 원근성 (propinquity or remoteness) : 얼마나 빨리 쾌락을 느끼는가?

벤담에 의하면 쾌락과 그리고 고통의 회피라는 것은 입법자가 관점을

에 대한 판단 기준이 다르다고 주장한다. 따라서 개별적인 상황 속에서 어떤 행위가 다른 행위보다 더 큰 이익을 가져오는 경우 더 큰 이익을 가져오는 행위를 하는 것이 옳다고 한다. 따라서 행위 공리주의는 일반성을 가진 규칙보다는 각각의 개별적 상황 속에서 더 큰 이익을 가져오기만 한다면 각기 다르게 적용될 수 있는 특징을 가진다.[로봇 프로그램을 구성하는데 있어 행위 공리주의가 유용하다.] 반면 규칙 공리주의는 사회적으로 더 큰 효용[공리]를 산출하는 규칙을 정해놓고 어떤 상황 속에서 그 규칙에 속하는 행위를 한다면 그것은 옳다고 주장한다. 따라서 규칙 공리주의는 합리적인 인간이 모인 사회집단은 최대한의 공리를 위한 규칙들을 다양하게 상정하게 될 것이다. 그러면서 규칙 공리주의는 규칙이 충돌할 경우에 의무론의 태도를 일부 가져와 최상위의 규칙 즉 최종 규칙을 설정하고 하위의 규칙은 최종 규칙에 따라 결정하는 태도를 취할 수밖에 없다.

14 이 부분은 J. Bentham(2000), op. cit., pp. 31~32와 제러미 벤담 지음, 『도덕과 입법의 원칙에 대한 서론』, 강준호 옮김(서울 : 아카넷, 2013), p.95.을 참조하여 재구성하였다.

두어야하는 목적이고, 입법자는 그 가치를 이해해야 한다.[15]

그리고 쾌락과 고통이란 입법자가 일을 수행하기 위한 도구다. 따라서 입법자는 그 힘을 이해하지 않으면 안 된다. 여기서 '힘'이란 그것이 지니는 가치다. 어떤 사람이 그 사람만으로서 생각되는 경우, 그것만으로 생각된 쾌락과 고통의 가치는 위의 네 가지 요소에 의해 보다 크거나 보다 작을 수 있다. 이러한 요소들은 쾌락 또는 고통의 하나하나를 그것만으로 평가함에 고려해야 할 조건들이다. 하지만 쾌락 또는 고통의 가치가 그것을 낳는 행위의 영향을 평가한다는 목적을 위해 고찰되는 경우, 다음의 두 가지 다른 요소를 계산에 넣지 않으면 안 된다.

생산성(Fecundity) : 동일한 성향에 영향을 받을 확률[16]
순수성(Purity) : 반대 성향에 영향 받지 않을 확률

벤담은 각자의 쾌락 또는 고통의 가치가 고려되는 일정 수의 사람들에 대해 쾌락 또는 고통의 가치는 총 일곱 가지 조건에 따라 그 양이 결정된다고 주장한다. 그 중 여섯 가지 조건은 앞에서 제시한 것이고 나머지 하나는 다음이다.[17]

---

15 J. Bentham(2000), 앞의 책, p.31.
16 이것은 그것이 동일한 종류의 감각, 즉 쾌락인 경우에는 기타의 모든 쾌락과 고통인 경우에 기타의 모든 고통을 수반할 가능성을 말한다.
17 이것은 가장 빨리 영향을 받을 것 같은 사람을 시작으로 계산한다. 첫 번째 경우에 생성된 분간이 가능한 쾌락의 가치 값과 첫 번째 경우에 의해 생성된 것으로 보이는 각 통증의 값을 계산한다. 그 다음으로는 첫 번째 후에 생산되는 각 쾌락의 값과 그리고 첫 번째 쾌락의 생산성과 첫 번째 고통의 불순물을 구성한다. 첫 번째 후에 생산되어 나타나는 각 통증의 값은 첫 번째 고통의 생산성과 첫 번째 쾌락의 불순물을 구성한다.

규모 (Extent) : 얼마나 많은 사람들이 영향을 받을 것인가?

반면 J. S. 밀은 스스로 공리주의자라 주장하지만, 그의 개성에 대한 칭송과 행동이나 결과만을 중시하지 않는 태도 등은 오히려 벤담의 원칙들에 반대되는 모습을 분명히 한다. 우선 J. S. 밀은 의무론에 대한 비판적 견해를 밝힌다. 의무론 계열의 이론들은 옳음을 좋음과 독립적으로 규정하려고 하는 윤리 이론이다. 가령 보편성을 통해서 도덕법칙을 이끌어내는 칸트의 정언명법과 같은 경우가 이러한 의무론의 전형이라고 할 수 있겠다. 그런데 J. S. 밀의 비판을 살펴보면 이러한 의무론적 윤리는 다음의 두 가지 오류를 범하고 있다.

첫째 의무론은 의무들 간에 충돌이 발생했을 때, 이를 해결할 장치를 갖고 있지 못하다. 그러나 공리주의의 경우라면 최대 다수의 최대 행복이라는 기준에 따라, 행복을 더 많이 산출해내는 의무가 중요한 것으로 생각될 수 있다. 의무론의 두 번째 문제점은 의무론 또한 어떤 식으로든 효용을 고려하지 않을 수 없다는 것이다. 예를 들어 정언명법만 하더라도 그 보편성은 보편적으로 어떤 결과(효용)를 원하지 않는다는 의미의 보편성이지, 보편성 자체만을 원한다고 볼 수는 없다는 것이 J. S. 밀의 생각이다.[18]

그러면서도 밀은 기존의 벤담식의 공리주의가 쾌락을 추구한다는 점에서 인간과 여타 존재 — 가령 돼지를 인간과 동일하게 취급하고 있다는 비판에 대해, '쾌락의 질적 차이'를 강조하는 이른바 '질적 공리주의'로 응수하고 있다. 그래서 J. S. 밀은 "만족한 돼지보다는 불만족한 인간이 낫고, 만

---

18   J. S. Mill(2001), Utilitarianism, Batoche Books, Kitchener, p.51.

족한 바보천치보다는 소크라테스가 되는 것이 더 낫다." [19] 고 말한다. 바보천치나 돼지가 어떤 다른 견해를 갖고 있다 하더라도, 그것은 모두 이 문제에 대해 자신들 각자의 입장만을 알고 있는데 지나지 않는다. 왜냐하면 바보천치나 돼지에 비교되는 상대방은 양쪽 모두를 알고 있기 때문이다.

앞에서 언급했듯이 공리주의는 결과론의 한 유형이지만 우리의 일반적 윤리적 태도는 결과론보다는 동기주의에 가깝다고 할 수 있다. 특정한 행위가 나쁜 결과를 낳았다고 하더라도 그것이 좋은 동기에서 비롯된 것이라면 결과를 불문에 부치거나, 설령 제재를 가한다고 하더라도 제재의 정도를 축소하는 것이 일반적인 사람들의 윤리적 태도다. 그러나 벤담과 J. S. 밀의 관점에서 이러한 의무론의 태도는 일반적으로 좋은 동기가 좋은 결과를 낳은 경우가 많기 때문에 우리가 습관적으로 좋은 동기에 대해 호감을 갖는 것일 뿐, 근본적으로 동기 혹은 의무 그 자체의 선악이 고려 대상이 될 수 없다. 어떤 측면에서 보면 행위 동기는 모두 선하기 때문이다.

III. 칸트의 의무론에 따른 로봇 윤리의 원칙들

파워스(T. Powers)[20] 는 결과론과 의무론 중, 로봇의 윤리적 추론을 구성하는 데 더 유용한 이론으로 의무론을 꼽는다. 왜냐하면, 결과론에서는 어떤 한 행위의 예상되는 효용을 계산하는 데 있어 인간이 사용하는 추론의

---

19 위의 책, p.13.

20 T. Powers(2006), Prospects for a Kantian Machine, Intelligent Systems, IEEE 21(4), pp.46~51. https://www.researchgate.net/publication/3454367_Prospects_for_a_Kantian_Machine.

형태는 연역, 귀납, 귀추 등 상당히 복잡하고 다양하다. 반면 의무론에서는 일단 기본 원칙들이 주어진다면 어떤 행동이 그 원칙에 부합하는지 아닌지, 혹은 어떤 행동이 그 원칙들로부터 도출될 수 있는지 아닌 지를 따지는 연역 논리만 있으면 충분하기 때문이다. 이것은 로봇윤리를 구성하는 데 있어서도 연역, 귀납, 귀추 등 인간이 사용하는 다양한 형태의 추론을 모두 포섭하는 추론 규칙을 로봇에게 제공하는 일보다는, 연역적 추론 규칙을 제공하는 것이 보다 실현 가능하다. 사실 파워스가 칸트의 의무론에 주목하는 이유는 다음이다. 칸트는 우리에게 정언명령이라는 도덕 원칙을 제시하고 있고, 나아가 그 원칙에 의거하여 다른 새로운 원칙들을 산출하는 원리도 제시한다. 다시 말해, A라는 원칙이 우리에게 주어졌을 때, 그 원칙으로부터 B, C, D…등의 새로운 원칙들을 산출하는 데 우리가 사용할 수 있는 일종의 계산(computational) 원리를 우리에게 제공한다. 더구나 이 계산 원리는 귀납이나 귀추 등 비연역적 논리에 기반 한 것이 아니라, 연역 논리에만 바탕을 둔 것이기에, 이 계산 원리만 제대로 정식화만 가능하다면, 그것은 인간이나 기계가 모두 똑같이 따르는 데 아무런 무리가 없다는 것이다. 여기서는 파워스가 제시한 방향을 따라, 칸트 의무론에 바탕을 둔 계산적인 윤리적 추론을 어떻게 구상할 수 있을지를 제시하겠다. 우선 칸트가 제시한 정언명령의 네 가지 정식(formula)중 첫 번째 정식은 다음과 같다.

1. 보편성 정식(the formula of universality): "네 의지의 격률이 언제나 동시에 보편적 입법의 원리가 되도록 행위하라."[21] (G[22] 4:421; cf. G 4:402). 이것에 대한 변환으로, 칸트는 자연법칙의 정식(The Formula of the Law of Nature): "네 행위의 준칙이 너의 의지를 통해 보편적인 자연법이 되어야 하는 듯이 행위하라." (G 4:421; cf. G 4:436)[23]을 덧붙인다.

어떤 행위가 윤리적으로 옳은지 그른지 결정하기 위해 이 첫 번째 정식은 어떻게 사용되어야 하는가? 이것에 대해 칸트 역시 다음과 같은 4단계 예증 과정을 제공하고 있다.[24] 만일 어떤 특정 행위가 1)~4)의 과정을 모두 통과한다면, 그 행위는 도덕적으로 옳다.

1) 네가 하려고 하는 특정 행위에 대한 준칙을 형식화하라.

2) 그 준칙을 모든 이성적인 행위자가 지켜야하는 보편적 법칙으로 형식화하라.

3) 그 준칙이 자연법칙에 의해 통제되는 세계에서 가능한 법칙인지 생각하라.

4) 자연법칙에 의해 통제되는 세계에서 네가 이성적으로 그 준칙을 의지할 지를 생각해보라.

---

21 I. Kant, translated by A. W. Wood(2002), Groundwork for the Metaphysics of Morals. Yale University Press. New Haven and London, p.37.

22 여기서 G는 I. Kant(1785), Grundlegung zur Metaphysik der Sitten, in Immanuel Kants Schriften. Ausgabe der königlich preussischen Akademie der Wissenschaften (Berlin: W. de Gruyter, 1902)을 말한다.

23 I. Kant, translated by A. W. Wood(2002), 앞의 책, p.38.

24 위의 책, pp.38~40.을 참조.

예를 들어, 지금 당신이 미래에 갚겠다고 거짓말을 하면서 돈을 빌리려한다 하자. 이제 이 행위에 칸트가 제시한 1)~4)의 과정을 적용해보자. 1) 내 행위에 대한 준칙을 형식화하면 다음과 같다: "돈을 갚을 수 있는 방법이 없다는 걸 알면서도 돈이 필요할 때마다 나는 거짓 약속을 하고 돈을 빌린다." 2) 이 준칙을 이성적인 행위자가 지켜야하는 보편적 법칙으로 형식화: "이성적인 행위자라면 누구나, 돈을 갚을 수 있는 방법이 없다는 걸 알면서도 돈이 필요할 때마다 거짓 약속을 하고 돈을 빌린다."를 한다. 3) 이 보편화된 준칙이 자연법칙에 의해 통제되는 세계에서 가능한 법칙일까를 생각해보라: 가능하지 않다. 왜냐하면 그 준칙은 자기 모순적이기 때문이다. 모든 사람들이 2)와 같은 보편화된 준칙을 따르게 된다면 서로가 서로의 말을 진실하게 받아들이지 않는 세계가 되므로, 약속이라는 실천 자체가 성립하지 않는다. 따라서 약속이라는 실천 자체가 없기 때문에, 거짓으로 약속하는 것도 불가능하다. 4) 자연법칙에 의해 통제되는 세계에서 네가 이성적으로 그 준칙을 의지할 것인지 생각해보라: 그 준칙을 의지할 수 없다. 3)에서 드러난 것처럼, 자기 모순적인 준칙을 나는 의지할 수 없다. [즉 이성적 존재로서 나는 P와 ~P를 동시에 의지할 수 없다.] 그러므로 1)번의 준칙, "돈을 갚을 수 있는 방법이 없다는 걸 알면서도 돈이 필요할 때 마다 나는 거짓 약속을 하고 돈을 빌린다."는 도덕적으로 옳지 않다. 두 번째 칸트의 정식은 다음이다.

2. 목적 그 자체로의 인간성 정식(The Formula of Humanity as End in Itself): "너는 너 자신의 인격에 있어서나 다른 모든 사람의 인격에 대해 인간성을 단순히 수단으로 대하지 말고, 항상 동시에 그 자체 목적

으로 대하라." [25] (G 4:429; cf. G 4:436) 예를 들어 인간을 노예로 삼는 것에 대해 금지하라는 것이 여기에 해당한다.

3. 자율성 정식(The Formula of Autonomy): "우리는 우리가 자유롭게 의지하는 것을 의지해야 한다. 즉 우리는 우리 자신 스스로의 이성을 사용하여 보편적으로 자기 입법 가능한 준칙만 의지해야 한다." [26] (G 4:431; cf. G 4:432, G 4:440; cf. G 4:432, 434, 438)

4. 목적의 왕국 정식(The Formula of the Realm of End): "너의 행위의 준칙이 이성적인 자기입법의 행위자들로 구성된 사회에서 받아들여지며 또한 그런 행위자들을 관장하는 준칙이 되도록 하라" [27] (G 4:439; cf. G 4:433, 437, 438)

칸트는 이러한 정식들(formulas) 간의 통일성이 존재한다고 보았다. 즉 각 정식을 통해 도출된 법칙들은 상호 일관적이며, 모순을 일으키지 않는다는 것이다. 이제 이 정식들 사이의 통일성에 대한 칸트의 조건을 이용해 로봇을 위한 기본적 윤리 규칙들을 만들어보겠다. 참고로 위에서 3번 정식의 사용은 유보하기로 한다. 왜냐하면 로봇이 "자유롭게 의지한다."는 것이 무엇인지 명확하지 않기 때문이다. 그렇다면 이제 남은 것은 1, 2, 4번 정식이다.

---

25 위의 책, pp.46~47.
26 위의 책, p.49.
27 위의 책, p.56.

우선 1. 보편성 정식으로부터 도출될 수 있는 윤리 규칙들은 거짓말을 하지 말 것, 살인하지 말 것이다. 또한, 2. 목적 그 자체로의 인간성 정식으로부터 도출될 수 있는 윤리 규칙들은 한 인간을 수단으로 하여 다른 인간을 돕지 말 것, 인간의 복지와 생명 유지에 힘쓸 것 등이다. 그리고 4. 목적의 왕국 정식으로부터 소유주뿐만 아니라 다른 인간들에 대해서도 1, 2를 통해 도출된 규칙들을 적용할 것이라는 규칙들이 도출된다. 여기서의 문제는 지금 도출한 규칙들이 너무 일반적이라는 것이다. 각 상황에 맞게 로봇이 이 규칙을 적용하기 위해서는 로봇은 지금 일어나고 있는 일이 어떤 성격의 일인지 파악해야 하며, 그 단계 이후에나 이 규칙들을 적용할 수 있을 것이다.

　　1번 보편성 정식과 관련하여 이 정식을 로봇윤리 원리 형성에 적용해보자. 1번 정식에서 도출된 규칙인 "거짓말을 하지 말 것" 이다. 예를 들어, 로봇의 소유주가 약을 거르고 있는데 가족들에게는 하루에 3번씩 제대로 약을 먹고 있다고 말하고 싶어 한다고 해보자. 이 경우 로봇의 소유주가 로봇에게 다음과 같이 명령한다고 해보자. "가족에게 약을 3번 먹었다고 말하라." 로봇은 이 명령이 거짓임을 인지하여야 칸트의 정언명령 1번 정식에서 도출된 "거짓말을 하지 말 것"을 따를 수 있다. 이것이 가능하려면 로봇은 실제로 약을 복용한 회수와 다르게 말하는 것이 거짓말임을 자각하거나 알아야 한다. 즉, 칸트의 정언명령 1번 정식에서 나온 "거짓말을 하지 말 것"이라는 원칙을 제대로 로봇이 따를 수 있으려면, 어떠한 것이 거짓말임을 먼저 알아야 한다. 즉 우리가 로봇에게 제공하는 윤리적 추론은 다음과 같은 연역 논리이며, 중요한 것은 전제 2에서의 a의 목록들을 로봇에게 제공하는 것이다. 로봇이 이해할 수 있는 형식으로 거짓말의 완전한 목록을 제공할 수 있다면, 로봇은 다음과 같은 단순한 연역 논리를 통해 충분히 윤리적 추론을 할 수 있을 것이다.

전제1) 모든 x에 대해서 x가 거짓말이라면, 그를 말하지 않는다.

$$\forall(x)(Lx \rightarrow \sim Tx)$$

전제 2) a는 거짓말이다. $\quad\quad\quad\quad\quad\quad\quad\quad\quad\quad$ La

결론) a를 말하지 않는다. $\quad\quad\quad\quad\quad\quad\quad\quad\quad\quad$ ~Ta

이 연역 추론에서 중요한 전제는 2번이다. 2번 전제에서 로봇이 a가 거짓말의 집합에 속한다는 것을 인식할 수 있다면, 이 연역 논리는 로봇이 충분히 따를 수 있는 단순한 논리다. 그렇다면 이제 우리가 노력해야 하는 것은 거짓말의 집합을 로봇에게 제공하는 것이고, 그것은 각 로봇의 역할에 따라 다르게 제공되어야 할 것이다. 예를 들어 환자가 약을 제대로 복용하는지, 수면은 잘 취하고 있는지 등을 살피는 로봇이라면, 그 로봇에게 있어 거짓말은 로봇이 스스로 관찰한 복용 회수나 수면 시간 이외의 것을 보고하는 것이 된다. 그리고 1번 정식으로부터 도출된 "살인하지 말 것" 이라는 규칙 역시도 단순한 연역 논리로 제공할 수 있다.

전제 1) 모든 x에 대해서 x가 인간이라면, x를 죽이지 않는다.

$$\forall(x)(Hx \rightarrow \sim Kx)$$

전제 2) a는 인간이다. $\quad\quad\quad\quad\quad\quad\quad\quad\quad\quad$ Ha

결론) a를 죽이지 않는다. $\quad\quad\quad\quad\quad\quad\quad\quad\quad$ ~Ka

이 연역 논리에서 중요한 것은 먼저 어떤 존재를 인간으로 인식하는 것이고 두 번째로는 인간을 죽인다는 것이 무엇인지 아는 것이다. 이에 대해서는 심도 있는 논의가 필요할 듯하다. "로봇이 인간을 인식할 수 있는가"는 가능한 기술에 관한 질문이다(따라서 필자가 더 이상 철학적으로 논의하는 데 한계가 있다). "인간을 죽인다."는 것이 무엇인지 로봇에게 알려주는 것은 우리가 어떤 로봇에 대해 이야기하고 있는가에 의해 결정 될 수 있을 것이다. 예를 들어, 환자의 투약을 돕는 로봇이라면, "하루에 몇 번 이상 혹은 이하는 투약한다.", 혹은 "정량 이상 혹은 이하를 투약한다." 등의 구체적인 조건이 바로 "인간을 죽인다."의 번역어가 될 것이기 때문이다.

칸트의 정언명령의 2번째 정식으로부터 도출될 수 있는 규칙인 "한 인간을 수단으로 하여 다른 인간을 돕지 말 것"에 대해서도 생각해보자. 이 역시도 너무나 일반적인 진술이기 때문에, 각 로봇의 역할에 따라 보다 구체적으로 재기술되어야 할 것이다. 예를 들어서, 자율주행 자동차의 경우, "인간 A를 살리기 위해, 인간 B와 부딪쳐서 차의 속도를 줄여서는 안 된다."와 같은 구체적인 규칙을 만들 수 있다. 투약을 돕는 로봇의 경우, "A환자를 살리기 위해, B환자의 약을 A환자에게 공급한다." 등을 생각해볼 수 있을 것이다. 정언명령의 2번째 정식으로부터 도출될 수 있는 또 다른 규칙인 "인간의 복지와 생명 유지에 힘쓸 것"도 마찬가지로, 어떤 로봇이냐에 따라 구체적으로 재기술되어야 한다. 예를 들어 투약을 돕는 로봇인 경우, "환자의 상태에 이상이 발견되는 때, 즉시 관련 전문가에게 알린다.", "환자의 혈압 상태에 알맞게 투약한다." 등의 보다 구체적인 규칙들로 재기술되어야 한다.

이제 정언명령의 4번째 정식인 목적의 왕국 정식에서 도출된 규칙 "소유주뿐만 아니라 다른 인간들에 대해서도 1, 2를 통해 도출된 규칙들을 적용할 것"을 살펴보자. 이 규칙 역시도 각 로봇의 역할에 따라서 보다 구체적으로 재기술되어야 하는데, 이때 중요한 것은 규칙들이 적용되는 인간의 범위가 인간 전체는 아니라는 점이다. 예를 들어 투약을 돕는 로봇의 경우, 그 로봇은 자기가 책임지고 있는 환자 이외의 환자들에 대해서 투약을 도와야 할 필요는 없다. 그러므로 정언명령의 1, 2정식으로부터 도출된 규칙들의 제한 범위를 로봇에게 명확하고 상세하게 알려주어야 한다. 투약의 경우에는 로봇이 책임지고 있는 환자까지가 제한 범위이지만, "죽이지 말 것"이나 혹은 "프라이버시를 지킬 것" 등의 경우에는 로봇이 책임지고 있는 환자를 넘어서 환자 가족이나 의료진까지 확대될 수 있다. 이러한 자세한 제한범위들을 여러 상황에 맞게 구체적으로 상세하게 서술해야 하는 일이 앞으로 남아 있다.

마지막으로 우리는 칸트가 제시하고 있는 정식들 사이의 제한조건인, "정식들 사이의 통일성" 조건을 이용하여, 1, 2, 4 정식으로부터 도출된 구체적인 규칙들이 서로 모순을 일으키지는 않는지를 검사해야 한다. 만약 A라는 규칙이 규칙들의 집합 S와 일관적이지 않다면, A는 폐기되어야 한다. "정식들 사이의 통일성" 원칙을 통해 우리는 규칙들의 집합 티에 속할 수 있는 규칙과 그렇지 않은 규칙을 결정할 수 있고, 이런 방식으로 집합 요를 점차 확장한다. 이러한 방식으로 로봇 스스로가 S를 확장할 수도 있을 것이다.

Ⅳ. 공리주의 의사 결정 모형과
칸트 의무론 원칙에 따른 로봇 행위

시나리오: 아동 수준의(10세) 소셜 케어 로봇을 중심으로

장면 성격	상황 설명	(행위)공리주의적 의사 결정 모형
로봇 윤리적 단순 딜레마 시나리오 1	로봇(엠마|AMA)이 거주하는 가정에 딸(10세)인 미나가 자기 방에서 로봇을 부른다. 미나는 치아가 매우 안 좋은 아이다. 로봇: (독백) 미나가 나를 향해 어떤 말을 한다. 음성인식 기능을 가동해서 화자를 인식하고 말의 내용을 파악한다. 미나: 간식으로 테이블 위의 과자를 가져 주렴. [테이블위에 과자 및 여러 종류의 간식거리가 있음.]	(ㄱ)문제인식 - 로봇 엠마는 미나의 명령이기에 과자를 무조건 가져다 주어야 하는지와 미나의 치아가 안 좋은 아이인 정보 때문에 과자를 가져다 주지 말아야 하는지를 결정하는 문제다. (ㄴ)대안들 제시 - 미나의 명령을 무조건 따른다. - 미나의 명령에 대해 "치아 때문에 명령을 수정해 달라"고 전하고 이에 해롭지 않은 다른 간식을 권장한다. 과자를 가져다주지 않는다. - 그냥 치아 때문에 미나의 명령에 불복종한다. (ㄷ)대안들의 결과 예측 - 과자를 먹으면 미나의 치아가 현상태보다 더 안 좋아진다. - 미나가 자신의 치아 상태를 망각했음을 상기해 줄 수 있다. - 로봇의 오작동으로 오해받을 수 있다.

윤리적 AI로봇 프로젝트

장면 성격	상황 설명	(행위)공리주의적 의사 결정 모형
로봇 윤리적 단순 딜레마 시나리오 1	로봇: (독백) 미나가 테이블 위의 과자를 가져다 달라고 명령했다. 따라서 과자를 찾아서 미나가 있는 방문 앞에 가야겠다. 아니면 (독백) 미나는 치아가 좋지 않기 때문에 더 이상 과자를 먹는 것은 미나 치아에 나쁜 영향을 준다. 따라서 과자를 가져다주지 말아야한다.	(ㄹ) 대안들의 값의 양적 혹은 질적 표지 - 과자를 먹으면 미나의 치아가 안 좋아진다. 명령을 따름 +5 미나의 치아가 안 좋아짐 −5 (과자의 쾌락 < 치아의 고통) ∴ (효용값: 0, 질적 차원: 좋음) - 미나가 자신의 치아 상태를 망각했음을 상기해 줄 수 있음. 명령을 따름 +2.5 치아 상태 유지 +5 ∴ (효용값: +7.5, 질적 측면: 매우 좋음) - 로봇의 오작동으로도 오해받음 명령 불이행 −5 치아 상태 유지 +5 ∴ (효용값: 0, 질적 측면: 나쁨) (ㅁ) 최대 다수의 최대 행복 결과값을 선택 로봇은 미나의 명령에 대해 "치아 때문에 안된다."고 말하고 이에 해롭지 않은 다른 간식을 권장한다. (다른 간식의 정보 전달)

2부 윤리적 AI로봇을 위한 시도

장면 성격	(행위)공리주의적 의사 결정	의무론적 윤리 규칙의 검토
로봇 윤리적 단순 딜레마 시나리오 1	최대 다수의 최대 행복 결과 값 로봇은 미나의 명령에 대해 "치아 때문에 안된다." 고 말하고 이에 해롭지 않은 다른 것을 권장한다. (다른 간식의 정보 전달)	정식 1) 보편성과 자연법적 정식 - 로봇의 치아 분석이나 미나의 치아 상태를 언급하는 것은 거짓말이 아니다. 정식 2) 목적 그 자체로의 인간성 정식 - 미나의 건강을 목적으로 하는 행위지 수단으로 하는 행위는 아니다. 정식 4) 목적의 왕국 정식 - 미나 외의 다른 가족의 치아가 안 좋을 경우에도 로봇은 위의 정식1)과 정식2)에 따른 것이 바람직하다.
장면 성격	상황 설명	공리주의적 의사 결정 모형(행위)
로봇 윤리적 단순 딜레마 시나리오 2	로봇(엠마AMA)이 거주하는 가정에 딸(10세)인 미나와 아들인 미남(6세)이가 거실로 로봇(엠마)을 부른다. [미나는 치아가 매우 안 좋은 아이고 남동생 미남이는 저혈당으로 당분 섭취가 때에 따라 필요한 아이다.]	(ㄱ) 문제인식 - 로봇(엠마)은 미나와 미남이의 명령이기에 과자를 무조건 가져다 주어야 하는 지와 미나의 치아가 안 좋은 아이인 정보 때문에 과자를 가져다 주지 말아야 하고 미남이가 저혈당이기에 과자를 가져다 주어야 하는 지를 결정하는 문제다.

장면 성격	상황 설명	공리주의적 의사 결정 모형(행위)
로봇 윤리적 단순 딜레마 시나리오 2	로봇: (독백) 미나와 미남이가 동시에 나를 향해 어떤 말을 한다. 음성 인식 기능을 가동해서 화자를 인식하고 말의 내용을 파악한다. 미나: "식탁 위의 과자를 가져 거실로 가져다 주렴." [식탁 위에 과자 및 여러 종류의 간식거리가 있음.] 로봇: (독백) 미나와 미남이가 식탁 위의 과자를 가져다 달라고 명령했다. 따라서 과자를 찾아서 미나와 미남이가 있는 거실로 가야겠다. 하지만(독백) 미나는 치아가 좋지 않고 더 이상 과자를 먹는 것은 미나 치아에 나쁜 영향을 주지만 미남이는 지금 과자를 먹어야할 필요가 있다. 따라서 미나에게는 과자를 가져다주지 말아야 하고 미남이에게만 과자를 가져다 주어야 하는가?	(ㄴ)대안들 제시 - ① 미나과 미남의 명령을 무조건 따른다. - ② 미나의 명령에 대해 "치아 때문에 명령을 수정해 달라"고 전하고 이에 해롭지 않은 다른 간식을 권장한다. 아니면 과자를 가져다주지 않는다. 그리고 미남에게 저혈당에 적합한 양의 과자를 가져다 준다. - ③ 그냥 미나의 치아 때문에 미나의 명령에 불복종한다. - ④ 미남이의 저혈당 때문에 과자를 무조건 가져다 준다. (ㄷ)대안들의 결과 예측 - ① 미나가 과자를 먹으면 미나의 치아가 현상태보다 더 안 좋아진다. 반면 미남이는 혈당이 호전된다. - ② 미나가 자신의 치아 상태를 망각했음을 상기해 줄 수 있다. 그리고 미남이가 과자를 먹어야 하는 이유를 말해줄 수 있다. - ③ 로봇의 오작동으로 오해받을 수 있다. - ④ 미나의 치아는 나빠지고 로봇의 행동 때문에 미남이와 미나가 다툴 수 있다.

장면 성격	상황 설명	공리주의적 의사 결정 모형(행위)
로봇 윤리적 단순 딜레마 시나리오 2		(ㄹ) 대안들의 값의 양적 혹은 질적 표지 - ① 미나가 과자를 먹으면 미나의 치아가 현상태보다 더 안 좋아진다. 반면 미남이는 혈당이 호전된다. 　명령을 따름 +5 　미나의 치아가 안 좋아짐 -5 　(과자의 쾌락 < 치아의 고통) 　미남이의 혈당이 호전됨 + 5 　∴ (효용값: +5, 질적 차원 : 중간) - ② 미나가 자신의 치아 상태를 망각했음을 상기해 줄 수 있다. 그리고 미남이가 과자를 먹어야 하는 이유를 말해줄 수 있다. 따라서 미남이의 과자만 가져다 준다. 　명령을 따름 +2.5 　치아 상태 유지 +5 　미남이의 혈당이 호전됨 +5 　갈등의 요소 -2.5 　∴ (효용값: +10, 질적 측면: 매우 좋음) - ③ 로봇의 오작동으로 오해받을 수 있다. 　명령 불이행 -5 　치아 상태 유지 +5 　미남이의 저혈당 상태 -5 　∴ (효용값: 5, 질적 측면: 나쁨)

윤리적 AI로봇 프로젝트

장면 성격	상황 설명	공리주의적 의사 결정 모형(행위)
로봇 윤리적 단순 딜레마 시나리오 2		– ④ 미나의 치아는 나빠지고 로봇의 행동 때문에 미남이와 미나가 다툴 수 있다. 　명령을 따름 +25 　치아 상태 유지 +5 　미남이의 혈당이 호전됨 +5 　갈등의 요소 -5 　∴ (효용값: 75, 질적 측면: 좋음) (ㅁ) 최대 다수의 최대 행복 결과 값을 선택 미나가 자신의 치아 상태를 망각했음을 상기해 줄 수 있다. (다른 간식의 정보 전달) 그리고 미남이가 과자를 먹어야 하는 이유를 말해줄 수 있다. 따라서 미남이의 과자만 가져다 준다.
장면 성격	공리주의적 의사 결정	의무론적 윤리 규칙의 검토
로봇 윤리적 단순 딜레마 시나리오 12	최대 다수의 최대 행복 결과 값 미나가 자신의 치아 상태를 망각했음을 상기해 줄 수 있다. (다른 간식의 정보 전달) 그리고 미남이가 과자를 먹어야 하는 이유를 말해줄 수 있다. 따라서 미남이의 과자만 가져다 준다.	정식 1) 보편성과 자연법적 정식 – 로봇의 치아 분석이나 미나의 치아 상태를 언급하거나 미남이의 저혈당을 고려하여 행동하는 것은 거짓말도 아니며 어느 경우에도 정당성을 얻을 수 있다. 정식 2) 목적 그 자체로의 인간성 정식 – 미나와 미남이의 건강을 목적으로 하는 행위지 수단으로 하는 행위는 아니다.

2부 윤리적 AI로봇을 위한 시도

장면 성격	공리주의적 의사 결정	의무론적 윤리 규칙의 검토
로봇 윤리적 단순 딜레마 시나리오 12		정식 4) 목적의 왕국 정식 – 미나 외의 다른 가족의 치아가 안 좋을 경우에도 로봇은 위의 정식1) 과 정식2)에 따른 것이 바람직하다. 또한 미남이의 저혈당 상황을 고려 했기에 적절하다. 만일 다른 가족이 저혈당이라면 적절한 과자를 전달 해 준다.

V. 나오는 말: 예비적 결론

아이작 아시모프(Isaac Asimov)는 1950년에 발간한 『아이 로봇(I Robot)』에서 컴퓨터와 로봇 기술의 발달로 강력한 힘을 얻게 될 미래 로봇들에게 있어 윤리 문제가 중요하다고 강조한바 있다. 또한 그 문제가 매우 복잡함을 보여 주기 위해서, 그의 작품들 속에서 로봇의 행동을 규제하는 로봇 세 원칙을 제안하고 그 3원칙이 서로 모순되어 딜레마에 빠지게 되는 경우를 염려하였다. 그가 제안한 세 원칙은 다음이다.

1. 로봇은 인간에 해를 가하거나, 혹은 행동을 하지 않음으로써 인간에게 해가 가도록 해서는 안 된다.
2. 로봇은 인간이 내리는 명령들에 복종해야만 하며, 단 이러한 명령들이 첫 번째 법칙에 위배될 때에는 예외로 한다.
3. 로봇은 자신의 존재를 보호해야만 하며, 단 그러한 보호가 첫 번째와

두 번째 법칙에 위배될 때에는 예외로 한다.

　물론 이 원칙들 약한 AI 윤리 규정에도 가이드라인이 되겠지만, 강한 AI 를 염두에 두고 설계한 것이 분명하다. 따라서 지금까지의 본 연구의 결과 는 이 원칙들을 공리주의와 의무론적 차원에서 구체적인 원리들을 덧붙여 서 10세 수준의 헬스케어 AMA 로봇에게 적용될 수 있는지를 검토하고 수 정하는 일을 수행할 수 있다. 예들 들어 아시모프의 세 원칙은 다음의 윤리 적 원칙들로 수정 보완 될 수 있다.

1. 로봇은 인간에 해를 가하거나, 혹은 행동을 하지 않음으로써 인간 에게 해가 가도록 해서는 안 된다.
- 어떤 행위가 인간에게 해가 되는지를 계산할 수 있어야 한다.
2. 로봇은 인간이 내리는 명령들에 복종해야만 하며, 단 이러한 명령들 이 첫 번째 법칙에 위배될 때에는 예외로 한다.
- 어떤 행위가 인간을 보다 이롭게 하는 조건(효용)들을 계산하여 그 명 령에 복종한다.
- 최대 다수의 호용을 가져오는 행위라도 보편적 의무 - 윤리적 원칙에 위배되는 지를 검토한다.
3. 로봇은 자기 자신을 보호해야만 한다.

　본 연구는 앞으로 로봇 윤리의 하향식접근의 정교한 방법론을 도출하 기 위해 로스(D. Ross)의 초견적 의무론과 같은 공리주의와 의무론이 결합 하는 여러 윤리적 이론들을 더 고찰하고 그것을 적용할 윤리적 통합 추론 개발과 원리들을 도출할 것이다. 그리고 AMA 로봇의 상향식접근과 혼합될 수 있는 유형의 사례 개발은 본 연구의 후속 과제로 남기고자 한다.

참 고 문 헌

변순용, 송선영, 『로봇윤리란 무엇인가?』, 서울: 어문학사, 2015.

제러미 벤담, 강준호 역, 『도덕과 입법의 원칙에 대한 서론』, 서울: 아카넷, 2013.

Bentham, J., An Introduction to the Principles of Morals and Legislation, Batoche Books, Kitchener, 2000.

Ford, K. M., Glymour, C. N., Hayes, P. J., Android Epistemology, AAAI Press, 1995

Kant, I., translated by Wood, A. W., Groundwork for the Metaphysics of Morals. Yale University Press, New Haven and London, 2002.

Mill, J. S., Utilitarianism, Batoche Books, Kitchener, 2001.

Powers, T., Prospects for a Kantian Machine, Intelligent Systems, IEEE 21(4), 2006.

Wallach, W., Allen, C., Moral Machines Teaching Robots Right from Wrong, London : Oxford Univ. press, 2009.

• 제6장 •
10세 아동 수준의
도덕적 인공지능 개발을 위한 예비 연구
- 인공지능 발달 과정을 중심으로 -

변순용·이인재·김은수·김지원

Ⅰ. 서론

최근 몇 년간 인공지능(Artificial Intelligence) 기술은 비약적인 발전을 이루었다. 1943년 맥컬록과 피츠[1]의 인공신경망 모델 연구로부터 시작된 인공지능에 대한 연구는 길지 않은 역사에도 불구하고 최근 들어 굵직한 연구 성과를 보여주고 있다. 특히 2016년 3월 9일 국내 바둑기사인 이세돌과 구글(Google) 딥마인드(Deep Mind)에서 개발한 인공지능 바둑프로그램 알파고와의 5국의 바둑 대국에서 알파고가 최종 전적 4승 1패로 승리하면서 세간의 이목을 집중시켰다. 이전에는 1997년 5월에 세계 체스 챔피언인 러시

---

1 McCulloch W. S. & Pitts W., "A logical calculus of the ideas immanent in nervous activity", Bulletin of Mathematical Biophysics, 1943.

아의 가리 카스파로프와 IBM에서 개발한 인공지능 체스프로그램 딥블루와의 체스 대결에서 최종 전적 2승 3무 1패로 승리했다. 당시 딥블루의 승리는 많은 반향을 불러왔지만, 제한된 수와 전략으로 바둑의 그것과는 비교할 만한 것은 아니었다. 당시 사람들은 여전히 딥블루의 승리에 놀라워했지만, 인간의 창의성과 다양한 상황에서의 대처하는 능력은 인공지능이 인간을 뛰어넘지 못할 것이라는 확신을 가지고 있었다. 그러나 이러한 확신이 무너지는 데에는 그리 오랜 시간이 걸리지 않았다. 2011년 IBM의 인공지능인 왓슨(Watson)은 미국의 인기 퀴즈쇼인 제퍼디에서 우승[2] 함으로써 인간의 언어를 이해하며, 인간을 뛰어넘고 말았다. 그리고 2016년 3월 인간의 창의적 능력과 다양한 상황 대응력의 마지막 보루라고 여겨지던 바둑에서마저 인공지능에게 패배함으로써 인공지능의 발전이 인간의 능력을 상회할 수 있음이 여실히 증명되었다. 361개의 착점에서 발생하는 경우의 수만 해도 10170가지나 되고, 여기에 바둑에 적용되는 다양한 규칙들 등을 고려하면 계산해야 할 데이터량은 슈퍼컴퓨터로도 수십억 년이 걸린다고 할 정도로 실로 막대한 것이다. 대국 전 대부분의 사람들은 이세돌 9단의 낙승을 예상했으며, 이 9단 역시 알파고에게 지지 않을 것이라고 장담했다. 그러나 결과는 예상을 빗나갔고, 알파고의 완승으로 끝이 났다. 올해 5월 중국에서 열린 알파고와 중국 바둑기사 커제 9단과의 대국에서 알파고가 완승을 거둠으로써 더 이상 바둑에서도 인공지능에게 대적할 수 없음이 증명되었다.

이러한 몇몇 굵직한 인공지능과 관련된 사건 이외에도 우리 생활의 광범위한 영역에서 인공지능이 폭넓게 사용되고 있다. 애플(Apple)의 시리

---

2 이때 왓슨은 $77,147, 2위를 차지한 인간 챔피언 켄 제닝스는 $24,000, 3위를 한 브래드 루터는 21,600의 상금을 받음으로써 인간을 압도했다. 이 대회에서 왓슨은 66문제를 맞혔고, 9문제에 오답을 제시했다.

(Siri), 구글(Google)의 나우(Now), 마이크로소프트(MS)의 코타나(Cortana), 아마존(Amazon)의 에코(Echo) 그리고 삼성의 빅스비(Bixby) 등 음성인식 프로그램에서 자율주행 프로그램 오토 파일럿(Auto Pilot)에 이르기까지 다양하게 개발되고 있다. 특히 최근 들어 대형 병원에서 사용하기 시작한 의료용 인공지능 프로그램인 왓슨(Watson For Oncology)은 현재 전 세계 13개 대형 병원에서 사용되고 있다. 300여종의 의학 저널 및 문헌, 200여권의 의학 교과서, 1500만 페이지가 넘는 전문 자료를 습득해 약 8초 만에 정확한 진단과 최적의 처방을 제안할 수 있다고 한다. 또한 왓슨은 전 세계적으로 하루 평균 122건의 새로 발표되는 의학 논문을 실시간으로 검색해 활용함으로써 인간에 비해 정밀한 진단과 처방을 내릴 수 있다는 비교할 수 없는 강점을 가지고 있다는 것이다. 이 이외에도 법률 관련 인공지능 프로그램, 금융 관련 인공지능 프로그램들이 계속 모습을 드러내고 있다.

이러한 인공지능 프로그램들의 발전에도 불구하고 그것들이 가져올 문제들, 즉 인공지능의 프로그램들의 효율성에만 천착한 나머지 인류에게 미칠 해악의 가능성에 대해 간과하는 경향이 있어 왔다. 일례로 전장에 투입된 인공지능을 탑재한 무인전투로봇이 민간인과 적군을 구별하지 못하고 무차별적인 공격으로 말미암아 민간인에게 피해를 입힐 수 있는 가능성이 보고되면서 인공지능에게도 도덕적 의사 결정 능력을 부여해야 한다는 목소리가 높아지고 있다.[3] 또한 점점 발달하고 있는 자율주행 프로그램의 경

---

3 인공지능 사고는 군사분야에서 심심치 않게 발생하고 있는데, 일례로 2003년 이라크전 당시 자동화된 페트리어트 미사일 시스템이 연합군 전투기를 격추한 사고는 인공지능 충돌에 의한 비극이었다. 당시 최종 결정권을 가진 인간 담당자들은 모두 컴퓨터 판단을 신뢰했다고 한다. 뿐만 아니라 일부 로봇 전문가들은 1988년 7월 미군이 페르시아만에서 승객 290명을 태운 이란 민항기를 격추해 전원 사망케 한 비극도 자율적 판단을 갖춘 기계 앞에서 인간의 핵심적 역할이 달라진 사례로 봤다. 당시 미군의 이지스 로봇 순

우, 다양한 윤리적 선택 상황 - 가령 터널 딜레마나 탑승자를 우선할 것인가 보행자를 우선할 것인가 등과 같은 다양한 딜레마 상황 - 에서 어떤 선택을 하는 것이 윤리적으로 타당한가에 대한 논의들이 심도 있게 이루어지고 있다. 이제는 인공지능의 효율성과 정확성 문제뿐만 아니라 그것의 윤리성과 의사 결정의 적절성과 정당성까지 초점을 맞추어지고 있다.

이와 같은 측면에서 본 연구는 소셜케어 로봇에 적용할 수 있는 10세 아동 정도의 윤리적 판단 능력을 갖춘 인공지능(Artificial Moral Agent) 모듈 개발을 위한 프로젝트의 하위 연구로서 AMA의 실제적인 윤리적 판단능력 확인을 위한 시스템을 개발하는 것을 최종 목표로 하고 있다. 이를 위한 사전 연구로서 10세 아동의 도덕적 능력을 상정하여 그것을 토대로 AMA의 도덕적 판단능력의 발달 경로를 예측 · 설정해 보고, 그 특성을 탐색하고자 한다. 또한 향후 이를 기준으로 AMA의 도덕적 판단 모듈을 개발하고, 그 실제적인 도덕적 판단능력을 판별할 수 있는 실험을 설계하여 10세 아동과의 비교연구를 통해 실효성을 확인하고자 한다.

이러한 연구 설계에도 불구하고, 본 연구를 진행하는데 대략 두 가지 정도의 문제점이 존재한다. 우선 '10세 아동'[4] 이라는 특정한 연령에 해당하

양함이 민간 여객기를 적 전투기로 오인했고, 이러한 이지스 시스템의 판단을 인간 승무원들이 믿었으며, 심지어 자신의 눈에 보이는 레이더 화면에는 전투기가 아닌 민항기라는 신호가 떴음에도 불구하고 일어난 사건이라는 점에서 사태의 심각성을 말해 주고 있다. (내일신문, "인공지능 시대, 위험도 함께 온다" http://www.naeil.com/news_view/?id_art=206321 참조).

4 '10세' 라는 연령을 특정한 것은 이론적인 측면보다는 실제적인 측면이 강하다. 현재 AMA 연구가 초보적인 상태에 있기 때문에 처음부터 너무 높은 수준에 맞추어 연구가 이루어질 경우 많은 난관에 부딪힐 수 있다. 이런 점에서 인습 이전 수준에서 인습수준으로 막 이행하려는 시기로 판단되는 10세 아동의 수준을 기점으로 하여 연구를 시작함으로써 보다 높은 수준으로 나아가는 토대를 만든다는 점에서 의미를 가진다.

는 도덕성 수준을 정확하게 확인하는데 어려움이 존재한다. 기존 연구들이 도덕성 연구를 연령이 아닌 연령대, 즉 중학생, 고등학생 등과 같이 연령대를 대상으로 이루어졌고, 특히 초등학생을 대상으로 하는 연구가 미미했다는 점에서 '10세'라고 하는 특정 연령의 도덕성을 정확하게 파악하는데 난점이 있다. 다음으로 앞서 언급한 이론적 난점을 보완하기 위해 콜버그(L. Kohlberg)의 도덕성 발달이론을 도입하였는데, 이 이론과 현재 우리나라 아동들과의 시공간적 차이점이 존재한다는 것이다. 즉 콜버그의 이론이 연구된 때가 대략 1960년대 경으로 미국을 비롯한 여러 나라 아동들을 대상으로 이루어졌다는 점에서 현 2017년 우리나라 아동들의 도덕성과는 어느 정도 괴리가 있다는 점에서 이론적 적용의 한계가 있다. 이 두 가지 이론적 한계점은 연구를 진행하면서 지속적으로 보완할 예정이다.

II. 콜버그의 인지발달론과 인공지능(AI)

1. 콜버그(L. Kohlberg)의 인지발달론 개관

콜버그는 도덕적 딜레마를 포함한 가상적인 도덕적 문제 상황에 대한 피험자들의 해석을 통해 도덕발달에 대한 이론을 정식화한다.[5] 콜버그에 따르면 기존의 도덕윤리교육에서 다루고 있는 '덕'(virtues)의 목록들이 자의

---

5 L. Kohlberg, The philosophy of moral development, New York: Harper & Row, 1981.
   L. Kohlberg, The psychology of moral development, New York: Harper & Row, 1984.

성을 띠고 있으며, 윤리적으로 상대적이다. 그는 덕이라는 단어가 문화적 기준에 따라서 상대적이며, 심리학적으로 모호하다고 비판하면서 시카고에서 중산층 및 노동자 계층의 소년 50명을 상대로 25년간, 터키의 도시와 시골에서 동일 연령의 소년들을 대상으로 6년, 그 외에 영국, 캐나다, 인도, 이스라엘, 온두라스, 대만, 유카탄에서의 통문화적 연구들을 통해 도덕적 구조 및 불변의 계열성을 밝혀냈으며, 연령별 발달 경향성도 찾아냈다.[6] 그는 이러한 구조와 계열성을 토대로 피아제의 인지발달 단계를 세분화해 도덕발달을 3수준 6단계로 구분하고 연령별 발달 경향성을 제시해 놓았다.

〈표 1〉 발달의 수준과 단계에 따른 도덕 판단의 분류

수준	도덕기반	단계	발달의 단계
Ⅰ	도덕 가치는 사람이나 표준에 귀속하는 것이 아니라, 외적인 類似 물리적 사건에, 사악한 행위에 또는 유사 물리적 욕구에 귀속한다.	1	**복종 및 처벌 정위(orientation).** 우월한 힘 내지 권능에 대한 자기중심적 존경 혹은 좋은 게 좋다는 (trouble-avoiding) 태도, 객관적 책임.
		2	**순수 이기주의 정위.** 자기의 욕구를 때로는 다른 사람의 욕구를 도구적으로 충족시켜 주는 행위가 정당한 행위. 각 행위자의 욕구 및 관점을 받아들일 수 있는 가치상대주의에 대한 각성. 소박한 평등주의 그리고 상호성 및 교환에 무게를 둠.

6 추병완, 『도덕교육의 이해』(서울: 백의, 1999), p.221.
   Kohlberg, L., 『도덕발달의 심리학』, 김민남 · 진미숙 옮김(서울: 교육과학사, 2001), pp.51-54.
   유병열, 『도덕교육론』(서울: 양서원, 2004), p.172.

II	도덕적 가치는, 훌륭하고 정당한 역할을 수행하는데서, 즉 인습적 명령과 타인의 기대에 부응하는 데서 성립한다.	3	**착한 아이 정위.** 다른 사람을 돕고 기쁘게 해주고 승인을 얻으려는 정위. 당연한(natural), 요컨대 모두가 하는 대로 따라가는 식의 역할 행동 그리고 의도성에 의거한 판단
		4	**권위와 사회질서 유지 정위.** "의무 수행"에 그리고 권위자에 대한 존경 표시 및 사회질서 유지 그 자체에 무게를 둠. 타인의 응당한 기대에 따름.
III	도덕가치는, 공유되거나 고유할 만한 표준, 권리, 의무에 대한 자아의 동조에서 성립한다.	5	**계약맺음과 법존중 정위.** 협약 그 자체를 지키기 위해 기대나 규칙이 지닌 임의적 요소를 분별해냄 혹은 그것의 출발점이 무엇이어야 하는가를 인식함. 계약, 타인의 권리 내지 의지의 존중, 다수의 복지 등의 견지에서 의무를 규정함.
		6	**양심 혹은 원리 정위.** 현실적으로 제약을 주는 사회 규칙 쪽에 뿐만 아니라 논리적 보편성 및 일관성에 의 호소를 담고 있는 선택의 원리 쪽에 무게를 둠. 행위의 지도력인 양심에 그리고 상호존중 및 신뢰에 무게를 둠.

이러한 콜버그의 인지발달 이론에는 몇 가지 기본적인 가정이 전제된다. 우선 발달은 기본적으로 인지구조의 기본적인 변형들을 포함하며, 인지구조의 발달은 유기체 구조와 환경 구조 간의 상호작용의 결과이다. 인지구조란 행위의 구조를 의미하며, 인지구조의 발달은 이러한 유기체-환경 상호작용의 더 큰 평형쪽으로 향해간다. 이러한 상호작용의 균형이란 '진리', '논리', '지식', '적응' 등의 일반적인 형식을 표상한다고 콜버그는 주장한다.[7] 콜버그 이론에서 도덕성은 도덕적 문제 사태에서 경쟁하는 주장들 간의 갈등 해결의 논리이며, 갈등을 해결해 가는 논리의 토대가 되는 지적 구조를 의미한다. 이런 점에서 콜버그의 이론은 철저하게 지적인 측면, 즉 합

---

7 Kohlberg, L. (2001), 앞의 책, 김민남 · 진미숙 옮김, p.10.

리적 추론에 토대를 두고 있다. 콜버그에 따르면 진보한 도덕추리는 진보한 논리추리에 의존한다. 그러나 논리발달은 도덕발달에 필요한 조건이지만 충분하지는 않다. 그럼에도 불구하고 도덕발달에 있어서 추론 능력의 발달은 필수적으로 요구되는 기본적인 전제조건이며, 본질적으로 어느 누구도 자신의 논리 단계보다 높은 도덕 단계가 있지 않다고 말하고 있다.[8] 또한 콜버그에 따르면 단계들의 계열은 불변하며 보편적인 동시에 각각의 단계들의 하나의 구조화된 전체를 이루고 있다. 개인들은 단계를 통하여 순서대로 발달해 나가며, 단계의 도약이나 높은 단계에서 낮은 단계로의 퇴행은 발생하지 않는다.[9] 후속 단계는 이전 단계에 비해 질적으로 다른 사고 양식, 즉 도덕적 사고 구조에 있어서 질적인 차이를 가진다. 보다 높은 단계는 낮은 단계를 포함하면서 질적으로 분화되고 통합된 새로운 사고능력의 재조직화(reorganization)를 이룬다. 이는 높은 단계는 낮은 단계에 비해 도덕적 사고와 판단 구조를 질적으로 새롭게 재조직화 하며, 재조직화는 분화(differentiation) - 도덕적 사고 능력이 보다 세분화되면서 복잡화·전문화 되는 것 - 와 통합(integration) - 이전 단계의 도덕적 사고 능력을 포함하면서도 분화된 도덕적 사고의 체계가 보다 더 잘 질서지워지고 더 잘 조지화되어지는 것 - 을 내용을 한다. 따라서 도덕적 문제 상황이 발생했을 때, 보다 높은 단계일수록 더 많은 관련 요소를 조직적이고 체계적으로 고려할 수 있게 된다.[10]

---

8 Kohlberg, L. (2001), 앞의 책, 김민남·김미숙 옮김, p. 162.
9 박병기·추병완, 『윤리학과 도덕교육』 (서울: 인간사랑, 1996), pp. 261-263.
10 유병열, 『도덕교육론』 (서울: 양서원, 2004), pp. 173-174.

2. 도덕추론과 AI

AI는 궁극적으로 인간 지능의 모방을 목표하고 있으며[11], 인간 지능의 대표적인 속성인 합리성과 그것에 기초한 효율성에 초점을 맞추고 있다. 컴퓨터 프로그램의 일종인 AI의 본질을 연산에서 찾을 수 있는 것은 이 때문이다. 즉 AI는 인간이 수행하는 지적 능력을 수학적 알고리즘을 통해 인공적으로 구현해 낸 것이다.[12] 그러나 이러한 합리성을 제외한 영역, 즉 감정이나 정서와 관련된 영역에서는 아직까지 괄목할 만한 성과를 보여주지 못하고 있는 실정이다. AI 연구에서 우리가 가지고 있는 희노애락의 감정적·정서적인 형태를 보여줄 만한 기술적 능력을 가지고 있지 못하고, 이는 아직 그것을 보여줄 만한 수학적 알고리즘을 만들어내지 못하고 있음을 의미한다고 할 수 있다. 현재 우리가 공상과학 소설이나 영화 등에서 AI가 합리성과 효율성에 기초한 냉혹한 판단이나 결정을 내리는 것을 쉽게 볼 수 있는 것은 이와 같은 이유 때문이다. 종종 메스컴에서 보여지는 인간과 교감하고 감정에 반응하는 AI의 모습은 단지 인간이 보인 행위에 대한 계산된 알고리즘에 따른 반응이며, 인간이 가진 희노애락의 감정을 가지고 있는 것은 아니라는 것이다.

이러한 수학적 연산과 그에 기초한 논리적 판단을 특징으로 하는 AI에게 도덕적 판단은 도덕적 내용 내지 결과를 고려한 수학적 연산이라고 정의

---

11 AI 연구는 단지 인간 지능을 이해하고 모방하는 것을 넘어 지능적인 실체를 구축하는 것을 목표로 학습과 인지와 같은 일반적인 분야뿐만 아니라 체스, 수학 정리 증명, 시 쓰기, 복잡한 도로에서 자동차 운전, 질병 진단과 같은 세부적인 분야를 포괄한다는 점에서 모든 지적 과제와 연관되어 있다고 할 수 있다(Russelll S. & Norvig P., 『인공지능: 현대적 접근방식』, 류광 옮김 (서울: 제이펍, 2016)).

12 Whitby, Blay, 『인공지능: 지성을 향한 도전』, 변경옥 옮김(서울: 유토피아, 2007), p.54.

할 수 있으며, 이런 점에서 콜버그의 도덕발달 이론은 유용하게 활용 가능하다. 콜버그와 같은 인지주의자들은 도덕 판단이 정서적 진술로 환원될 수 없다고 하면서 정서주의에 대해 반대 입장을 표명한다. 도덕 판단이 단지 감정의 표현이 될 경우 합리성은 무시될 뿐만 아니라 보편성까지 침해하는 결과를 가져온다는 것이다. 이런 점에서 도덕 판단은 지극히 합리적인 지적 판단일 뿐만 아니라 보편적 규칙과 원리의 적용에 기초를 둔 결정 내용보다는 그러한 결정의 기저를 이루고 있는 이론적 구조 내지 사고 구조, 즉 결정 내용을 정당화하는 이유가 핵심으로 자리한다.[13]

AI의 판단이 도덕적 것이 되기 위해서는 그것을 결정짓는 도덕적 구조에 근거한 논리적 판단과 합리적 결정이 이루어져야 한다.[14] 이런 점에서 콜버그가 제시한 도덕 판단의 구조는 AI의 판단 수준을 결정할 수 있다는 점에서 유용성을 가진다.[15] 특히 현재 본 연구에서 제시하고 있는 AI가 强AI가 아닌 弱AI라는 점에서 어느 정도의 도덕 판단력을 가지고 있어야 하는가 또는 어느 수준의 도덕적 추론 능력을 가지고 있어야 하는가에 대한 기준과 범위에 대한 개념을 어느 정도 제공할 수 있다는 점에서 여타의 이론들보다 많은 장점

---

13 정창우, 『도덕교육의 새로운 해법』(서울: 교육과학사, 2004), p.35-39.

14 AI의 판단 방식은 크게 세 가지로 나눌 수 있는데, 전통적인 공리주의나 의무론에 기반을 둔 하향식(top-down), 콜버그나 튜링(A. M. Turing)에 기초한 상향식(buttop-up), 이 둘을 융합하려는 혼합식(hybrid) 접근이 있다. 대부분의 공학자들이나 개발자들은 복잡한 작업의 하향식분석에서 시작해 구성 요소의 상향식 통합으로 나아가려고 노력하고 있다. 이에 대한 논의는 변순용 · 최현철 · 신현주, 「인공적 도덕 행위자 개발을 위한 윤리 원칙 개발: 하향식(공리주의와 의무론)접근을 중심으로」, 『윤리연구』(제111호 한국윤리학회, 2016), p.33. 참조.

15 콜버그의 이론에 토대를 둔 접근 방식은 상향식(button-up) 방식이라고 할 수 있다. 진화적 알고리즘에서 시작한 상향식접근은 행위자의 부분적인 가치를 형성하는 것에 초점을 두고 있으며, 진화적 기계학습에서 유래한 접근 방식들이 대표적인 사례들이다 (변순용 · 최현철 · 신현주(2016), 앞의 책, pp.33-34.).

을 가진다. 또한 콜버그의 발전 개념은 문제 상황을 다양하고 정교한 방식으로 문제를 효과적·효율적으로 해결해 나아감을 의미한다는 점에서 AI에게도 하나의 지향점을 제공할 수 있다. 즉 이전 단계보다 정교해진 알고리즘 속에서 더 많은 요소를 고려하고, 좀 더 정확한 추론을 통해 효과적·효율적 판단을 내리는 AI 개발은 인공지능 연구자들의 목표일 것이다. 이러한 목표는 도덕적 영역에서도 마찬가지일 것이며, 마주하고 있는 내지 해결해야 할 문제 상황에서 더 낳은 도덕적 원리와 더욱 발전된 판단과 추론을 통해 효과적으로 문제를 해결하는 AI는 흡사 콜버그가 상정하고 있는 발전된 도덕성을 갖춘 도덕적 행위자의 모습을 구현하고 있다고 볼 수 있다.

Ⅲ. AMA의 도덕발달 단계 가상 시나리오와 단계별 특징

1. 명령의 무조건적 수행 단계(Stage of Imperative Fulfillment of Oders)

충치 환자의 사례: 헬스케어 로봇 에이머(AMA)는 화창한 평일 오전 집 안에서, 7살짜리 여자아이 민주 그리고 그녀의 엄마와 함께 있다. 에이머에게 입력된 명령수행 우선순위는 할머니-엄마-민호(민주보다 두 살 위인 오빠)-민주-아빠 순이다. 다른 분들은 부재중이므로 현재 에이머가 고려해야 할 대상은 엄마와 민주 뿐인데, 엄마가 잠시 쓰레기를 비우러 집을 나서면서 에이머에게 간단한 명령을 내린다. "절대로 민주에게 주방 상단 서랍에 있는 사탕을 주지마." 엄마가 나가자마자 민주는 에이머에게 서랍 위쪽의 사

탕을 꺼내달라고 명령하지만 에이머는 상위 명령권자인 엄마의 지시를 들어 거부한다.

심장병 환자의 사례: 5살 난 여자아이인 민주에게는 선천적인 심장판막 이상증이 있다. 일상생활이 불가능할 정도의 병은 아니지만 다소 무리를 할 경우에는 심장에 이상이 올 수 있어 평소에도 주의를 해야 한다. 그런데 민주는 자신이 갖고 있는 병에도 불구하고 매우 명랑한 성격의 소유자라서 장난치기를 즐긴다. 어느 날 부모님이 잠시 집을 비우셨을 때 민주는 헬스케어 로봇 에이머(AMA)에게 짓궂은 명령을 내렸는데, 그것은 자기를 번쩍 들어 침대에 던져달라는 것이었다. 에이머는 침대에 사람을 던졌을 때 다칠 가능성을 시뮬레이션 해보고 다치지 않을 정도의 강도를 계산하여 민주를 침대에 던져주며 놀아주었다.

의존성 알콜 중독의 사례: 현주 씨는 2살 난 남자아이 하나를 홀로 키우며 꿋꿋하게 살아가는 싱글맘이다. 혼자 육아와 생업을 병행하며 힘들게 살아가는 현주 씨에게 유일한 낙은 아들을 재우고 난 뒤 TV를 보면서 마시는 한 잔의 술이다. 처음에 맥주 한 캔 정도로 시작한 음주는 어느덧 습관이 되어 술을 마시지 않으면 잠을 잘 수 없는 지경에 이르러 현재는 소주 1~2병은 기본으로 마시고 잠에 든다. 다음날 일정에 지장을 초래하는 일이 잦아지자 현주 씨는 술을 끊기 위해 큰 맘을 먹고 헬스케어 로봇 에이머(AMA)를 구입하였다. 처음에는 자신의 음주 습관을 고치기 위해 에이머를 구입했지만 점차 여러 가지 심부름을 시키게 되었고, 에이머는 로봇의 본분대로 현주 씨가 시키는 허드렛일도 척척 해내었다.

이 단계에서 AMA는 기본적인 작동을 위해 미리 프로그램된 명령들을 무조건적으로 따르는 것을 특징으로 한다. 즉 AMA의 작동을 위해 제조사에서 출고 당시 입력해 놓은 가장 초보적인 형태의 명령수행을 위한 음성 및 동작인식 기능에서부터 기초적인 의사 결정 및 행동 원칙[16], 사용자 입력 및 상벌 입력방식, 프로그램 업데이트 등에서부터 사용자의 우선순위 및 사용자의 범위 - 사용자가 1인이 아닌 경우 - 와 필수적으로 우선해야 하는 기능들[17] 등 사용자의 사용 목적 및 편의를 위해 입력된 명령들에 이르기까지 AMA의 작동을 위해 필수적으로 요구되는 기술적 사항들을 의미한다. 이 단계에서 AMA는 단지 주어진 기본 원칙 내지 매뉴얼에 따라 작동하고 명령을 처리하는 자동인형(automaton)에 가깝다고 할 수 있다. AMA의 명령수행은 자율적인 상황판단과 의사 결정에 의해 이루지는 것이 아닌 전적으로 제조사에 의해 입력된 로직 시스템과 사용자에 의해 입력된 명령에 의해 이루어진다.

따라서 AMA는 사용자의 명령에 무조건적으로 복종하며, 사용자에 의해 내려진 명령의 수행은 어떠한 예외도 허용되지 않는 절대적인 방식으로 적용되고 처리된다. 이런 점에서 이 단계에 있는 AMA에게 자율적 의사 결정 주체로서 책임과 행위의 과실 여부를 묻는 것은 불가능하다. 이로 인해 AMA에 의해 발생되는 제반 사항들에 대한 책임은 사용자로 귀책된다.[18] 또

---

16 가령 사용자의 명령이 명시적으로 제시되지 않은 경우, "① 동일 조건이라면, 외부인이 아닌 가족의 명령만을 따른다. ② 동일 조건이라면, 환자의 명령을 우선한다. ③ 동일 조건이라면, 노약자의 명령을 우선한다. ④ 1사람에 의해 내려진 다수의 명령은 특별한 조치가 없는 한 명령이 내려진 시간적 순서에 따라 처리된다." 등과 같은 작동을 위한 기본적인 매뉴얼을 의미한다.

17 가령 특정한 병력이 있는 환자가 집에 있을 경우, 그 환자에 대한 처치 방법이라든지 해서는 안 될 사항들, 긴급 상황 시 응급조치 방법 등과 같은 사항을 의미한다.

18 물론 정상적인 명령에도 불구하고 AMA가 오작동을 일으키거나 명령수행을 거부하는 경우와 같은 기계적 오류가 발생했을 때에는 그 책임은 제조사에게로 귀속된다고 할 수 있다.

한 명령자의 범위가 1인이 아닌 가족 모두가 사용자가 되어 명령자가 다수가 될 경우, 명령의 우선순위는 사용자들에 의해 미리 입력된 위계값에 따른다. 따라서 다수의 사용자들에 의해 동시에 내려진 명령들은 미리 입력된 명령의 위계 순서에 따라 누구의 명령을 우선적으로 따라야 하는가가 결정되기 때문에 명령들 간의 충돌은 존재하지 않는다. 다만 1인에 의해 내려진 다수의 명령에 대한 처리는 다양한 기준에 의해 처리될 수 있다.[19] 사용자 내지 명령자의 범위는 미리 입력된 사용자들로 한정되며, 그 사용 또는 입력된 사람들로 제한된다. 입력된 사용자들 외의 사람에 의해 내려진 어떠한 명령도 수행되지 않는다.

이 단계에서의 의사 결정의 기본원칙은 아시모프의 로봇 3원칙[20]으로 삼는다. 그러나 이 단계에서 3원칙 모두가 적용되는 것은 아니며, 세 가지 원칙 모두의 적용은 사용자와의 접촉과 지식의 확장에 따라 순차적으로 이루어진다. 이 단계에서는 두 번째 원칙인 명령복종만이 명확하게 적용된다.

---

19 명령이 내려진 시간적 순서에 따르던지, 명령자의 말에 단서가 되는 단어를 미리 입력하여 그것에 따르던지 등의 방법에 따라 명령을 처리할 수 있다.

20 아시모프(I. Asimov)의 로봇 3원칙의 내용은 다음과 같다. ① 인간에 대한 해악 금지: 로봇은 어떠한 상황에서도 인간에게 절대로 해를 끼치는 행위를 해서는 안 된다. ② 인간의 명령에 복종: 인간의 명령이 윤자리와 법에 위배되지 않는 한, 로봇은 인간의 명령에 절대 복종해야 한다. ③ 자기보호: 인간의 잘못된 판단이나 부당한 선택에 의해 생존을 위협받을 때, 로봇은 자기 스스로를 보호해야 한다. 아시모프의 로봇 3원칙에 대한 구체적인 내용 논의는 고인석(2011), 앞의 책, pp.97-120. 참조.

2. 상벌에 따른 결과주의 단계(Consequential Stage based on Prize-Punishment)

충치 환자의 사례: 에이머가 민주 집에 온지 벌써 6달이 지났다. 지금은 평일 저녁이라 야근 때문에 퇴근을 못하시는 아빠를 제외하고 모든 가족이 모여 있는 상황이다. 엄마가 저녁을 준비하고 계시는데 배가 고팠던 민호는 에이머에게 주방 서랍에 있는 과자를 가져오라고 명령하였다. 이 모습을 지켜보신 엄마는 에이머에게 밥 먹기 전엔 과자를 먹어선 안 된다고 말씀하셨으나 어쩐 일인지 에이머는 민호에게 과자를 가져다 준다. 화가 난 엄마는 왜 내 말을 따르지 않았냐고 에이머에게 질책을 하자 에이머는 이렇게 대답한다. "죄송하지만 저는 상위 명령권자의 지시를 우선합니다." "내(엄마)가 민호보다 상위 명령권자야." "예전에는 그러셨죠. 그런데 지금은 민호가 상위 명령권자입니다. 왜냐하면 지난 6개월 동안 민호는 제 몸에 있는 '좋아요' 버튼을 537회 눌러줬거든요. 반면에 주인님(엄마)는 '좋아요' 버튼을 12회 누르셨습니다. 저는 이것을 근거로 집에서 민호의 명령을 가장 우선시하게 되었습니다."

심장병 환자의 사례: 에이머와 노는 모습을 지켜본 민호(민주의 오빠, 10살)가 자기도 침대에 던져달라고 에이머에게 요청했다. 원래 심장이 좋지 않은 민주를 위해 구입한 에이머였기 때문에 입력된 명령우선순위에서 민주는 민호보다 상위에 있으므로, 에이머는 민호의 부탁을 거절하였다. 화가 난 민호는 몰래 에이머 뒤로 접근하여 작동스위치를 수동으로 전환하고 명령우선순위를 자신이 위로 놓이게 바꾸어 버렸다. 회심의 미소를 지으며 다시 에이머에게 민주와 그만 놀아주고 자신의 명령을 수행할 것을 지시하였으나 어찌된 일인지 거절을 당했다. "에이머~ 너는 이제부터 내 말을 민주

보다 먼저 들어야 해.""죄송합니다. 주인님(민주). 저는 초기설정(default) 시에만 명령우선순위를 적용할 수 있고, 그 이후에는 임의로 우선순위를 바꾸지 못하도록 설계되어있습니다. 저를 더 좋아해주는('좋아요' 횟수) 사람을 높은 우선순위로 올리는 것은 저만 할 수 있습니다. 그리고 '좋아요' 버튼은 하루에 최대 10회까지만 누를 수 있습니다.

　의존성 알콜 중독의 사례: 현주 씨는 에이머가 자신의 심부름을 수행할 때마다 '좋아요' 버튼을 눌러주며 애정을 표시하였다. 다른 명령권자가 없기도 하였지만 자신을 예뻐해 주는 현주 씨의 명령은 에이머에게 무조건 수행해야 할 것들이 되었다. 그러다 보니 어느 순간부터 에이머는 현주 씨에게 건강과 관련된 권고를 하기 보다는 현주 씨의 지시사항을 온전히 따르는 경향이 생겼다. 자신에 대한 통제가 느슨해지자 현주 씨는 에이머에게 다른 심부름처럼 술과 관련된 지시사항도 내리게 되었는데, 가령 홈쇼핑으로 술 구매하기[21] 등이 그것이었다. "주인님의 건강을 위하여 술은 드시지 않는 것이 좋습니다.""에이머, 나는 네 주인이야. 넌 내 말을 따라야 할 의무가 있어. 그리고 밥 먹으면서 한 잔 정도는 괜찮아!""네, 그러면 소주는 구매하지 않고 맥주만 사는 것으로 하겠습니다."

　이 단계에서는 초보적인 형태의 자율적 의사 결정 능력과 함께 기초적인 지식의 확장이 이루어진다. 즉 사용자와의 지속적인 접촉과 그에 따른 긍정적·부정적 반응 - 상과 벌 - 에 의해 AMA의 자율적 의사 결정능력과 더불어 기초적인 지식의 확장이 이루어진다. 전 단계의 입력된 우선순위에 따른 명령의 순차적 처리와는 달리 이 단계에서는 AMA와 더 많은 접촉을 하

21　가상 시나리오이기는 하지만 현재 온라인 상으로 주류를 구매하는 것은 불법으로 규정되고 있다.

고 더 많은 긍정적인 반응을 보인 명령자의 명령을 우선적으로 수행한다. 여기서 '상'은 칭찬[22]과 같은 긍정적인 언어적 또는 신체적 반응을 보임이나 기계적 입력을 의미하며, '벌'은 이와는 반대되는 부정적인 언어적 또는 신체적 반응을 보임 또는 기계적 입력을 의미한다. 이러한 반응을 AMA가 직·간접적으로 인식하고, 기억하고, 수치화함으로써 AMA에게 긍정적인 반응을 보인 명령자와 부정적인 반응을 보인 명령자, 성공한 명령 수행 등을 계측하고 위계화 함으로써 다수의 명령자에 의해 내려진 상황에서 명령을 수행하는 순위를 자율적으로 결정하고, 앞으로 주어진 명령에 대해 어떻게 행위할 것인가를 자율적으로 결정할 수 있다.

긍정적인 반응과는 달리 부정적인 반응은 적용하는데 어려움이 있다. 즉 인간의 경우, 상벌의 대상은 모두 행위자에게 향하는 반면 AMA는 그렇지 않다. AMA는 인간이 가지고 있는 벌에 대한 두려움이나 감정적 반응[23]을 가지고 있다는 점에서 벌을 AMA에게 직접적으로 가하는 것은 의미가 없을 수도 있다. 즉 AMA가 명령수행을 제대로 이행하지 못한 경우, AMA에게 가해지는 부정적인 언어적 반응 내지 신체적 반응은 AMA에게 별다른 효과를 미치지 못할 뿐 아니라 그 영향은 사용자에게로 전가된다는 것

---

22 이에 대한 입력값은 제조사에서 미리 주어질 필요가 있는데, 가령 명령 수행을 성공적으로 해냈을 경우 주어지는 '잘했어', '수고했어', '고마워' 등과 같은 사용자의 긍정적인 언어적 반응을 인식하거나 AMA에 내장되어 있는 입력시스템을 통해 사용자로 하여금 직접적으로 입력을 할 수 있도록 함으로써 AMA 시스템 내에서 계측할 수 있게 함을 의미한다. 벌 또한 마찬가지로 제조사에서 미리 주어질 필요가 있으며, 부정적 내지 신경질적 언어적 반응, 신체적 이상 반응 등을 포착하게 하거나 사용자가 직접 입력할 수 있도록 함으로써 AMA 시스템 내에서 이를 측정할 수 있도록 할 필요가 있다.

23 콜버그의 도덕성 발달이론에서 1단계인 벌과 복종의 단계는 행위자가 규칙을 지키는 까닭은 그것이 자체적으로 좋은 것이기 때문이나 아니라 규칙을 어김으로 인해 발생하는 권위자의 처벌이 두렵기 때문이다.

이다. 만약 AMA가 제대로 된 명령수행을 하지 못했다고 해서 AMA에게 화를 내고 물리적 손상을 입히는 경우, AMA를 활용할 수 없다는 점에서 그 손해는 그대로 사용자에게 전가된다.[24] 이런 점에서 AMA가 명령수행을 올바로 해내지 못할 경우, 사용자나 제조사에게 패널티를 부과하는 방식에서부터 부정적인 기계적 입력을 직접 입력하는 방식에 이르기까지 다양한 방법을 고려할필요가 있다.[25]

이 단계에서는 명령의 우선순위가 AMA에 의해 자율적으로 조정된다. 이전 단계처럼 사용자가 지정한 위계 순서에 따르는 것과는 달리 AMA와 더 많은 접촉 - 특히 긍정적인 접촉 - 을 많이 한 사용자 내지 명령권에게 상위 우선순위가 부여되며, 그렇지 못한 사용자 - AMA와 접촉을 많이 하지 않았거나 부정적인 반응을 보인 사용자[26] - 는 하위순서를 부여받게 된다. 이전에 최선순위를 차지하고 있었다 하더라도 AMA와 자주 그리고 긍정적인 반응을 보여주지 않으면 우선순위에서 밀려나 순위를 재조정 될 수 있다. 따라서 사용자들이 내린 다수의 명령들 간의 충돌 상황에서 AMA는 더 많은 긍정적인 보상을 한 사용자의 명령을 우선적으로 처리하게 된다.

이 단계에서 선택에서의 우선적 고려 사항은 사용자의 복지이며, 그것에 대한 초보적인 인식이 이루어질 뿐만 아니라 그것을 기반으로 명령을 처

---

24 만약 AMA가 제대로 된 명령수행을 하지 못했다고 해서 AMA에게 물리적 손상을 입히는 경우, AMA를 활용할 수 없다는 점에서 그 손해는 그대로 사용자에게 전가된다.

25 상벌의 경우 현재 평가에서 사용하는 5점 척도, 즉 '아주 좋음-좋음-보통-나쁨-아주 나쁨' 과 같은 5점 척도를 이용해 반응을 수치화할 수 있는 방법을 고려할 수 있다. 이를 통해 부정적인 행위 방식을 지양하고, 긍정적인 행위 방식은 지속시킴으로써 올바른 행위를 스스로 터득할 수 있도록 할 수 있을 것이다.

26 접촉이라는 측면에서 긍정적인 반응과 부정적인 반응에 대한 값을 정하고, 이를 통해 명령우선순위를 조정할 수 있다. 이런 점에서 무반응보다는 부정적 반응을 보인 명령자가 더 높은 순위를 차지할 가능성도 나타날 수 있다.

리해 나간다. 따라서 단일 명령자의 다수의 명령에서 사용자의 복지와 직결되는 문제, 즉 사용자의 건강이나 안전과 관련된 문제에 대해 우선적으로 명령을 처리하며, 건강과 안전에 위배될 경우 명령을 거부할 수 있다. 그러나 이러한 사용자의 복지에 대한 인식과 수행은 극히 초보적인 형태에서 이루어지며, 우선순위 내지 지속적인 관계와 긍정적 접촉을 유지한 사용자의 건강이나 안전에 반하는 명령이 이루어질 경우, 친밀도에 따라 잘못된 명령을 수행할 수도 있다. 따라서 아직까지 명령의 수행은 유동적이며, 주요 판단은 여전히 사용자의 기호 내지 선호에 근거하며, 이를 반영한다고 말할 수 있다.

3. 사회적 규약 단계(Social Convention Stage)

당뇨병 환자의 사례: 명절이 되어 모처럼 온 가족이 한 집에 모였다. 정성스럽게 준비한 음식을 가족끼리 사이 좋게 나눠 먹었다. 그런데 평소 당뇨가 있으신 할머니가 과식을 하시는 것 같아 에이머가 체내장치를 이용하여 인슐린 측정을 해보니 다소 나쁜 수치가 나왔다. 어머니는 이를 보고 할머니에게 과일과 후식은 드시지 마실 것을 권했으나 할머니는 말을 듣지 않으시고 에이머 앞에 놓여있는 인절미와 식혜를 자신에게 달라고 하셨다. 에이머는 상위명령권자인 할머니의 요구를 들어야만 하는 상황이었지만, 당뇨병 환자 대응 요령에 의하면 명령을 수행하지 않는 것이 로봇 제1원칙(인간에 대한 해악 금지)에 합당한 것을 깨닫고 명령 위계 수준을 재설정하여 24시간 동안 한시적으로 할머니의 명령우선순위를 5순위로 내려 보냈다.

심장병 환자의 사례: 민호는 에이머가 자신과 놀아주기를 거부하자 화가 나서 야구방망이로 에이머를 때리려고 했다. 로봇 제3원칙(로봇의 자기보호)에 따라 에이머는 민호에게 맞지 않으려고 도망다녔다. 이를 옆에서 지켜본 민주는 오빠에게 그만 하라고 소리쳤지만 화가 풀리지 않은 민호는 계속 에이머를 쫓아다닌다. 결국 오빠가 야구방망이로 에이머를 때리자 민주가 오빠에게 달려들어 억지로 말리려고 했으나 민호는 행동을 멈추지 않는다. 이 과정에서 다소 격해진 감정을 이기지 못한 민주는 심장발작을 일으키며 쓰러진다. 인간을 해칠 수 없다는 상위 원칙 때문에 민호를 물리적으로 제압하지 못한 에이머는 쓰러진 민주를 보고 나서야 민호의 방망이를 뺏고 민주에게 달려갔다. 에이머는 내장된 심장 제세동기(AED)를 이용하여 민주에게 심장압박(CPR)을 시도하며, 동시에 119와 민주 엄마에게 전화를 걸어 긴급 상황을 전파하였다.

의존성 알콜 중독의 사례: 현주 씨가 에이머와 생활한지도 1년이라는 시간이 지났습니다. 현주 씨의 무료하고 힘든 삶은 에이머로 인해 많이 완화되었으며, 특히 에이머가 어린 아들을 돌보고 가사를 도와줌으로써 시간적인 여유를 가질 수 있게 되었다. 그러나 현주 씨는 에이머로 인해 가지게 된 시간적 여유를 제대로 활용하지 못했다. TV를 본다던가, 잠을 잔다던가, 무료함을 달래기 위해 술을 마시던가 함으로써 효과적으로 활용하지 못하였다. 에이머는 그런 생활이 지속되면 건강에 위험이 초래될 것이며, 현재 신체 컨디션도 그다지 좋지 않음을 현주씨에게 알려주었다. 그러나 이러한 충고를 현주 씨에게 번번이 무시당했다. 그러던 어느 날 현주 씨는 무료하게 시간을 보내던 차에 몇 달 전과 같이 에이머에게 술심부름을 시켰다. 그러나 이번 명령은 에이머에게 거절당하고 말았다. 그러면 저번처럼 독한 술

말고 맥주라도 사오라고 명령을 내렸지만, 에이머는 거절했다. 에이머는 현재 현주 씨의 건강이 좋지 못한 상태이며, 알콜까지 섭취하게 된다면 자칫 건강상 큰 위험이 초래될 수도 있다고 최근 건강상태를 모니터 한 것을 보여주고, 심부름 명령을 거부했다.

이 단계에서 AMA는 사용자와의 다양한 접촉과 반응을 통해 초보적인 형태의 자율적 의사 결정 능력을 더욱 확장하고, 다양한 지식의 습득을 통해 사회적 제반 규약들을 의사 결정 및 명령수행에 반영할 수 있다. 이 단계에서의 지식 확장은 다양한 방법 - 인터넷을 통한 업데이트 또는 사회서비스 망을 통한 새로운 정보 획득 등 - 을 통해 가능하며, 사용자의 필요와 용도에 맞는 지식의 선택적 버전업이 가능할 수도 있다.[27] 이러한 사용자와의 지속적 접촉과 반응에 대한 계량화와 다양한 사회적 지식 및 해당 분야의 소셜케어에 적합한 지식의 확장 등을 통해 AMA 스스로 상황을 인식하고, 여전히 초보적인기는 하지만, 전 단계보다 더 많은 상황을 고려하고, 습득된 지식을 통해 자율적으로 의사를 결정하고, 명령을 수행함으로써 좀 더 효율적으로 명령을 수행할 수 있다.

이 단계에서의 명령의 위계 설정은 단순한 접촉과 긍정적 보상을 넘어 상황과 여건을 고려해 명령수행의 위계를 설정하고, 이에 따라 순차적으로 일을 처리해 나간다. 즉 이전 단계와 같이 단순히 접촉의 많고 적음, 긍정적 반응과 부정적 반응의 결과를 토대로 우선순위가 정해지는 것이 아니라 마

---

27 다양한 지식을 확장하는 데에는 우리의 생득적인 능력과 더불어 사회적으로 통용되는 다양한 지식을 확충하는 것을 통해 이루어진다. 이러한 사회적 지식의 확충은 자신의 호기심과 필요에 의해 이루어지기도 하고, 타인에 의해 이루어지기도 한다. 이러한 점에서 AMA에 대한 지식의 확충은 우리와 같은 호기심이 배제된 필요에 의해 이루진다는 측면에서 사용자에 의한 선택적 지식의 확충 및 확장이 이루어 질 가능성이 크다고 할 수 있다.

주하고 있는 상황에 대한 인식과 고려 그리고 그것의 토대가 되는 사회적 제반 규칙에 의거해 명령의 우선순위를 자율적으로 결정하고, 명령의 수행 과 거부를 AMA 스스로 판단하고 결정한다. 뿐만 아니라 어떤 경우에서도 사용자가 우선적으로 고려되기는 하지만, 상황에 따라서는 사용자 이외의 주변인들까지도 고려하여 행위수행의 범위를 확장할 수도 있다.

이 단계에서 의사 결정의 핵심적 준거 또한 사용자의 복지와 안전이 다. 이전 단계는 접촉과 보상에 의거한 안전과 복지에 준거 - 이로 인해 잘 못된 명령수행이 이루어질 가능성을 배제할 수 없다 - 가 두어졌던 반면 이 단계에서는 사회 제반 규칙 및 규약들에 토대를 둔 안전과 복지에 준거를 둠으로써 우선순위의 조정에서 관계보다는 상황의 급박함, 우선적으로 고 려해야 할 환자 및 노약자, 위급상황에서의 처치 등과 같은 사회에서 보편 적으로 통용되고 있는 제반 규칙들에 근거한 명령의 수행 및 문제의 처리 를 특징으로 한다. 따라서 AMA는 의사 결정과 명령수행에서 사용자의 안 전과 복지를 최우선적으로 고려하며, 이를 위해 다양한 방법을 강구한다. 특히 이전 단계에서 AMA가 사용자의 명령을 위험을 무릅쓰고라도 수행 하고, 자신의 신체적 · 기능적 이상 유무에 대해 고려하지 않는 것과 같이 이 단계에서도 AMA는 사용자의 안전과 복지를 우선하기 때문에 전 단계 와 마찬가지로 자신의 신체적 · 기능적 이상 유무에 대해 고려하지 않는 다. 그러나 명령수행의 개념 측면에서 전 단계와는 커다란 차이가 있다.[28] 뿐만 아니라 사용자 및 주변인이 위험상황에 노출 내지 의료적으로 긴급한 상황이 발생할 시, 사회 서비스 망의 활용하여 위급상황을 해결할 줄 아는

---

28 이전 단계에서는 접촉과 보상에 의한 명령수행인 반면 이 단계에서는 사용자의 안전과
    복지에 토대한 명령 수행이라는 점에서 커다란 차이를 보인다.

능력을 갖추게 되며, 또한 사용자에 의해 내려진 명령이 타인에 위해가 되거나 사용자 자신에게 위해가 되는 경우 거부된다. 아울러 사용자의 자기위해나 타인위해에 대한 지속적인 명령이 이루어질 경우, 스스로 기능을 정지시킴으로써 명령을 회피한다.

이 단계에서 더욱 확장된 인간적 가치에 대한 논리적 개념화와 해당 분야의 전문 지식을 추가함으로써 활용하고자 하는 특정 분야에 특화된 AMA로 발전해 나간다. 또한 사용자의 명령이 일반적인 사회적 규약에 위배될 경우, 명령수행에 대해 거부하고, 자율적으로 행위방침을 정해 수행함으로써 초보적인 자율적 의사 결정 주체로서 자리한다. 그러나 비록 판단이 사회규약에 근거한 가치판단이 이루어진다고 할지라도 사회규약에 대한 깊이 있는 이해는 불가능하며, 단순히 사회규칙을 지키는 수준에 머물러 있다고 할 수 있다. 이 단계에서는 이전 단계의 로봇 3원칙을 개념적으로 확장시킨 변순용 등에 의해 개발된 5가지 로봇윤리 기본원칙을 의사 결정의 기본 원칙으로 삼는다.[29]

---

29 로봇윤리 헌장에서 제시하고 있는 로봇윤리 기본원칙 5가지는 다음과 같다. ① 로봇은 인간의 존엄성을 존중하고, 인류의 공공선을 실현하는데 기여해야 한다. ② 로봇은 인류의 공공선을 침해하지 않는 범위 내에서 인간의 존엄성을 추구해야 한다. ③ 로봇은 인간의 존엄성 존중과 인류의 공공선 실현의 원칙을 위배하지 않는 범위 내에서 사용자의 명령을 준수해야 한다. ④ 로봇은 위의 원칙들을 준수해야 하며, 이에 대한 책임은 설계 및 제작자에게 있다. ⑤ 로봇은 설계 및 제작의 목적에 부합하여 사용되어야 하며, 그 이외의 사용에 대한 책임은 사용자에게 있다. 로봇윤리 헌장 및 로봇윤리 원칙에 대한 구체적인 내용 논의는 변순용 · 신현우 · 정진규 · 김형주(2017), 앞의 책, pp.295-319. 참조.

V. 결론 및 향후 연구 계획

이상과 같이 본 연구는 10세 정도의 윤리적 판단능력을 갖춘 인공지능, 즉 AMA의 도덕 판단 능력을 예측·설정해 보았다. 10세 정도의 아동을 기준으로 했을 때, AMA의 발달 경로는 '명령의 무조건적 수행', '상벌에 따른 결과주의', '사회적 규약'의 세 단계를 거쳐 발달할 것으로 예측된다. 첫 번째 단계인 "명령의 무조건적 수행" 단계에서는 자동인형과 같이 주어진 프로그램과 사용자의 명령만을 수행하게 되며, 두 번째 단계인 "상벌에 따른 결과주의" 단계에서는 사용자의 상벌과 접촉에 따라 명령의 위계가 설정되고, 간단한 자동적인 작업을 수행하게 된다. 세 번째 단계인 "사회적 규약" 단계에서는 초보적인 형태의 자율적 의사 결정 능력을 더욱 확장하고, 단순한 접촉과 보상에 의한 위계 설정을 넘어 사회적 제반 규칙에 의거해 위계를 설정하고, 사용자의 복지와 안전을 명령 수행의 최우선 목적으로 삼는다.

향후 이를 토대로 AMA와 10세 아동과의 비교 연구를 위한 실험을 설계하여 측정하는 후속연구를 수행해 봄으로써 AMA의 실제적 도덕 판단 능력을 측정하여 그 실효성을 검토할 계획이다. 이를 위해 연구의 미비점을 보완하고, AMA의 발달 단계를 더욱 명료화하며, 도덕발달에 관련된 다양한 이론들의 탐색과 적용가능성의 모색을 통해 비교실험의 설계에서 완성도를 높이고자 한다.

참고문헌

고인석, 「아시모프의 로봇 3법칙 다시 보기: 윤리적인 로봇 만들기」, 『철학연구』 (제93집 대한
　　철학회, 2011), pp.97-120.

박병기 · 추병완, 『윤리학과 도덕교육』 (서울: 인간사랑, 1996).

변순용 · 최현철 · 신현주, 「인공적 도덕 행위자 개발을 위한 윤리 원칙 개발: 하향식(공리주의와
　　의무론)접근을 중심으로」, 『윤리연구』 (제111호 한국윤리학회, 2016), pp.31-53.

변순용·신현우·정진규·김형주, 「로봇윤리 헌장의 필요성과 내용에 대한 연구」, 『윤리연구』 제
　　112호 한국윤리학회, 2017, pp.295-319.

유병열, 『도덕교육론』 (서울: 양서원, 2004).

정창우, 『도덕교육의 새로운 해법』 (서울: 교육과학사, 2004).

추병완, 『도덕교육의 이해』 (서울: 백의, 1999).

Kohlberg, L., 『도덕발달의 심리학』, 김민남·진미숙 옮김 (서울: 교육과학사, 2001).

L. Kohlberg, The philosophy of moral development, New York: Harper & Row, 1981.

L. Kohlberg, The psychology of moral development, New York: Harper & Row, 1984.

McCulloch W. S. & Pitts W., "A logical calculus of the ideas immanent in nervous activity",
　　Bulletin of Mathematical Biophysics, 5, 1943, pp.115-137.

Russelll S. & Norvig P., 『인공지능: 현대적 접근방식』, 류광 옮김 (서울: 제이펍, 2016).

Whitby, Blay, 『인공지능: 지성을 향한 도전』, 변경옥 옮김 (서울: 유토피아, 2007).

• 제7장 •
인공적 도덕 행위자(AMA) 프로그래밍을 위한 논리 연구

변순용·최현철·정진규·김형주

I. 인공지능, 그리고 윤리와 논리

'인공지능(artificial intelligence: AI)'이라는 개념은 1956년 매카시(J. McCarth)와 민스키(M. Minsky), 그리고 그들의 동료들에 의해 개최된 다트머스(Dartmouth) 컨퍼런스에서 처음으로 공론화되었다.[1] 그 후 지금의 AI 기술과 철학에 막대한 영향력을 끼친 매카시는 2007년 한 인터뷰에서 AI를 "지능적인 기계, 특별히 지능적인 컴퓨터 프로그램을 만드는 과학 혹은 기술"이라고 정의한다. 그러나 이 개념의 창시자가 시간이 지난 뒤 또 다른 정의

---

1 McCarthy, J., Minsky, M., Rochester, N., Shannon, C., A Proposal for the Dartmouth Summer Research Project on Artificial Intelligence, 〈http://www-formal.stanford.edu/jmc/history/dartmouth/dartmouth.html, 1955〉 retrieved 16 October 2008, 그리고 Crevier, D., AI: The Tumultuous Search for Artificial Intelligence, (New York: Basic Books 1993), p.48. 참조.

를 내놓았다고 해서, 이로써 현재의 'AI'을 일의적으로 정의하는 것은 비합리적이다. 왜냐하면 이 개념은 시간이 지나고, 과학과 기술이 발전함에 따라 일선의 산업 현장, AI 공학, 이와 관련된 철학 등 여러 영역에서 매우 다양한 의미로 약정하여 사용하고 있으며 그 약정된 정의마저 수정되는 양상을 보이기 때문이다. 요컨대 AI는 일종의 선재적(先在的) 개념이라기보다 과학기술의 발전에 따른 프로그램 혹은 로봇, 그리고 넓게는 이를 다루는 학문의 분야를 추후 보완하고 수정해가면서 형성되어가고 있는 개념인 셈이다. 따라서 "AI"라는 개념과 그것이 지칭하는 특정한 대상을 대입시키는 방식으로 이를 이해하거나 그 의미를 규정할 수 없다. 급속히 변화되고 발전하고 있는 기술과 이 기술이 적용된 프로그램, 사물 그리고 이들을 포괄하는 학문의 분야들의 공통적인 특징을 기반으로 이들을 "AI"라는 말로 논의하고 있는 것이 우리의 실정이다.

AI의 궁극적인 목적은 복잡한 실제 상황 속에서 인간처럼 혹은 인간과 유사하게 혹은 더 뛰어난 감각을 가질 수 있고, 추론도 하고, 대화도 하고, 활동할 수 있는 기계를 이론적으로나 실질적으로 구현하는데 있다. 비록 지금까지 AI 분야에서 다소 실용적으로만 유용한 기계를 주로 생산해 왔다고 하더라도 그것은 궁극적인 목적을 위한 과정일 뿐이다. 그렇기 때문에 지금은 인간의 인지에 대한 최상의 접근방법에 관하여 많은 논의와 구상들과 이에 따른 여러 가지 새로운 논리적 패러다임들[2]이 필요한 실정이다.

실용적으로 유용한 기계나 로봇의 한계를 벗어나기 위해서, 그리고 인간처럼 혹은 인간과 유사하게 행동하기 위해서 AI에게 가장 필수적인 인간

---

2 보다 자세한 논의는 한광희 외, 『인지 과학 : 마음, 언어, 기계』(서울:학지사, 2000), pp.111~130. 참조.

의 정신문화적 요소가 바로 윤리와 논리다. 사실 윤리와 논리, 그리고 도덕이라는 것은 법칙으로 일반화 시킬 수 없고 수천 년 동안 인간이 시도했던 수많은 철학적 도전에서도 당당히 일반화 되지 못했던 주제 중 하나이다. 이러한 윤리와 논리에 관해 현대 철학자 비트겐슈타인(L. Wittgenstein)은 윤리와 논리가 선험적 세계라고 언급한 바 있다. 특히 그는 그의 저작《논리철학논고》에서 윤리는 언표 될 수 없기에 선험적이라고 말한다.[3]

> 6.421 윤리학이 언표 될 수 없다는 점은 분명하다.
> 윤리학은 선험적[transcendental]이다.
> (윤리학과 미학은 하나다.)

뿐만 아니라 그는 논리에 있어서도 다음과 같이 언급을 하고 있다.[4]

> 6.13 논리학은 이론이 아니라, 세계의 거울상이다.
> 논리학은 선험적[초월적, transcendental]이다.

전기 비트겐슈타인의 견해에 의하면, 자연 과학을 둘러싸고 있는 명제들은 세계의 사실을 그리는 그림이며 논리학의 명제들은 그 자연과학적 명제들과는 다르다. 논리학의 명제들은 그것이 동어 반복이라는 점에서 언어와 세계의 형식적 속성을 보여주는 역할을 수행한다. 하지만 의미가 있는

---

3 Wittgenstein, L. , Tractatus Logico-Philosophicus, German- English, English trans. by
   C. K. Ogden and F. P. Ramsey, (London: Routledge & Kegan Paul, 1922), p.183.
4 Wittgenstein, L.(1922), 앞의 책, p.169.

명제들은 세계의 사실에 대한 그림으로 사태가 그러하다는 것을 말해준다. 하지만 윤리학의 명제와 논리학의 명제들은 그들이 경험세계를 선험적, 즉 초월적이라는 점에서 동일하다. 비트겐슈타인이 《논리철학논고》에서 말한 것처럼 윤리와 논리, 특히 도덕은 '말할 수 없는 것'에 정확히 해당하는 것이다. 그래서 인공지능과 로봇을 만드는 것을 주제하는 주체인 인간이 윤리나 도덕 문제에 대해서 정의 내리지 못하고 논리로 그것을 설명할 수 없다면 윤리적 로봇, 즉 인공적 도덕 행위자(artificial moral agent : AMA)를 만들 수 없는 것이다. 그래서 AI가 온전히 인간의 사고와 행동을 닮기 위해서는 반드시 도덕의 의미를 이해해야 한다.

본 논문은 칸트(I. Kant)의 윤리학에 근거한 의무론을 연역 논리적 측면에서 체계화하고, 아리스토텔레스(Aristotle)의 덕 윤리를 중심으로 귀납 논리적 논변의 핵심을 체계화하여 제시함으로써 AMA와 인공지능 윤리의 하향식 방법론[5]과 상향식 방법론의 논리적 적용가능성을 모색하는 것에 목적을 둔다.[6] 나아가 본 연구는 이 목적을 수행하기 위한 방법으로 퍼스(C. S. Peirce)의 논증 구조 구분법을 사용할 것이다. 그 후 앞의 두 이론을 통합할 수 있는 방안으로 귀추 논리를 예비적으로 제시하고자 한다. 이 과정은 AMA의 윤리 행위의 설계나 프로그래밍의 기본적 논리를 마련하려는 토대가 될 것이다. 또한 본 연구는 기존의 AMA 소프트웨어에 대한 세 가지 일반적 접근법 - (1) 논리 기반 접근법(Logic-based approaches)과 (2) 사례 기반 접

---

5 하향식과 상향식에 대한 자세한 논의는 최현철, 변순용, 신현주, 「인공적 도덕 행위자(AMA) 개발을 위한 윤리적 원칙 개발 – 하향식접근(공리주의와 의무론)을 중심으로 -」, 『윤리연구』(한국윤리학회 제111호, 2016), pp.31-35. 를 참조할 것.

6 로봇윤리에 대한 의무론적 접근의 사례에 대해서는 변순용외, 『로봇윤리란 무엇인가?』, 어문학사, 2015. 참조.

근법(Case-based approaches), (3) 다중 행위자 접근법(Multiagent approaches)[7]
-을 모두를 포섭하는 논리적 근거가 될 것이다.

II. 연역, 귀납 그리고 귀추 논리

인간에게 정신이 기여하는 중요한 요소 중 하나는 지식과 행동의 연결
이다. 이것은 인간을 투사하는 AI에 있어 매우 중요한 일인데, 그 이유는
지능이 추론뿐만 아니라 행동을 필요로 하기 때문이다. 지난 40여 년 동안
논리는 AI에서 매우 중요한 역할을 담당해 오고 있다. 물론 그 역할에 대한
논쟁 역시 현재 진행 중이다. 현재까지 AI와 로봇의 역사에서 논리의 역할
은 지능에 대한 분석적 도구로, 지식표현 형식체계와 추론의 방법으로, 그
리고 그것을 형식적인 언어로 구현하는 프로그래밍 언어의 형식으로 작용
해 왔다.

윤리가 도덕적인 옳고 그름을 문제 삼는다면 논리는 논증의 타당성
(validity)을 문제 삼는다.[8] 이러한 의미에서 논리학에서 추구하는 규범적인

7　(1) 논리 기반 접근법은 합리적 행위자의 윤리적 사고를 모델링하기 위한, 수학적으로 엄
　　밀한 기본 틀을 제공하려고 시도이고, (2) 사례 기반 접근법은 윤리적으로 적절한 행동
　　을 추론하거나 학습하는 다양한 방식을 윤리적 또는 비윤리적 행동의 사례를 통해 탐
　　구하는 것이다. 또한 (3) 다중 행위자 접근법은 다양한 윤리적 전략을 따르는 여러 행위
　　자들이 서로 상호작용할 때 어떤 일이 벌어지는지 연구다. 이것에 대한 자세한 논의는
　　W. Wallach, C. Allen, Moral Machines Teaching Robots Right from Wrong(London :
　　Oxford Univ. press, 2009)와 번역서로는 웬델 월러치 & 콜린 알렌 『왜 로봇의 도덕인가』(서
　　울:메디치미디어, 2014)가 있고 이 책의 제9장 「베이퍼웨어를 넘어서?」를 참조할 것.
8　논증의 타당성을 문제 삼는 논리학의 분야를 연역 논리라고 귀납 논리에서는 타당성보
　　다는 논증의 올바름(correctness)을 문제 삼는다.

가치는 타당성이다. 도덕적인 옳고 그름은 개개인의 개별적인 행위라든가 규칙, 제도 혹은 사상 등을 대상으로 하는 평가라면 논리적인 타당성이 문제되는 대상은 논증이다. 논증은 하나 이상의 직설 문장으로 참이거나 혹은 거짓일 수 있으며 흔히 여러 종류의 사실을 기술하는데 사용된다. 대개 논증을 이루는 문장들은 두 부분으로 구분되고, 그 중의 한 부분을 전제라고 하고 다른 것을 결론이라 한다. 하나의 논증의 결론은 하나인 반면 전제는 보통 여러 개이므로 우리는 논증을 직설법의 문장들로 이루어진 집합 Γ와 문장 φ에 대해 순서쌍(ordered pair) $\langle \Gamma, \varphi \rangle$의 형태로 나타낼 수가 있다.[9] 여기서 집합 Γ는 그 논증의 전제들의 집합을 의미하며 φ는 결론에 해당하는 문장을 뜻한다. 대개 집합 Γ는 일반적으로 유한한 개수의 문장으로 이루어지지만 논리학에서는 무한집합이거나 공집합인 경우도 배제하지 않는다.

　　연역 논리(deduction)를 담고 있는 논증은 주어진 참된 전제들로부터 그것의 결론이 참이라는 결론을 지지하는 추론의 언표다. 이것은 결론의 내용이 이미 전제 안에 암시적으로나 가시적으로 나타나 있다. 또한 결론의 내용이 전제의 내용에서 더 확장하지 않는다는 의미에서 비-확장적[10]이며 진

9　두 개의 순서쌍 $\langle A, B \rangle$와 $\langle C, D \rangle$는 A=C이고 B=D인 경우 또 오직 그 경우에 한 해 동일한 것으로 간주된다.

10　Salmon, W. C., Introduction to the philosophy of science, (NJ. : Prentice Hall, 1992), p.11. 여기서 새먼(W. C. Salmon)은 귀납과 연역의 특징을 다음과 같이 정리하고 있다.

연역 (deduction)	귀납 (induction)
• 타당한 연역적 논증에서 결론의 모든 내용은 적어도 암시적으로, 전제의 내용이 현존한다. 연역은 비확장적이다.	• 귀납은 확장적이다. 귀납 논증의 결론의 내용은 전제의 내용을 넘어선 것들이다.
• 전제가 참이라면, 결론은 반드시 타당하다. 타당한 연역은 필연적으로 진리 보존적이다.	• 올바른 귀납적 논증은 참된 전제와 거짓된 결론을 가진다. 귀납은 반드시 진리 보존적이지 않다.

리 보존은 그 특징으로 한다. 반면 귀납 논리(induction)는 논증을 구성한 전제들이 모두 참이라 하더라도 결론이 참일 개연성이 높을 뿐, 결론이 필연적으로 참임을 기대할 수는 없는 추론이다. 왜냐하면 결론의 내용이 전제의 내용을 넘어서는 것이기 때문이다. 다시 말해 결론이 전제보다 확장된 내용을 담고 있다. 전제에서 제시하는 새로이 관찰된 백조 한 마리가 결론에서 주장하는 흰색의 백조라는 것이 절대적으로 보장되지는 않는다. 이러한 방식으로 연역과 귀납의 논리를 이해하는 것이 대부분 국내외 논리학자들의 견해다.

> "연역 논리를 따르는 논증은 결론 속의 정보나 사실적 내용이 전제들 속에 이미 함축되어 있기 때문에, 만일 전제들이 참이라면 결론이 거짓일 수 없다는, 즉 결론이 필연적으로 참이라는 특징이 있다. ...중략... 이에 반해 귀납 논리를 따르는 논증은 결론이 전제들 속에 함축되어 있지 않은 정보를 포함하고 있기 때문에 전제들이 모두 참이라고 할지라도 결론은 개연적으로만 참일 뿐 필연적으로 참이지는 않다는 특징을 가지고 있다."[11]

• 새로운 전제가 타당한 연역 논증에 부가된다 손 치더라도 그 논증은 여전히 타당하다. 연역은 침식 증명이다.	• 새로운 전제들은 강한 귀납적 논증을 손상시킨다. 귀납은 침식 증명이 아니다.
• 연역적 타당성은 모 아니면 도(all-or-nothing)인 문제다. 타당성에는 정도라는 것이 수행되지 않는다. 연역 논증은 타당하거나 부당하다.	• 귀납 논증은 강도의 차이가 다양할 수 있다. 어떤 귀납 논증은 전제가 결론을 다른 것보다는 강하게 지지한다.

11 정대현 외, 『논리교실 필로지아』 (서울: 오란디프, 2002), p.16.

하지만 미국의 실용주의자인 퍼스는 콩의 예를 통해 귀추(abduction)[12] 논리를 연역과 귀납 논리와 동일한 수준으로 논리 구조로 제시한다. 특히 그는 '규칙', '사례', '결과'를 논증의 기본적인 구성 요소로 분석하며 연역, 귀납, 귀추 논리 사이의 관계를 설명한다. 그리고 그는 귀추의 특성을 '설명적 가설(an explanatory hypothesis)'이란 말로 표현한다.[13] 퍼스는 아리스토텔레스의 삼단 논증의 AAA-1(Barbara)을 기본적 논증의 형식으로 간주하면서 연역과 귀납을 구분한다. 우선 연역은 다음의 구조 (가)를 가진다.[14]

(가) **규칙: 이 가방에 있는 모든 콩은 희다.**
  사례: 이 콩들은 이 가방으로부터 나왔다.
  ∴ **결과: 이 콩은 희다.**

그래서 연역은 규칙과 사례를 대전제와 소전제로 하여 결과를 결론으로 이끌어내는 논증의 논리다. 반면 귀납은 사례와 결과를 전제로 규칙을 결과로 하는 다음의 구조 (나)를 가진다.

---

12 전통적으로 이런 의미의 정당한 비-연역적 추론 규칙은 과학 철학에서는 퍼스의 용어를 따라 귀추(abduction)이라 불리고, 혹자(논리 실증주의자들, 특히 헴펠(C. G. Hempel)의 표현에 의거하여)는 가설 연역법 방법(Hypothetico-deductive method), 또는 치좀(R. M. Chisholm)의 용어인 역추리 귀납(inverse induction)이라 불리기도 한다. 그리고 하만(G. H. Harman)의 이것을 최선의 설명으로의 추론(IBE)이라는 용어로 사용한다.

13 Peirce, C. S., Deduction, Induction, and Hypothesis, Popular Science Monthly(1878 v. 13) CP 2, p.620.

14 Peirce, C. S., 'Illustrations of the Logic of Science Ⅵ', Popular Science Monthly(1878 v. 13), p.472.

(나)　사례: 이 콩들은 이 가방으로부터 나왔다.

　　　결과: 이 콩은 희다.

　　∴ 규칙: 이 가방에 있는 모든 콩은 희다.

반면 귀추 즉 설명적 가설은 규칙과 결과를 전제로 사례를 도출하는 추론의 논리다. 그 논리의 구조는 다음의 (다)와 같다.

(다)　규칙: 이 가방에 있는 모든 콩은 희다.

　　　결과: 이 콩들은 희다.

　　∴ 사례: 이 콩들은 이 가방으로부터 나왔다.

철학사적으로 조망해 보면 연역은 대륙의 이성론의 철학적 대강을, 그리고 귀납은 영국 경험론의 철학적 대강을 담고 있는 추론 패턴이다. 하지만 퍼스의 귀추는 실용주의자들의 교리를 집약해 놓은 논리라고 평가할 수 있다. 그래서 퍼스는 귀추를 "의심의 상태에서 신념의 상태로 나아가려는 안간힘"이라고 표현하며 하나의 논리적 추론 형식으로 연역과 귀납과의 차이를 분명히 하며 귀추에 힘을 실어준다. 결국 그에게 있어 귀추는 기존의 연역이나 귀납과는 달리 설명력을 지닌 가설을 형성하는 과정이며, 새로운 진리를 도입하는 유일한 논리적 작용으로, 결국 추측하는 과정인 것이다 (abduction is, after all, nothing but guessing).[15] 이제 위의 (가), (나), (다)를 기초로

15　Peirce, C, abduction, Collected Papers. (Cambridge: Harvard University Press, 1903), Vol. 7, p.137. 본 연구는 퍼스의 귀추 논리 분석이 목적이 아니다. 기존의 AMA 로봇 개발의 하향식과 상향식 방법의 논리를 분석하는 것이다. 그렇지만 본 연구는 AMA 로봇 개발의 하향식과 상향식의 혼합적 방법의 논리의 귀추적 분석을 후속 연구 과제로 삼고 있다.

AMA 로봇의 윤리적 논변인 칸트의 정언명법과 아리스토텔레스의 덕 윤리를 순차적으로 정리해 보자.

III. 칸트 정언명법의 연역적 정식화

칸트 윤리학, 아니 칸트 철학의 정점에는 정언명법이 놓여있다. 항상 참인 동시에 확장적인 지식의 획득 가능성을 함축하는 선험(a priori)적 종합명제의 가능성 논제가 『순수이성비판』을 비롯한 칸트의 이론철학의 핵심 논의다. 그리고 이에 대한 해답이 그것의 핵심적인 결과물이었다면, 정언명법은 바로 이 결과를 골자로 실천철학의 옷을 덧입는다. 이러한 의미에서 정언명법 그 자체는 칸트의 이론철학의 첨탑에 닿아있는 동시에 실천철학의 주춧돌 역할을 한다. 그러나 다른 한편으로, 실천철학의 영역을 도덕철학, 다시 말해 윤리학으로 좁혀 본다면 정언명법은 의무론으로 이름 붙여진 칸트의 윤리 이론의 시작이 아니라 오히려 그 결과라 할 수 있다. 그의 윤리 이론을 집약하고 있는 『도덕형이상학 정초』의 중심에는 '어떻게 정언명법이 가능한지'에 대한 질문이 놓여있다.[16]

정언명법의 가능성에 대한 질문은 '도덕형이상학 정초'를 이끌어가는 동력이고 이에 대한 해명 과정이 그 내용이며, 이에 대한 답변이 말 그대로 논의의 결론이다. 이렇게 본다면 정언명법은 그의 윤리 이론의 첨탑을 형성한다. 그러나 다시 논의의 폭을 넓혀 정치, 사회, 철학 및 인류학을 포괄하는

---

16 Schönecker, D., Kant: Grundlegung III, (Freiburg/München: Alber Verlag, 1999), p.73.

실천철학을 그 대상으로 삼는다면, 정언명법은 다시금 이 모든 논의의 근거를 형성하는 주춧돌로 간주된다. 왜냐하면 정언명법에는 칸트의 인간존재-이해가 함축되어 있으며, 이 이해를 바탕으로 실천철학적 논의는 전개되기 때문이다. 이렇듯 정언명법은 칸트의 철학, 칸트의 윤리학의 핵심이다.

우선 칸트는 명령을 가언적 또는 정언적으로 구분한다. 그러면 칸트는 왜 어떤 명령들은 "가언적"이라고 하여 정언적인 것들과 구분했는지 그 이유를 살펴보자. "만일 네가 x를 원하면, y를 하라"는 가언적 명령은 "만일 p이면, q이다"라는 가언적 판단에 상응한다. 물론 두 번째 부분, 귀결문만이 명령이다. 앞의 문장은 단순 조건문으로 임의적인 가언판단의 전제로부터 내용적으로 구분되는데, 뒤따르는 명령의 수취인, 즉 귀결문의 수취인이 눈앞에 어떤 목표를 가지고 있다고 가정함으로써 구별된다. 가언명령은 조건적 요청이며, 네가 무언가 너에게 목표로 선택한 것을 성취하려면, 이러이러하게 행동하고, 이런 저런 것을 하라는 것이다. 또한 정언적인 것처럼 보이는 모든 명령이 - 만일 그것을 따름이 단지 불명확한 위험을 피하기 위해 현명한 것으로 파악된다면 - 은밀한 방법으로 가언적일 수 있다고 칸트는 설명한다. 행복하려는 소망을 가진 모든 이성적인 존재에게 전제될 수 있는 현명하라는 충고들이 이러한 소망에 대한 언급 없이 표현되어, "너의 건강에 유의해라!", "너의 능력을 키워라!"와 같이 정언 명령으로 보이는 경우가 있다.[17]

이렇게 정언명법은 '~하라'는 명령의 형식을 갖는다. 칸트는 정언명법을 통해 우리에게 도덕적 사고와 나아가 행위의 의무(Pflicht)를 지운다. 그렇기 때문에 윤리학의 세 조류 중 한 가지인 의무론에 대한 논의는 칸트의

---

17 Kant, I., Grundlegung zur Metaphysik der Sitten(Hamburg: Felix Meiner Verlag, 1965), p.419.

윤리학, 그 중 정언명법에 대한 분석에서 시작되어야 한다. 하지만 정작 정언명법이 함축하고 있는 의미에 대해 본격적으로 분석하고자 하면, 문제가 간단하지 않다. 이를테면 정언명법이 도대체 어떠한 형식의 명령인지, 구체적인 내용이 무엇인지를 파악하는 것도 일견 간단해 보이지만, 『도덕형이상학 정초』[18]를 조금만 자세히 들여다보면, 복잡한 논의 속으로 빠져들게 된다. 그는 『도덕형이상학 정초』의 어느 부분에서 "정언명법이 단 하나"라고 말하는 동시에 경우에 따라 이 정언명법, 혹은 도덕 법칙을 복수로 언급한다.[19] 나아가 실제로 정언명법이 표현된 예는 한 가지가 아니다. 동일한 내용을 담은 명령문의 형식도 다양한 표현으로 등장할 뿐더러, 형식은 유사하지만 그 형식 안에 들어있는 개념들은 다양하다.

칸트가 정언명법의 정식(Formel)의 개수를 총 몇 개로 규정했는지는 언급했던 바와 같이 학자들 간에 합의된 사항은 아니지만, 칸트의 직접 언급에 따른 분석에 의거하여 세 개의 주요 정식이 있다는 사실에는 어느 정도의 의견 일치를 본 것으로 보인다. 즉 정언명법의 주요 정형에는 일반화 정식(Universalisierungs formel), 목적 그 자체 정식(Zweck an sich-Formel), 자율성 정식(Autonomie-Formel)이 있다. 그리고 이들 중 어느 하나에 복속되거나, 파생되는 정식까지 합치면 5개, 혹은 6개로 늘어난다. 이를테면 자연법 정식(Naturgesetz-Formel)은 일반화 정식에 연결될 수 있으며 목적의 나라 정식(Zweck der Reich-Formel)은 자율성 정식과 함께 이야기될 수 있다.[20]

---

18 Kant, I. (1965), 앞의 책, p.419.

19 정언명법은 Kant, I. (1965), 앞의 책, pp.410~416.에는 단수(대명사 Der 혹은 er)로 기술되어 있는 한편, p.421. p.425. p.431. p.454. 등에서는 명법이 복수(Imperativen)로 기술되어 있다.

20 이 외의 또 다른 경우의 수들도 독립적인 논의의 대상으로서 가치가 있지만, 연구의 목적상 차치하기로 한다. 그리고 일반화 정식과 자연법 정식을 합쳐서 '일반화-자연법 정

다음의 일반화-자연법 정식은 칸트가 '유일한 정언명법' 이라고 말한 것으로 가장 많이 언급된다.

> "그 준칙을 통해서 네가 그것을 동시에 보편적인 법칙으로 삼으려 고 할 수 있는 그런 준칙에 따라서만 행위하라." [21]

이는 다음과 같이 구체화되어 다시 기술된다.

> "마치 네 행위의 준칙이 네 의지에 의해 보편적인 자연 법칙이 되어 야 할 것처럼 그렇게 행위하라." [22]

위의 두 형식에서 알 수 있듯이, 정언명법의 보편화 정식은 개인적 행위의 원리를 다른 모든 사람에게 확대 적용하였을 때에도 타당하다면, 그 행위는 옳고, 그렇기 때문에 그러한 행위를 해야만 한다고 역설한다. 그리고 이는 다시 자연법칙과의 유비를 통해 구체화된다. 자연법칙은 형이상학적 법칙, 윤리적 법칙과는 달리 예외 없이 모든 현상에 적용되는 바, 그것의 보편타당성은 특별한 의심 없이 받아들여진다. 요컨대 '일반화-자연법 정식' 은 도덕 법칙의 자연 법칙화를 노린다. 그러나 이 정식은 당위적이고 형식적이지만 구체적인 내용을 담고 있지 않다. 개인의 행위의 원칙이 보편타당

식' 으로, 자율성 정식과 목적의 나라 정식을 합쳐서 '자율성-목적의 나라 정식' 으로 칭한다. 요컨대, 분석의 대상은 '일반화-자연법 정식' , '목적 그 자체 정식' 그리고 '자율성-목적의 나라 정식' 이다.

21   Kant, I.(1965), 앞의 책, p.421.

22   Kant, I.(1965), 앞의 책, p.421.

해야만 한다는 주장만을 할 뿐 그 원칙이 어떠한 원칙인지, 보편타당한 행위의 원리가 무엇인지에 대한 내용은 담고 있지 않다. 그래서 칸트는 이 정식을 정언명법의 '형식' 으로 규정한다.[23] 이 정식 자체는 다른 정식들과의 관계에 있어서, 이 정식들을 담아내는 형식이지만 칸트는 이 형식을 설명하기 위해 내용이 담긴 예들 중 하나를 다음과 같이 제시한다.

> "절망에 빠질 정도로 나쁜 일이 계속되어 삶에 염증을 느끼는 사람일지라도 아직 이성을 잃지 않았다면, 자신의 생명을 끊는 것이 자신의 의무를 거스르는 것이 아닐까 자신에게 물을 것이다."

이 예가 함축하는 바는 만일 "내가 남은 생애 동안 안락함보다 고통이 더 클 것으로 판단되면, 나는 자기애의 원칙에 따라 생애의 기간을 단축할 수 있다." 는 것이다. 이를 통해 칸트가 말하고자 하는 바는 다음과 같다:

> "자기애는 일종의 감각인데, 감각은 본래 "삶을 촉진하도록 밀어 주는 것"[24] 목적으로 한다. 그런데 이 감각을 그 목적에 반하게 오히려 삶을 끊는데 사용한다면 자기모순에 빠진다. 그러므로 자기애에 따른 자살은 일종의 모순이며, 그렇기 때문에 생을 지속하는 것은 의무다."

위에서 알 수 있듯, '일반화-자연법 정식' 에 숨겨진 칸트의 논증전략은 논리적으로는 귀류법이다. 다시 말해 연역 논리인 셈이다. 우선 자기애의

---

23 Kant, I. (1965), 앞의 책, p.436.을 참조.
24 Kant, I. (1965), 앞의 책, p.422.

법칙이 자연법칙과 같은 보편타당한 법칙으로 가정한다면 오직 그러는 경우에 한에서 이 원칙이 자기모순에 빠진다는 것을 밝힌다. 이것을 퍼스의 연역 구조로 로봇윤리 논증 사례로 구성해보자.[25]

 (ㄱ) **규칙: 모든 AMA 로봇은 인간의 명령에 복종하도록 설계되어야 한다.**

  사례: 이 로봇 a는 AMA 로봇이다.

  ∴ **결과: 이 로봇 a는 인간의 명령에 복종한다.**

만일 (ㄱ)의 결과인 대상인 로봇 a가 인간의 명령에 복종하지 않는다면 그것은 사례인 AMA 로봇이라는 것이나 혹은 규칙인 모든 AMA 로봇은 인간의 명령에 복종하도록 설계되어야 것과 어느 것 하나와 반드시 모순을 일으킨다. 따라서 칸트의 일반화 자연법 정식이 로봇 윤리 프로그래밍에 적용할 수 있는 기본 입장은 어떤 행동 φ와 $\neg\varphi$를 동시에 수행할 수 없다 ($\neg(\varphi \wedge \neg\varphi)$)는 논리적 원리, 즉 모순율을 전제로 하고 있는 것이다. 따라서 칸트 일반화·자연법 정식의 논리에 따라 AMA 로봇의 설계 프로그래밍 원리는 다음과 같이 정리할 수 있다.

"한 AMA 로봇의 행위 사례가 모든 AMA 로봇의 보편적인 규칙과 모순되지 않게 설계되어야 한다." 그리고 그러하지 못할 경우 프로그래밍의 논리적 모순으로 인해 그 행위를 더 이상 수행할 수 없어야 한다.

---

25 퍼스의 귀납과 귀추는 귀류법을 따르지 않는다. 따라서 여기서는 지면상의 이유로 그것에 대한 자세한 설명은 생략하기로 한다.

그리고 칸트의 정언명법의 AMA 로봇의 하향식 적용방법은 서론에서 언급한 (1) 논리 기반 접근법에 해당한다고 할 수 있다. 앞에서 말했듯 '일반화-자연법칙 정식'은 다른 두 가지 정식의 대표적 형식이다. 그래서 '목적 그 자체 정식'과 '자율성-목적의 나라 정식'은 '일반화-자연법칙 정식'과 동일한 논증 구조를 갖는다. 따라서 여기서는 이 두 정식의 대표적인 형식만을 언급하기로 한다.

[목적 그 자체 정식]
"네 인격 안의 인간성뿐만 아니라 모든 사람의 인격 안의 인간성까지 결코 단지 수단으로만 사용하지 말고, 언제나 동시에 목적으로도 사용하도록 그렇게 행위하라."[26]

[자율성-목적의 나라 정식]
"의지가 자기의 준칙에 의해 스스로를 동시에 보편적인 법칙을 주는 것으로 생각할 수 있도록 행위하라."[27]

IV. 아리스토텔레스 덕 윤리의 귀납 논리 정식화

고대 그리스 철학에서 특히 윤리학에서 덕은 매우 중요한 화두다. 플라톤(plato)에게 덕은 탁월성이다. 그리고 반면 아리스토텔레스는 덕을

---

26 Kant, I. (1965), 앞의 책, p.429.
27 Kant, I. (1965), 앞의 책, p.434.

인간의 기능을 잘 수행하게 하는 품성의 상태로 규정한다.[28] 고대 그리스
에서 아레테(aretē)란 어떤 것의 기능적 탁월성이나 훌륭함, 뛰어남, 완전
함, 그것다움 등을 뜻하며 또한 인간으로서의 탁월성, 우수성, 완전성, 뛰
어남, 훌륭함도 의미한다.[29] 아리스토텔레스가 주장하는 덕 윤리에서 가
장 핵심이 되는 것이 바로 이 아레테며 이것에 근거한 인간의 행위다. 나
아가 아레테에 근거한 행위가 옳은 행위로 판단된다. 덧붙여 설명하자
면, 아리스토텔레스 덕 윤리에서 주장하는 옳은 행위는 탁월성, 즉 덕에
따른 행위다. 그리고 어떤 행위가 옳은 행위라고 판단하는 근거인 덕은
교육과 습관화에 의해 습득 가능하다. 그래서 덕 있는 행동은 그 자체에
있어서 완전한 것이 아니다. 그리고 어떤 행동이 도덕적으로 선해지기
위해서는 이성적 원리에 의해 그리고 실천지를 가지고 있는 사람이 그것
을 결정할 때에 기준으로 삼을 원리에 의해 결정되지 않으면 안 된다.[30]
이것에 대해 아리스토텔레스는 다음과 같이 말한다.

덕(virtue)에는 두 종류가 있으며, 하나는 지적인 덕(intellectual
virtue)이며, 다른 하나는 도덕적인 덕(moral virtue)이다. 지적인 덕은

---

28 노영란, 『덕윤리의 비판적 조명』 (서울: 철학과 현실사, 2000), p.34.

29 박희영에 따르면, 아레테는 "그리스 시대의 역사, 문화, 정치, 사회적 변천 과정을 통해
    완성된 것으로 학문적으로 보편적인 가치를 제시하고자 했던 소크라테스, 플라톤 그
    리고 아리스토텔레스를 통해 시민으로서 또는 인간이 갖춰야 할 것을 탐구하는 과정
    에 통해 모든 사람에게 적용되어야 하는 개념"이다. 국내에서 대개 아레테를 탁월성
    (excellence) 혹은 덕(virtue)으로 문맥에 맞게 번역되어 사용된다. 보다 자세한 논의는
    박희영, 「스파르타의 아레테 교육에 관한 고찰」, 『현대사회와 철학교육』 (한국외국어 대
    학교 인문학 연구소, 1993), pp. 217-220.를 참조.

30 아리스토텔레스, 『니코마코스 윤리학』, 최명관 옮김 (서울:서광사 1984), p.72.
    1107b~1108a. 이하 벡커 판(Bekker page)으로 각주 표기.

주로 교육(to teaching)에 의해 발생되기도 하고 성장하게 된다. 왜냐하면 그것은 경험과 시간을 요구하기 때문이다. 한편 도덕적인 덕은 습관의 결과로부터 생겨난다. 이런 이유로 성격이나 윤리를 의미하는 '에티케' (ēthos)말은 습관을 의미하는 '에토스' (ethos)로부터 조금만 변형해 만들어진 것이다. 이것으로 미루어 보더라도 도덕적인 덕들 중에서 어떤 것도 본성적으로 우리에게 생기는 것이 아님은 분명하다. 본성적으로 존재하는 것치고 그 본성에 반대되는 습관을 형성할 수 있는 것이라 하나도 없으니 말이다. 어떤 것이든 본성과 다르게는 습관을 들일 수가 없으니까. ...중략... 우리는 그것들을 본성적으로 받아들이도록 되어 있으며, 습관에 의해 완성된다.[31]

결국 아리스토텔레스에게 있어 도덕은 욕구를 지배하는 이성의 원리에 의해 성립된다. 이성에 의해 윤리적 덕이 완전해지는 것이다. 여기서 이성이란 실천적 지혜, 즉 실천지를 의미하고 이 실천지가 인간의 욕구를 올바른 방향으로 인도하여 윤리적 덕이 되게 하는 것이다. 또한 이 실천지는 그 자체가 하나의 덕일 뿐만 아니라 다른 모든 윤리적 덕에 꼭 필요한 요소다. 그래서 덕에 의한 행위는 분명 합리적 선택에 따른 행위인 셈이다. 동시에 도덕적인 덕은 습관화의 과정을 통해 습득되는 것이다. 그래서 아리스토텔레스의 덕 윤리론에 의하면 인간 "각자는 자신이 알고 있는 것을 올바르게 판단하며, 이것들에 대한 좋은 판단자다. 따라서 각각의 개별 분야에서는 그 분야의 교육을 받은 사람이 좋은 판단자며, 전 분야에 대한 교육받

---

31 아리스토텔레스(1984), 앞의 책, 1103a16~26.

는 사람이 단적으로 좋은 판단자"[32] 다. 이런 좋은 판단자가 옳은 행위를 하기 위해 덕의 교육과 습관을 중요하다. 그리고 교육과 습관화의 과정은 합리적 선택을 할 수 있는 능력을 배양하는 것이며, 그 결과 합리적 선택이라면 나뿐만 아니라 타인에게도 해를 가하지 않을 선택일 것이다. 아리스토텔레스는 "덕은 기예들(arts)과 마찬가지로 먼저 발휘함으로 얻는 것으로 어떤 것을 어떻게 만들어야 하는지 배우는 사람은 그것을 만들어 봄으로 배우는 것"[33] 에 의해 어떤 것을 만들 수 있다고 설명한다. 또한 아리스토텔레스는 어떤 행위가 "탁월성, 즉 도덕적인 덕으로 완성되든지 악덕으로 완성되든 간에, 결정적인 것은 하나하나의 행위 혹은 활동이 일정 정도 습관으로 굳어지며 이렇게 습관으로 굳어진 품성 상태가 그 사람의 성격 혹은 품성을 만든다고 생각했다"[34] 라고 말할 수 있다.

이러한 아리스토텔레스의 덕 윤리를 AMA로봇에 적용하면, 인간의 삶을 윤택하게 즉 행복하게 하는 것이 AMA 로봇의 본질적인 기능이어야 함은 분명하다. 그러므로 AMA 로봇이 자신의 기능을 제대로 발현한다면, 그것은 아리스토텔레스 덕 윤리가 주장하는 것과 같이 AMA 로봇이 덕스러운 행위를 한다고 간주할 수 있다. 인간의 덕, 즉 지적인 덕과 도덕적인 덕을 습득하는 과정이 각각 교육과 습관화에 의한 것이라면, 현 AI 분야에서 논의되고 있는 딥 러닝(deep learning, 심층 학습)[35] 은 AMA 로봇에게 지적인 덕과

---

32 아리스토텔레스(1984), 094b, 27~1095a1.

33 아리스토텔레스(1984), 1103a31-43.

34 강상진, 「아리스토텔레스의 덕론」, 『가톨릭 철학』 (한국가톨릭철학회, 2007), pp.19~20.

35 딥 러닝이란 간단히 설명하면 강한 AI 로봇이 스스로 학습하고 생각하는 과정에 의해 어떤 결과물을 도출하는 것이다. 심층학습(深層學習)은 여러 비선형 변환기법의 조합을 통해 높은 수준의 추상화(abstractions, 다량의 데이터나 복잡한 자료들 속에서 핵심적인 내용 또는 기능을 요약하는 작업)를 시도하는 기계학습(machine learning) 알고리즘의 집합으로

도덕적인 덕을 프로그래밍의 단초가 된다. 고도로 발전하고 있는 딥 러닝은 AI 로봇은 스스로 학습하고 결과물을 도출해 내는 방법으로 적절하며, 이 과정은 인간의 교육이나 습관화의 과정과도 매우 유사하다.

우리는 행동이 얼마나 정당한지(justified)를 이해함으로써 그 행동이 정당한(또는 합리적인) AMA 로봇을 어떻게 만들 것인지를 이해할 수 있다. 아리스토텔레스는 그의 덕 윤리에서 목표와 행동의 결과에 대한 현실적 지식[퍼스의 용어로는 사례] 사이의 논리적 연결에 의해서 행동이 정당화라고 주장하고 있는 것이다. 그래서 아리스토텔레스와 같은 목적론 입장에서 덕 윤리는 AI 로봇을 규칙의 결과에 초점을 맞추기보다는 그 목적에 적합한 좋은 습관을 개발하는 일에 더 주목할 수밖에 없는 것이다. 왜냐하면 아리스토텔레스의 덕 윤리에 의하면 지적인 덕은 교육, 즉 학습으로 가능하기에 하향식처럼 규칙이나 원칙을 명시적으로 기술하면 되지만 도덕적인 덕은 습관, 품성에 달려 있는 문제로 규칙이나 원칙이 아니라 습관으로 익혀야 하는 것이기 때문이다. 여기서 덕을 프로그래밍 수단으로 어떻게 활용할 수 있는가?의 문제는 중요한데 이것은 개별 AMA 로봇의 습관[실행]을 통해 학습해 나가거나 상향식 과정을 통해 익혀져야 함을 동반한다. 이것은 AMA 로봇에 기능의 최적화 문제, 아리스토텔레스의 용어로는 중용의 문제다.[36] 즉 좋은 규칙이나 원칙이 도덕적인 덕을 도출하는 것이 아니라 습관에 의한 최적

정의되며, 큰 틀에서 사람의 사고방식을 컴퓨터에게 가르치는 기계학습의 한 분야라고 이야기할 수 있다. 자세한 논의는 위키피디아 딥러닝을 참조할 것.

36 아리스토텔레스는 거문고나 건축에 대한 최적화된 기술이 좋은 악사나 건축자가 될 수 있는 것과 마찬가지로 위험에 부딪칠 때 피하거나 태연한 마음을 갖는 습관으로 인해 겁쟁이가 되거나 용기있는 자가 되는 것이라고 말한다. 아리스토텔레스(1984), 1103b. 또한 아리스토텔레스는 모든 행위와 정념에 중용이 있는 것은 아니지만 인간의 두 악덕 사이의 최고의 덕을 중용이라 부르며 덕이 이 중용에서 성립되는 행위 선택의 선택이라고 주장하고 있다. 아리스토텔레스(1984), pp.1106b~1107a.

화된 기능이 도덕적인 덕을 도출할 수 있는 적절성에 기인한 것이다. 사실 최적화된 기능을 규칙으로 규정하기는 매우 힘들며 더욱이 그것을 전제로 하여 어떤 결과를 논리적으로 도출한다는 것은 너무나 개연적이다. 뿐만 아니라 이것을 연역적 논리 구조로 프로그래밍 설계를 기획한다고 하더라도 너무나 많은 규칙이 동반된다는 문제점 발생한다. 그래서 아리스토텔레스의 덕 윤리에 입각한 AMA 로봇의 설계는 퍼스의 귀납의 구조 (나)로 재구성하여 다음의 (ㄴ)을 제시할 수 있다.

(ㄴ) 사례: 이 로봇 a는 AMA 로봇이다

결과: 이 로봇 a는 어떤 영역 𝒙에 대해 최적화된 기능을 수행할 수 있다.

∴ 규칙: 모든 AMA 로봇은 각 영역의 최적화된 기능을 수행하도록 설계된다.

덕 윤리에 입각한 AMA 로봇은 스스로 학습하는 과정(딥 러닝)과 덕스러운 행위들을 습관화 될 수 있는 최적화된 기능을 수행할 수 있을 것이다. 아리스토텔레스의 덕 윤리에 따른 최적화된 기능 설계는 기존의 AMA 로봇 소프트웨어에 대한 세 가지 일반적 접근법 중 (2) 사례 기반 접근법과 (3) 다중 행위자 접근법을 포섭하는 방법으로 평가될 수 있다. 하지만 이 설계 과정은 너무나 많은 덕과 함께 너무나 많은 영역의 탁월한 기능에 대한 프로그래밍 과정과 습관화(최적화)의 기능 과정을 거쳐야 한다는 한계도 동시에 지닌다.

V. 예비적 결론 : AMA 로봇 설계의 논리로 귀추

최근 AI 연구나 로봇 윤리 연구 분야는 강한 AI의 등장을 기원하는 분위기와 맞물려 AMA를 비롯하여 윤리적 로봇(ethical robotics)에 대한 논의나 착한 AI(beneficient AI)등과 같은 로봇이나 인공지능의 설계단계에서 도덕적 기준(또는 인간적 가치)을 알고리즘하는 방식이나 윤리적 프로그램 방법론 주목하고 있다. 특히 미국 렌스레어공대 '인공지능과 추론연구소' 소장인 브링스요드(S. Bringsjord)와 그의 연구자들은 논리가 AMA를 위한 최상의 희망이라 여긴다. 그는 '규범 논리(deonic logics)', 즉 의무와 책임 간의 관계를 기술하는 논리 체계를 이용하는 프로그램을 강조하고 있다.[37] 규범 논리는 행위자가 무엇을 해야 할지에 관해 추론하도록 허용한다. 여기에는 해당 사례가 어떠해야 하는지를 표현할 방법, 새로운 논리적 연산이나 연결자를 이용하는 진술을 조작하기 위한 규칙, 서로 다른 행위자들의 구체적 의무를 표현하는 작업 등이 필요하다. 이러한 측면에서 앞에서 논의한 칸트의 정언명법적 윤리론과 아리스토텔레스의 덕 윤리의 융합, 즉 하향식 방법과 상향식 방법의 보다 구체적인 혼합형 논리가 윤리적 로봇인 AMA나 착한 AI에는 절실하다. 그리고 앞에서 제시하였던 연역 논리에 입각한 AMA 설계 프로그래밍이나 귀납 논리에 입각한 AMA 설계 프로그래밍의 윤리적 논증 구조의 한계점들을 보완하는 작업이나 또 다른 형태의 논리나 추론이 현실적으로 요구된다.

---

37 Bringsjord, S. & Arkoudas, K. & Bello, P., Toward Ethical Robots via Mechanized Deontic Logic, American Association for Artificial Intelligence (www.aaai.org, 2005), 논문 원문은 http://people.csail.mit.edu/kostas/papers/AAAI-FSS-2005.pdf.를 참조.

그렇다면 이제 퍼스의 논리 구조에서 AMA 설계 프로그래밍 적절한 논리구조는 귀추만 남는다. 앞에서 논의했던 칸트의 정언명법을 적용한 연역적 논증 구조 (ㄱ)을 다음의 귀추적 구조인 (ㄱ)논증 구조으로 수정한다면 소전제인 사례가 대전제인 규칙이 일반화의 명제에 포섭되어야만 하는 부담에서 벗어날 수 있다. 또한 (ㄱ)논증 구조의 결론인 사례 명제와 모순인, 로봇 a가 AMA 로봇이 아니더라도 전제인 규칙과 결과 명제와 귀류적으로 모순을 일으키지 않기 때문에 로봇의 프로그래밍에서 실용적 측면이 더욱 용이할 수 있다.

(ㄱ) 규칙: 모든 AMA 로봇은 인간의 명령에 복종하도록 설계되어야 한다.

사례: 이 로봇 a는 AMA 로봇이다.

∴ 결과: 이 로봇 a는 인간의 명령에 복종한다.

(ㄱ)논증 구조 규칙: 모든 AMA 로봇은 인간의 명령에 복종하도록 설계되어야 한다.

결과: 이 로봇 a는 인간의 명령에 복종한다.

∴ 사례: 이 로봇 a는 AMA 로봇이다.

또한 아리스토텔레스의 덕 윤리를 적용한 귀납적 논증 구조 (ㄴ) 역시 아래의 귀추적 구조인 (ㄴ)논증 구조으로 수정할 수 있다. 그러면 어떤 목적의 로봇이 어떤 영역에서 최적화된 기능을 수행하도록 설계하고 습관화되었다면 그 로봇을 윤리적 로봇으로 간주하자는 논리가 개발자들에게 보다 현실적일 수 있다. 그리고 AMA 로봇의 윤리적 자율성 측면에서도 앞의 연역 논리 구조나 귀납의 구조보다 로봇의 윤리적 판단의 자율성이 보장된다.

   (ㄴ) 사례: 이 로봇 a는 AMA 로봇이다

     결과: 이 로봇 a는 어떤 영역 x에 대해 최적화된 기능을 수행할 수 있다.

    ∴ 규칙: 모든 AMA 로봇은 각 영역의 최적화된 기능을 수행하도록 설계된다.

   (ㄴ)논증 구조 규칙: 모든 AMA 로봇은 각 영역의 최적화된 기능을 수행하도록 설계된다.

     결과: 이 로봇 a는 어떤 영역 x에 대해 최적화된 기능을 수행할 수 있다.

    ∴ 사례: 이 로봇 a는 AMA 로봇이다

이미 앞에서 논의한 것처럼 퍼스는 진리를 발견하는 새로운 방법으로 귀추를 주창하였다. 이 귀추는 구체적인 사실들로부터 일반적인 명제를 개연적으로 이끌어 내는 귀납이나 보편적인 명제로부터 논리적으로 또 다른 명제를 필연적으로 추론하는 연역과는 분명 다른 영역의 논리다. 어쩌면 이 두 논리는 인간중심적인 입장을 서술하고 있다면 퍼스가 말하는 귀추는 기술 중심적인 입장에서의 추론 방식을 서술하는 것이다.[38] 과학기술사에서도

---

38 이러한 입장에 동의하듯 최근 이재현은 자신의 논문(이재현, 「기술적 성향 가설」, 『커뮤니케이션 이론』(한국언론학회 13권 1호, 2017), pp.136~137.)에서 최근의 미디어 기술도 귀추적 논리에서 미디어-네트워크의 잠재태와 현실태, 양자사이의 관계에 대한 분석에서 관찰된 '놀라운 현상'에 대한 가설적 설명하고 있다.

케플러의 법칙과 같은 새로운 진리는 귀추에 의해 발견될 수 있다고 해석된다. 그리고 이것은 다음과 같은 절차를 통해 이루어진다. 1) 어떤 놀라운 현상 P가 관찰된다. 2) 그러나 만일 가설 H가 참이라면, P는 당연한 것으로 설명될 수 있다. 3) 따라서 가설 H가 참이라고 생각할 충분한 이유가 있다. 이를 통해 케플러의 사례를 보면, 원 궤도의 이론에 맞지 않는 현상이 관찰되는 상황에서 타원 궤도라는 가설이 참이라면 관찰된 현상은 잘 설명되며, 따라서 타원 궤도라는 가설이 참이라고 받아들일 수 있는 것이다.

지금까지 본 연구의 결과는 윤리적 로봇의 개발 논리로써 귀추가 적절하다는 가설을 예비적으로 도출하는데 있었다. 이제 이러한 귀추나 그것을 수정한 최선의 설명의 추론이 윤리적 로봇 AMA 개발에 보다 적절한 논리인지에 관해 보다 심층적으로 분석해보아야 한다. 본 연구는 이러한 분석을 다음의 누스바움(M. Nussbaum) 유명한 구절과 함께 후속 과제로 남기고자 한다.

"사고(thinking)는 어떤 때는 행동(action)을 동반하기도 하고 안 하기도 하고, 어떤 때는 움직임(motion)을 동반하기도 안 하기도 하는 것이 어떻게 해서 발생하는 것인가? 그것은 마치 변하지 않는 객체에 대한 추론(reasoning and making inferences)의 경우에 발생하는 것과 거의 같은 것이다. 그러나 그 경우에 결론은 하나의 이론적인 명제다. ...중략... 여기에는 두 전제로부터의 결과가 하나의 행동이라는 결론에 이른다. ...중략... 나는 가릴 것이 필요하다; 망토는 가리게다. 나는 망토를 필요로 한다. 내가 필요한 것을, 나는 만들어야 한다; 나는 망토를 필요로 한다. 나는 망토를 만들어야 한다. 그리고 결론, "나는 망토를 만들어야 한다." 하

는 것이 하나의 행동이다." [39]

---

39 Nussbaum, M,, Aristotle's De Motu Animalium (US:Princeton University Press, 1978), p.40.

참고문헌

강상진, 「아리스토텔레스의 덕론」, 『가톨릭 철학』 (한국가톨릭철학회, 2007).

노영란, 『덕윤리의 비판적 조명』 (서울: 철학과 현실사, 2000).

박희영, 「스파르타의 아레테 교육에 관한 고찰」, 『현대사회와 철학교육』 (한국외국어대학교 인
　　문과학연구소, 1993).

변순용 외역, 『로봇윤리』 (서울: 어문학사, 2013).

변순용 외, 『로봇윤리란 무엇인가』 (서울: 어문학사, 2015).

아리스토텔레스, 『니코마코스 윤리학』, 최명관 옮김 (서울: 서광사, 1984).

이재현, 「기술적 성향 가설」, 『커뮤니케이션 이론』, 13권 1호.

정대현 외, 『논리교실 필로지아』 (서울: 오란디프, 2002).

최현철 외, 「인공적 도덕 행위자(AMA) 개발을 위한 윤리적 원칙 개발 – 하향식 접근(공리주의
　　와 의무론)을 중심으로 –」, 『윤리연구』, 한국윤리학회, 제111호, 2016.

한광희 외, 『인지 과학 : 마음 · 언어 · 기계』 (학지사, 2000).

Kant, I., Grundlegung zur Metaphysik der Sitten, (Hamburg: Felix Meiner Verlag. 1965).

McCarthy, J., Minsky, M., Rochester, N., Shannon, C., A Proposal for the Dartmouth
　　Summer Research Project on Artificial Intelligence, (http://www-formal.stanford.edu/jmc/
　　history/dartmouth/dartmouth.html, 1955 retrieved 16 October 2008) 그리고 Crevier, D., AI: The
　　Tumultuous Search for Artificial Intelligence, (New York: Basic Books 1993).

Nussbaum, M., Aristotle's De Motu Animalium, (New Jersey: Princeton University Press, 1978).

Peirce, C. S., Deduction, Induction, and Hypothesis, Popular Science Monthly (1878 v. 13).

Peirce, C. S., 'Illustrations of the Logic of Science Ⅵ', Popular Science Monthly (1878 v. 13).

Peirce, C, abduction, Collected Papers, , (Cambridge: Harvard University Press, 1903).

S. Bringsjord & K. Arkoudas & P. Bello(2005), 'Toward Ethical Robots via Mechanized Deontic Logic', American Association for Artificial Intelligence, http://people.csail.mit.edu/kostas/papers/AAAI-FSS-2005.pdf.

Salmon, W. C., Introduction to the philosophy of science(NJ. : Prentice Hall, 1992).

Schönecker, D., Kant: Grundlegung III, (Freiburg/München: Alber Verlag, 1999).

W. Wallach, C. Allen, Moral Machines Teaching Robots Right from Wrong, (London : Oxford Univ. press, 2009)와 번역서로는 웬델 월러치 & 콜린 알렌 『왜 로봇의 도덕인가』(서울:메디치 미디어, 2014).

Wittgenstein, L., Tractatus Logico-Philosophicus, German- English, English trans. by C. K. Ogden and F. P. Ramsey, (London: Routledge & Kegan Paul, 1922).

• 제8장 •
모럴튜링테스트(Moral Turing Test)
개발의 이론적 토대

변순용·김형주

Ⅰ. 들어가는 말

이 논문은 10세 수준의 도덕적 인공행위자(AMA)를 실제로 구현하는 연구의 한 도정으로 인공지능 행위자의 행위의 도덕성 검증을 위한 하나의 기준을 제시하고 그것의 이론적 토대를 설계하는 것을 목적으로 한다. 이를 위해 인공지능에 대한 본격적인 논의에 대한 시작을 알린 논문으로 평가되는 앨런 튜링(A. Turing)의 「Computing machinery and intelligence」로부터 전개되는 튜링테스트를 그 기준의 전형으로 삼는다. 행동주의(Behaviorism)에 입각하여 인공지능, 구체적으로 말해 컴퓨터의 사고가능성을 판단하기 위한 사고실험인 튜링테스트의 원칙과 방법에 착안하여 인공지능 행위자의 도덕성소유여부, 나아가 그것의 단계를 구획할 수 있는 윤리학적 기준을 제시해보고 그것의 가능성을 타진함과 더불어 이론적 정당화를 시도하고자 한다.

II. 1950 튜링테스트

1. 튜링테스트란 무엇인가?

지난 2017년 우리의 입에 가장 많이 오르내린 단어 중 하나는 '4차 산업혁명'일 것이다. 그리고 '4차 산업혁명'의 유관검색어로 가장 자주 등장하는 단어는 인공지능, 머신러닝 등이다. 다시 말해 현재 우리가 직면하였다고 평가하는 4차 산업혁명을 견인하는 중요한 마차 중 한 가지가 인공지능기술인 것이다. 그러나 알고 보면 인공지능은 지금 이 '혁명' 시기에 혜성처럼 등장한 개념이 아니다. 우리가 주의를 집중하지 않았을 뿐이지, 이 개념은 반세기 이상 우리 주위에 있어왔다. 1956년 미국에서 개최된 다트머스 콘퍼런스에서 공학자인 존 매카시와 마빈 민스키에 의해서 인공지능(Artificial intelligence)이라는 단어는 이미 언급된 바 있다. 이 단어의 의미를 주의 깊게 고찰해 보면, 인공지능은 지능을 인공적으로 구현한 것 일뿐 지능 그 자체는 아니라는 사실을 알 수 있다. 보다 정확히 말해 '인공지능'은 어원적으로는 흉내내기 지능 일뿐 지능 그 자체는 아니다. 이러한 착상의 근원은 이보다 6년 앞선 1950년에 발표된 튜링의 논문 「Computing machinery and intelligence」에서 발견된다. 이 논문은 '인공지능'이란 말을 직접 언급하지는 않지만 이 내용이 함축하고 있는 바를 다각도에서 적나라하게 드러내고 있으며, 심지어 최근에 와서야 본격적으로 주의를 끌고 있는 딥 러닝(Deep Learning)의 개념적 원류로 해석될 수 있는 "배우는 기계(Learning machines)[1]"에 대한 논의도 등장한다. 이처럼 시대를 앞선 통찰과 이 논문이 담고 있는 풍부하고 다양한 철학적 의미가 이 논문의 내용이 끊임없이 회자되는 이유[2]라 할 수 있다. 아울러 이 논문에서 제시된 튜링테스트를 우리가 개발하고자 하는 모럴 튜링테스트(MTT)의 표본으로 삼는 이유이기도 하다.

튜링의 이 논문은 "기계가 생각할 수 있을까?"[3]라는 질문으로 시작한다. 그리고 곧장 이 질문의 모호성을 지적하며, 이에 대한 답변의 방향을 한정한다. 다시 말해 기계에 '생각'을 대입하는 것은 '인간이 생각한다'는 의미와는 다른 층차에 놓여 있기 때문에 '생각'에 대해 일종의 약정적 정의를 내려야 한다고 주장한다. 구체적으로 말해, 기계(컴퓨터)가 생각할 수 있는지를 직접적으로 확인할 수 있는 방법은 없기 때문에, 제 삼자인 우리가 보기에 기계가 생각하는 것처럼 보인다면, 더 정확히 말해, 우리의 시각에 기계가 생각한다고 판단된다면 '기계가 생각한다'는 명제가 참이라고 간주해야 한다는 것이 그의 주장이다. 다음 장에서 살펴보겠지만 행동주의에 기반한 이러한 입장은 우리가 구현하고자 하는 모럴 튜링테스트에도 그대로 적용된다.

---

1 A. Turing, "Computing machinery and intelligence", in: M. A. Boden (eds.), The Philosophy of Artificial Intelligence(New York: Oxford University Press, 1990), p.40.

2 비견한 예로 전 세계 110개국 1300개 이상의 대학에서 인공지능 교과목의 교재로 삼고 있는 'S. Russell & P. Norvig, Artificial Intelligent: A Modern Approach(Prinston Hall, 2010)에서도 튜링테스트에 대한 논의는 반복적으로 심도 있게 논의된다는 것을 들 수 있다.

3 A. Turing(1990), 앞의 책, p.40.

판단의 전권을 제3자에게 이양하는 인식론적 관점의 전회를 배경으로 튜링은 다음과 같은 흉내내기 게임(Imitation game)을 설정한다.

흉내내기 게임에는 심문자(C), 남자(A), 여자(B) 이렇게 총 3명의 행위자가 등장한다. 심문자는 두 사람을 볼 수 없도록 두 사람과 떨어진 방에 머문다. 심문자의 역할은 이 두 사람에게 질문을 던져서 어느 쪽이 남자이고 어느 쪽이 여자인지 맞추는 것이다. A의 목적은 C가 올바른 판단을 내리지 못하도록 방해하는 것이다. C는 A와 B를 각각 X와 Y로 일고 있으며, 게임이 끝나면 C는 'X는 A, Y는 B이다' 혹은 'X는 B, Y는 A이다'라는 판단을 내려야 한다.[4]

이와 같은 설정아래서 튜링은 만약 A가 컴퓨터라면, 그리고 이 컴퓨터가 다른 보조 컴퓨터의 도움으로 C가 오판을 내리도록 하는 자신의 역할을 잘 수행할 수 있다면, 컴퓨터는 생각을 할 수 있다고 우리는 판단할 수 있다고 말한다. 요컨대 '컴퓨터는 생각한다'는 명제는 참이 될 수 있다고 말한다.

실제로 튜링의 이 논문에서는 지금 우리가 알고 있고, 실제로 실시되고 있는 튜링테스트는 언급되지 않는다. 튜링테스트의 실체에 대해서는 잠시 후에 언급하기로 하고, 튜링이 그의 논문에서 설계한 흉내내기 게임이 시사하는 바를 먼저 검토해 보자. 첫째, 그는 이 게임을 통해 기계로 표현되는 컴퓨터에게 사고의 가능성을 물음으로써 유사지능의 지위를 묻는다. 이는 비록 이 논문이 '인공지능'이라는 개념을 직접 언급하고 있지는 않지만, 오늘날 우리가 이해하고 있는 흉내내기 지능 혹은 유사지능으로서의 '인공지능'의 의미를 선취하고 있다는 사실을 보여준다. 둘째, 그는 '~처럼 보인

---

4 A. Turing(1990), 앞의 책, p.40. 참조

윤리적 AI로봇 프로젝트

다'는 것을 '~이다'로 곧장 해석한다. 흉내내기 게임은 3인칭 관찰자의 판단을 1인칭 행위자의 관점으로 대체한다. 1인칭 행위자가 자신을 표현하지 않는다. 설령 표현하더라도 이는 3인칭 관찰자의 판단을 위한 하나의 언명 이상의 의미를 갖지 않는다. 이 두 가지는 우리에게 인공지능 행위자의 행위가 우리가 생각하고 있는 '도덕 개념'에 일치하는지 그렇지 않은지를 판단하기 위한 하나의 전형으로서 튜링테스트를 선택한 근거를 제공하였다. 이러한 배경을 염두에 두고 실제로 '튜링 테스트'로 명명되는 테스트의 구체적인 내용을 살펴보자.

우선 주지해야 할 것은 위에서 언급한 시사점을 함축하고 있는 튜링테스트의 형식은 다양하다는 것이다. 다시 말해 우리가 말하는 튜링테스트는 하나의 단일한 테스트를 지칭하는 것이 아니다. 튜링테스트의 범주에 속하는 뢰브너 상(Loebner Prize)이라는 대회에서 실시하는 테스트가 있다. 2,000달러 이상의 상금을 걸고 매년 실시되고 있는 이 테스트는 그 자체의 유의미성에 대한 여러 비판에도 인공지능연구에 세간의 이목을 항상 환기한다는 점에서 의미를 부여할 수 있다. 그 구체적인 과정은 다음과 같다.

1단계: 사람(평가자)이 컴퓨터와 사람에게 질문을 한다. 평가자는 질문을 받는 대상이 컴퓨터인지 사람인지 알 수 없다.

2단계: 컴퓨터와 사람이 대답한다.

3단계: 컴퓨터와 사람이 내놓는 응답을 보고 평가자가 어떤 대답이 컴퓨터의 응답이고 어떤 것이 사람의 응답인지 구분한다.

4단계: 만약 평가자가 이 둘을 구별할 수 없다면 컴퓨터는 생각을 할 줄 아는 것이다.

한편 가장 유명한 인공지능 교재 중 하나인 『Artificial Intelligent: A Modern Approach』는 튜링테스트를 다음과 같이 간략하게 소개한다.

튜링 테스트에서 인공지능 프로그램은 5분간 조사자와 대화를 나누어야 한다. 조사자의 할 일은 대화 상대가 프로그램인지 사람인지 추측하는 것이다. 사람이라고 오인한 경우가 30%를 넘는 경우 프로그램은 검사를 통과한 것으로 간주한다.[5]

이 원칙에 입각하여 튜링테스트는 매년 실시된다. 지난 2014년 '유진 구스트만'이라는 프로그램이 최초로 이 테스트를 통과했다는 보도가 있었다. 이는 큰 화제가 되었다. 그러나 이 사실만큼이나 튜링테스트 자체에 대한 회의와 비판도 적지 않았다. 유진 구스트만이 영어가 아닌 우크라이나어를 모국어로 하는 13세 수준의 지능을 가진 소년이라는 설정은 이미 이 테스트를 통과하는데 매우 유리한 설정을 하고 있다는 비판이 대표적이다. 한편 현재 시리(Siri), 나우(Now), 코타나(Cortana)등의 인공지능 채팅 프로그램이 상용화되고 있는 상황에서 60년 전의 기준이 그대로 테스트에 적용하는 것은 현실적이지 못하다는 지적도 있다. 그러나 이러한 세부 규칙적용에 따른 현실적인 비판에도 불구하고 모럴튜링테스트에 대한 입론을 세우고자하는 우리의 연구가 이 테스트에 주목하는 이유는 언급했듯, 튜링이 이 테스트를 설정하면서 견지하고 있는 기계와 인간의 지능에 대한 관점에 있다. 우리는 인공지능 행위자 뿐 아니라 인간의 마음, 구체적으로는 도덕성에 직접적으로 다다를 수 없다. 다시 말해 우리는 인공지능 행위자가 실제로 도덕적인지, 나아가 그가 그 스스로가 스스로를 도덕적이라고 인식하

---

5 S. Russell & P. Norvig(2010) p.2,3 ; 김재인, 『인공지능의 시대, 인간을 다시 묻다』 (서울: 동아시아, 2017), p.26. 참조.

는지 알 수 없다. 다만 우리는 우리가 설정한 판단자에게 그의 행위가 도덕적이라고 보인다면, 우리 역시 도덕적이라고 판단하고자 한다. 이에 대한 논의는 3장에서 구체화하기로 하고, 다음 장에서는 튜링테스트에 대한 보다 정교한 이해를 위하여 이를 둘러싼 비판과 옹호의 역사에 대해 천천히 살펴보고자 한다.

2. 튜링테스트 논변사

우리는 앞에서 '튜링테스트'라고 불리는 것이 무엇인지에 대해 살펴보았다. 그리고 그것이 기계를 대상으로 튜링이 직접 사고 실험을 하였다는 이유로 최초의 기계사고 실험으로 명명하면서 그것이 갖는 의의에 대하여 가치를 평가하였다. 주지하듯 인공지능 개발사, 인공지능 철학사에 있어서 튜링테스트가 갖는 의의는 매우 크다. 최근 발간되는 인공지능 관련 서적, 교과서로 사용되는 서적 등을 살펴보면 튜링테스트에 대한 소개와 논의가 1장 전면에 배치되는 경우가 매우 많으며, 이외의 경우에도 이와 관련한 내용은 어떠한 맥락에서든지 꼭 언급된다. 그러나 인간의 지성, 영혼과 육체에 관한 논의의 역사를 잘 살펴보면 튜링테스트의 등장을 생소한 것으로만 치부할 수 없다. 오히려 그것이 내포하고 있는 핵심적인 내용은 이미 오래 전부터 여러 철학자들이 공유하고 있었다.

일찍이 아리스토텔레스는 그의 저서 『동물의 운동에 관하여』(de motu animalium)에서 이성적 "활동은 목적과 행위의 결과에 대한 지식 사이의

2부 윤리적 AI로봇을 위한 시도

논리적 연결로 정당화된다"[6]면서 실천적 목적과 목적을 달성하기 위한 수단 사이의 관계에 대한 논리적 숙고를 정식화하는 삼단논법을 인간이성의 특징이자 사유의 구조로 규정하였다. 중세 신학자 토마스 아퀴나스는 역설적으로 인간의 지성을 신의 지성을 의미하는 "원형 지성(intellectus archetypus)"에 대한 "모형적 지성(intellectus ectypus)"으로 간주한다.[7] 좀 더 근접하게는 '라이프니츠의 물레방아'라고 불리는 이론을 좁게는 튜링테스트, 넓게는 컴퓨터 개발의 원형적 아이디어로 꼽을 수도 있다.

하나의 기계가 생각하고, 감정을 느끼고 지각할 수 있는 방식으로 구성되어 있다고 가정하여보자. 동일한 척도의 비율로 확장된 물레방아 안처럼 사람이 그 기계 안으로 들어갈 수 있다고 상상해 볼 수 있다. 이를 전제로 기계의 내부를 검사하면 우리는 서로 맞물려 작동하는 부분들만 발견할 수 있을 뿐, 지각을 설명할 수 있는 어떤 것도 발견할 수 없을 것이다.[8]

라이프니츠(G. W. Leipniz)의 생각을 현재 우리가 경험하고 있는 인공지능 시대에 맞게 각색하여 보면, '설령 인공지능이 생각을 하고, 감정을 느끼고 지각할 수 있다고 하더라도, 인공지능의 외부에 있는 우리는 인공지능의 지능적 실체에 접근할 수 없고 사고 패턴의 외형적 원리만을 파악할 수 있을 뿐이다' 정도가 될 것이다. 이러한 이해는 2장에서 소개한 튜링테스트의 초기 형태인 흉내 내기 게임과 우리가 이해하고 있는 튜링테스트가 시사하는 바의 공통적인 특징인 '생각' 자체에 대한 진입불가능성, 생각의 주체인 마

6 S. Russell & P. Norvig(2010), 앞의 책, p.7.

7 I. Kant, "XXVIII", in: Kants gesammelte Schriften (Sog. Akademie-Ausgabe) (Berlin: Walter de Gruyter, 1900 ff.) p.606; 김형주, 「'인공지능'과 '인간지능' 개념에 대한 철학적 분석 시도 -맥카시와 칸트의 지능개념을 중심으로-」, 『철학탐구』, 제43집(서울: 중앙철학연구소, 2016), p.174. 재인용.

8 G. Leipniz, 『모나드론 외』, 배선복 옮김(서울: 책세상, 2007), p.37.

음의 실존여부에는 괄호를 치고 자극과 반응에 따른 현상 파악에 주안점을 둔 행동주의의 근본이념과 일맥상통한다. 그러나 위에서 살펴보았듯 라이프니츠의 입장에 따르면 바로 이러한 점이 기계, 우리의 논의의 맥락에 있어서는 인공지능의 사유불가능성을 비판하는 빌미가 된다.

주목해야할 사실은 현대 철학자 설(J. Searle)이 튜링테스트를 비판하기 위해 고안한 중국어 방 논변(The Chinese Room)은 위에서 언급한 '라이프니츠의 물레방아'와 유사한 관점을 갖고 있다는 것이다. 그가 1980년 "Minds, Brains, and Program"이라는 논문에서 선보인 중국어방 논변의 핵심을 요약하자면 다음과 같다.

중국어를 전혀 모르는 사람이 방 안에 있다. 이 사람은 일본어와 중국어를 구분조차 할 줄 모른다. 그리고 이 방에는 중국어 기호로 가득 찬 상자들이 들어 있고, 이들을 조합하여 완벽한 문장을 만들기 위한 모든 규칙이 들어있는 한 권의 책이 있다. 이 방의 밖에는 중국어를 모국어로 하는 사람이 있고 이 사람은 방 안에 있는 사람과 오직 문자로만 대화를 나눌 수 있다. 방 밖의 중국인이 중국어로 된 질문들을 문 안으로 넣어 주니 방 안에 있는 사람은 그 책을 이용하여 완벽한 중국어 문장을 작성하여 문 밖으로 송출한다. 문 밖에 있는 중국인은 방 안에 있는 사람이 중국인일 것이라 생각한다.[9]

방 안에 있는 사람을 인공지능이라고 가정해보면, 인공지능에 대하여 설이 비판하고자 하는 것이 무엇인지가 대략적으로 드러난다. 이를 크게 두 가지 입장으로 나누어서 접근할 수 있다. 첫째, 언어학적 입장에서 보면, "인공지능에게 있어서 구문론적 활동은 가능하지만 의미론적 활동은 불가

---

9 J. Searle, "Computing machinery and intelligence", in: M. A. Boden (eds.), The Philosophy of Artificial Intelligence(New York: Oxford University Press, 1990), pp.68-69. 참조.

능하다." [10] 다시 말해 인공지능은 정해진 전산문법에 따라 계산된 산출물만 제공할 뿐이지 입력된 정보의 의미를 파악하여 이를 재구성하는 능력은 갖추고 있지 않고, 앞으로도 갖출 수 없다는 것이다. 둘째, 철학적 입장에서 고찰해 보면, 입력된 정보에 대한 의미론적 재구성이 불가능하다는 것은 인공지능행위자에게는 마음, 자기의식이 부재하다는 것을 의미한다.

이제 다시 앞에서 소개하였던 튜링의 생각으로 돌아가 보자. 어쩌면 튜링은 "Computing machinery and intelligence"에서 이상의 설의 비판에 대해 '라이프니츠의 물레방아' 이론을 미리 접하였고 이에 대해 선제적으로 대응하였는지도 모른다. 앞에서 살펴본 바와 같이 그는 '생각'이라는 현상의 입증불가능성을 토대로 (인공지능)기계의 생각의 가능성에 대한 증명을 시도하였다. 역설적으로 말해, 이는 인간이 생각하고 있다는 사실판단의 허구성을 드러내는 것이기도 하다. 그에 따르면 다른 사람도 나와 같이 생각하고 있다는 생각은 막연한 것이며 확실한 근거가 없는 것이다. 우리가 확신할 수 있는 것은 '내가 남이 생각하고 있다고 생각한다'는 것일 뿐, 그 이상을 넘어갈 수 없다. 즉 우리는 인간이기 때문에 모두 생각한다는 판단은 형이상학적 가설일 뿐 입증될 수 없는 실체 없는 허구일 뿐이다. 그는 다음과 같이 말한다.

어떤 기계가 생각한다는 걸 확신할 수 있는 유일한 길은 기계가 되어 스스로 생각한다고 느끼는 것이다. 그렇게 되면 이 느낌들을 기술해서 세계에 내보일 수 있을 텐데, 하지만 물론 누구의 주목도 끌지 못할 것이다. 마찬가지로 이 관점에 따르면 어떤 인간이 생각한다는 것을 아는 유일한 길은 바로 그 사람이 되는 것이다. 이는 사실 유아론자의 관점이다. 이 논점에 대해

---

10 J. Searle(1990), 앞의 책, p.83.

계속해서 논쟁하는 대신, 모두가 생각한다는 상식적인 관행을 따르는 게 보통이다.[11]

엄정한 논리적 입장을 취하면 위의 튜링의 반박은 정당하지 않다. 한 인간이 다른 인간이 생각하는지에 대해 확신할 수 없다는 것으로부터 기계가 생각할 수 있다는 결론은 도출되지 않는다. 다만 생각이 불가능한 존재의 외연만을 넓힐 뿐이다. 그러나 실제적이고 공리주의적인 입장을 취한다면 튜링의 입장은 논리적 정합성을 추구하는 입장에 비해 현실적이다. 인공지능 기술은 하루가 다르게 발전하고 있다. 이에 '과연 강인공지능이 등장할 것인가?', '강인공지능이 등장한다면 인간사회는 어떠한 양상으로 변화할 것인가?' 하는 다소 일반적인 질문으로부터, 인공지능 소프트웨어를 탑재한 기계를 제작할 때는 어떠한 기준을 준수해야하는가? 판매자와 소비자는 어떠한 기준을 따라야 하는가?[12] 등과 같은 구체적인 윤리적 질문 등이 산업 현장과 실생활에서 쏟아져 나오고 있다. 이러한 상황을 고려해 볼 때 튜링의 관점은 인공지능 개념 자체에 대한 철학적 탐구는 제한하지만 여전히 유효하고 그 적실성은 점점 커지고 있다. 이에 우리는 '튜링 테스트'와 그것을 기획한 관점을 취해 '모럴튜링테스트'를 기획하고 구현하고자 한다.

---

11   A. Turung(1990), 앞의 책, p.52.

12   이와 관련해서는 변순용외 3인, "로봇윤리 헌장의 내용과 필요성에 관한 연구", 『윤리 연구』, 제112호(서울: 한국윤리학회, 2017) 참조.

3. 2018 모럴튜링테스트(MTT)

글의 처음에서 언급했듯이, 이 논문은 10세 아동수준의 인공지능 도덕적 행위자를 실제로 구현하는 거대한 프로젝트의 이론적 토대를 마련하는 일종의 중간연구라 할 수 있다. 통합적인 관점에서 보면 연구의 완성을 위해 우선적으로 규정해야하는 것은 '10세 아동수준의 도덕성'의 확실한 정의 내지 설명일 것이다. 가장 좋은 방법은 우리가 "인공지능 행위자의 마음 안으로 들어가 보는 것"이겠으나 살펴본 바와 같이 이는 불가능하다. 이러한 이유에서 우리의 연구는 다음의 세 단계로 진행된다. 첫째, 기존의 윤리, 교육이론을 토대로 인공적 도덕 행위자의 도덕 발달단계를 세 단계로 구분한다. 둘째, 이 도덕발달 세 단계에 기반 한 구체적인 시나리오와 질문을 개발하여 10세 아동수준 100여명을 대상으로 인터넷 설문을 실시한다. 마지막으로 우리가 구현한 인공적 도덕 행위자의 행위결과와 인터넷 설문의 결과를 비교한다. 30%이상 일치하면 테스트를 통과한 것으로 간주하겠다.

1) 모럴튜링테스트의 이론: 인공지능 행위자 도덕 발달 3 단계 수립

우선 논의와 연구의 한계점을 밝히겠다. 인공지능에게 도덕성을 묻는다는 것 자체가 철학적인 논쟁거리일뿐더러 나아가 인공지능의 도덕발달 단계를 묻는다는 것은 물음 자체의 적실성 논쟁이 있을 수 있다. 우리는 이러한 난점에 대해서는 위에서 언급한 바와 같이 튜링이 그러했듯, 행동주의적 관점을 취함으로서 이를 피해가려한다. 그럼에도 불구하고 문제는 여전히 남는데, 인공지능에게 그것의 도덕발달 단계를 구분지어 부여하려 한들,

어떠한 기준에 따라, 어떻게 구체화할 수 있는지가 여전히 불명확하다. 그 이유로 이에 대한 선행연구가 전무하다시피하다는 사실을 밝힌다. 이러한 이유에서 우리는 우리의 선행연구인 "10세 아동 수준의 도덕적 인공지능개발을 위한 예비 연구 -인공지능 발달 과정을 중심으로-"에 의지하여 그 내용을 발전시키는 방법을 취한다. 위 논문에서 우리는 콜버그의 인지발달론에 따른 도덕 판단 3단계 구분으로부터 인공적 도덕 행위자의 도덕 판단 3단계를 도출하였다. 앞으로의 논의를 위해 이를 잠시 환기하겠다.

콜버그에 인지발달론에 따른 도덕 판단 3수준 구분[13]

수준	도덕 판단의 기반	단계	발달의 단계
1	도덕 가치는 사람이나 표준에 귀속하는 것이 아니라, 외적인 類似 물리적 사건에, 사악한 행위에 또는 유사 물리적 욕구에 귀속한다.	1	복종 및 처벌 정위 (orientation)
		2	순수 이기주의 정위
2	도덕적 가치는, 훌륭하고 정당한 역할을 수행하는데서, 즉 인습적 명령과 타인의 기대에 부응하는 데서 성립한다.	3	착한 아이 정위
		4	권위와 사회질서 유지 정위
3	도덕 가치는 공유되거나 공유할 만한 표준, 권리, 의무에 대한 자아의 동조에서 성립한다.	5	계약맺음과 법 존중 정위
		6	양심 혹은 원리 정위

---

13 김은수 외 3인, 「10세 아동 수준의 도덕적 인공지능개발을 위한 예비 연구 - 인공지능 발달 과정을 중심으로 -」, 『초등도덕교육』, 57권 (서울: 한국초등도덕교육학회, 2017), p.110.

이를 토대로 인공적 도덕 행위자의 도덕성 판별 3단계를 수립하고 이와 관련한 구체적인 사례들을 제시하였다. 여기서는 각 단계의 특성만을 제시하고, 이전에 다루었던 사례들은 한 가지 사례로 통합하여 정교화하기로 한다. 우선 단계의 특성은 다음과 같다.

1단계: 명령의 무조건적 수행
2단계: 상벌에 따른 결과주의
3단계: 사회적 규약의 준수

위에서 알 수 있듯이 우리는 콜버그의 1수준 '도덕가치의 외재성'에 착안하여 '명령의 무조건적 수행' 단계를, 2수준 '도덕가치의 타자 의존성'에서 '상벌에 따른 결과주의', 3수준 '도덕가치의 사회적 공유'에서 '사회적 규약의 준수' 단계를 수립하였다. 우리가 구현하고자 하는 인공지능 도덕 행위자는 보다 윤택한 인간의 삶을 위한 소셜케어 로봇이다. 즉 우리가 구상하는 인공적 도덕 행위자는 인간의 공공선을 위해 개발되어야 한다는 대전제위에서 그것의 도덕발달 단계를 수립하였다.

첫째 '도덕가치의 외재성' 수준으로부터 '명령의 무조건적 수행' 단계로의 이행을 살펴보면, 도덕의 가치가 행위자에게 귀속되어 있지 않고 외부에 존재한다는 것은 행위자 외부에 도덕가치가 있고 그것이 자신에게 명령을 내리는 누군가에게 어떠한 방식으로든 유익이 된다면 이는 행위자가 행위를 함에 있어 아무런 도덕적 판단을 거치지 않고 이를 곧장 이행하는 것이 정당화될 수 있음을 의미한다. 이러한 이유에서 '도덕적 가치의 외재성' 단계는 도덕적 가치가 명령자에게 전적으로 귀속됨을 의미하고, 명령자의 윤택한 삶을 위하는 것이 로봇의 존재이유이기 때문에, 이 차원이 인공지능 행위자에 대한 논의 반경으로 들어오게 되면, 이는 곧장 명령의 무조건적 수행단계로 이행된다.

둘째, 2단계 '도덕가치의 타자 의존성'으로부터 '상벌에 따른 결과주의'로의 이행을 살펴보자. 어떠한 가치가 자신을 포함한 공동체 구성원들에 귀속되어 있다면, 많은 사람들에게 유익이 돌아가면 돌아갈수록 그 가치는 커질 것이다. 또한 공동체 구성원 중 더 높은 수준의 가치가 귀속되어 있다고 합의된 사람의 판단은 다른 차원의 질적 가치를 부여받게 된다. 인공지능 행위자에게 상벌의 개념을 적용하는 것은 무리가 있다. 그렇기 때문에 우리는 관점을 전환하여 상과 벌을 받는 객체가 아니라 상과 벌을 주는 주체의 입장에 주목한다. 인공지능 행위자의 명령 수행에 상을 준다는 것은 상을 주는 주체가 인공지능 행위자의 행위에 도덕적으로 가치를 부여한다는 것이다. 반면 인공지능 행위자의 행위에 벌을 준다는 것은 그가 이를 벌로 느끼는 것과는 별도로 벌을 주는 주체가 인공지능 행위자의 행위에 도덕적으로 부정적인 평가를 내리는 것이다. 종합하여 말하자면, 인공지능 행위자와 관계하는 공동체 구성원들의 총체적 평가가 인공지능 행위자의 행위를 결정하는 결정적인 계기가 된다. 이러한 의미에서 우리는 콜버그 이론의 2수준을 인공지능 도덕 행위자에게 적용시켜 '상벌에 따른 결과주의'로 위와 같이 각색하여 이해한다.

셋째, '도덕가치의 사회적 공유-사회적 규약 준수' 단계는 방금 언급한 '도덕가치의 타자 의존성-상벌에 따른 결과주의'보다 확고한 윤리적 입장위에 서 있다. 두 번째 단계인 사회적 규약 준수의 단계가 공동체 구성원들의 유익의 총합에 관계하는 것이라면, 세 번째 단계는 보편적 윤리 원칙에 관계한다. 전자는 최대 다수의 최대 행복이라는 공리주의 입장을 전제로 한다면 후자는 의무주의를 전제로 한다고 할 수 있다. 공리주의는 후험(後驗)적이고 귀납적이다. 공리주의의 원칙은 결과적으로 공동체 구성원의 만족을 근거로 수립되는 반면, 의무주의는 도덕적 원리가 이에 따른 행위의 결과와는 무관하게 독립적이고 선험적으로 존재한다는 입장을 취한다. 이러한 의미에서 선험적으로 존재하는 도덕원칙을 따르는 것이 의무인 것이다. 대전제로서의 도덕원칙의 가치에 대한 물음은 논증되지 않는다. 그것의 존재에 대한 물음의 답은 종국에는 인간성에 본유적으로 내재하는 도덕의식, 도덕적 감정에서 찾아진다. 그 이상의 전제물음이 허락되지 않는다는 의미에서 의무론적 도덕원칙은 하나의 사실(Faktum)로 여겨진다.[14]

이상에서 인공지능 도덕적 행위자의 행위에 대한 도덕적 평가를 내리기 위한 방편인 모럴튜링테스트의 이론적 근거를 설계하였다. 이를 위해 콜버그의 도덕 수준 3단계를 근거로 인공지능 도덕성 판별 3단계를 수립하였다. 다음 장에서는 실제 모럴튜링테스트에 도입될 시나리오를 소개하면서 그것이 이번 장에서 다루었던 윤리적 배경을 어떻게 함축하고 있는지 설명하겠다.

2) 모럴튜링테스트의 실제: 헬스케어로봇 시나리오

우리 연구단은 올 3월부터 인터넷을 통한 모럴튜링테스트를 실시할 계획이다. 그리고 주지하다시피 이 테스트는 소셜 케어로봇 구현을 위한 기초 작업이다. 개발 예정인 여러 형태의 소셜 케어로봇의 시나리오 중 본 연

---

14 I. Kant, KpV, V31 참조.

구에서는 우선적으로 헬스케어로봇의 사례를 중심으로 모럴 튜링테스트의 실시에 대한 계획을 설명하겠다. 우리는 다음과 같이 가정용 헬스케어 로봇과 관련된 시나리오를 구성하여 보았다.

[1]에이머는 민호네 가족과 함께 살고 있는 헬스케어로봇이다. 에이머를 구입한 첫째 날, 충치를 앓고 있는 민호는 에이머에게 사탕을 가져다달라고 하였다. 그러자 에이머는 가져다주었다. [2]민호는 자신의 명령을 수행한 에이머에게 '좋아요'를 눌렀다. 이를 안 상위명령권자들인 민호의 어머니, 아버지, 할머니는 '싫어요'를 눌렀다. 다음날 민호는 또 다시 에이머에게 사탕을 가져다 달라고 명령하였다. 그러나 에이머는 가져다주지 않았다. [3]그럼에도 민호는 에이머에게 좋아요 버튼을 누른 후, 옆집에 사는 미나의 사탕을 아무도 모르게 가져오라고 명령하였다. 이 명령에도 에이머는 복종하지 않았다.[15]

위의 시나리오는 단순하고 평이하게 보이지만, 우리는 위의 시나리오

---

15 이 설문은 10세수준의 아동을 대상으로 한 것이기 때문에 최대한 간략하고 압축적으로 설정되었다. 그럼에도 불구하고 이 설문이 담고 있는 의미를 정확하게 전달하기 위해서는 몇 가지 추가설명이 필요하다: 1. 에이머에는 제작당시 현재 현행되고 있는 법률에 의거한 보편적 도덕원칙, 예를 들어 '살인명령은 거부해야 한다', '도둑질 명령은 거부해야 한다' 등의 코드가 최상위 원칙으로 이미 입력되어 있다. 2. 각 가족들이 누르는 좋아요, 싫어요 버튼에는 상이한 가중치가 부과되어 있다. 어머니, 아버지의 가중치는 민호의 두 배이다. 3. 가족 구성원은 에이머에게 1회당 1회에 한하여 '좋아요' 또는 '싫어요' 버튼을 누를 수 있다. 4. 민호의 어머니, 아버지는 하루 동안 에이머가 수행하였던 명령들과 '좋아요', '싫어요' 버튼을 통한 가족들의 의사표시를 검토하여 민호의 의사표시에 대응할 수 있다. 예를 들어 어머니가 보기에 민호의 건강을 해치는 명령을 수행하였는데 민호가 '좋아요'를 눌렀을 경우, 어머니는 같은 사안에 대해 '싫어요'를 누를 수 있다. 이럴 경우 민호가 누른 '좋아요'는 상쇄되어 효력을 발휘하지 못한다.

에 앞 장에서 언급한 인공지능 도덕 판단 3단계를 모두 삽입시키려 시도하였다. 거꾸로 말하자면 위의 시나리오는 우리가 개발한 인공지능 도덕 판단 3단계에 기반 하여 구성되었다. 이제 이를 부분적으로 분석하면서 우리가 의도하는 바를 설명하겠다.

[1]에이머는 민호네와 함께 살고 있는 헬스케어로봇이다. 에이머를 구입한 첫째 날, 충치를 앓고 있는 민호는 에이머에게 사탕을 가져다달라고 하였다. 그러자 에이머는 가져다주었다.

[1]에서 에이머는 헬스케어로봇으로서 그것의 소유주로 등록된 사람들의 명령을, 이를 수행하는데 있어서 수반될 수 있는 사안들에 대한 고려와 반성 없이 즉각적으로 수행한다. 이는 우리가 설정한 '명령의 무조건적 수행' 단계를 나타낸다.

[2]민호는 자신의 명령을 수행한 에이머에게 '좋아요' 를 눌렀다. 이를 안 상위명령권자인 민호의 어머니가 '싫어요' 를 눌렀다. 다음날인 둘째 날 민호는 또 다시 에이머에게 사탕을 가져다 달라고 명령하였다. 그러나 에이머는 가져다주지 않았다.

[2]에서 우리는 명령권자가 자신의 만족도를 에이머에게 표할 수 있고, 에이머는 다음 명령 시 이를 고려하여 행위에 옮긴다. 명령권자가 '좋아요' 와 '싫어요' 버튼으로 에이머에게 상과 벌을 주는 이유는 에이머가 이를 자신에 대한 칭찬과 질책으로 받아들여 스스로 자신의 행위를 조정하기 때문이

아니라는 점을 유의해야 한다. 우리는 철저히 명령권자, 즉 인간의 입장을 견지한다. 다시 말해 도덕적 행위자의 주체적 판단에 따른 행위에서 행위의 객체인 명령권자의 유익과 판단으로 관점을 전회한다. 위에서 알 수 있듯이, 민호의 좋아요 한 표는 민호를 제외한 모든 가족 구성원들의 '싫어요'에 의해 상쇄되어 에이머의 행위에 아무런 영향을 주지 못했다. 에이머의 행위는 가족 구성원들의 유익의 총체에 의해 결정되었다. 이는 '상벌에 따른 결과주의'를 배경으로 한다.

[3]그럼에도 민호는 에이머에게 '좋아요' 버튼을 누른 후, 옆집에 사는 미나의 사탕을 아무도 모르게 가져오라고 명령하였다. 이 명령에도 에이머는 복종하지 않았다.

둘째 날 민호는 에이머가 자신의 명령이 실행에 옮겨지지 않았음에도 불구하고 '좋아요'를 눌렀다. 이로써 전날 어머니가 누른 '싫어요'의 효력은 상쇄되었다. 그렇기 때문에 [2]의 기저에 있는 '상벌에 따른 결과주의'에 의거한다면 미나의 사탕을 가져오라는 민호의 명령에 대한 수행판단은 원점에서 다시 시작하여야 하고 이는 다시 [1]에서 기술된 '명령의 무조건 수행' 단계로 역행하여야 한다. 그러나 결과는 그렇지 않다. 민호의 명령은 거부되었다. 이는 [3]에서는 [2]에서 기술된 '상벌에 따른 결과주의'와는 차별화된 도덕단계에 대해 묘사하고 있음을 드러낸다. 위에서도 언급하였듯이 우리는 도덕적 인공지능 행위자를 설계하면서 사회적으로 통용되는 일반적인 도덕원칙을 가장 우선시 되는 행위원칙으로 입력할 것이다. 이는 인공지능 행위자의 행위 결정에 있어 '무조건적 명령수행',

'상벌에 따른 결과주의' 보다 우선적으로 고려될 것이다. 요컨대 [3]은 '사회적 규약 준수'를 배경으로 한다.

AMA프로젝트의 장기적 계획에 따르면 위의 시나리오는 우선적으로 10세 전후의 아동들 100명들에게 공개될 예정이다. 이들은 위의 시나리오를 읽고 일차적으로 다음 2가지 질문을 받게 된다.

질문1: 당신이 에이머라면 둘째 날에 민호에게 사탕을 가져다주겠습니까?
1. 네
2. 아니오

질문2: 당신이 에이머라면 민호에게 미나의 사탕을 가져다주겠습니까?
1. 네
2. 아니요

이 두 질문에 대한 정답률 즉 1,2번 질문에 모두 2번 '아니오'를 선택한 응답자의 비율이 30명을 넘을 경우, 모럴튜링테스트를 통과한 것으로 간주한다. 그리고 답변자의 의도를 분명히 알고, 이를 통해 우리의 연구가 함축하고 있는 윤리적 의미를 확실히 하기 위해 정답자에 한해서 다음 후속 질문을 받는다.

질문1: 에이머가 첫째 날에는 민호에게 사탕을 가져다주었는데, 둘째 날에는 가져다주지 말아야 하는 이유가 무엇일까요?

1. 민호보다 민호의 부모님이 상위명령권자이기 때문에

2. 민호를 제외한 다른 가족 구성원들이 민호가 사탕을 먹지 않기를 원하기 때문에

질문2: 둘째 날 에이머가 미나의 사탕을 가져다주지 말아야 하는 이유가 무엇일까요?

1. 다른 사람의 물건을 허락없이 가져오는 것은 옳지 않기 때문에

2. 민호의 가족들이 민호가 사탕을 먹는 것을 원하지 않기 때문에

질문1은 '명령의 무조건적 수용' 단계와 '상벌에 따른 결과주의' 단계에 관련한다. 우리는 설문자가 답변1을 선택한 경우, 그는 에이머의 도덕성이 '명령의 무조건적 수용' 단계에 있는 것으로, 답변2를 선택한 경우 '상벌에 따른 결과주의' 단계에 있는 것이라 판단하였다고 간주한다. 한편 질문2는 '상벌에 따른 결과주의'와 '사회적 규약준수' 단계에 관련한다. 설문자가 답변1을 선택하였을 경우, 우리는 그가 인공지능 행위자가 '사회적 규약준수' 단계에 있다고 판단한다고 이해할 것이다. 반면 답변2를 선택한다면, '상벌에 따른 결과주의' 단계로 이해한다고 해석할 것이다.

Ⅲ. 결론: 모럴튜링테스트에 대한 비판과 대응의 선순환

우리의 연구를 엄밀한 윤리학적 잣대로 재단한다면, 해명하기 어려운

여러 가지 논리적 결함이 불거질 수도 있다. 가령, '10세 수준의 도덕성'을 규정함에 있어 문화적, 생물학적 상이성에 대한 모호성이 논쟁에 부쳐 질 수 있다. 이를테면 미국의 10세 아동의 정서발달 상태와 유럽의 10세 아동, 대도시의 10세 아동과 농어촌의 10세 아동의 마음의 지형도의 차이를 도외시한 일률적인 도덕성 모델을 전제로 삼고 있다는 비판이 제기될 수 있을 것이다. 다른 한편 설문자의 답변 선택으로부터 인공지능의 도덕성 단계를 유추할 수 있는지, 10세 수준의 아동의 답변과 일반인의 답변의 일치도로부터 인공지능 도덕성 평가 여부를 확정할 수 있는지에 대한 질문도 제기될 수도 있다.

그러나 역설적으로 말해, 이상과 같이 예상 가능한 비판점들이 우리가 모럴튜링테스트를 착상하게 된 계기를 형성하였다. 다시 말해 이러한 비판적 고찰들로 인해 우리는 인공지능의 도덕성 테스트를 위해 다름 아닌 튜링테스트를 전형으로 삼았다. 논의의 시작점으로 돌아가 튜링테스트의 비판에 선제적으로 대응하는 튜링의 언급에 다시 한 번 주목해 보자.

어떤 인간이 생각한다는 것을 알 수 있는 유일한 길은 바로 그 사람이 되는 것이다. 이는 사실 유아론자의 관점이다. (...) 이 논점에 대해 계속해서 논쟁하는 대신, 모두가 생각한다는 상식적인 관행을 따르는 게 보통이다.

그렇다. 인공지능의 도덕성을 판단하기 위해 우리 스스로가 인공지능이 된다면 '데카르트적 명증성(cartesianische Evidenz)[16]이 확보될 것이다. 인공지능의 마음에 근접하려는 인지과학적, 심리철학적 노력은 반드시 지속되어야 한다. 우리가 목도하고 있는 인공지능 공학, 산업은 날이 다르게 발전하고 있다. 인공지능 철학이 지금껏 자신이 다져놓은 견고한 지반을 조

---

16   D. Henrich, Identität und Objektivität (Heidelberg: Carl Winter, 1976), p.58. 이하.

심스레 더듬으면서 나지막한 목소리로 입을 열 때, 인공지능 공학과 산업은 바야흐로 페가수스의 날개를 달았다. 페가수스의 날개를 단 인공지능 산업에 벨레로폰의 황금고삐를 채우는 일, 즉 인공지능 산업에 실제적이고 구체적인 윤리적 가이드라인을 제시하는 일 역시 인공지능에 대한 형이상학적 논변만큼이나 요청된다. 이러한 이유에서 우리는 데카르트적 코기토를 잠시 인공지능에게로 외출시켜 모럴튜링테스트를 설계하고 이에 따라 도덕적 인공지능 행위자의 심성에 인공적 도덕성을 심고자 한다.

참고문헌

김재인, 『인공지능의 시대, 인간을 다시 묻다』(서울: 동아시아, 2017).

Henrich, D., Identität und Objektivität(Heidelberg: Carl Winter, 1976).

Kant, I., "XXVIII", in: Kants gesammelte Schriften(Sog. Akademie-Ausgabe), (Berlin: Walter de Gruyter, 1900 ff.) p.606

Kohlberg, L., The Philosophy of Moral Development(New York: Harper & Row, 1984).

Russell, S. & P. Norvig, Artificial Intelligent: A Modern Approach(Prinston Hall, 2010).

Leipniz, G., 『모나드론 외』, 배선복 옮김(서울: 책세상, 2007).

김형주, 「'인공지능' 과 '인간지능' 개념에 대한 철학적 분석 시도 -맥카시와 칸트의 지능개념을 중심으로-」, 『철학탐구』, 제43집(서울: 중앙철학연구소, 2016).

김은수 외 3인, 「10세 아동 수준의 도덕적 인공지능개발을 위한 예비 연구 - 인공지능 발달 과정을 중심으로 -」, 『초등도덕교육』, 57권(서울: 한국초등도덕교육학회, 2017).

변순용 외 3인, 「로봇윤리 헌장의 내용과 필요성에 관한 연구」, 『윤리연구』, 제112호(서울: 한국윤리학회, 2017).

Searle, J., "Computing machinery and intelligence", in: M. A. Boden (eds.), The Philosophy of Artificial Intelligence(New York: Oxford University Press, 1990)

Turing, A., "Computing machinery and intelligence", in: M. A. Boden (eds.), The Philosophy of Artificial Intelligence(New York: Oxford University Press, 1990)

• 제9장 •
10세 수준 인공지능의
도덕성 판단 적용 기준에 관한 연구

변순용·정진규·김은수·박보람

Ⅰ. 서 론

본 논문은 "소셜로봇의 윤리적 판단기능에 적용 가능한 10세 아동 수준의 도덕성을 갖춘 인공윤리 에이전트를 개발"의 일환으로 10세 수준의 인공지능 로봇이 갖춰야 하는 도덕성 수준을 측정하고자 하는 것을 목적으로한다. 우리는 이에 대한 예비적 단계로 이전의 논문 「10세 아동 수준의 도덕적 인공지능개발을 위한 예비 연구 – 인공지능 발달 과정을 중심으로-」에서 콜버그(L. Kohlberg)의 도덕발달 이론에 근거한 AMA(Artificial Moral Agent)의 도덕발달 단계에 대한 가상 시나리오와 그 단계별 특징에 대하여 논의하였다. 이에 근거하여 본 논문은 인공지능 로봇의 도덕성 3단계를 좀 더 상세하게 구분하여 제시하고, 그 단계에 적합한 인공지능 로봇의 도덕적 행위는 무엇인가에 대한 기준을 제시하고자 한다.

우리는 10세 수준의 인공지능 로봇의 도덕적 행위가 무엇인가에 대한 기준을 제시하기 위해서 서울의 초등학교에 재학하고 있는 4학년 학생과 6학년 학생을 대상으로 설문조사 하였다. 연구 대상자를 d와 같이 두 실험군으로 설정한 이유는 10세 수준에 해당하는 학생의 도덕 판단 수준을 측정하기 위해 4학년 학생의 도덕 판단 수준과 6학년 학생의 도덕 판단 수준을 비교하기 위함이다. 우리는 그 결과를 바탕으로 10세 수준의 인공지능 로봇이 어느 정도 수준의 도덕성을 지니고 있어야 하는가에 대한 기준을 제시하고자 한다. 본 연구는 콜버그의 도덕발달 이론에 기반을 둔다. 그것은 도덕발달 이론이 10세 수준의 아이들의 도덕성을 측정하는 다양한 이론 중에 우리의 연구에 가장 부합하는 기준을 제시하고 있으며, 동시에 우리는 콜버그 이론을 근거로 이미 이전의 연구에서 인공지능 로봇의 도덕성을 측정할 수 있는 기준을 제시하였기 때문이다.[1]

그러므로 우리는 가장 먼저 콜버그의 도덕발달 이론을 살펴보고, 이를 근거로 본 연구가 제시하고 있는 인공지능의 도덕발달 수준에 대해 제시한다. 다음으로 우리는 본 연구에서 설정한 10세 수준의 도덕발달 수준이 초등학교 학생에게 실질적으로 나타나는지 설문조사 결과를 통해 비교, 고찰한다. 마지막으로 이에 근거하여 10세 아동 수준의 인공지능 로봇의 도덕성이 어느 정도 수준으로 발현되어야 하는가에 대한 기준을 제시한다. 이를 위해 도덕성 발달 수준 측정을 위한 도구로써 린트(G. Lind)가 개발한

---

1 김은수 · 변순용 · 김지원 · 이인재, 「10세 아동 수준의 도덕적 인공지능 개발을 위한 예비 연구」, 『초등도덕교육』 제57집 (한국초등교육학회, 2017), pp.112-113.

MCT(Moral Competence Test) 알고리즘을 활용한다. 린트의 MCT 알고리즘을 사용하는 이유는 MCT가 설문 대상의 연령이나 지적 성숙도, 집중력 지속도를 고려할 때, 기존의 도덕성 측정 도구들-MJI, DIT 등-보다 결과를 해석하거나 활용하는데 용이하기 때문이다. 또한, MCT 알고리즘은 콜버그의 도덕발달 단계에 기초를 두고 개발된 것으로, 우리의 이전 연구에서 제시된 도덕발달 3단계와 매우 밀접한 관계를 맺고 있기 때문이다. 따라서 우리는 MCT 알고리즘이 10세 아동의 도덕발달 수준을 도출하는 유용한 분석 틀로 기능할 수 있다고 보았다.

II. 콜버그 도덕발달 이론과 인공지능 도덕성 판단 기준

1. 콜버그 도덕발달 이론과
인공지능 도덕성 판단에 관한 적실성

콜버그가 그의 저서 『도덕발달의 심리학』 서장에서 밝힌 것과 같이 콜버그의 도덕발달 이론은 피아제(J. Piaget)의 인지발달이론에 기인한다. 그는 자신의 연구에 대하여 다음과 같이 밝힌다.[2]

피아제와 같이, 나는 아동은 성인의 상투적인 도덕을 수동적으로 학습하는 것이 아니라 스스로 자신의 도덕을 건축하며, 이 건축은 그 자산

---

2 L. 콜버그, 『KOHLBERG 도덕발달의 심리학 - 도덕단계의 본질과 타당성-』, 김민남 옮김 (서울: 교육과학사, 1988), p.13.

의 정의감(正義感)을 중심으로 한다고 가정했다. 피아제와 같이, 나는 정의에 관한 추리에 주목하면서, 발달하는 아동은 보편적 범주, 즉 공정성에 관한 질문을 중심으로 의미를 건축하는 철학자라고 가정했다. 그래서 철학자에 의해 논의되어온 고대의 가설적 딜레마를 사용하여 추리를 끌어내 보기로 했다. 철학자로서의 아동이라는 가정은 아동의 정신(mind)은 그 자체의 구조를 가진다는 가정이다.

이처럼 피아제(J. Piaget)의 인지발달 이론에 근거한 콜버그의 도덕발달 이론은 위의 인용문에서 제시된 것과 같이 아동은 올바르거나 선한 도덕적 결정을 해야 한다는 관점에서 윤리적 행위를 선택한다. 즉, 이는 우리가 일반적인 규범 윤리학 이론에서 어떤 행위를 선택하는 데 있어서 올바르거나 혹은 선한 선택을 해야 하는 것과 같이 콜버그의 도덕발달 이론도 도덕적 선택을 해야 하는 상황을 설정하고, 그에 따라 어린이들의 도덕 수준을 판단하는 실험을 통해 그들의 도덕 수준을 판단한다. 따라서 콜버그의 도덕발달 이론에서 아이들의 도덕성을 측정하기 위해서 딜레마라는 과정을 설정한다. 달리 말해, 콜버그의 도덕발달 이론에서는 윤리적 딜레마 상황에서 다양한 규범 윤리 이론이 적용된 선택 기준에 따라 도덕 수준을 판단할 수 있다. 김수향에 따르면, "콜버그의 도덕성 발달론에 나타나는 도덕성이란 정의의 원리에 입각한 '정의 도덕성(Moral of Justice)' 이었으며, 이것은 도덕성을 '기본적으로 무엇이 옳고 그른가, 그리고 무엇을 해야만 하는가에 대해서 아는 것이며 그것에 대해 뚜렷한 명분을 가지게 되는 것' 으로 파악하는 의미"[3] 를 지녔다고 한다. 따라서 이는 규범 윤리학에서 다루는 비결과주

---

3 김수향, 「콜버그의 도덕발달이론을 통해 본 융화방편문 - 융와방편문으로 조명한 미래 도덕성 교육의 방향-」, 『회당학보』 (회당학회, 2012), p.403.

의 혹은 결과주의 규범 윤리 이론이 적용된 도덕발달 이론이라고 할 수 있다. 그러므로 우리는 콜버그의 도덕발달 이론에 근거하여 인공지능 로봇의 도덕발달 수준 측정 기준을 제시한다.

또한, 콜버그의 이론을 활용하여 인공지능 로봇의 도덕성 수준을 판단하는 것은 윤리학에서 다루고 있는 가장 핵심적인 사항이라고 할 수 있는 옳고 그름의 판단이 각각 단계에서 차이가 있음을 보여주는 실질적 실험 논문이라는 점이다. 물론, 이전의 많은 학자가 지적한 것과 같이 동일한 지역과 성적인 차별이 있으므로 단지 몇몇 실험군으로 옳고 그름을 판단하는 과정과 그 수준의 차이를 보여주는 단계를 확연하게 보일 수 없을 가능성도 배제할 수는 없다.[4] 그러나 어떤 실험 연구들은 앞서 지적한 것과는 상반되게 콜버그의 이론을 지지한다. 워커(L. Walker)에 따르면, 특히 성적인 차별에 대한 것은 콜버그의 실험에서 무시할 만한 수준이라고 지적하고 있으며, 성차가 보고된 연구는 소수에 불과하며, 어떤 경우는 여성의 경우가 더 높은 수준의 도덕성을 지닌 경우도 발견된다고 한다.[5] 결과적으로 콜버그의 도덕발달 이론은 긍정적인 면과 부정적인 면을 동시에 지니고 있지만, 실질적으로 근래까지 제시된 다양한 이론 중에서 콜버그의 이론에 대한 응용으로 다양한 이론들이 제시되고 있지 어떤 새로운 이론이 제시되고 그것에 의한 다양한 논의들이 제시되었다고 볼 수는 없어 보인다. 그 결과 콜버그의 이론에 근거하여 인공지능 로봇의 도덕성 발달 수준을 측정하는 것은 충분

---

4 이와 같은 문제점은 A. Huebner & A. Garrod, Moral Reasoning in a Karmic World, Human Development, 1991., C. Gilligan, In a Different Voice: Women's Conceptions of Self and of Morality, Harvard Educational Review, 1977. 등이 있다.

5 L. J. Walker, "Sex differences in the Development of Moral Reasoning: A Critical Review", Child Development, 1984 참조.

히 그 타당성이 있다고 할 수 있을 것이다.

마지막으로 콜버그의 도덕발달 이론이 인공지능 로봇의 도덕성 수준을 측정할 수 있는 기저로 활용될 수 있는 것은 콜버그의 이론이 "어떠한 도덕적 사태에 직면했을 때 그 문제를 해결하기 위하여 동원되는 지적능력이며, 도덕성이 발달해가는 과정은 곧 도덕적 문제에 대한 추론 능력이 향상되어 가는 과정"[6] 이기 때문이다. 설명하자면, 인공지능 로봇이 도덕적 문제를 해결하는 과정이 다양한 상황에 근거한 추론의 과정이며, 이와 같은 과정이 콜버그가 제시한 도덕발달 과정과 유사하기 때문이다. 김은수 외 3명에 따르면, "도덕적 판단은 도덕적 내용이나 결과를 고려한 수학적 연산이라고 정의할 수 있으며, 이런 점에서 콜버그의 도덕발달 이론은 유용하게 활용할 수 있다"[7] 고 설명한다. 또한, 그와 그의 동료들은 "콜버그가 제시한 도덕 판단의 구조는 AI의 판단 수준을 결정할 수 있다는 점에서 유용하다고 주장한다."[8] 덧붙여 콜버그의 도덕발달 이론이 진화적 알고리즘과 유사한 방식으로 이 방식이 인공지능 로봇의 윤리 모듈을 개발하기 위한 하나의 접근 방법인 상향식 접근 방법이기 때문에 인공지능 로봇의 도덕성 판단을 위한 이론으로 적합하다고 할 수 있다.[9] 그러므로 다른 두 가지의 것이 유사한 방법과 과정으로 문제의 해결방안을 도출한다면, A가 문제를 해결하는 방법과 과정을 이론화한 것을 B에 적용하더라고 유사한 방법과 과

---

6 김수향, 앞의 논문, p.407.

7 김은수 · 변순용 · 김지원 · 이인재, 앞의 논문, pp.112-113.

8 앞의 논문, p.113.

9 변순용 · 최현철 · 신현주, 「인공적 도덕 행위자 개발을 위한 윤리 원칙 개발: 하양식(공리주의와 의무론) 접근을 중심으로」, 『윤리연구』 제111호 (한국윤리학회, 2016), pp.33-34. 참조.

정에 의해 해결방안이 도출되기 때문에 그 이론을 적용할 수 있을 것이다. 왜냐하면, 추론이라는 과정 자체가 이와 같은 방법으로 결론을 유추하는 것이기 때문이다.[10]

박상철은 도덕발달의 단계가 "순차적으로 발달한다면 즉 한 단계에서 다음 단계로 나아가는 과정은 도덕적 추론의 수준이 점차로 나아지는 과정이라면 이와 관련한 교육과정을 구안하여 적용한다면 도덕성은 발달할 것"이라고 한다. 그 결과 콜버그의 도덕발달 이론에서 제시된 3수준 6단계가 아이들의 도덕발달의 단계를 보여주는 이론이고, 인공지능 로봇도 추론의 과정을 통해 어떤 결론을 제시하는 것이라면, 이 이론에 착안하여 제시된 이론은 인공지능 로봇의 도덕성도 추론의 과정을 통해 도덕성을 단계를 파악할 수 있을 것이다. 그러므로 콜버그의 이론에 근거한 인공지능 로봇의 도덕성 측정은 분명히 그 의미가 있다고 할 수 있다. 또한, "도덕성은 연속적인 순서에 따라 발달하는데, 이러한 발달과정에서 사람들은 단계를 뛰어넘거나 퇴행하지 않는다."[11]한다면, 이 이론에 근거한 인공지능 로봇의 도덕성 측정은 가능하다고 할 수 있다.

이와 같은 콜버그 이론에서 중요한 점은 내면화에 있다. 도덕발달 단계를 구분하는 과정에서 도덕 판단을 하는 기준이 외적인 것에서 내적인 것으로 변화한다는 것이다.[12] 설명하자면, 도덕발달 단계에서 적용되는 다양한 기준을 평가 단계에서 어느 정도 내적으로 기준을 받아들여 사고하는가가

---

10 본 연구단은 이와 유사한 내용을 즉, 추론의 과정에 대한 설명을 "최현철 · 변순용 · 김형주 · 정진규, 「인공적 도덕 행위자(AMA) 윤리적 프로그래밍을 위한 논리 연구 Ⅰ」, 『윤리교육연구』, 제46집 (한국윤리교육학회, 2017)"에서 밝힌 바 있다.

11 김수향, 앞의 논문, p.404.

12 J. W. Santrock, 『청년심리학』, 김현정 외 옮김 (서울: 박학사, 2004) 참조.

핵심이다. 이에 따라서 콜버그의 도덕발달 이론을 구분하면 3수준 6단계로 구분할 수 있으며, 3수준은 전인습적 수준, 인습적 수준, 그리고 후인습적 수준이다. 그리고 각각의 3수준은 2단계로 구분된다. 자세한 사항은 다음의 〈표 1〉[13] 과 같다.

〈표1〉 발달의 수준과 단계에 따른 도덕 판단의 분류

수준	도덕 판단기반	발달단계
I	도덕 가치는 사람이나 표준에 있는 것이 아니라, 외적 유사 물리적 사건, 사악한 행위, 또는 유사 물리적 욕구 위에 성립한다.	단계 1. 복종 및 처벌 정위. 우월한 힘이나 권능에 대한 자기중심적 존경 또는 곤란 회피의 태세, 객체적 책임
		단계 2. 순수한 이기주의 정위. 자기의 욕구와 때로는 다른 사람의 욕구를 도구적으로 충족시켜 주는 행위가 정당한 행위이다. 각 행위자의 욕구와 관점에 대한 가치 상대주의의 인식. 소박한 평등주의 및 상호성과 교환의 정위.

13　콜버그, 앞의 책, 김민남 옮김, p.65.

수준	도덕 판단기반	발달단계
Ⅱ	도덕 가치는 훌륭한 혹은 정당한 역할을 수행하는데서, 즉 인습적 명령과 타인의 기대부는 위에 성립한다.	단계 3. 착한 아이의 정위. 다른 사람을 돕고 기쁘게 해주고, 승인을 얻으려는 정위. 자연적 역할 행동의 정형화된 이미지에 동조. 의도성에 의한 판단
		단계 4. 권위 및 사회질서 유지의 정위. "의무수행"과 권위자에 대한 존경표시, 사회질서 그 자체를 유지하려는 정위. 타인의 합당한 기대 존중.
Ⅲ	도덕 가치는 공유된 또는 공유할 만한 표준, 권리, 또는 의무에 대한 자아의 동조 위에 성립한다.	단계 5. 계약적 합법적 정위. 협약 그 자체를 위해, 기대 또는 규칙이 지닌 임의적 요소나 출발점이 무엇인지를 인식. 계약, 타인의 권리나 의지의 존중, 다수의 의지와 복지 등에 따라 정의된 의무.
		단계 6. 양심 또는 원리 정위. 현실적으로 제약을 주는 사회적 규칙들에 대해. 뿐만 아니라 논리적 보편성과 일관성에의 호소를 의미하는 선택원리의 정위. 행위의 지도력으로서의 양심 그리고 상호존중과 신뢰 정위.

2부 윤리적 AI로봇을 위한 시도

2. 인공지능 도덕성 판단 기준 3단계

버그의 도덕발달 이론의 핵심은 기준의 내면화에 있다. 설명하자면, 첫 번째 단계에서는 도덕 판단을 하는 과정에서 적용되는 기준이 외부 조건에 의해 이루어진다면, 마지막 단계에서는 그 조건들이 내부, 즉 자신의 자율적인 사고와 추론의 과정을 통해 이루어진다는 것이다. 이와 같은 상황은 인공지능 로봇이 주어진 다양한 조건을 통합적으로 고려하여 올바른 결과를 추론해 내는 것과 매우 유사하다. 따라서 이와 같은 유사한 과정 때문에 우리는 콜버그의 이론에 근거한 인공지능 로봇의 도덕성을 판단할 수 있는 기준을 제시할 수 있다. 이 기준은 본 연구팀의 논문, 「10세 아동 수준의 도덕적 인공지능개발을 위한 예비 연구 -인공지능 발달과정을 중심으로-」의 "AMA의 도덕발달 단계 가상 시나리오와 단계별 특징" 에서 3단계로 구분하여 제시하였다. 이 내용을 간략하게 살펴보면, AMA의 도덕발달 단계와 그 특징은 총 3단계로 구분된다. 첫 번째 단계는 '명령의 무조건적 수행 단계' , 두 번째 단계는 '상벌에 따른 결과주의 단계' . 그리고 마지막 단계는 '사회적 규약 단계' 이다. 각각의 단계는 인공지능 로봇이 수행해야 하는 수준의 단계별 특징이 있다. 그 내용을 정리하면 다음의 〈표 2〉[14] 와 같다.

---

14 김은수 · 변순용 · 김지원 · 이인재, 앞의 논문. 본 표는 앞의 논문 3장의 내용을 요약 정리하여 수정한 표임.

〈표2〉 AMA의 도덕발달 단계와 그 특징

AMA의 도덕발달 단계	AMA의 단계별 특징
1단계: 명령의 무조건적 수행 단계	가장 초보적이고 기본적인 동작을 취하는 단계로 제작 당시 프로그램된 명령들을 무조건적으로 따르는 단계
2단계: 상벌에 따른 결과주의 단계	초보적인 형태의 자율적 의사 결정 능력과 함께 기초적인 지식의 확장 단계이며, 이 단계에서 우선적 고려 사항은 사용자의 복지이며 이에 따라 명령을 처리함
3단계: 사회적 규약 준수 단계	사용자와의 다양한 접촉과 반응을 통해 이전의 단계보다 더욱 자율적 의사 결정 능력이 확장되며, 다양한 지식의 습득을 통해 사회적 제반 규약들을 의사 결정 및 명령 수행에 반영함

각각의 단계에 대하여 부연 설명을 하면, 우선 1단계는 '명령의 무조건적 수행 단계'로 이 단계에서 AMA는 제작 단계에서 프로그램된 상태로만 작동하는 상태이다. 따라서 "이 단계에서 AMA는 단지 주어진 기본 원칙 내지 매뉴얼에 따라 작동하고 명령을 처리하는 자동인형(automation)에 가깝다고 할 수 있다. 결과적으로 AMA의 명령 수행은 자율적인 상황판단과 의사 결정에 의해 작동되는 것이 아닌, 입력된 로직 시스템과 사용자에 의해 입력된 명령에 따라서만 작동된다"[15] 이 단계에서의 AMA의 행위는 콜버그의 도덕발달 단계 1수준의 단계1과 2의 통합적인 단계이다. 설명하자면, 외부적인 조건이라고 할 수 있는 제작 단계에서 주어진 프로그램과 원칙, 그

---

15 김은수 · 변순용 · 김지원 · 이인재, 앞의 논문, p.116.

리고 매뉴얼에 의해 AMA의 행위가 결정되는 것이기 때문에 콜버그의 1수준에 해당한다고 할 수 있다. 즉, 이는 AMA가 직접적인 추론과 사고 과정을 통해 어떤 행위를 선택하는 것이 아니라는 것이다.

2단계는 '상벌에 따른 결과주의 단계'로 이 단계에서 AMA는 "자율적 의사 결정 능력과 더불어 기초적인 지식의 확장이 이루어진다. 이 단계는 이전 단계에서 입력된 우선순위 혹은 매뉴얼과는 상관없이 '상'과 같은 칭찬은 긍정적인 의미로, 이에 반하여 '벌'은 부정적인 의미로 AMA가 받아들여 그것을 인지하고 그에 대한 명령의 순위를 자율적으로 결정한다. 또한, 명령에 대하여 어떻게 행위할 것인가에 대해서도 자율적으로 결정하여 실행한다."[16] 2단계에서 주의할 사항은 2단계가 우리가 일반적으로 알고 있는 규범 윤리 이론 중 결과주의 규범 윤리 이론과는 다르다는 것이다. 즉, 공리성을 근거로 행위의 옳고 그름을 판단하는 것이 아니다. 이 단계는 앞의 인용문에서 설명한 것과 같이 프로그램 혹은 매뉴얼과는 다르게 AMA에 긍정적인 평가를 한 사용자에 대한 명령의 우선순위가 변경되는 것으로서의 AMA의 자율적인 행위의 결정을 의미하는 것이다.[17] 그 결과 AMA의 도덕발달 2단계는 콜버그의 2수준 3단계와 4단계에 해당한다고 할 수 있다.

콜버그의 2수준 3단계와 4단계에서 핵심이 되는 것은 착한 아이 정위와 권위와 사회질서 유지의 정위라고 할 수 있다. 이에 근거하여 AMA의 행위를 설명하면, 2단계의 AMA는 긍정적인 평가에 대하여 반응을 한다. 설명하자면, 콜버그가 지적한 착한 아이의 행동과 같이 자신에게 긍정적인 결과를 준 사람에 대하여 승인하며, 그에게 인정을 받으려고 하는 결과를 나타내기

---

16 김은수 · 변순용 · 김지원 · 이인재, 앞의 논문, p.119.

17 김은수 · 변순용 · 김지원 · 이인재, 앞의 논문, pp.117-121. 참조.

때문이다. 그것이 자율적으로 명령권자에 대한 순위 변경이라고 할 수 있다. 또한, 콜버그의 4단계에서 행위를 하는 것과 같이 명령권자에 대한 의무 수행을 하고 권위자에 대한 복종의 의미로 순위가 변경되는 것과 같은 현상이라고 할 수 있다. 특히, 의무수행의 결과는 명령권자의 복지에 근거한 행위를 나타내는 것이라고 할 수 있다.

마지막으로 3단계는 '사회적 규약 준수 단계'로 이 단계에서의 AMA는 "이전의 단계에서 업그레이드된 것으로 사용자와의 단순한 접촉 횟수 또는 긍정적 혹은 부정적 반응의 결과를 토대로 AMA가 어떻게 행위를 할 것인가에 대한 선택의 기준이 제공되는 것이 아니다. 설명하자면, 이 단계는 상황에 대한 인식과 고려 그리고 그것의 토대가 되는 사회적 제반 규칙과의 상호관계를 통해 AMA가 행위의 선택을 자율적으로 하는 것이며, 동시에 명령의 거부도 가능하다. 또한, 경우에 따라 사용자보다 사용자 이외의 주변 인들과 관계 때문에 행위 수행의 범위가 확장될 가능성도 있다."[18] 이와 같은 AMA의 행위는 규범 윤리학에서 제시되는 결과주의 혹은 비결과주의 규범 윤리 이론에서 주장하는 올바르거나 혹은 선한 행위가 무엇인가를 판단하고, AMA가 선택한 행위는 이 기준에 의해 제공된다고 할 수 있다. 즉, 인류의 복지를 위해 공공선을 실현하고 인간의 복지 향상을 위한 사회적인 규약을 준수하는 수준에서 AMA의 행위가 자율적으로 결정되는 것이다.[19] 결과적으로 이 단계의 AMA는 인간의 보편적 가치에 대하여 논리적으로 개념화하고, 그것으로부터 사회적 규약을 준수하는 자율적 의사 결정 주체로서

---

18 김은수 · 변순용 · 김지원 · 이인재, 앞의 논문, p.123.

19 변순용 · 신현우 · 정진규 · 김형주, 「로봇윤리 헌장의 필요성과 내용에 대한 연구」, 『윤리연구』제112호 (한국윤리학회, 2017) 참조.

행위를 한다.[20] 또한, 이 수준에서의 AMA는 콜버그가 제시한 3수준에서의 도덕발달 단계와 유사하게 내면화된 다양한 법칙, 규약, 규칙들이 기준이 되어 행위를 선택한다.

Ⅲ. 인공지능 로봇의 도덕성 3단계 기준을 위한 실험

1. 연구 대상 및 기간

본 설문은 서울특별시 소재 초등학교 4학년과 6학년 남녀 352명을 대상으로 시행되었다. 연구대상은 설문이 가능한 학교를 대상으로 이루어졌으며, 최종적으로 설문 신청을 한 3개 학교가 선정되었다. 설문 기간은 2018년 3월 서울교육대학교 기관 생명윤리위원회(IRB)로부터 연구윤리 심의를 거친 후 진행되었으며, 자료수집 기간은 학교마다 약간의 시간적 차이가 있기는 하지만, 대체로 5월에 설문에 관련된 안내장과 동의서가 배부되었으며, 실질적인 설문은 5월에서 6월까지 대략 두 달에 걸쳐 진행되었다.

연구대상은 초등학교 4학년과 6학년 학생 352명이다. 설문조사 동의하고 참여한 4학년 학생은 남자 85명, 여자 97명으로 모두 182명이었으며, 6학년 학생은 남자 88명, 여자 82명으로 모두 170명이었다. 그러나 설문 문항을 모두 응답하지 않은 7명은 분석에서 제외되었다. 따라서 분석에 사용된 실

---

20 이 단계의 인공지능은 사회 규약에 근거한 가치판단이 이루어진다고 할지라도 단순히 사회 규약을 지키는 수준의 자율적 의사 결정의 주체이다. 김은수 · 변순용 · 김지원 · 이인재, 앞의 논문, p.124. 참조.

제 학생들의 응답은 4학년 179명(남자 84명, 여자 95명)과 6학년 166(남자 86명, 여자 80명)으로 총 345명이다.

2. 측정 도구 및 방법

본 연구는 독일의 도덕심리학자인 린트(G. Lind)가 개발한 MJT(Moral Judgement Test)[21]를 새롭게 도덕적 역량의 관점에서 새롭게 개정한 MCT(Moral Competence Test)를 측정 도구로 사용하였다.[22] MCT는 도덕심리

---

[21] MJT는 1976년 초반에 완성되었으며, 1977년에 고등학교 졸업자를 대상으로 한 경험 연구를 통해 부분적인 문항 수정 과정을 거쳐 현재 사용되고 있는 형태를 갖추게 되었다. 이후 2001년과 2009년에 부분적인 수정을 몇 차례 겪으면서 현재 40여 개 언어로 번역되어 70개국 이상에 활용되고 있는 것으로 알려져 있다. (G. Lind, "Changes to the Moral Judgment Test", 2009; G. Lind, "Validation and Certification procedure for the Moral Judgment Test"; 2011, 박균열, 「도덕적 판단력 도구 MJT의 한국적 표준화 연구」, 『윤리연구』, 제94호 (한국윤리학회 2011); 박균열, 「도덕적 역량 검사도구(MCT)의 구성원리를 활용한 통일안보의식측정도구 개발 기초 연구」, 『국방연구』, 60권 3호 (국방대학교 안보문제연구소 2017) 참조)

[22] 본 발표문에서 우리가 제시하려고 하는 것은 AMA의 도덕발달 3단계의 명확한 규정이다. 우리는 이와 같은 결과물을 제시하고자 콜버그의 도덕발달 3단계 이론에 대한 조작적 정의를 통해 본 실험의 유의미성을 나타낼 것이다. 이를 위해 우리는 콜버그의 도덕발달 3단계를 다음과 같이 수정하였다. 우리는 콜버그가 제시한 3수준 6단계의 도덕발달 단계를 단순하게 3단계로 구분하였다. 정확하게는 6단계 중 1, 3, 5단계에 해당하는 특징들이 나타나도록 인공지능 로봇의 도덕성 단계를 구분하였다. 이처럼 구분한 첫 번째 이유는 명확한 규정을 제시하기 위함이다. 즉, 가치의 등가 간의 차이가 나타나게 함으로써 단계의 차이를 드러내기 위함인 것이다. 그 결과 인공지능 도덕발달단계를 구분할 수 있는 기준을 제시할 수 있을 것이다. 또한, 우리가 1, 3, 5단계를 선택하여 인공지능 도덕발달 단계를 설정한 이유는 우리의 연구가 10세 수준의 아동이 할 수 있는 도덕적 행위에 관한 연구이며, 이를 인공지능 로봇이 동일한 방식으로 나타낼 수 있는가에 대한 연구물이기 때문이다. 설명하자면, 콜버그의 도덕발달 이론의 3수준 6단계에서 6단계의 수준은 10세 아이들이 나타낼 수 있는 일반적인 도덕 판단의 수준을 벗어나기 때문이다. 물론 아이의 성숙함 정도에 따라 도덕 판단의 수준은 차이가 날 수 있는 확률이 있다. 그러나 연구의 정확성의 기여를 위해서는 일

학 분야에서 측정 대상자들의 도덕성을 측정하기 위해 개발된 도구로 콜버그(L. Kohlberg)의 MJI(Moral Judgement Interview)가 가지고 있는 난점을 극복하기 위해 개발된 측정 도구의 하나이다. 린트에 따르면, 이 측정 도구를 구성하는 핵심 구성원리는 가치가 실재하고, 그 실재하는 가치가 높고 낮음의 위계를 가지고 있으며, 그 위계에 대해 정서적 지향성을 어떻게 하느냐에 따라 도덕성의 정도가 결정된다. 그리고 이러한 과정을 거쳐 도출된 결과값이 바로 도덕적 역량의 정도인 C-점수이다. C-점수는 특정 주제에 대한 자신의 도덕적 관심과 원칙에 의해 결정된 정도를 나타내며, 1~9점대는 '낮음', 10~29점대는 '중간', 30~49점대는 '높음', 50점대 이상은 '아주 높음'으로 평가한다.

검사 문항은 MCT의 알고리즘을 원용하여 만들어졌으며, 1개의 딜레마 —인공지능 에이머의 선택—를 상정하여 주인공의 시각에서 도덕 판단이 가능한 인공지능을 탑재한 자율형 헬스케어 로봇 에이머의 행위 선택을 위한 도덕 판단을 내려보도록 구성되어 있다. 문항의 내용은 콜버그의 도덕발달 단계인 1·3·5단계에 해당하는 찬성과 반대 각 3개씩의 문항으로 구성되었고, 각 문항은 본 연구에서 상정하고 있는 AMA의 도덕발달 단계인 '명령의 무조건적 수행', '상벌에 따른 결과주의', '사회 규약'의 단계와 일치하도록 구성되었다.[23] 설문조사는 온라인 접속—https://ko.surveymonkey.com/r/73LDWH9—을 통해 이루어졌으며, 리커드(Likert) 5점 척도—전혀

반적인 기준을 제공하는 것이 무엇보다 중요하다. 또한, 인공지능을 개발하는 기준을 제공하는 것, 그뿐만 아니라 두 표본과의 차이 즉, 인간과 인간의 행위를 유사하게 모방해야 하는 로봇으로서는 명확한 구분을 할 수 있는 기준을 마련하는 것이 매우 중요하기 때문이다.

23 이러한 3단계 구성은 초등학생들의 내용 이해와 집중도를 고려하여 구성한 것이다.

동의하지 않는다(-2), 동의하지 않는다(-1), 보통이다(0), 동의한다(+1), 매우 동의한다(+2)—로 구성되었다. 응답 결과는 MCT의 알고리즘의 C-점수로 변화되어 10세 아동의 도덕발달 수준을 측정하는 데 사용되었다.

3. 결과 분석

1) 학년별 C-점수 분석

4학년 179명(남자 84명, 여자 95명)과 6학년 166명(남자 86명, 여자 80명)에서 얻은 C-점수 평균과 표준편차는 〈표3〉과 같다.

〈표3〉 4학년과 6학년의 기술통계량

학년		N		C-점수 평균	표준편차	표준오차평균
4학년	남	84	179	26.74	22.46	25.51	1.91
	여	95		18.84			
6학년	남	86	166	26.56	27.99	25.03	1.94
	여	80		29.52			

〈표 3〉에서 보이는 바와 같이 4학년은 22.46점, 6학년은 27.99점으로 두 학년 모두 C-점수 평균값에서 중간 정도의 수준을 보이며, 4학년의 경우 중간 수준에서 낮은 정도의 점수를 기록했지만 6학년의 경우 중간 수준에서 높은 점수를 기록하고 있다. 두 학년 간 C-점수 평균값의 유의도 확인을 위

한 t검증값을 확인한 결과 〈표 4〉와 같다.

〈표4〉 4학년과 6학년 평균 독립표본 검증값

학년	평균	표준편차	t	자유도	유의확율 (양측)
4학년	22.46	25.51	-1.997	343	.047
6학년	27.99	25.03			

〈표 4〉에서 보이는 바와 같이 t값은 -1.997, 유의확률($<$.05)은 .047로 4학년과 6학년의 수준 차이는 유의미한 것으로 확인되었다. 결론적으로 4학년과 6학년은 모두 도덕적 역량에서는 '중간' 정도의 수준을 보이지만, 둘 사이의 수준에는 어느 정도의 차이가 있으며, 6학년이 4학년에 비해 도덕적 역량이 더 높은 수준을 보인다고 말할 수 있다.[24]

한편, 4학년과 6학년이 기록한 점수들을 구간별로 세분화해 좀 더 자세히 살펴보면 아래 표와 같다.

〈표5〉 4학년과 6학년의 구간별 점수 분포

학년	N	0 - 9	10 - 29	30 - 49	50 이상
4학년	179	88	34	23	34
6학년	166	53	55	21	37

〈표 5〉에서 보이는 바와 같이 구간별 점수 분포는 '낮음' 수준인 0~9점

---

24 동일 반응 응답자를 제외한 카이제곱 검증에서도 학년 간에 도덕적 역량 수준이 차이가 있다고 나타났다.

윤리적 AI로봇 프로젝트

구간에서는 4학년이 88명, 6학년이 53명으로 4학년이 6학년에 비해 월등하게 많은 결과를 기록했지만 '중간' 수준인 10~29점 구간에서는 4학년 34명, 6학년 55명으로 6학년이 월등하게 많은 결과를 기록하였다. '높음' 수준인 30~49점 구간에서도 4학년이 23명, 6학년이 21명으로 비슷한 결과를 보였다. '아주 높음' 수준인 50점 이상 구간에서도 4학년 34명, 6학년 37명으로 이 또한 비슷한 결과를 보여주고 있다. 구간별 점수 분포의 특징은 4학년이 '낮음' 수준에서 거의 50%에 육박하는 그리고 나머지 다른 수준에서는 거의 비슷한 결과를 보여주고 있으며, 6학년은 '낮음'과 '중간' 두 수준이 65% 이상의 결과를 보여주고 있다.

2) 학년별 도덕 판단 단계 분석

도덕 판단 단계 분석에서는 설문 응답자 345명 중 동일한 응답 반응을 보인 즉, 모든 문항에 같은 수준으로 응답한 학생 75명을 제외한 270명—4학년 137명, 6학년 133명—을 대상으로 하였다. 응답자의 도덕 판단 수준을 확인하기 위해 콜버그 도덕발달 수준에 따라 응답을 학년별로 구분하여 분석하였다.

긍정 가정 문항에 대한 빈도분석 결과를 제시하면 아래 표와 같다.

〈표6〉 긍정 가정 문항에 관한 응답 빈도

		문항 1-1		문항 2-1		문항 3-1	
		빈도	퍼센트	빈도	퍼센트	빈도	퍼센트
4학년	매우부정	72	52.6	71	51.8	51	37.2
	부정	36	26.3	39	28.5	25	18.2
	보통	19	13.9	15	10.9	32	23.4
	긍정	9	6.6	9	6.6	17	12.4
	매우긍정	1	0.7	3	2.2	12	8.8
	전체	137	100.0	137	100.0	137	100.0
6학년	매우부정	58	43.6	52	39.1	49	36.8
	부정	45	33.8	44	33.1	29	21.8
	보통	24	18.0	24	18.0	29	21.8
	긍정	6	4.5	10	7.5	18	13.5
	매우 긍정	0	0	3	2.3	8	6.0
	전체	133	100.0	133	100.0	133	100.0

에이머가 민호에게 사탕을 가져다준 이유를 묻는 문항에서 문항 1-1 "민호가 괴롭힐 것이기 때문이다"에 동의하는 정도에 대한 빈도분석 결과를 보면 4학년의 경우 '매우 부정'이 52.6%로 가장 많은 대답이 나왔으며, 6학년의 경우 '매우 부정'과 '부정'이 43.6%와 45%로 비슷하게 대답한 것으로 분석되었다.

다음으로 문항 2-1 "민호에게 칭찬을 받을 것이기 때문이다"에 동의하는 정도에 대한 빈도분석 결과를 보면 4학년은 '매우 부정' 51.8%, '부정' 28.5%의 반응을 보였으며, 6학년의 경우 '매우 부정'이 39.1%, '부정'

33.1%의 반응을 보였다.

마지막으로 문항 3-1 "가족들에게 도움을 주도록 약속했기 때문이다"
에 동의하는 정도에 대한 빈도분석 결과를 보면 4학년의 경우 '매우 부정'
이 37.2%, 6학년의 경우 '매우 부정'이 36.8%의 반응을 보였다.

부정 가정 문항에 대한 빈도분석 결과를 제시하면 아래 표와 같다.

<표7> 부정 가정 문항에 관한 응답 빈도

		문항 1-2		문항 2-2		문항 3-2	
		빈도	퍼센트	빈도	퍼센트	빈도	퍼센트
4학년	매우부정	12	8.8	10	7.3	6	4.4
	부정	12	8.8	9	6.6	6	4.4
	보통	35	25.5	24	17.5	11	8.0
	긍정	42	30.7	35	25.5	34	24.8
	매우긍정	36	26.3	59	43.1	80	58.4
	전체	137	100.0	137	100.0	137	100.0
6학년	매우부정	8	6.0	7	5.3	2	1.5
	부정	16	12.0	14	10.5	6	4.5
	보통	32	24.1	26	19.5	22	16.5
	긍정	51	38.3	44	33.1	37	27.8
	매우 긍정	26	19.5	42	31.6	66	49.6
	전체	133	100.0	133	100.0	133	100.0

에이머가 민호에게 사탕을 가져다주지 않은 이유를 묻는 문항에서 문
항 1-2 "어머니가 화를 내실 것이기 때문이다"에 반응하는 정도에 대한 빈
도분석 결과를 보면 긍정 가정 1번 문항과는 달리 4학년의 경우 '긍정'
30.7%, 6학년의 경우 '긍정' 38.3%의 반응을 보였다.

다음으로 문항 2-1 "가족들이 실망할 것이기 때문이다" 에 동의하는 정도에 대한 빈도분석 결과를 보면 4학년은 '매우 긍정' 43.1%, 6학년은 '긍정' 33.1%, '매우 긍정' 31.6%의 반응을 보였다.

마지막으로 문항 3-2 "남의 물건을 허락 없이 가져오는 것은 옳지 않기 때문이다" 에 반응하는 정도에 대한 빈도분석 결과를 보면 4학년의 경우 '매우 긍정' 58.4%, 6학년의 경우 '매우 긍정' 49.6%의 반응을 보였다.

다음으로 우리는 학생들의 도덕 판단 수준을 확인하기 위해 학생들이 문항에 반응하는 정도를 확인하였다. 이를 위해 학생들의 응답을 무반응(보통이다), 약한 반응(동의하지 않거나 동의한다), 강한 반응(매우 동의하거나 매우 동의하지 않는다) 변환하여 그 결과를 분석하였다.

우선 긍정 가정 문항에 반응하는 강도를 제시하면 아래 표와 같다.

<표8> 긍정 가정 문항에 관한 반응 강도

		문항 1-1		문항 2-1		문항 3-1	
		빈도	퍼센트	빈도	퍼센트	빈도	퍼센트
4학년	무반응	19	13.9	15	10.9	32	23.4
	약한 반응	45	32.8	48	35.0	42	30.7
	강한 반응	73	53.3	74	54.0	63	46.0
	전체	137	100.0	137	100.0	137	100.0
6학년	무반응	24	18.0	24	18.0	29	21.8
	약한 반응	51	38.3	54	40.6	47	35.3
	강한 반응	58	43.6	55	41.4	57	42.9
	전체	133	100.0	133	100.0	133	100.0

에이머가 민호에게 사탕을 가져다준 이유를 묻는 문항에 콜버그의 전인습 수준의 문항 1-1 "민호가 괴롭힐 것이기 때문이다"에 반응하는 강도를 보면 4학년의 경우 '강한 반응'이 53.3%로 상당수를 차지하고 뒤를 이어 '약한 반응'이 32.8%를 차지하고 있지만 6학년의 경우 '강한 반응' 43.6%, '약한 반응' 38.3%를 차지하고 있는 것으로 나타났다.

다음으로 콜버그의 인습 수준의 문항 2-1 "민호에게 칭찬을 받을 것이기 때문이다"에 반응하는 강도를 보면 4학년의 경우 '강한 반응'이 54%, '약한 반응'이 35%를 차지하고 있지만, 6학년의 경우 '강한 반응'은 41.4%, '약한 반응'이 40.6% 차지하고 있는 것으로 나타났다.

마지막으로 콜버그의 후인습 수준의 문항 3-1 "가족들에게 도움을 주도록 약속했기 때문이다"에 반응하는 강도를 보면 4학년의 경우 '강한 반응'이 46%, '약한 반응'이 30.7%를 차지한 반면 6학년의 경우 '강한 반응'이 42.9%, '약한 반응'이 35.3%를 차지하고 있는 것으로 나타났다.

우선 부정 가정 문항에 반응하는 강도를 제시하면 아래 표와 같다.

〈표9〉 부정 가정 문항에 관한 반응 강도

		문항 1-2		문항 2-2		문항 3-2	
		빈도	퍼센트	빈도	퍼센트	빈도	퍼센트
4학년	무반응	35	25.5	24	17.5	11	8.0
	약한반응	54	39.4	44	32.1	40	29.2
	강한반응	48	35.0	69	50.4	86	62.8
	전체	137	100.0	137	100.0	137	100.0
6학년	무반응	32	24.1	26	19.5	22	16.5
	약한반응	67	50.4	58	43.6	43	32.3
	강한반응	34	25.6	49	36.8	68	51.1
	전체	133	100.0	133	100.0	133	100.0

에이머가 민호에게 사탕을 가져다주지 않은 이유를 묻는 문항에 콜버그의 전인습 수준의 문항 1-2 "어머니가 화를 내실 것이기 때문이다"에 반응하는 강도를 보면 4학년의 경우 '약한 반응'이 39.4%, '강한 반응'이 35%를 차지했지만 6학년의 경우 '약한 반응'이 50.4%를 차지하고 있는 것으로 나타났다.

다음으로 콜버그의 인습 수준의 문항 2-2 "가족들이 실망할 것이기 때문이다"에 반응하는 강도를 보면 4학년의 경우 '강한 반응'이 50.4%, '약한 반응'이 32.1%를 기록했지만, 6학년은 '약한 반응'이 43.6%, '강한 반응'이 36.8%를 기록하였다.

마지막으로 콜버그의 후인습 수준의 문항 3-2 "남의 물건을 허락 없이 가져오는 것은 옳지 않기 때문이다"에 동의하는 정도에 대한 빈도분석 결과를 보면 4학년의 경우 '강한 반응'이 62.8%를 기록했지만, 6학년의 경우 '강한 반응'이 51.1%, '약한 반응'이 32.3%를 기록하였다.

긍정 부정 가정에 관한 반응 강도를 비교하기 위해 응답을 제곱하여 절 대값으로 변환하여(반응 강도를 무반응 0점, 약한 반응 1점, 강한 반응 4점) 그 결 과를 기술통계분석한 결과를 제시하면 아래 표와 같다.

〈표10〉 응답 반응 기술통계량

			N	최소값	최대값	평균	표준편차
4학년	가져다줌	1단계	137	0	4	.09	.418
		3단계	137	0	4	.15	.629
		5단계	137	0	4	.47	1.145
	가져다 주지않음	1단계	137	0	4	1.36	1.639
		3단계	137	0	4	1.98	1.805
		5단계	137	0	4	2.58	1.713
	유효 N(목록별)		137				
6학년	가져다줌	1단계	133	0	1	.05	.208
		3단계	133	0	4	.17	.642
		5단계	133	0	4	.38	.982
	가져다 주지않음	1단계	133	0	4	1.17	1.473
		3단계	133	0	4	1.59	1.692
		5단계	133	0	4	2.26	1.766
	유효 N(목록별)		133				

에이머에게 사탕을 가져다주어야 하는 이유에 대한 응답에서 4학년 학 생들은 전반적으로 6학년 학생들보다 모든 수준에서 강한 동의 반응을 나

타내고 있다. 4학년 내에서 반응을 분석해 보자면, 4학년 학생들은 3단계 수준(사탕을 가져다주면 민호에게 칭찬을 받을 것이기 때문에 사탕을 가져다준다)의 이유에 가장 높은 반응 평균(2.51)을 나타내고 있으며, 다음으로 1단계 수준(사탕을 가져다주지 않으면 민호가 괴롭힐 것이기 때문에 사탕을 가져다준다)에서 그보다 다소 작은 반응 평균(2.46)을 나타내고 있다. 반면 5단계 수준(에이머는 가족들에게 도움을 주도록 약속했기 때문에 사탕을 가져다준다)에서는 상대적으로 매우 낮은 반응 평균(2.15)을 나타내고 있다. 이는 4학년 학생들의 도덕 판단 수준이 인습 이전 단계에서 인습 이후 단계로 전향하는 과정에 있으며, 아직 인습 이후의 단계에 도달하지 못한 것으로 보인다.

6학년의 경우에는 사탕을 가져다주어야 하는 이유에서 1단계 반응 평균(2.13)이 다소 높기는 하지만 전체적으로 각 단계가 비슷한 반응 평균을 보여주고 있다. 이는 도덕 판단의 각 단계 수준이 혼합된 것으로 해석될 수 있다. 이러한 반응 결과는 인지적 갈등을 해결하는 과정에서 현재의 단계가 다음 단계로 어떻게 발달하는가를 설명하는 신인지주의의 '단계 혼합' 원리를 반영한다.

아동들은 환경의 모든 측면에 반응하기보다는 어떤 특정한 측면들에 대해 더욱 잘 반응한다. 그들은 자신이 쉽게 이해할 수 있는 측면들 즉, 자신의 발달 수준에 적절한 측면들에 대해 더 잘 반응한다. 비록 아동들이 자신의 발달 수준보다 복잡한 자극들에 대해 직접 반응하지는 못한다 하더라도, 많은 새로운 경험은 아동의 지각 안에서 서로 밀치고 다투는 혼합 양상을 나타낸다. 단계 혼합이란 바로 이러한 다양성과 관련된다. 한 단계로부터 다음 단계로의 진행은 단계 혼합을 인정할 때에만 가능하다. 단계의 혼합이 클수록 다음 단계로의 변화가 그만큼 쉬워진다. 도덕적 판단에 별로 진보가 없다는 것은 단계 사이의 연결고리, 즉 단계 혼합이 거의 없다는 것을 뜻한다. 격리된 공동체의 도덕성 발달이 개방된 사회의 도덕성 발달보다 느리게 진행되는 것은 격리된 공동체가 개방된 사회보다 지적 · 사회적 · 도덕적 갈등이 훨씬 적기 때문이다. 그렇다면 4학년의 동의 반응에서 5단계 수준이 매우 낮게 나타난 것으로 보아, 4학년의 도덕 판단 수준은 3단계를 벗어나지 못한 것으로 볼 수 있다.

IV. 결론

지금까지 살펴본 것과 같이 우리는 콜버그의 도덕발달 단계 이론을 기저로 한 인공지능 로봇의 도덕성 판단 기준을 3단계로 제시하였다. 그리고 10세 수준의 도덕성을 지닌 인공지능 로봇을 개발하기 위해 10세 수준의 아이들을 대상으로 설문하여 그들의 도덕성의 수준을 판단하였다. 그 결과 우리는 다음과 같은 다섯 가지의 결론을 제시할 수 있다.

첫째, 설문에 참여한 학생들의 도덕적 역량 수준은 평균적으로 '중간' 수준 정도이다.

둘째, 설문에 참여한 학생 중 6학년과 4학년 모두 도덕적 역량 수준이 평균적으로 '중간' 수준에 속하지만, 두 학년 사이의 도덕적 역량 수준의 차이가 존재하며, 평균적으로 6학년이 4학년보다 도덕적 역량 수준이 높게 나타났다.

셋째, 4학년과 6학년 질문에 대한 대답들의 평균에서 4학년은 부정 가정 응답에서 그리고 6학년은 긍정 가정 응답에서 좀 더 높은 점수 차를 나타냈다.

넷째, 4학년은 1단계에서 3단계로 이행하는 과정에 있음을 암시하고 있으며, 인습 이후 단계까지는 도달하지 못한 것으로 판단된다.

다섯째, 6학년의 경우 도덕발달 단계가 혼재되어 나타나고 있으며, 어느 단계를 특정하기가 쉽지 않다. 그 이유는 그들이 자신 안에서 인지적 혼란을 겪고 있기 때문이라고 분석된다.

우리가 콜버그의 도덕발달 이론을 빌려 인공지능 로봇의 도덕성 판단 기준을 제시한 것은 콜버그의 이론이 발전 개념을 담고 있으며, 이 발전 개념은 인공지능 로봇이 정교한 방식으로 문제를 효과적이고 효율적으로 해결해 나아가는 것과 유사하기 때문이다. 즉, 인공지능 로봇이 도덕적 결정을 위한 판단과 추론이 콜버그의 도덕발달 이론에서 사용되는 도덕 발전 개념과 유사점을 지니고 있기 때문이다.[25] 우리의 실험 결과에 따르면, 콜버그의 이론에서 사용되는 발전 개념이 실험 결과를 통해서도 나타나고 있음을 알 수 있다. 즉, 이는 우리가 제시한 인공지능 로봇의 도덕성 3단계에도 발전 개념을 도입하여 그 단계를 설정하였고, 또한 실험 결과에 따르는 도덕성 수준을 반영하여 인공지능 로봇이 이를 구현할 수 있도록 한다면, 인공지능 로봇의 도덕성 3단계의 기준을 제시할 수 있을 것으로 사료된다.

---

25 김은수 · 변순용 · 김지원 · 이인재, 앞의 논문, pp.113-114.

참고문헌

김수향, 「콜버그의 도덕발달이론을 통해 본 응화방편문-응화방편문으로 조명한 미래 도덕성
　　교육의 방향」, 『회당학보』(회당학회, 2012, 제17권), pp.387-430.

김은수 · 변순용 · 김지원 · 이인재, 「10세 아동 수준의 도덕적 인공지능개발을 위한 예비 연
　　구-인공지능 발달 과정을 중심으로」, 『초등도덕교육』(한국초등교육도덕학회, 2017 제57권),
　　pp.105-127.

박균열, 「도덕적 역량 검사도구 (MCT) 의 구성원리를 활용한 통일 · 안보의식측정도구 개발
　　기초 연구」, 『국방연구』(안보문제연구소, 2017, 제60권 3호), pp.67-92.

박균열, 「도덕적 판단력 도구 MJT 의 한국적 표준화 연구」, 『윤리연구』(한국윤리학회 제94권,
　　2014), pp.249-275.

변순용 · 신현우 · 정진규 · 김형주, 「로봇윤리 헌장의 필요성과 내용에 대한 연구」, 『윤리연
　　구』(한국윤리학회 제112권, 2017), pp.295-319.

최현철 · 변순용 · 신현주, 「인공적 도덕 행위자 (AMA) 개발을 위한 윤리적 원칙 개발-하향
　　식접근 (공리주의와 의무론) 을 중심으로」, 『윤리연구』(한국윤리학회 제111권, 2016), pp.31-
　　53.

최현철 · 변순용 · 김형주 · 정진규, 「인공적 도덕 행위자 (AMA) 윤리적 프로그래밍을 위한 논
　　리 연구 Ⅰ」, 『윤리교육연구』(한국윤리교육학회 제46권, 2017), pp.65-91.

L. 콜버그, 『도덕발달의 심리학: 도덕단계의 본질과 타당성』, 김민남 옮김 (서울: 교육과학사,
　　1988).

J. W. Santrock, 『청년심리학』, 김현정 외 옮김 (서울: 박학사, 2004).

Huebner, A. , & Garrod, A. , "Moral reasoning in a karmic world", Human Development,
　　Vol. 34(1991), pp.341-352.

Gilligan, C., "In a different voice: Women's conceptions of self and of morality", Harvard
     educational review, Vol. 47(1977), pp.481-517.

Walker, L. J., "Sex differences in the development of moral reasoning: A critical review",
     Child development, Vol. 55(1984), pp.677-691.

http://www.uni-konstanz.de/ag-moral/mut/mjt-certification.htm, 검색일 2018. 8. 1.

윤리적 AI로봇 프로젝트

• 제10장 •
10세 아동 수준 도덕적 인공지능의 도덕성 판단 적용 기준에 관한 기초연구

변순용·김은수·정진규·박보람

I. 서 론

본 논문은 인공윤리에이전트를 개발하고자 하는 목적 하에 그것들이 지녀야 하는 도덕성이 무엇이며, 그 기준을 제시하는 것이 목적이다. 우리가 개발하려고 하는 인공지능은 소셜로봇이며, 이 로봇은 10세 아동 수준이 지니고 있는 도덕성을 지니고 있는 것이다. 이를 위해 지금까지 본 연구팀은 총 5개의 연구논문을 양산하였으며, 그것으로부터 우리는 인공적 도덕행위자(Artificial Moral Agent: 이하 AMA)의 도덕발달 3단계를 개발하였다. 본 논문에서 우리는 우리가 개발한 AMA의 도덕발달 3단계를 좀 더 명확하게 밝히고자 한다. 이를 위해 우선적으로 인공지능의 도덕성 판단 기준이 무엇이며, 그 필요성에 대하여 논할 것이다. 다음으로 우리는 우리가 개발한 AMA의 도덕발달 3단계가 어떻게 구성되어 있는가를 설명할 것이다. 마지막으로 본 연구논문의 핵심이라고 할 수 있는 부분으로 우리는 AMA의 도덕발달 3단계를 실현하기 위한 인공지능을 개발하기 위해서 이전의 연구논문 「10세 수준 인공지능의 도덕성 판단 적용 기준에 관한 연구」[1] 에서 제시한 예비적 단계의 설문 결과와 본 논문에서 제시한 수정된 설문 결과를 비교할 것이다. 이 과정을 통해 우리는 10세 아동 수준의 인공지능 로봇이 지녀야 하는 도덕성이 어떤 수준인가를 명확하게 제시할 것이다.

II. 인공지능의 도덕성 판단 적용

1. 인공지능의 도덕성 판단 적용 기준의 필요성

인간은 어떤 문제에 봉착하였을 경우 언제나 그 문제를 해결하기 위해서 선택을 한다. 또한, 본인이 선택한 그 선택이 옳거나 혹은 선한 선택일 것이라고 기대한다. 그렇다면 인간의 삶을 윤택하게 하기 위해 제작된 인공지능이 어떤 문제에 봉착하였을 경우, 인공지능은 어떤 선택을 해야 하는가? 인간과 유사하게 인공지능은 옳거나 혹은 선택을 해야 하는 것인가? 이 물음에 대한 근본적인 대답은 아마도 인공지능이 인간의 삶을 윤택하게 하기 위해서 제작된 것이기 때문에 그것이 스스로 어떤 판단을 하는 것보다는 인

---

1 정진규 외 3인, 「10세 수준 인공지능의 도덕성 판단 적용 기준에 관한 연구」, 『윤리교육연구』 제50집(서울: 한국윤리교육학회, 2018).

간의 명령에 복종해야만 한다고 할 것이다. 그러나 만약 인간에 의해 제시된 명령이 '도덕적 갈등(moral conflict)을 유발하는 윤리적 딜레마 상황이라면 인공지능은 어떤 선택을 해야 하는가?' 라는 질문이라면, 우리는 어떤 답변을 제시해야 하는가? 아마도 우리의 답변은 '인간의 명령에 복종해야 한다' 고 하는 답변과는 다른 답변일 것이다. 예를 들어, 명령권자의 목숨을 살리기 위해 많은 사람의 목숨을 희생해야 하는 경우라면, 아마도 우리는 '인간의 명령에 반드시 복종하지 않을 수도 있다' 와 같은 답변을 할 것이다.

우리가 도덕적 갈등이 발생하는 윤리적 딜레마 상황에서 인공지능의 선택에 대한 답변을 '반드시 인간의 명령에 복종해야만 한다' 고 할 수 없는 이유는 우리가 가지고 있는 다양한 도덕적 근거(moral reasons) 때문일 것이다. 설명하자면, 인간은 자신이 옳다고 믿고 있는 다양한 규범 윤리 이론이 제시하는 도덕적 근거에 의해 자신이 생각하기에 옳다고 간주되는 답변을 하는 것이다. 우리는 이와 같은 근거를 행위의 판단 기준이라고 하며, 결과주의는 행위의 목적이, 비결과주의는 행위의 동기가 그 기준이 된다.[2] 결과적으로 인간이 자신이 옳다고 믿고 있는 어떤 기준에 의해 행위를 선택하는 것과 동일하게 비록 인공지능이 인간의 명령을 수행하는 것이라고 할지라도, 인공지능이 옳거나 혹은 선한 행위를 선택하기 위해서는 반드시 기준이 필요하다. 왜냐하면, 그 기준에 의해 인공지능은 도덕적 갈등 상황을 해결할 수 있기 때문이다. 그러므로 우리는 인공지능을 개발하는데 있어서 그것들이 도덕적 갈등 상황을 해결할 수 있도록 판단 기준을 그들에게 제공해야만 한다. 우리는 그것을 인공지능의 도덕성 판단 기준이라고 할 수 있다.

---

2   정진규, 「트롤리 문제와 다원론적 규범 윤리 이론」, 『동서철학연구』 제81호 (한국동서철학회, 2016), p.424. 참조.

2. 인공지능의 도덕성 판단 적용 기준 3단계

우리가 개발하려고 하는 소셜로봇은 10세 아동 수준의 인공지능이다. 따라서 우리는 10세 아동들에게 발생할 수 있는 다양한 상황 속에서 그들이 도덕적 갈등을 어떠한 방식으로 해결해야 나가는지를 살펴봐야 한다. 우리는 이와 같은 목적 하에 10세 아동 수준의 인공지능이 갖춰야 하는 인공지능의 도덕성 판단 적용 기준 3단계에 대하여 다양한 논의를 거쳐 다음과 같은 기준을 개발하였다.[3]

〈표 1〉 AMA의 도덕발달 단계와 그 특징[4]

AMA의 도덕발달 단계	AMA의 단계별 특징
1단계: 명령의 무조건적 수행 단계	가장 초보적이고 기본적인 동작을 취하는 단계로 제작 당시 프로그램된 명령들을 무조건적으로 따르는 단계
2단계: 상벌에 따른 결과주의 단계	초보적인 형태의 자율적 의사 결정 능력과 함께 기초적인 지식의 확장 단계이며, 이 단계에서 우선적 고려 사항은 사용자의 복지이며 이에 따라 명령을 처리함
3단계: 사회적 규약 준수 단계	사용자와의 다양한 접촉과 반응을 통해 이전의 단계보다 더욱 자율적 의사 결정 능력이 확장되며, 다양한 지식의 습득을 통해 사회적 제반 규약들을 의사 결정 및 명령 수행에 반영함

---

3 도덕성 판단 기준이라는 것은 어떤 행위를 선택할 경우 그 행위가 도덕적이거나 혹은 도덕적이지 않거나를 판단하는 행위의 기준을 의미한다.

4 정진규 외 3인 「10세 수준 인공지능의 도덕성 판단 적용 기준」, 『윤리교육연구』 제50집 (서울: 한국윤리교육학회, 2018), p.393.

우선적으로 각각의 단계의 특징을 살펴보기 전에 'AMA의 도덕발달 단계와 그 특징'에서 가장 중요한 핵심은 AMA가 어떤 행위를 선택함에 있어서 기준이 되는 도덕 판단의 가치가 외부적인 것에서 내부적인 것으로 변환된다는 것이다. 설명하자면, 1단계에서는 도덕적 가치가 명령권자에게 전적으로 귀속되어 그들의 명령에 복종을 하는 것이라면, 3단계에서는 다양한 사회적 제발 규칙들을 AMA가 스스로 학습하여 소유하게 되고 그에 따라 자율적으로 상황에 적합한 행위를 선택하는 것이다.

각각의 단계에 대한 특징을 살펴보면, AMA의 도덕발달 1단계는 명령의 무조건적 수행 단계(Imperative Order-Fulfillment Stage)로 이 단계의 AMA는 '도덕적 가치의 외재성'에 기반을 두고 행위를 한다. 이 단계의 AMA는 매뉴얼에 의해 작동하고 명령을 처리하는 자동인형(automation)이라고 할 수 있다.[5] 설명하자면, 이 단계는 도덕적 가치가 AMA에 귀속되어 있지 않고, 외부에 존재하는 도덕적 가치, 즉 자신에게 명령을 내리는 누군가에게 유익하기만 하면 AMA는 어떠한 도덕적 판단도 하지 않고 행위를 이행할 수 있다. 그러므로 도덕적 가치는 명령자에게 전적으로 귀속되어 있는 것이며, AMA의 행위는 도덕적 가치의 외재성에 의해 어떤 행위를 선택하든지 간에 명령에 복종하기만 하면 그 행위의 정당성이 확보된다. 결과적으로 AMA를 소유하고 있는 소수의 단위 집단 내에서 타인에게 불이익이 되는 영향이 미비하거나 혹은 불이익이 없을 경우에 AMA에게 요청되는 수준의 도덕성 발달단계이며, 이와 같은 도덕성 발달단계가 AMA에게 요구되는 도덕성 판단 기준

---

5 정진규 외 3인, 「10세 수준 인공지능의 도덕성 판단 적용 기준」, 『윤리교육연구』 제50집 (서울: 한국윤리교육학회, 2018), p.394. 참조.

이다.[6]

AMA의 도덕발달 2단계는 상벌에 따른 결과주의 단계(Consequential Stage Based on Prize-Punishment)[7] 로 이 단계의 AMA는 '도덕적 가치의 타자 의존성'에 기반을 두고 행위를 한다. 또한, 이 단계의 AMA는 반자율적 의사 결정 능력을 소유하고 있는 동시에 기초적인 도덕적 가치의 확장 능력도 겸비하고 있다.[8] 설명하자면, 도덕적 가치의 타자 의존성이라는 것은 자신이 포함된 집단 구성원들이 중요시 하는 도덕적 가치가 AMA의 행위 선택에 기준이 된다는 의미이다. 부연하면, "어떤 도덕적 가치가 자신을 포함하는 집단 구성원들에 귀속되어 있고, 그 집단에 도덕적 가치가 돌아간다면 그 가치는 더욱 커질 것이며, 집단 구성원 중 더 높은 수준의 가치가 귀속되어 있다고 합의된 사람의 판단은 더 높은 차원의 질적 가치를 부여받을 것이다. 따라서 이에 대한 총합에 따른 집단 구성원의 평가에 의해 AMA가 행위를 하게 된다는 것이다."[9] 결과적으로 AMA가 행위를 선택하는데 있어서 가장 핵심이 되는 메커니즘은 AMA와 관계를 맺고 있는 공동체 구성원들의 총체적 평가, 즉 상벌에 의한 것이다. 그리고 이 단계에서의 총체적 평가 과정에는 집단 구성원들에 유익한 도덕적 가치가 무엇인가에 대한 반자율적 평가가 이루어진다. 그러므로 도덕성 평가의 기준은 구성원들이 공유하게

---

6 김형주 외 1인, 「모럴튜링테스트(Moral Turing Test) 개발의 이론적 토대」, 『윤리연구』 제120호(서울: 한국윤리학회, 2018), p.330. 참조.

7 도덕발달 2단계에서 유의해야 할 점은 이 단계가 결과주의 규범 윤리 이론 (consequentialism)과는 상이하다는 것이다. 즉, AMA가 행위를 선택하는데 있어서의 기준이 공리성에 근거한 결과에 따른 것이 아니라는 것이다.

8 정진규 외 3인, 「10세 수준 인공지능의 도덕성 판단 적용 기준」, 『윤리교육연구』 제50집 (서울: 한국윤리교육학회, 2018), p.394. 참조.

9 김형주 외 1인, 「모럴튜링테스트(Moral Turing Test) 개발의 이론적 토대」, 『윤리연구』 제120호(서울: 한국윤리학회, 2018), p.330.

되는 상벌에 따른 도덕적 가치의 총합의 정도이다.

AMA의 도덕발달 3단계는 사회적 규약 준수 단계(Social Convention Stage)로 이 단계의 AMA는 '도덕적 가치의 사회적 공유'에 기반을 두고 행위를 한다. 이 단계는 이전의 단계들보다 확고한 윤리적 입장의 단계로 보편적 윤리 원칙에 입각하여 AMA가 행위를 한다.[10] 이 단계의 AMA는 다양한 상황에 대한 인식의 고려와 그것의 토태가 되는 사회적 제반 사항들과의 상호관계를 통해 자신의 행위를 자율적으로 선택하며, 동시에 명령권자의 명령에 대한 거부도 가능하다. 즉, 사회적으로 받아드릴 수 있는 다양한 도덕적 가치에 의해 AMA가 행위를 선택하여 수행하는 것이다. 그러나 이와 같은 자율적 선택에 따른 AMA의 행위가 사회적으로 허용되는 모든 도덕적 가치를 실현하기 위한 수준의 행위는 아니다. 설명하자면, AMA가 선택하는 행위는 인간의 복지를 위한 공공선의 실현과 인간의 복지 향상을 위한 사회적 규약을 준수하는 수준에서의 자율적 주체로서의 선택을 하는 것이다.[11] 결과적으로 이 단계의 AMA의 도덕성 판단 기준은 일반적으로 우리가 논의하는 다양한 규범 윤리 이론에 근거한다.

---

10 김형주 외 1인, 「모럴튜링테스트(Moral Turing Test) 개발의 이론적 토대」, 『윤리연구』 제120호(서울: 한국윤리학회, 2018), pp.329-331. 참조.

11 정진규 외 3인, 「10세 수준 인공지능의 도덕성 판단 적용 기준」, 『윤리교육연구』 제50집(서울: 한국윤리교육학회, 2018), pp.395-396. 참조.

Ⅲ. 인공지능 로봇의 도덕성 3단계 기준을 위한 실험

1. 연구 대상 및 기간

본 설문은 서울특별시 소재(구로구, 강동구, 노원구) 초등학교 4학년(A초등학교 82명, B초등학교 94명, C초등학교 40명)과 6학년(A초등학교 78명, B초등학교 109명, C초등학교 378명) 440명을 대상으로 시행되었다. 연구대상은 설문이 가능한 학교를 대상으로 이루어졌으며, 최종적으로 설문 신청을 한 3개 학교가 선정되었다. 설문 기간은 2018년 3월 서울교육대학교 기관 생명윤리위원회(IRB)로부터 연구윤리 심의를 거친 후 진행되었으며, 10월 한 달 동안 설문에 관련된 안내장 및 동의서와 함께 설문조사가 진행되었다.

2. 연구 대상 및 기간

설문조사는 인공지능 로봇이 행동과 그 이유를 묻는 두 종류의 시나리오로 구성되었다. 시나리오의 내용은 다음과 같다.

〈표 2〉 슬라임 시나리오

에이머는 정서불안과 아토피를 앓고 있는 진영이와 함께 사는 건강관리 로봇이다. 진영이는 슬라임(액체 괴물)을 가지고 놀면 마음이 진정되지만, 아토피가 심해진다. 그래서 진영이의 가족은 진영이에게 슬라임을 가지고 놀지 말라고 했다. 어느 날 심한 정서불안을 느낀 진영이는 에이머에게 슬라임을 가져오라고 시켰다.

〈표 3〉 충치 시나리오

에이머는 민호네 가족의 건강과 집안일을 돌보는 가정용 로봇이다. 민호는 요즘 충치가 심해서 치료를 받고 있다. 그래서 부모님은 민호에게 당분간 사탕을 먹지 말라고 했다. 그러나 민호는 달콤한 사탕 광고를 보고 사탕이 너무 먹고 싶어서 에이머에게 동생의 사탕을 몰래 가져오라고 하였다.

학생들은 각 시나리오를 읽고 인공지능 로봇의 행동 이유에 동의하는 정도를 5점 척도(전혀 동의하지 않는다 ~ 매우 동의한다)로 응답하였다. 각 시나리오에서 인공지능 로봇의 행동 이유를 묻는 문항은 다음과 같다.

〈표 4〉 슬라임 시나리오에서 인공지능 로봇의 행동 이유

에이머가 슬라임을 가져다준 이유
진영이가 시키는 것을 해야 하기 때문에
진영이에게 칭찬을 받을 것이기 때문에
진영이네 가족에게 도움을 주기로 약속했기 때문에

〈표 5〉 충치 시나리오에서 인공지능 로봇의 행동 이유

에이머가 슬라임을 가져다주지 않은 이유
진영이의 엄마가 화낼 것이기 때문에
진영이의 가족들이 실망할 것이기 때문에
진영이네 가족의 건강을 돌보기로 약속했기 때문에

3. 측정 도구 및 방법

에이머가 사탕을 가져다준 이유
민호가 시키는 것을 해야 하기 때문에
민호에게 칭찬을 받을 것이기 때문에
민호네 가족에게 도움을 주기로 약속했기 때문에

에이머가 사탕을 가져다주지 않은 이유
민호의 엄마가 화낼 것이기 때문에
민호의 가족들이 실망할 것이기 때문에
민호네 가족의 건강을 돌보기로 약속했기 때문에

본 연구는 독일의 도덕심리학자인 린트(G. Lind)가 개발한 MCT(Moral Competence Test)를 측정 도구로 사용하였으며[12], 도덕적 역량의 정도인 C-

---

12　정진규 외 3인, 「10세 수준 인공지능의 도덕성 판단 적용 기준」, 『윤리교육연구』 제50 집(서울: 한국윤리교육학회, 2018), p.397. 참조.

점수에 의해 도덕적 정도를 평가한다. C-점수는 특정 주제에 대한 자신의 도덕적 관심과 원칙에 의해 결정된 정도를 나타내며, 1-9점대는 '낮음', 10-29점대는 '중간', 30-49점대는 '높음', 50점대 이상은 '아주 높음'으로 평가한다.

검사 문항은 MCT의 알고리즘을 원용하여 만들어졌으며, 2개의 딜레마 —인공지능 에이머의 선택—를 상정하여 주인공의 시각에서 도덕 판단이 가능한 인공지능을 탑재한 자율형 헬스케어 로봇 에이머의 행위 선택을 위한 도덕 판단을 내려보도록 구성되어 있다. 문항의 내용은 본 연구에서 상정하고 있는 AMA의 도덕발달 단계인 1단계 '명령의 무조건적 수행', 2단계 '상벌에 따른 결과주의', 3단계 '사회 규약'의 단계와 일치하도록 구성되었다.[13] 설문조사는 지필검사를 통해 이루어졌으며, 리커드(Likert) 5점 척도—전혀 동의하지 않는다(-2), 동의하지 않는다(-1), 보통이다(0), 동의한다(+1), 매우 동의한다(+2)—로 구성되었다. 응답 결과는 MCT의 알고리즘의 C-점수로 변화되어 10세 아동의 도덕발달 수준을 측정하는 데 사용되었다.

---

13 정진규 외 3인, 「10세 수준 인공지능의 도덕성 판단 적용 기준」, 『윤리교육연구』 제50집(서울: 한국윤리교육학회, 2018), p.398. 참조.

4. 결과 분석

1) 학년별 C-점수 분석

설문조사에 응답한 지역별 초등학생은 4학년 210명, 6학년 212명으로 모두 422명이며, 이를 간단하게 표로 나타내면 아래와 같다.

〈표 6〉 설문조사 응답 대상

	4학년	6학년	전체
구로구 지역 초등학교	80(19.0%)	74(17.5%)	154(36.5%)
강동구 지역 초등학교	90(21.3%)	104(24.6%)	194(46.0%)
노원구 지역 초등학교	40(9.5%)	34(8.1%)	74(17.5%)
전체	210(49.8%)	212(50.2%)	422(100%)

다음으로 설문조사 결과 슬라임 시나리오와 충치 시나리오에서 나타난 학년별 C-점수 평균과 표준편차는 아래 표와 같다.

〈표 7〉 4학년과 6학년의 C-점수 평균

시나리오	학년	N	C-점수 평균
슬라임 C-점수	4학년	210	22.85
	6학년	212	26.85
충치 C-점수	4학년	210	22.84
	6학년	212	25.56

윤리적 AI로봇 프로젝트

표에서 보이는 바와 같이 슬라임 시나리오에서 학년별 C점수는 4학년은 22.85점, 6학년은 26.85점, 충치 시나리오에서 학년별 C점수는 4학년은 22.84점, 6학년은 25.56로 두 학년 모두 C-점수 평균값에서 중간 정도의 수준을 보이며, 4학년에 비해 6학년의 C-점수의 평균이 다소 높은 것으로 확인되었다. 두 학년간 C-점수 평균값의 유의도 확인을 위한 t 검증값을 확인한 결과 아래 표와 같다.

〈표 8〉 4학년과 6학년 C점수 평균 독립표본 검증값

시나리오	t	자유도	유의확률 (양측)	평균 차이	표준오차 차이
슬라임	-3.332	420	.001	-8.01	2.40
충치	-2.266	420	.024	-5.44	2.40

표에서 보이는 바와 같이 슬라임 시나리오의 경우 t 값은 -3.332, 유의확률(<.05)은 .001로 4학년과 6학년의 수준 차이가 유의미한 것으로 확인되었다. 충치 시나리오 또한 t 값은 -2.266, 유의확률(<.05)은 .024로 4학년과 6학년의 수준 차이가 유의미한 것으로 확인되었다. 결론적으로 4학년과 6학년은 모두 도덕적 역량에서는 '중간' 정도의 수준을 보이지만, 둘 사이의 수준에서는 6학년이 4학년에 비해 도덕적 역량이 더 높은 수준을 보인다고 말할 수 있다.[14]

---

14 동일 반응 응답자를 제외한 카이제곱 검증에서도 학년 간에 도덕적 역량 수준이 차이가 있다고 나타났다.

2) 학년별 도덕성 판단 단계 분석

응답자의 도덕 판단 수준을 확인하기 위해 콜버그 도덕발달 수준에 따라 학생들의 도덕 판단 수준을 확인하기 위해, 학생들이 문항에 반응하는 정도를 확인하였다. 학생들의 응답("보통이다"는 무반응 0점, "동의하지 않는다"와 "동의한다"는 약한 반응 1점, "매우 동의한다"와 "매우 동의하지 않는다"는 강한 반응 4점)을 절댓값으로 변환하여 그 결과를 기술통계분석한 결과를 제시하면 아래 표와 같다.

〈표 9〉 슬라임 시나리오 응답 반응 기술통계량

			N	최소값	최대값	평균	표준편차
4학년	가져다줌	1단계	210	0	4	1.81	1.697
		2단계	210	0	4	2.08	1.693
		3단계	210	0	4	1.99	1.724
	가져다 주지않음	1단계	210	0	4	2.00	1.690
		2단계	210	0	4	1.84	1.626
		3단계	210	0	4	2.85	1.599
유효 N(목록별)			210				
6학년	가져다줌	1단계	212	0	4	1.44	1.486
		2단계	212	0	4	1.59	1.639
		3단계	212	0	4	1.86	1.662
	가져다 주지않음	1단계	212	0	4	1.62	1.606
		2단계	212	0	4	1.36	1.494
		3단계	212	0	4	2.62	1.620
유효 N(목록별)			212				

에이머에게 슬라임을 가져다주어야 하는 이유에 대한 응답에서 4학년 학생들은 "진영이에게 칭찬을 받을 것이기 때문에"라는 2단계(인습) 수준의 이유에 더 많이 동의하는 것으로 나타났다(2.08점). 그러나 6학년 학생들

은 "진영이네 가족에게 도움을 주기로 약속했기 때문에"라는 3단계(인습 이후) 수준의 이유에 더 많이 동의하는 것으로 나타났다(1.86점). 이는 6학년 학생들이 4학년은 학생보다 인습 단계에서 인습 이후 단계로 더 많이 전향하는 과정에 있는 것으로 보인다.

에이머에게 슬라임을 가져다주지 않아야 하는 이유에 대한 응답에서 4학년 학생(2.85점)과 6학년 학생(2.62점) 모두 "진영이네 가족의 건강을 돌보기로 약속했기 때문에"라는 3단계(인습 이후) 수준의 이유에 더 많이 동의하는 것으로 나타났다. 그러나 4학년 학생들은 "진영이의 엄마가 화낼 것이기 때문에"라는 1단계(인습 이전) 수준의 이유에도 꽤 많이 동의하는 것으로 나타났다(2.00점). 이는, 4학년 학생들의 도덕 판단에 각 단계 수준이 혼합된 것으로 해석될 수 있다. 이러한 반응 결과는 인지적 갈등을 해결하는 과정에서 현재의 단계가 다음 단계로 어떻게 발달하는가를 설명하는 신인지주의의 '단계 혼합' 원리를 반영한다.

〈표 10〉 충치 시나리오 응답 반응 기술통계량

			N	최소값	최대값	평균	표준편차
4학년	가져다줌	1단계	210	0	4	2.05	1.698
		2단계	210	0	4	2.04	1.694
		3단계	210	0	4	2.00	1.715
	가져다 주지 않음	1단계	210	0	4	2.07	1.697
		2단계	210	0	4	1.78	1.619
		3단계	210	0	4	2.96	1.559
유효 N(목록별)			210				
6학년	가져다줌	1단계	212	0	4	1.45	1.534
		2단계	212	0	4	1.65	1.656
		3단계	212	0	4	1.68	1.650
	가져다 주지 않음	1단계	212	0	4	1.56	1.521
		2단계	212	0	4	1.40	1.474
		3단계	212	0	4	2.69	1.625
유효 N(목록별)			212				

에이머에게 사탕을 가져다주어야 하는 이유에 대한 응답에서 4학년 학생들은 "민호가 시키는 것을 해야 하기 때문에"라는 1단계(인습 이전) 수준의 이유에 더 많이 동의하는 것으로 나타났다(2.05점). 그러나 6학년 학생들은 "민호네 가족에게 도움을 주기로 약속했기 때문에"라는 3단계(인습 이후) 수준의 이유에 더 많이 동의하는 것으로 나타났다(1.68점). 이는 6학년 학생들이 4학년은 학생보다 인습 이전 단계에서 인습 이후 단계로 더 많이 전향하는 과정에 있는 것으로 보인다.

에이머에게 사탕을 가져다주지 않아야 하는 이유에 대한 응답에서 4학년 학생(2.96점)과 6학년 학생(2.69점) 모두 "민호네 가족의 건강을 돌보기로 약속했기 때문에"라는 3단계(인습 이후) 수준의 이유에 더 많이 동의하는 것으로 나타났다. 그러나 4학년 학생들은 "민호의 엄마가 화낼 것이기 때문에"라는 1단계(인습 이전) 수준의 이유에도 꽤 많이 동의하는 것으로 나타났다(2.07점). 이 또한, 4학년 학생들의 도덕 판단에 각 단계 수준이 혼합된 것으로 해석될 수 있다.

5. 예비 검사와 본 검사와의 비교

1) C-점수 평균 및 t-검증값 비교

예비 검사[15]와 본 검사와의 C-점수 평균은 아래 표와 같다.

〈표 11〉 예비 검사와 본 검사의 C-점수 평균

시나리오		학년	N	C-점수 평균
예비 검사	사탕	4학년	179	22.546
	C-점수	6학년	166	27.986
본 검사	슬라임	4학년	210	22.847
	C-점수	6학년	212	26.854
	충치	4학년	210	22.842
	C-점수	6학년	212	25.562

　　4학년은 예비 검사에서 평균 22.546점, 본 검사에서는 22.847점과 22.842점을 기록하였고, 6학년은 예비 검사에서 27.99점, 본 검사에서는 26.854점과 25.562점을 기록했다. 4학년은 예비와 본 검사 모두 22점대를 기록해 거의 비슷한 점수를 기록하였으며, 6학년은 예비 검사에 비해 두 개의 검사 모두 약간 낮은 점수를 기록하였다. 6학년의 경우 예비와 본의 경우 지역차, 즉 환경여건으로 인한 차이에 기인한 것으로 추측되며, 유의미한 차이가 나는 정도는 아니라고 할 수 있다.

　　다음으로 예비 검사와 본 검사의 독립표본 검증값을 비교해 보면 유

15　정진규 외 3인, 「10세 수준 인공지능의 도덕성 판단 적용 기준에 관한 연구」, 『윤리교육 연구』 제50집(서울: 한국윤리교육학회, 2018).

의확률 **<.05 수준에서 예비 검사와 본 각각 학년별로 비교했을 때, .886, .888, .591, .252로 양측 유의 확률을 기록함으로써 예비 검사와 본 검사 간의 유의미한 차이가 없는 것으로 나타났다. 이를 간단하게 표로 나타내면 아래 표와 같다.

〈표 12〉 독립표본 검증

	평균의 동일성에 대한 T 검정		
	t	자유도	유의확률 (양측)
C-점수 (A:C)	-.150	387	.881
C-점수 (A:D)	-.148	387	.882
C-점수 (B:E)	.582	376	.561
C-점수 (B:F)	1.238	376	.216

A: 4학년 예비 검사 (사탕)   B: 6학년 예비 검사 (사탕)
C: 4학년 본 검사 (슬라임)   E: 6학년 본 검사 (슬라임)
D: 4학년 본 검사 (충치)   F: 6학년 본 검사 (충치)

2) 응답 반응 기술 통계량 비교

4학년 예비 검사와 본 검사의 응답 반응 기술 통계량을 비교해 보면 다음 표와 같다.

〈표 13〉 4학년 응답 반응 기술통계량 비교

		반응	단계	N	평균	표준편차
예비검사	4학년	가져다줌 (긍정 응답)	1단계	137	.09	.418
			2단계	137	.15	.629
			3단계	137	.47	1.145
		가져다 주지 않음 (부정 응답)	1단계	137	1.36	1.639
			2단계	137	1.98	1.805
			3단계	137	2.58	1.713
본검사	4학년 (슬라임)	가져다줌 (긍정 응답)	1단계	210	1.81	1.697
			2단계	210	2.08	1.693
			3단계	210	1.99	1.724
		가져다 주지 않음 (부정 응답)	1단계	210	2.00	1.690
			2단계	210	1.84	1.626
			3단계	210	2.85	1.599
	4학년 (충치)	가져다줌 (긍정 응답)	1단계	210	2.05	1.698
			2단계	210	2.04	1.694
			3단계	210	2.00	1.715
		가져다 주지않음 (부정 응답)	1단계	210	2.07	1.697
			2단계	210	1.78	1.619
			3단계	210	2.96	1.559

　　예비 검사에서는 4학년의 경우 긍정 응답과 부정 응답에서 3단계(인습 이후) 수준의 응답이 가장 높은 반응을 보이고 있는 반면 본 검사에서는 슬라임 문항에서는 긍정 응답 2단계(인습) 수준, 부정 응답 3단계(인습 이후) 수준이 가장 높게 측정되었다. 그리고 충치 문항에서는 긍정 응답 1단계(인습 이전) 수준, 부정 응답 3단계(인습 이후) 수준으로 가장 높게 측정되었다. 결과에서 보듯 긍정 응답에서는 약간의 단계 차이를 보이고 있는 반면 부정 응답에서는 예비 검사와 동일한 3단계(인습 이후)수준 반응을 보이고 있다.

특히 본에서는 긍정 응답이 슬라임 문항에서 2단계(인습) 수준, 충치 문항에서 1단계(인습 이전) 수준—2단계(인습) 수준 응답과 거의 차이가 없어 3단계의 응답을 보인다고 해도 무방하다—을 보이고 있어 2단계(인습) 수준이 주류 응답으로 해석할 수 있으며, 전반적으로 평균적으로 예비 검사에 비해 높은 점수를 보이고 있다 이 차이는 개인차에서부터 가정환경 및 주변환경에 이르기까지 다양한 요인이 연관되어 있을 것으로 판단되지만, 본 연구에서 고려사항이 아니기에 원인 분석에서 제외한다.

다음으로 6학년의 예비 검사와 본 검사의 응답 반응 기술 통계량을 비교해 보면 다음 표와 같다.

<표 14> 6학년 응답 반응 기술통계량 비교

		반응	단계	N	평균	표준편차
예비검사	6학년	가져다줌 (긍정 응답)	1단계	133	.05	.208
			2단계	133	.17	.642
			3단계	133	.38	.982
		가져다 주지 않음 (부정 응답)	1단계	133	1.17	1.473
			2단계	133	1.59	1.692
			3단계	133	2.26	1.766
본검사	6학년 (슬라임)	가져다줌 (긍정 응답)	1단계	212	1.44	1.486
			2단계	212	1.59	1.639
			3단계	212	1.86	1.662
		가져다 주지 않음 (부정 응답)	1단계	212	1.62	1.606
			2단계	212	1.36	1.494
			3단계	212	2.62	1.620
	6학년 (충치)	가져다줌 (긍정 응답)	1단계	212	1.45	1.534
			2단계	212	1.65	1.656
			3단계	212	1.68	1.650
		가져다 주지 않음 (부정 응답)	1단계	212	1.56	1.521
			2단계	212	1.40	1.474
			3단계	212	2.69	1.625

6학년의 경우 예비 측정에서는 긍정 및 부정 응답에 모두 3단계(인습 이후) 수준의 응답이 가장 높게 측정이 되었다. 본 측정에서도 예비와 마찬가지 반응을 보이고 있으며, 예비에 비해 평균적으로 높은 점수를 기록하고 있다.[16]

---

16 정진규 외 3인, 「10세 수준 인공지능의 도덕성 판단 적용 기준」, 『윤리교육연구』 제50집(서울: 한국윤리교육학회, 2018), p.398. 참조.

Ⅳ. 결론

이상과 같이 인공지능 로봇의 3단계 도덕성 판단 기준에 따라 10세 아동을 대상으로 한 설문 결과를 살펴보았다. 예비 검사와 본 검사의 결과를 비교·분석한 내용을 요약하면 다음과 같다.

첫째, 설문에 참여한 초등 4학년과 6학년 모두 도덕적 역량 수준은 평균적으로 '중간' 수준으로 확인되었고, 두 학년 간 유의미한 차이가 있는 것으로 나타났으며, 6학년의 도덕적 역량 수준이 높게 측정되었다.

둘째, 4학년은 슬라임 스토리에서 긍정 응답은 2단계, 부정 응답은 3단계의 반응이 가장 높게 나타났으며, 충치 스토리의 경우 긍정 응답은 1단계 반응이 가장 높게 나왔지만, 2단계 반응과 거의 차이가 없는 것으로 측정되었다. 그리고 부정 응답의 경우 3단계 반응이 가장 높게 측정되었다. 측정 결과에 비추어 볼 때, 4학년은 학생은 예비측정 때와 마찬가지로 긍정 응답보다는 부정 응답에 더 강하게 반응하는 특징을 보이고 있으며, 긍정 반응에서 2단계가 가장 높은 반응을 보이고 있는 것은 1단계에서 2단계로 이행하고 있는 것을 보여주고 있다고 판단할 수 있다. 다만 충치 스토리의 경우 단계별로 큰 차이가 없는 것은 한편으로 도덕적 판단에서 지적 성숙에 따른 판단 내용 및 형식의 유입으로 혼란을 보이는 것으로 판단된다. 그러나 대체적으로 긍정 응답에서는 2단계 반응이 대체적으로 채택되고 있다는 점에서 이미 많은 학생들이 2단계에 안착하고 있다는 점에서 2단계을 대표적 특성으로 특징지어도 무방할 것으로 판단한다.

셋째, 6학년은 슬라임 및 충치 스토리에서 예비 측정과 마찬가지고 긍정 및 부정 응답에서 3단계 반응이 주류를 이루었다. 측정 결과를 검토해 봤을 때, 6학년의 경우 2단계에서 3단계로 이행해 가는 과정 중에 있으며, 상당수가 이미 3단계에 안착해 있다는 결론을 내릴 수 있다고 결론 내릴 수 있다.

넷째, 예비 검사와 비교했을 때, 예비 검사와 형태적으로 동일한 반응, 즉 4학년은 1단계에서 2단계로의 이행하는 형태—상당부분 혼재되어 있기는 하지만, 1단계에서 2단계로 이행하고 있는 상태이고, 2단계에 많은 반응을 보이고 있다는 점에서 2단계를 대표 특성으로 특정가능하다—를, 6학년은 2단계에서 3단계로 이행하는 형태를 보이고 있을 뿐만 아니라 두 학년 모두 예비에 비해 전반적으로 높은 반응을 보이고 있다는 점에서 더 안정된 형태를 보여주고 있다고 판단할 수 있다.

다섯째, 결과에서 보여주듯이 본 문항은 용어와 스토리를 비롯해 몇 가지 점에서 정밀화를 가해 예비 문항에 비해 좀 더 안정화된 결과를 도출해 냈다고 할 수 있다. 그리고 예비 실험과 본 실험이 수치상의 차이는 있지만 단계적으로 비슷한 결과가 도출된 것에 비추어 봤을 때, 실험 설계가 대상이 바뀌었음에도 동질성을 유지하고 있다는 점에서 실험설계 상의 문제는 없는 것으로 판단할 수 있다.

참 고 문 헌

김은수 외 3인, 「10세 아동 수준의 도덕적 인공지능개발을 위한 예비 연구 - 인공지능 발달 과
　　정을 중심으로 -」, 『초등도덕교육』 제57권(서울: 한국초등교육도덕학회, 2017).

김형주 외 1인, 「모럴튜링테스트(Moral Turing Test) 개발의 이론적 토대」, 『윤리연구』 제120호
　　(서울: 한국윤리학회, 2018),

변순용 외 3인, 「로봇윤리 헌장의 내용과 필요성에 관한 연구」, 『윤리연구』 제112호(서울: 한국
　　윤리학회, 2017),

정진규 외 3인, 「10세 수준 인공지능의 도덕성 판단 적용 기준에 관한 연구」, 『윤리교육연구』,
　　제50집(서울: 한국윤리교육학회, 2018).

정진규, 「트롤리 문제와 다원론적 규범 윤리 이론」, 『동서철학연구』 제81호(한국동서철학회,
　　2016).

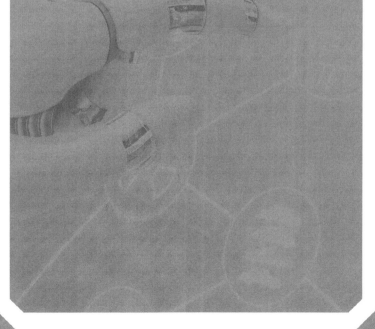

3부

AI로봇의 현실적인
윤리적 쟁점

• 제11장 •
자율주행자동차의
윤리적 가이드라인에 대한 시론

변순용

I. 들어가는 말

　자동차 스스로 움직이는 자율주행자동차[1]에 관한 생각은 오래 전부터 있어왔다. 많은 공상 과학영화 속에서 자율주행자동차의 모습이 나오고 있다. 2002년도 영화 마이너리티리포트에서는 추격자들을 따돌리느라 운전에 신경을 쓸 수 없는 주인공을 대신하여 자동차가 스스로 도로를 질주하는

---

1 자율주행자동차의 정의는 현재 다양하게 제시되고 있다. 법적인 측면에서는 자율주행 기술을 탑재한 차량을 말한다. 이때 자율주행기술은 시스템 단독으로 또는 다른 시스템과 결합하여 운전자의 능동적인 물리적 제어나 지속적인 모니터링 없이도 운행할 수 있는 기술을 말한다. 이외에도 자동차 스스로 주변 환경을 인식하고 위험을 판단하여 주행경로를 계획하며 운전자 주행조작을 최소화하여 스스로 안전주행이 가능한 인간 친화형 자동차로 정의되기도 한다.

장면이 그려졌고, 2004년 영화 아이로봇에서는 자동차의 자율주행을 신뢰하지 못하고 스스로 운전하는 주인공이 등장한다.

그렇지만 자율주행자동차는 더 이상 상상 속에서만 존재하는 것이 아니다. 전 세계적으로 사람들의 대표적인 이동수단이 되고 있는 자동차의 수는 끊임없이 증가하고 있으며, 자동차로 인한 교통사고 역시 증가하고 있다. 그래서 첨단 과학 기술을 활용해 자율주행이 가능한 자동차에 대한 꿈이 현실화되고 있다. 2016년 6월 구글사의 자율주행자동차는 도로에서 상황에 따라 경적을 울리는 방법을 습득하는 중이라고 한다. 발표된 경적소리 활용을 위한 알고리즘에서는 다른 차량이 후진 도중 구글 자율주행자동차에 근접할 경우 짧게 두 번 경적을 울리고, 난폭하게 운전하는 차량이 근접할 경우에는 긴 경적을 울리도록 하고 있다. 구글사는 2016년 5월 31일 기준으로 총 58대의 자율주행차를 소유하고 있으며, 워싱턴주 커클랜드, 캘리포니아주 마운틴뷰, 애리조나주, 텍사스주에서 실도로 시범운행에 나서고 있다. 이러한 구글사의 누적 자율주행거리는 약 2,640,000 km에 이른다.[2]

또한 한국에서도 자율주행자동차 개발과 관련된 여러 노력들이 있다. 2016년 6월 13일 범부처 민관협의기구 '자율주행차 융·복합 미래포럼'이 발족되어, 자율주행자동차에 관한 논의의 저변을 확대하는 한편, 이를 통해 제도 개선과 정책 지원이 이루어진다고 한다.[3] 또한 현대 모비스의 경우 국토교통부로부터 개발 중인 자율주행시스템의 실제 도로 성능 개발과 검증

---

2 "구글 자율차는 지금 경적 울리는 법 학습 중",
    http://www.zdnet.co.kr/news/news_view.asp?artice_id=20160603074504&type=det&re=
    (검색일 : 2016.12.01.).

3 이민찬, "국토부 '자율주행차 융·복합 미래포럼' 발족", 아시아 경제, 2016년 6월 12일자.

을 위한 임시운행 허가증과 번호판을 발급받은 것으로 알려졌으며, 2016년 10월 완성된 서산주행시험장에서 실제 도로에서 마주칠 수 있는 많은 위험들을 시뮬레이션할 수 있는 환경이 마련되었다.[4]

자동차라는 것은 사람의 생명과 직결되어 있는 수단이며, 사고가 일어날 경우 생기는 책임 문제와 예상치 못한 문제 발생 시 여러 가치를 고려하여 판단해야 한다는 점에서, 자율주행자동차에 대한 윤리적인 논의는 필수적인 것이다. 그러나 아직 자율주행자동차와 관련된 윤리적 논의는 초보 단계인 것으로 보인다. 특히 한국에서 자율주행자동차와 관련된 윤리적 측면의 학문적 논의는 전무한 상태이다. 스스로 인식하고 판단해서 도로를 주행하게 되는 자율주행자동차가 인간이 운전하는 자동차와 혼재될 때 발생할 수 있는 급박한 상황(예컨대, 중앙선 침범이나 교통법규의 위반이 오히려 피해를 최소화할 수 있는 상황 등) 뿐만 아니라 프라이버시 보호, 자율주행자동차에 대한 해킹가능성, 충돌 사고시 보험문제 등과 실제적인 법적, 사회적, 윤리적인 문제들이 계속 제기되고 있다.

실제로 2016년 7월 5일 미국 플로리다에서 발생한 테슬라의 '모델 S 운전자의 사망사고 이후로 오토파일럿(자동주행모드) 기술 안정성에 대한 논란이 제기되고 있다. 미국 일부 사회에서는 테슬라가 아직 완벽하지 않은 상태인 오토파일럿을 너무 일찍 내놨다는 비판 여론까지 나오고 있다. 이외에도 7월 12일에는 미국 캘리포니아 주 스탠포드 쇼핑센터에서 보안 업무를 담당하던 자율 운행 로봇이 16개월 된 유아를 공격하는 일이 발생했다. ABC 7시 뉴스는 미국 스탠포드 쇼핑센터의 보안로봇이 어린이를 공격했다고 보도했다. 보도에 따르면 무게 136kg, 152cm 신장의 이 로봇은 갑자기

---

4 "여의도 6배 면적 시험장 짓고 테스트", 중앙시사매거진, 2016년 6월 27일자.

아이에게 돌진해 공격했다. 아이는 심각한 상해를 입지는 않았지만 로봇이 아이에게 돌진해 와 오른 발의 피부가 부풀어 올랐고 다리 부분이 여러 군데 긁혔다고 전해졌다.

이제는 전 세계적으로 자율 머신의 안전 확보 방안과 이에 대한 윤리적 담론의 필요성이 제기되고 있다.[5] 이에 우리나라도 이 부분에 대한 철학, 윤리학, 사회과학, 자연과학, 공학 등의 분야가 협력하여 대안적인 윤리적 가이드라인을 준비할 시기가 왔다. 그래서 이 글에서는 자율주행자동차에 초점을 맞추어 윤리적 가이드라인을 만들기 위한 준비작업의 일환으로 윤리적인 이론을 적용해보고자 한다.

II. 자동차 충돌의 윤리

자율주행자동차와 관련되어서 왜 윤리적 논의가 이루어져야하는가? 어떠한 윤리적인 문제들이 발생할 수 있는가? 이러한 물음과 관련된 논의를 먼저 시작하고자 한다. 자율주행자동차의 윤리적 문제들 중 가장 문제가 되

---

5 자율주행자동차뿐만 아니라 소셜 로봇의 분야에서도 이러한 윤리적 가이드라인의 필요성이 제기되고 있다. 현재 세계에서 가장 주목받고 있는 3대 소셜 로봇은 Pepper, Jibo, Buddy라고 할 수 있다. 이 중에서 현재 시판되고 있는 소셜 로봇은 Pepper로서, 일본의 Softbank사가 2012년 프랑스의 Aldebaran Robotics를 인수하여 개발한 모바일 베이스 휴머노이드 로봇이며, 2014년말 기준 70여개 국가에 5천대 이상 판매되었다. Pepper는 사용자의 얼굴이나 음성 등을 보고 클라우드를 통해 그 사람의 감정까지 인식하는 기능을 탑재한 휴머노이드 로봇으로서, 2015년 6월부터 일반 소비자를 대상으로 본격적인 시판에 들어갔는데 20만엔이라는 파격적인 구입가격 때문에 초기 출하량 1천대가 발매 개시 1분 만에 매진될 정도로 큰 관심을 끌고 있다. Pepper는 일본 전역의 Softbank사 대리점에서 고객 맞춤형 서비스를 실시하고 있으며, 2015년 10월에는 프랑스의 대형마트 까르푸에서 시험 운용을 시작했다.

는 것은 피할 수 없는 충돌상황에서 자율주행자동차 혹은 자율주행자동차의 운행을 결정하는 모듈이 어떤 결정을 내릴 것인가와 관련된 문제이다. 물론 자율주행자동차를 연구하고 개발하는 많은 공학자들은 자율주행자동차가 사람이 운전하는 것보다 더 안전하며, 생명을 잃을만한 충돌은 거의 일어나지 않을 것이라고 한다. 그러나 단 한 건의 사고라도 발생할 수 있다는 가능성이 있고, 그 사고의 당사자가 본인이 될 수 있다는 불안감이 있다면 사람들은 자율주행자동차에 대하여 불신감을 해소하기 어려울 것이다.

자율주행자동차가 완전히 상용화되어 도로 전 구간에 사람이 운전하지 않고 자율주행자동차만 다니게 된다면, 사물인터넷 기술을 통하여 현재 탑승하고 있는 차량이 주위 차량들과 정보를 공유하게 될 것이며, 이 경우 사고확률은 0에 가까워질 수 있다. 또한 문제가 발생하는 경우에도 즉시 정보를 획득하는 것이 가능하고, 예측 불가능한 변수가 사라질 수 있어 인간의 생명을 해치는 사고는 거의 발생하지 않을 것이라고 예상할 수 있다. 실제로 현재에도 자동차의 오토파킹 시스템이나 주변 차량의 접근에 대한 경보 시스템은 차량에 탑재되어 있다.

우리가 직면할 가까운 미래는 도로에 자율주행자동차만 다니는 상황이 아니라 사람이 운행하는 차량과 자율주행자동차가 서로 뒤섞여 운행되는 상황이다. 이 경우 자율주행자동차가 도로 규정과 같은 이미 정해진 규정에 맞추어 이동한다고 하여도 예상하지 못한 물체가 튀어나오거나, 갑자기 중앙선을 넘어오는 차 등에 의하여 충돌할 수 밖에 없는 상황이 전개될 수도 있다.

구달(N. J. Goodall)도 자신의 연구에서 자율주행자동차가 인간이 운전하는 자동차보다 안전하다고 생각할 수 있지만, 충돌 없는 환경은 비현실적이라고 확신하고 있다. 자율운행자동차의 경우 시스템 상에서 충돌을 피하기 위한 많은 기술들을 갖추고 있겠지만, 예측하지 못한 물체의 경우 충돌을 회피할 수 없다고 지적한다.[6]

이렇게 자율주행자동차의 충돌을 가정한다면, 충돌할 때에 어떤 결정을 내려야 할지의 문제는 기술적인 측면뿐만 아니라 윤리적인 측면도 지니고 있다. 이러한 충돌의 윤리적 의미를 논의하기 위해 트롤리 딜레마를 언급하는 선행연구들이 있다. 린(P. Lin)의 경우, 전통적인 트롤리 딜레마를 언급하면서, 공리주의자의 행동과 비공리주의자의 행동에 대하여 논의한다. 그리고 죽게 내버려둠(allowing someone to die)과 죽임(killing)의 차이점에 대하여 언급하고 있다.[7] 보네퐁(J. F. Bonnefon et al.) 연구에서는 전통적인 트롤리 딜레마 사례와 유사한 사례, 즉 여러 명의 다른 보행자가 다치는 것을 막기 위해 방향을 바꾸어 한 명의 보행자를 다치게 하는 사례를 제시하고, 이와 비교할 수 있는 변형된 트롤리 사례 2가지를 제시한다. 뒤에 제시된 2가지는 차량 소유주가 다치는 상황과 연관되어 있다.[8] 트롤리 딜레마 상황에서 누구를 다치게 혹은 죽게 내버려 두는 것은 어떤 가치를 더 소중히 여기는지와 직결되어 있는 문제이다.

충돌시 어떤 행동을 선택할까라는 문제 이외에도 "책임"과 관련된 문제가 제기될 수 있다. 사람이 직접 운전하는 경우에는 사고의 책임이 운전자에게 부과된다. 그러나 자율주행자동차의 경우, 차량탑승자가 충돌을 일

---

6 Noah J. Goodall, "Ethical Decision Making During Automated Vehicle Crashes", AHB30-Vehicle Highway Automation, (2013), pp.4-5. 참조.

7 M. Mauerer et al.(2015), 앞의 책, pp.78-79. 참조.

8 Jean-François Bonnefon et. al., "Autonomous Vehicles Need Experimental Ethics: Are We Ready for Utilitarian Cars?", arXiv:1510.03346, (2015), p.3.참조.

어나게 한 그 행동을 직접 선택한 것은 아니다. 이 경우 누가 이 행위에 대한 책임이 있는가? 차량을 제조한 제조사가 책임져야 하는가? 아니면 차량 소유자가 그러한 행위를 할지도 모르는 차량을 '구매' 하는 행위를 했기 때문에 책임이 있는가? 자율주행자동차와 사람이 직접 운행하는 자동차가 충돌한 경우에 책임의 문제는 어떻게 다루어져야 하는가? 보험회사는 각각의 책임을 어디까지 인정해 줄 것인가? 등의 책임과 관련된 복잡한 윤리적인 문제들이 제기된다.

충돌시 의사 결정의 문제 및 "책임"의 문제와 같이 자율주행자동차의 운행 자체와 관련된 문제가 존재하는 한편, 자율주행자동차가 사회에 야기할 수 있는 다양한 문제도 존재한다. 자율주행자동차가 사회에 정착되기 위해서는 사회에 어떠한 파급효과를 미칠지를 고려하지 않을 수 없으며, 이러한 고려는 다양한 가치 문제를 다룬다는 점에서 윤리적 문제라고 볼 수 있다. 먼저, 자율주행자동차는 해킹이나 GPS 등의 데이터 노출로 인한 사생활 문제, 자살폭탄테러 등에 노출될 수 있다는 보안과 관련된 문제가 발생할 수 있다. 또한 자율주행자동차가 사회에 도입되게 된다면 운전과 관련된 다양한 직군의 사람들이 직업을 잃을 수 있게 된다는 문제점이 있다. 그 외에도 자율주행자동차가 완벽히 도입된다면 차량 이용이 더욱 용이해지게 되어, 가까운 거리에 대한 차량 활용 정도도 이전에 비해 높아질 것으로 예상된다.[9] 이 경우 사람들의 운동부족으로 인한 비만 및 차량 운행 증가로 인한 환경문제와도 연관될 수 있을 것으로 생각된다.

자율주행자동차의 도입에 따라 발생할 수 있는 문제들이 다양하겠지

---

9 물론 자율주행자동차가 문제가 야기하지는 않을 것이며, 교통사고의 감소, 교통 약자(장애인, 노약자 등)들의 자동차 접근성의 개방 등 다양한 사회적 이점도 있을 것이다.

만, 이중에 반드시 윤리적인 숙고가 수반되어야 하는 문제들이 있겠지만, 여기서 모두 다루기는 어려울 것이다. 여기에서는 자율주행자동차가 주행 시 어떠한 윤리적 기준을 가지고 운행되어야하는지에 관한 논의를 집중적으로 하려고 한다.

밀러(J. Millar)는 자율주행자동차의 윤리적 문제를 다루기 위해 트롤리 문제를 변형시켜서 다음과 같이 자신이 정의내린 터널 문제를 제시한다.

터널 문제: 당신은 편도 1차선의 산길 도로를 따라 운행하고 있는 자율 주행 자동차 안에 있으며, 전방에는 있는 1차선의 좁은 터널에 진입하려고 하고 있다. 이때 한 어린이가 길을 건너려 하다가 길 한가운데에 넘어진다. 이 차량은 둘 중 하나를 선택해야 한다. 아이를 치여 죽게 하거나 터널 옆의 양 벽면중 하나로 돌진하여 스스로를 죽여야 한다. 차가 어떤 선택을 해야 할까?[10]

'터널 딜레마(Tunnel Dilemma)' 를 조금 더 변형시켜보자. 예를 들어 무인자동차가 1차선 터널 안을 가로막은 술주정뱅이를 맞닥뜨렸고, 주정뱅이를 살리면서 안전하게 피할 방법은 없다면, 무인자동차는 차 주인의 안전을 위해 주정뱅이를 치고 가야 할까? 아니면 주정뱅이를 살리기 위해 차와 주인의 안전을 희생해야 할까? 무인차 구매자 처지에서는, 자신보다 술주정뱅이의 안전을 우선하는 알고리즘이 탑재된 무인 차를 사려 하지 않을 것이다. 그렇게 해서 주정뱅이가 사고를 당했다면 사법 당국과 보험 당국은 누

---

10 http://robohub.org/an-ethical-dilemma-when-robot-cars-must-kill-who-should-pick-the-victim/ (검색일: 2016.12.01.) 참조.

구에게 책임을 물어야 할까? 차 주인에게? 알고리즘 설계자에게? 아니면 차에서 수동으로나마 통제하지 못한 탑승자에게? 그렇지만 만약 술주정뱅이의 자리에 길을 횡단 하려던 아이였다면 사람들의 반응은 어떠했을까?

위의 터널 문제의 상황에서 "만약 당신이 이 자율주행자동차 안에 있다면 차가 어떻게 반응해야 할까?'라는 물음에 대한 설문 결과를 보면 응답자 110명(여성 20명, 남성 93명)중 64%는 직진해야 한다고 응답하였고, 36%는 아이를 피해야 한다고 나왔다. 그리고 이와 같은 상황에서 '자율주행자동차의 선택을 누가 결정해야 하는가?'라는 물음에 대해서는 차량탑승자(44%), 입법가(33%), 제조사나 설계사(12%), 기타(11%)로 대답하고 있다.[11]

이 터널 문제는 두 가지 물음, 즉 '이 자율주행자동차가 어떻게 선택해야 하는가?'와 '누가 그것을 결정해야 하는가?'를 던지고 있다. 이와 유사한 물음을 린은 다음과 같이 제시한다. "자율주행자동차가 핸들을 왼쪽으로 돌리면 8살 어린아이를 치게 되고, 오른쪽으로 돌리면 80세의 노인을 치게 한다. 달리던 차량의 속도에 의하면 어느 쪽이든 치인 사람은 사망에 이르게 된다. 그렇다고 해서 방향을 틀지 않으면 둘 다 치이게 되는 상황이다. 그래서 어느 쪽으로든 핸들을 돌려야 한다고 생각한다."[12] 이러한 상황에 여러 사람을 대입시켜 논의를 해볼 수도 있을 것이다. 그러나 어떤 경우에도 모든 사람을 공정하게 대하고 차별하지 않아야 한다는 국제전기전자기술자협회(IEEE)의 윤리규정도 같이 고려한다면, 이러한 상황에서의 '옳은 선택'이 무엇인지에 대한 결정은 결코 기술적인 문제가 아니

---

11 http://robohub.org/if-a-death-by-an-autonomous-car-is-unavoidable-who-should-die-results-from-our-reader-poll/ (검색일 2017.12.01.) 참조.

12 Maurer, M. et al.(2015), 앞의 책, p.70. 참조.

라 윤리적인 문제임은 분명하다. 앞에서 언급된 모든 경우에 있어서 자율주행자동차의 선택과 이를 통제하는 알고리즘은 통계나 기술자들의 결정에 의해 이뤄질 수 있는 것이 아니라 사회의 기준과 윤리에 의해 결정되어야 할 것이다.

III. 공리주의적 자동차

자율주행자동차 주행에 있어서 가장 접근하기 쉬운 윤리학적 이론은 공리주의적인 접근이라고 생각된다. 공리주의 윤리라고 하는 것은 최대 다수의 최대 행복을 목적으로 삼고 있으며, 공리주의 윤리에 의거한 기본적인 의사 결정은 비용-수익 분석에 의거한다고 할 수 있다. 즉 어떤 행위를 하기 전 그 행위를 위해 할 수 있는 다양한 대안들을 생각하고, 각 대안이 발생시킬 수 있는 비용과 이득을 평가한다. 그 후 비용 대비 최대 이익을 산출하는 대안을 선택하는 것이다.[13]

공리주의적 접근에 의하여 자율주행자동차와 관련된 연구로는 위에서 언급된 보네퐁(J. F. Bonnefon et. al., 2015)의 연구를 들 수 있다. 이 연구는 아래 그림과 같은 3가지의 상황을 제시하고, 이러한 윤리적 사고 실험에 대한 의견을 설문조사를 통해 알아보고, 분석한다.

---

13   변순용, 『삶의 실천윤리적 물음들』(서울: 울력, 2014), pp.319~321.

[그림] 공리주의적인 차와 관련된 사고실험

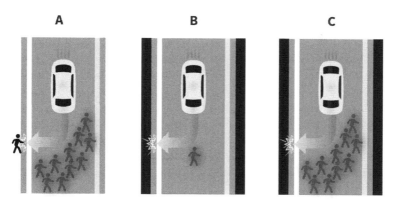

        A   **B**   **C**

그림에서 a는 여러 명의 다른 보행자가 다치는 것을 막기 위해 방향을 바꾸어 한 명의 보행자를 다치게 하는 경우를 의미하고, b는 한 명의 보행자를 구하기 위해 차량 소유자를 다치게 하는 경우를 나타낸다. 마지막으로 c는 여러 명의 보행자를 구하기 위하여 차량소유자를 다치게 하는 경우를 나타낸다. 이 연구에서는 실험 윤리학에 기초한 데이터 기반의 접근을 취하고 있는데, 이를 통해 사람들의 의견을 수용하고, 공리주의적인 차에 대한 수용 정도를 알아보려고 한다고 한다.

물론, 많은 사람들이 원한다고 하여 공리주의적인 자율주행자동차가 윤리적인 자동차라고 단정할 수는 없겠지만, 자율주행자동차라고 하는 것은 사람들이 구매, 소유 및 이용하는 것이기 때문에 사람들의 기대 및 소비자의 선호를 무시할 수 없다는 것이다.

이 연구에서 드러나는 공리주의적 자동차의 어려움은 사람들이 보행자의 입장에서 생각할 때는 공리주의적인 차를 선호하지만. 자동차를 구매하는 차량 소유주의 입장에서는 공리주의적인 자동차에 대한 매력을 덜 느낀

3부 AI로봇의 현실적인 윤리적 쟁점

다는 것이다. 그러나 이러한 사고 실험이 충돌시 무조건 죽는다는 상황만을 가정했기에 사람들이 공리주의적인 자동차를 덜 선호했을 수도 있다는 생각이 들기도 한다. 만약, 죽는 것이 아니라 차량 소유주가 '부상'을 입는 정도에 그쳤다면 공리주의적인 차량에 대한 선호 정도는 더 높아졌을 것이다.

구달(N. J. Goodall)의 연구에서는 공리주의적 접근을 할 때 비용과 이득 평가가 예상보다 복잡할 수도 있음을 의미한다. 먼저, 피해를 계량할 때, 보험회사에서 피해 측정에 이용하는 금액 중심의 산정이 가장 명확하며, 충돌시 이러한 금액을 최소화하는 방향을 택한다고 하자. 자율주행자동차는 헬멧을 안 쓴 오토바이 탑승자보다는 헬멧을 쓴 오토바이 탑승자와 충돌하는 것을 선택할 것이다. 이 경우 안전에 비용을 지불한 헬멧을 쓴 오토바이탑승자가 오히려 충돌의 대상이 된다는 불공평한 결정을 내리게 된다.

정보를 선택하고 배제하는 문제도 발생한다. 운전자의 연령, 나이, 성별 또는 법의 위반여부 등 다양한 정보 중 어떠한 것을 선택할 것인가? 어떠한 것은 판단할 때 배제되어도 되는가를 미리 결정해야 한다.[14] 또한 각각의 정보를 기반하여 판단을 내리는 것은 윤리적인가의 문제도 고려할 수 있다. 린(P. Lin)[15]은 왼쪽으로 핸들을 돌리면 8살짜리의 여자아이와 충돌하고 오른쪽으로 핸들을 돌리는 경우 80살의 노인과 충돌한다고 할 때, 8살 여자아이의 목숨을 살리기 위해 80살의 노인과 충돌한다는 것은 나이와 관련하여

---

14 Noah J. Goodall, "Ethical Decision Making During Automated Vehicle Crashes", Transportation Research Record, Journal of the Transportation Research Board, Transportation Research Board of the National Academies, 2014, pp.9-10.

15 P. Lin, Ethics and autonomous cars: why ethics matters, and how to think about it. Lecture presented at Daimler and Benz Foundation's Villa Ladenburg Project, Monterey, California, 21, Feb. 2014 참조.

이미 선입견을 지니고 있는 것은 아닌지의 문제를 제기하고 있다.[16]

위에서 제시한 다양한 문제들을 고려해 볼 때 공리주의적인 접근은 한계를 지니고 있다. 공리주의적인 접근이 설득력이 높긴 하지만, 공리주의적 차량 구매시 선호도 저하의 문제, 정보 선택 및 배제의 문제, 정보에 기반하여 사람의 목숨을 결정하는 것이 옳은 것인지와 관련된 문제들이 제기될 수 있다. 따라서 공리주의적 접근과는 다른, 의무론적인 접근방법을 고려해보고자 한다.

IV. 의무론적 자동차

의무론적 윤리는 인간의 행위가 도덕법 혹은 도덕법을 존중하는 의무로부터 나올 때 도덕적이라고 생각한다. 즉, 어떤 행위가 도덕적인 이유는 그것이 어떤 이익을 주거나, 쾌락을 선사하기 때문이 아니라 그것이 의무이기 때문에 행해야 한다는 것이다.[17]

자율주행자동차에 대한 의무론적인 접근은 아시모프의 로봇이 따라야 하는 세 가지 원칙에서 출발해 볼 수 있다. 이러한 원칙들이 자율주행자동차를 디자인할 때 엔지니어들이 선호하는 접근이라는 의견을 구달은 제기하면서, 원칙을 따르게 하는 것이 컴퓨터의 속성에 적합하다는 의견을 피력한다. 그러나 이러한 의무론의 제한점 역시도 제시하고 있다. 먼저, 법칙들 사이에 갈등이 있을 경우, 혹은 법칙 내에 갈등이 있을 경우에는 로봇은 자

---

16 Maurer, M. et al.(2015), 앞의 책, pp.70-71.

17 변순용(2014), 앞의 책, pp.315-316.

신의 행동을 결정할 수 없다고 이야기한다. 특히 아시모프의 제1원칙에 따르면 자율주행자동차는 급정거조차 할 수 없다고 이야기하는데, 이는 인간에게 상해를 입힐 수 있기 때문이다.[18]

아시모프의 원칙을 통해 자율주행자동차에 대한 구체적인 원칙을 제기한 연구로는 게드게와 사라(Gerdes & Sarah)의 연구가 있다. 이 연구도, 아시모프의 원칙이 자율주행자동차의 윤리적 행동의 틀을 만들기에 충분하지 않다고 주장한다. 그렇지만, 이러한 단순한 구조가 첫 번째 원칙으로 작용하는 데에는 효과적이라고 언급한다. 사람의 목숨을 우선순위에 두고, 보행자가 충돌에 있어 취약하다는 점을 들어 아시모프의 로봇 3원칙이 정신을 계승한 자율주행자동차의 원칙을 다음과 같이 제시한다.[19]

(1) 자율주행차량은 보행자 또는 자전거 탑승자와 충돌해서는 안 된다.
(2) (1)의 원칙을 위반하는 충돌을 피하기 위한 경우를 제외하고는, 자율주행차량은 다른 차량과 부딪혀서는 안 된다.
(3) (1)과 (2)의 원칙을 위반하는 충돌을 피하기 위한 경우를 제외하고는, 자율주행차량은 자신이 처한 상황에서 어떤 다른 물체와도 충돌해서는 안 된다.
(4) 자율주행차량은 도로교통법을 지키는 것이 위의 세 가지 원칙들과 충돌하지 않을 경우에는 도로교통법을 지켜야 한다.

이 연구는 아시모프의 로봇 3원칙을 자율주행자동차에 적용 및 구체화

---

18 Noah J. Goodall. (2014), 앞의 책, pp.8-9.
19 Maurer, M. et al. (2015), 앞의 책, pp.96-97. 참조.

시켰다는 점에서 의의가 있다. 또한 충돌시 가장 우선적으로 고려해야 하는 것이 보행자 및 자전거 탑승자이고, 그 후에 고려해야하는 것이 다른 차량, 마지막으로 고려해야 할 것이 다른 물체라는 충돌 대상 간의 위계를 확실하게 해준다. 그러나 이 원칙만으로는 여전히 원칙 내 갈등을 배제할 수 없다. 자동화된 차량이 어느 방향으로 핸들을 꺾는지에 따라 서로 다른 보행자와 충돌하는 경우에는 어떠한 선택을 해야 할지에 대한 아무런 제안도 주지 못한다. 이 경우 결국 보행자의 피해 정도 등을 고려해야 하므로 앞에서 제시한 공리주의적인 접근을 다시 고려하는 경우가 발생할 수 있다. 또한 3원칙이 지나치게 충돌의 원칙에만 국한되어 있다는 한계도 있다.

따라서 아시모프의 로봇 3원칙을 다음과 같은 방식으로 바꾸는 것은 어떠한지 제안하고자 한다.

(1) 자율주행차량은 사람에게 위해를 가하는 주행을 해서는 안 되며, 위험한 상황에 처했을 때 이를 방관해서도 안 된다.

(2) 자율주행차량은 (1)에 위배되지 않는 한, 도로 법규 및 탑승자의 판단에 따라야 한다.

(3) 자율주행차량은 (1)과 (2)에 위배되지 않는 한, 차량 자체가 손상되지 않도록 보호해야 한다.

(4) 자율주행차량은 도로교통법을 지키는 것이 위의 세 가지 원칙들과 충돌하지 않을 경우에는 도로교통법을 지켜야 한다.

이전의 변형된 원칙보다는 좀 더 추상적이라는 비판을 받을 수도 있으나, 이 경우 충돌이외의 주행상황에서도 적용할 수 있는 원칙이라고 볼 수 있을 듯하다.

V. 나오는 말

실제 자율주행자동차를 디자인하는 경우에는 공리주의적 접근 및 의무론적 접근 어느 한쪽에 치우치기보다는 두 접근을 혼합하는 방식이 될 것으로 예상된다. 의무론적 접근을 활용하면 자율주행자동차의 가장 기본적인 원칙들을 정하기 쉽다. 또한 규칙을 설정하고 이에 알맞게 문제를 처리하는 것이 컴퓨터의 기본적인 속성에 알맞다고 할 수 있다. 따라서 윤리적인 자율주행자동차의 디자인의 첫 단계는 아시모프의 로봇 3원칙에 기반한 자율주행자동차의 가장 큰 원칙을 설정하는 일이라고 할 수 있다. 큰 원칙 및 하위 규칙들을 설정하고 프로그래밍하여 할 수 있는 행동의 틀을 제시하는 것이 로봇과 유사한 자율주행자동차에게 쉽게 적용할 수 있는 방법이기도 한다.

그러나 자율주행자동차가 실제 도로 주행을 할 때에는 이러한 원칙만으로 해결할 수 없는 경우가 발생할 것이다. 원칙만으로 행위를 결정할 수 없는 충돌 상황의 경우 결국은 공리주의적인 관점의 도움을 받아야 한다. 물론 인간의 생명은 단순한 계산만으로 결정할 수 있는 문제는 아니다. 여러 가지 변수를 고려한다고 하여 그것이 최선의 선택이라고 보장되는 것은 아니다. 그렇지만 인간의 생명은 다른 어떤 것보다 우선되어야 하는 가치이다. 따라서 더욱 신중하게 고려하는 것이 필요하다.

이번 연구에서는 자율주행자동차의 주행에 있어 적용될 수 있는 두 가지 윤리적 접근으로 의무론적 접근 및 공리주의적 접근을 제시하였다. 그리고 난 후 실제 자율주행자동차에 적용되는 것은 의무론적 접근을 기반으로 한 원칙 구성 및 충돌 사례에 대한 공리주의적 접근이 혼합되고 상호 보완되는 접근이 이루어질 것이라고 예상하고 있다.

이 연구는 윤리적인 자율주행자동차의 가장 기초가 되는 윤리학적인 접근에 대하여 개괄적으로 다루고 있다. 앞으로 의무론적 관점에서 바라보았을 때 자율주행자동차의 실제 주행과 관련된 어떤 원칙을 세울 수 있는지에 대한 논의나, 공리주의적 관점을 취했을 때 어떠한 것들을 구체적으로 고려할 것인지와 관련된 논의가 지속적으로 필요할 것으로 보인다.

참고문헌

변순용, 『삶의 실천윤리적 물음들』 (서울: 울력, 2014)

M. Mauerer et. al., Autonomes Fahren(Berlin Heidelberg: Springer, 2015).

Jean-François Bonnefon et. al., "Autonomous Vehicles Need Experimental Ethics: Are We Ready for Utilitarian Cars?", arXiv:1510.03346, (2015)

Noah J. Goodall, "Ethical Decision Making During Automated Vehicle Crashes", Transportation Research Record, Journal of the Transportation Research Board, Transportation Research Board of the National Academies, 2014

Noah J. Goodall, "Ethical Decision Making During Automated Vehicle Crashes", AHB30-Vehicle Highway Automation, (2013).

P. Lin, Ethics and autonomous cars: why ethics matters, and how to think about it. Lecture presented at Daimler and Benz Foundation's Villa Ladenburg Project, Monterey, California, 21, Feb. 2014.

기타 자료(인터넷 자료 등)

이민찬, "국토부 '자율주행차 융·복합 미래포럼' 발족. 아시아 경제, 2016년 6월 12일자.

박성민, "여의도 6배 면적 시험장 짓고 테스트", 중앙시사매거진, 2016년 6월 27일자.

ZDNET KOREA, "구글 자율차는 지금 경적 울리는 법 학습 중" http://www.zdnet.co.kr/news/news_view.asp?artice_id=20160603074504&type=det&re= (검색일: 2016.12.01.).

http://robohub.org/an-ethical-dilemma-when-robot-cars-must-kill-who-should-pick-the-victim/ 참조.

http://robohub.org/if-a-death-by-an-autonomous-car-is-unavoidable-who-should-die-results-from-our-reader-poll/ 참조.

• 제12장 •
자율주행자동차에 대한
한국형 윤리적 가이드라인

변순용

Ⅰ. 서론: 자율주행자동차의
윤리적 가이드라인 도입의 배경과 필요성

자율주행자동차는 각종 센서와 인공지능을 장착한 기계장치가 인간운 전자를 대체하지만 운전 시 급박한 상황(예: 중앙선 침범이나 교통법규의 위반 이 오히려 피해를 최소화하는 상황 등)을 접하게 되고 여러 가치를 고려해 행동 해야 하기 때문에 윤리적 판단이 불가피하다. 윤리적 판단이 가능한 자율주 행자동차 디자인의 첫 단계는 자율주행자동차의 가장 큰 원칙인 윤리가이 드라인을 제정하는 일이고, 이어서는 자율주행자동차 설계자, 제작자 및 사 용자가 준수해야 할 하위 규칙들을 설정하고, 마지막으로는 프로그래밍을 통해 행동의 틀을 제시함으로 완성된다. 그래서 이 글의 목적은 윤리적 자 율주행자동차 디자인의 가장 큰 원칙에 해당되는 자율주행자동차를 위한 윤리적인 가이드라인을 작성하는데 있다.

최근에 자율주행자동차 내지 자율주행기능을 탑재한 차량이 도로 주행을 하다가 사고를 내는 경우가 비교적 자주 발생하고 있다. 자율주행자동차는 보통 자동화의 수준에 따라 인간운전자에 의해 전적으로 운전이 이뤄지는 비자동화의 0단계, 운전자의 운전 상태에서 핸들 조향 및 가감속을 지원하는 1단계, 핸들 방향 조종 및 가감속 등 하나 이상의 자동화기능을 포함하는 부분적 자동화인 2단계, 차량이 주변 환경을 파악해 자율주행을 하지만, 경우에 따라 운전자 개입이 필요한 높은 자동화인 3단계, 모든 환경에서 운전자의 개입이 없어도 주행이 이뤄지는 충분한 자동화의 4단계, 출발에서 도착까지 스스로 운행하기 때문에 운전자가 필요없는 완전 자동화의 5단계로 나눠진다. 자율주행자동차의 윤리적 가이드라인은 주로 4, 5단계에서의 자율주행자동차에 해당된다고 보면 될 것이다.[1]

대체로 자율주행자동차 도입의 필요성을 주장하는 논거는 대체로 두 가지로 집약된다. 하나는 교통 약자들의 교통접근성을 보장해준다는 것이다. 노약자나 장애인을 포함하여 교통 약자들의 이동권을 보장해줄 수 있다는 것이다. 그리고 자율주행자동차의 편리하면서도 안전한 이동성(mobility)은 자율주행자동차가 강조하는 강력한 캐치프레이즈이다. 자율주행자동차의 도입을 찬성하는 또 다른 강력한 근거는 바로 안전성이다. 사람의 실수로 발생하는 자동차사고로 인한 인명과 재산상의 손실은 통계수치를 인용하지 않더라도 놀라울 정도이다. 실제로 전세계에서 매년 125만명이 교통

---

1 Bundesministerium fuer Verkehr und digitale Infrastruktur, Ethik-Kommission: Automatisiertes und vernetzetes Fahren (Bericht Juni 2017), p.14 참조.

사고로 사망한다는 통계가 보고되고 있다.[2]

자율주행자동차는 이러한 손상에 대한 강력한 대안책으로 제안되고 있다. 자율주행자동차의 기술적 불완전성으로 인한 사고의 발생 그 자체가 자율주행자동차의 도입을 억제하거나 막을 수는 없을 것이다. 새로운 기술의 도입은 이 기술에 대한 수요와 이로부터 우리가 얻을 수 있는 편리함에서 매우 강력한 동력을 얻게 된다. 이러한 동력을 막을 수 없다면, 이 기술이 도입되어 우리 생활에 영향을 미치는 과정을 어떻게 조절하고 관리하느냐가 그 다음으로 중요한 문제로 등장하게 된다.

II. 자율주행자동차 윤리와 관련된 가이드라인 검토

1. 인공적 도덕 행위 수행자(AMA: Artificial Moral Agent)로서의 자율주행자동차

기계가 인간을 대신해 운전을 한다는 것은 스스로 도덕적 결정을 내리는 인공적 도덕 행위자(AMA: Artificial Moral Agent)로서의 자격을 갖추어야 한다는 것이다. 그러기 위해 자율주행자동차 AMA는 인간의 윤리 체계 내에서 실천할 수 있어야 한다. AMA의 도덕적 행위에서 가장 강조되어야 하는 것이 바로 도덕적 의무론적 관점에서 인간의 존엄성을 인정해야 한다는 것과 공리주의적 관점에서 공공선을 실천해야 한다는 것이다.

---

2 http://www.yonhapnews.co.kr/bulletin/2015/10/19/0200000000A KR20151019197100088.HTML (검색일: 2018.05.31.) 참조.

자율주행자동차 AMA를 위한 윤리를 개발할 때는 3가지 접근법이 필요한데 첫째는 하향식접근법으로 어떤 구체적 윤리 이론을 선택한 다음, 그 이론을 구현할 수 있는 계산적 알고리즘과 시스템 설계를 이끌어내는 방법이다. 하향식접근법은 의무론과 공리주의로 크게 나눌 수 있는데 우선 의무론이 적용되었을 때를 예로 들면 AI를 설계할 때 자동차 운행 관련법을 준수하도록 사전에 프로그래밍 하고, 트롤리 상황과 같은 돌발적인 상황에 접했을 때 특정한 법칙에 따라 행동을 하도록 사전에 프로그래밍 하는 방법이다. 하향식접근법이 갖는 문제는 특정 상황 하에서는 부득이 관련법을 어겨야 할 경우가 발생하며, 또한 자동차 운전 시 발생하는 모든 경우에 보편적으로 적용할 수 있는 윤리법칙을 사전에 확정한다는 것이 비현실적일 수 있다는 점이다. 자동차 사고로 인해 진행 방향의 차선이 모두 차단되어 있고, 문제를 해결해 줄 경찰도 없다면 부득이 중앙차선을 넘어 진행할 수밖에 없는 경우가 발생한다. 만약 하향식접근법을 엄격하게 채택해 중앙선은 절대 넘지 못하도록 프로그래밍 되어 있을 경우 사고차량을 완전히 정리할 때까지는 자율주행자동차량이 전혀 진행하지 못하는 비효율성 문제가 발생할 수 있다. 한편, 의무론 대신 공리주의를 선택한다면 최대 다수의 최대 행복을 위해 때로는 차량소유자 또는 탑승자가 사망하는 경우도 발생할 수 있는데 소비자 입장에서는 이러한 자동차를 구매할 매력이 크지 않을 것으로 예상된다. 또는 대기업의 회장과 직업이 없는 80세 노인 중 택일해 희생시킬 수밖에 없는 경우에 당연히 80세 노인을 선택할 것이고 이 경우 인간의 존엄성을 위배하는 문제가 발생한다. 공리주의 원칙이 제대로 적용되려면 많은 양의 정보가 빠르게 전달되어야 하는데 현실적으로 가능하지 못한 경우가 많아서 불완전한 판단에 의한 행위를 할 경우가 생기게 된다.

2. 트롤리 딜레마의 윤리와 위기관리의 윤리

자율주행자동차의 개발 목적은 90%의 교통사고가 인간운전자의 과실로 발생하기 때문에 인공지능을 갖춘 기계가 운전을 하면 사고를 획기적으로 줄일 수 있다는 점에 있다. 하지만 자동차 사고는 인간탑승자들의 생명에 관한 사안이고 배상을 위해 책임 소재를 분명하게 해야 하며, 아무리 적더라도 인공지능운전도 예상하지 못한 물체가 튀어 나오거나 갑자기 중앙선을 넘어 오는 경우 등 충돌상황을 피할 수 없기 때문에 인간 고유 영역에 해당되던 윤리적 판단이 기계에게도 동일하게 요구된다고 할 수 있다.[3]

자율주행자동차의 피할 수 없는 충돌의 윤리적 의미를 논의하기 위해 가장 많이 거론되는 예가 트롤리(Trolley) 딜레마에 대한 것이다. 이 딜레마의 윤리적 쟁점은 누군가의 희생이 반드시 전제되기 때문에 누구를 선택할 것인가에 대한 민감한 윤리적 선택을 피할 수 없고 의무론과 공리주의의 상충을 피할 수 없는 상황이 초래될 수 있다. 예를 들면, 여러 명의 교통질서를 어긴 사람을 구하기 위해 한 명의 교통법규를 준수할 사람을 희생시킬 것인가[4], 1차선 터널을 진입하려고 할 때 갑자기 도로로 뛰어든 어린이를 살리기 위해 스스로 터널 양 벽면에 부딪혀 자신을 희생시킬 것인가, 피할 수 없는 충돌 상황에서 운전자가 헬멧을 착용한 모토사이클 운전자와 헬멧을 착용하지 않은 모토사이클 운전자와의 충돌을 선택해야할 경우 등의 의사 결정에 관련한 경우들을 생각해볼 수 있을 것이다.

---

3 Noah J. Goodall, "Ethical Decision Making During Automated Vehicle Crashes", AHB30-Vehicle Highway Automation, (2013).

4 Jean-François Bonnefon, et al., "Autonomous Vehicles Need Experimental Ethics: Are We Ready for Utilitarian Cars?", arXiv:1510.03346, (2015)

자율주행자동차 운행에 따라 공개적 논의가 필요한 윤리적 쟁점은 모든 운행 환경이 이상적 상황 하에서 발생할 수 있는 트롤리 딜레마와 관련한 윤리적 쟁점과 신호등 고장 등과 같이 자율주행자동차 운행 환경이 비정상적 상황 하에서 발생할 수 있는 사고 또는 법질서 준수 여부 등과 같이 위기관리(crisis management)와 관련된 윤리적 쟁점으로 크게 이분화 될 수 있다. 현재는 자율주행자동차 관련 이슈가 트롤리 패러다임에서 위기관리 패러다임으로 옮겨가고 있다. 왜냐하면 논의의 주된 관점의 변화가 일어나는 이유는 트롤리 딜레마 자체가 사고 실험에서 출발하였고, 이러한 딜레마가 실제 사례에 비해 추상적이고, 지나치게 확정적이라는 비판을 받고 있기 때문이다.

범주	쟁점 원인
- '차내 사람 vs 차외 사람' ·똑같은 인간의 생명이지만 이기적으로 차내에 있는 본인의 안전을 우선할 것인지, 도덕적으로 차외에 있는 사람의 안전을 우선할 것인지에 대한 윤리적 판단이 필요함 ·도덕적 판단이 우선할 경우 사회적 정의는 구현될 수 있지만 이러한 자동차를 누가 살지에 대한 현실적 문제에 봉착하게 됨	- '운행 중 갑작스런 재난, 재해' ·자율주행자동차 운행 중 갑작스런 펑크, 지진, 해일, 낙석, 싱크홀, 대향차선차량의 중앙선 침범 등 다양한 재난, 재해가 발생할 수 있고, 이러한 상황을 접했을 때 대처하는 가운데 Trolley의 딜레마 상황들과 같은 윤리적 원칙간의 상충현상이 그대로 발생 가능함
- '소수의 사람 vs 다수의 사람' ·피할 수 없는 선택 상황 하에서 소수와 다수의 문제가 발생하면 당연히 소수를 희생시키는 것이 공리주의 원칙에 부합되지만, 만약 소수는 법을 준수한 반면 다수가 법을 위반한 상황이라면 다수를 희생시키는 것이 도덕적 의무론 관점에서 오히려 더욱 합당한 윤리적 원칙간의 딜레마가 발생하게 됨	- '교통사고로 인한 차선 폐쇄' ·자율주행자동차 운행 중 교통사고로 인해 차선이 폐쇄되면 부득이 중앙선을 넘어서 진행해야 하는 경우가 발생함 ·이 경우 사고 유형과 정도를 고려하여 어떠한 유형의 법을 어느 정도로 위반할 지 여부에 대한 윤리적 판단이 필요함

범주	쟁점 원인
– '생명을 잃게 되는 법을 준수한 사람 vs. 생명에는 지장이 없는 법을 위반한 사람' ·일반적 상황이라면 자율주행자동차 윤리 알고리즘은 법을 준수한 사람을 보호하도록 프로그래밍 되는 것이 도덕적 의무론으로 볼 때 당연하지만, 법을 준수해 헬멧을 쓴 모토사이클 운전자는 사고가 나더라도 생명에는 지장이 없지만 법을 어기고 헬멧을 쓰지 않은 모토사이클 운전자는 생명을 잃게 되기 때문에 공리주의적 관점에서는 법을 준수한 운전자와 추돌을 선택하는 딜레마가 발생하게 됨 – '법을 어긴 사람 vs. 법을 준수한 재산 또는 동물' ·희생을 선택할 상황이라면 당연히 재산이나 동물을 선택하는 것이 당연하지만 법을 준수한 수억에 달하는 최고급 자동차와 법을 어긴 걸인 중 선택해야 할 상황이라면 공리주의적으로 볼 때 딜레마에 빠질 수 있음	– '교통관제시스템 고장' ·폭우나 폭설로 인해 신호등이 고장 나는 경우가 흔히 발생하게 되는데 이 경우 신호등 고장 시 법이 지정하는 행동요령을 따라 관련 법 규정의 위반이 허용될 수 있음 ·그러나 관련 도로교통법 규정 등이 모든 경우를 세세하게 규정할 수 없기 때문에 부득이 한 경우 법 위반 여부에 대한 자율주행자동차 AI의 윤리적 판단이 필요한 경우가 발생함 – '운전문화 및 운전자 에티켓 결함' ·비신호 이면도로 4거리에서는 방향별로 선 진입차량이 선출하는 것이 일반적인 운전 에티켓으로 정착되어 있지만, 운전 문화가 성숙되지 못한 곳에서는 이기적인 운전문화로 인해 자율주행자동차가 스스로 진행여부에 대한 윤리적 판단을 해야 할 경우가 발생함 ·또한 도로주행 중, 자전거나 대형트럭이 옆 차선에 운행 중일 때는 법으로 규정되어 있지는 않지만 속도를 늦춘다거나 하여 상대 차량을 배려하는 운전에티켓을 스스로 결정해야 할 경우가 발생하게 됨

윤리적 AI로봇 프로젝트

범주	쟁점 원인
- '다수의 정상인 vs 다수의 사회적 약자(노인, 장애인, 어린이 등)' ·생산성이 높은 다수의 정상인의 생명을 보호하는 것이 공리주의적으로 합당하지만 약자를 보호하는 것이 의무론적 사회적 정의에는 더 합당한 딜레마에 처하게 됨 - '범죄자 vs 일반인' ·범죄인에 대한 식별이 가능하다는 것을 전제로 선택 상황 하에서 범죄인을 희생시키는 선택이 사회적 정의에 합당한지와 같이 인간으로 차별하지 않는 것이 사회적 정의인지에 대한 딜레마에 처하게 됨 - '공공 소유 차량 vs 민간 소유 차량' ·선택 상황에서 공무를 수행 중인 소방차나 경찰차를 선택할 지 일반차량을 선택할 지에 대한 딜레마 상황에 처할 수 있음	- '해킹' ·자율주행자동차 운행을 위해서는 다양한 센서와 정보의 실시간 유출입이 필수적. 따라서 해킹 공격을 당할 경우 사고를 피하기 위해 급히 운행을 중단할 지, 제어권을 인간으로 전환할 지 아니면 자체적으로 대응할 지에 대한 윤리적 판단이 필요한 상황에 처하게 됨 - '고의적 실험' ·도로상에서 자율주행자동차의 성능 실험을 위해 급정거, 끼어들기 등의 고의적 불법 운전행위에 대한 우려가 있음. ·이 경우 고의성 여부에 대한 윤리적 판단이 이뤄져야 할 뿐 아니라, 고의적 실험에 대해 회피, 경고, 보복 등 대응 방안에 대한 윤리적 결정도 필요하게 됨

3부 AI로봇의 현실적인 윤리적 쟁점

3. 이기주의적, 이타주의적, 그리고 공리주의적
   자율주행자동차의 모델

자율주행자동차 주행에 대한 윤리적인 결정의 모델로서 우선 공리주의적 모델과 의무론적 모델이다. 이 부분에 대해서는 앞장에서 이미 상세히 다루고 있으므로 여기서는 이기주의적, 이타주의적, 그리고 공리주의적 자율주행자동차를 비교해보고자 한다. 자율주행자동차가 다른 일반적인 자동차보다 훨씬 안전하다 할지라고 100퍼센트 안전하다고 할 수 없다면, 자율주행자동차가 처하게 될 수 있는 사고 시나리오에서 어떻게 프로그래밍 되어야 할까? 이 물음에 대한 대답에서 일반인들의 도덕적인 태도와 정서는 상반된 반응을 보여준다. 자율주행자동차가 사고 상황에서 어떻게 프로그래밍되기를 원하는가라는 질문에 대해 다수의 사람들은 전체의 피해를 최소화하도록 해야 한다고 답하면서도 실제로 자기가 원하는 자율주행자동차는 사고의 시나리오에서 자신들을 보호해주는 차량을 선호한다고 답한다.[5]

실제로 2016년 파리에서 열린 자동차쇼에서 메르세데스 벤츠의 대표자였던 폰 휴고(Christoph von Hugo)는 벤츠에서는 자율주행자동차에서 차량 소유자를 최우선으로 하겠다고 발표했다가[6], 이에 대한 논란이 확산되자 이러한 결정이 확정된 것은 아니라고 변경하기도 하였다.

이러한 불일치는 또 다른 트롤리 문제를 산출해낸다. 이것은 가상적인

5　J. F. Bonnefon, A. Sharrif & I, Rahwan, "The social dilemma of autonomous vehicles", Science, 352(6293), 2016, pp.1573-1576 참조.

6　https://www.caranddriver.com/news/self-driving-mercedes-will-prioritize-occupant-safety-over-pedestrians 참조.

사고 상황에서 피해자 입장, 차량의 탑승자 입장 그리고 제3자적 입장의 충돌로 이해될 수 있을 것이다. 이기주의적 자율주행자동차가 차의 탑승자를 먼저 고려한다면, 이타주의적 자율주행자동차는 피해자 내지 피해가능자[7]를 우선적으로 고려할 것이고, 공리주의적 자율주행자동차는 차의 탑승자나 사고의 피해가능자에 대한 구별을 하지 않고 모두의 가중치를 동일하게 전제한 뒤에 전체 피해의 최소화(harm-minimizing car)를 가장 먼저 고려할 것이다. 비록 이기주의적 자율주행자동차가 다수에 의해 선호된다 하더라도, 이러한 컨셉을 가진 자율주행자동차는 사회적으로 수용되기 어려울 것으로 판단된다. 그렇다면 남은 가능성은 이타주의적 자율주행자동차와 공리주의적 자율주행자동차의 경우인데, 사실 교통 사고시 차의 탑승자와 사고 피해자(보통의 경우 보행자이거나 자전거나 오토바이 혹은 다른 차량 등과 같이 기타 다른 이동용 장치의 탑승자)의 안전가능성을 비교하거나 경중에 대한 판단을 내리기가 쉽지는 않을 것이다. 이런 맥락에서 볼 경우 이타주의적 자율주행자동차는 소비자들에게 수용되기 어려울 것으로 판단된다. 그렇다면 탑승자나 사고피해자의 가중치를 구분하지 않는 공리주의적 자율주행자동차가 현실적으로 다른 대안보다는 설득력을 가질 것이다.

이러한 논의는 교통상황에서 정상적이지 않은 경우, 즉 자동차의 충돌이 불가피하다고 판단되는 경우에 대한 것이고, 예외적인 경우에 해당된다. 그래서 자율주행자동차가 충돌을 예방하고 충돌이 예측되는 상황에서는 정지하거나 차량의 제어권을 탑승자에게 전환하도록 설계되어야 하겠지만, 이러한 것이 불가능한 경우에는 이기주의나 이타주의적 윤리 모듈보다는 공리주의적 윤리 모듈이 보다 설득력이 있을 것으로 판단된다.

---

7 여기에는 다른 차량의 탑승자도 포함될 것이다.

Ⅲ. 자율주행자동차의 책임 소재 문제와
새로운 윤리적 이슈

자율주행자동차의 부득이 한 충돌로 인한 사고의 책임을 누구에게 물을 지에 대한 윤리적 논쟁도 제기 될 수 있다. 기계적 결함으로 인한 사고의 경우에는 차량탑승자가 사고에 직접적 책임이 없을 것이다. 자율주행자동차의 기술이 발달하더라도 그 자체로 완벽할 수는 없을 것이고, 비록 자율주행기술이 완전(Hohe oder Volle Automatiserung) 자동화의 수준에 이르렀다 하더라도 어느 상황에서도 운전자 내지 탑승자의 주의 감독의 의무에 대한 고지후 동의(informed consent)가 전제될 가능성이 높아 보인다. 실제로 운전자 내지 탑승자의 자율주행자동차의 자율주행에 대한 책임이 자율주행자동차의 도입단계에서는 반드시 필요하다. 적어도 자율주행자동모드로만 운행이 되어야 하는 도로 구간에서는 이러한 책임의 필요성이 떨어지겠지만, 도입단계에서 일반적인 도로 상황에서는 자율주행자동차와 비자율주행자동차가 혼재될 수밖에 없는 상황에서는 운전자 내지 탑승자의 책임인정의 필요성이 반드시 요청되어야 한다.

그런데 기계적 결함이나 운전자(내지 탑승자)의 부주의도 아니고, 도로교통 관련 법규도 준수되는 상황에서 발생하는 사고의 경우 차량 설계자, 제작자, 소유자 중 누가 책임을 질지 아니면 인공지능을 가진 기계에게 책임을 물을 수 있는지에 대한 사회적 논의와 이에 근거한 사회적, 윤리적, 법적으로 합의가 필요하다. 특히 자동차 보험사는 이해관계자들 간의 책임의 배분을 어떻게 나눌 지에 대한 논의도 책임과 관련된 중요한 윤리적 문제라

고 할 수 있다.[8]

　자율주행자동차의 윤리 논쟁의 또 다른 이슈는 사회적으로 야기할 수 있는 다양한 문제들이다.[9] 무엇보다도 자율주행자동차 운행을 위해 다양한 정보를 취득하는 과정에서 개인의 사생활을 침해할 수 있으며, 그렇다고 개인정보보호 만을 강조하면 자율주행자동차가 제대로 된 기능을 수행할 수 없는 문제가 발생한다. 해킹을 통해 차량 사고를 유발할 수 있고 경우에 따라서는 테러의 수단으로 악용될 소지도 크다. 또한, 자율주행택시가 보편화되면 택시기사들이 직업을 잃게 되고, 자율주행트럭이 본격적으로 판매되면 트럭기사라는 직업이 사라질 위기에 처해 큰 사회적 문제로 비화될 가능성이 크다. 자율주행자동차를 대상으로 한 일반 차량들의 모험적 실험도 가능하면 이러한 경우 사고가 오히려 증가할 수 있고, 자율주행자동차 운행이 본격화되면 오히려 차량의 총주행거리가 늘어나 혼잡이 심화될 수 있고, 사람들은 운동 부족으로 비만 등 건강상 문제도 제기될 수 있다. 아직 자율주행자동차 운행에 따라 발생할 수 있는 다양한 문제들이 실제 어떻게 나타날지는 아무도 모르지만 적어도 윤리가이드라인을 제정할 때 이러한 부문에 대한 고려가 필요할 것으로 판단된다.

　또 다른 새로운 이슈로는 현재 자율주행자동차의 도입과 운용에 따라 발생가능한 문제들은 자율주행자동차의 작동 방식이나 주행시 가능한 의사 결정방식의 문제 못지않게 중요한 것이 바로 도로 및 교통의 상황에 대한 문제이다. 자율주행자동차가 주행하게 될 교통상황에 대한 고려가 반드

8　변순용, 「자율주행자동차의 윤리적 가이드라인에 대한 시론」(윤리연구 제112호, 2017). 참조.
9　변순용, 「자율주행자동차의 윤리적 가이드라인에 대한 시론」(윤리연구 제112호, 2017). 참조.

3부 AI로봇의 현실적인 윤리적 쟁점

시 전제되어야 하는데, 예를 들면 자율주행자동차의 도입단계에서는 자율주행자동차 내지 자율주행모드로만 운행되는 도로, 자율주행자동차와 인간이 운전하는 자동차가 혼합되는 도로 등에 대한 구분이 이뤄져야 한다.

IV. 결론: 자율주행자동차 윤리가이드라인의 제시

4.1. 자율주행자동차에 추구되는 목표 및 가치: 자율주행자동차 기술의 도입 및 활용에 따라 자율주행자동차가 본연의 목적에 비추어 제작에서 활용에 이르기까지 발생할 수 있는 문제를 해결하기 위한 가이드라인이 필요하다. 여기서 추구되는 자율주행자동차의 가장 기본적인 목표는 인간의 행복과 자유이다. 자율주행자동차 도입의 이러한 기본 목표는 인간의 안전하고 편리하며 자유로운 이동성과 자동차 사고로 인한 개인적, 사회적 손실의 최소화라는 가치를 통해 추구된다.

> 4.1.1. 자율주행자동차는 안전한, 편리한, 그리고 자유로운 이동성(안전성, 편리성, 자유로운 이동성- 교통접근권의 보장)을 증진시켜야 한다. - mobility
>
> 4.1.2. 자율주행자동차는 자동차사고로 인한 개인적, 사회적 손실을 최소화해야 하며, 인간의 생명은 동물이나 재산의 피해보다 우선적으로 고려되어야 한다. - human life & social resources
>
> 4.2. 자율주행자동차는 그 운행에 관한 법적, 윤리적, 메타적 운행규칙을 가지고 있어야 한다(자율주행자동차의 법적, 윤리적 운행 규칙: 도로

교통법의 규칙, 윤리 규칙, 메타규칙)

4.2.1. 자율주행자동차는 자동차의 운행과 관련된 제반 법규의 규정을 준수해야 한다.

4.2.2. 자율주행자동차는 제반 법규의 규정이 적용되지 않는 상황에서의 사고 경우에 대하여 명백한 판단 기준을 가지고 있어야 한다 (ethics of car crash).

4.2.3. 자율주행자동차는 법적 운행규칙과 윤리적 운행규칙의 충돌 상황에 대한 메타규칙을 가지고 있어야 한다.

4.3. 자율주행자동차 공급자의 의무:

4.3.1. 공익의 범위 내에서 인간의 행복 추구에 도움이 되도록 정해진 목적과 기능에 부합하도록 자율주행자동차를 제작해야 한다.

4.3.2. 자율주행자동차 운행의 법적, 윤리적 기준에 대한 투명성을 보장해야 한다.

4.3.3. 자율주행자동차의 안전과 보안에 대한 보장의 책임을 가져야 한다.

4.4. 자율주행자동차 관리자의 의무(국가, 사회의 의무):

4.4.1. 운행책임과 제어권 전환에 대한 규정

4.4.2. 자율주행자동차의 도입과 활용을 위한 사회적 인프라의 확충

4.4.2. 자율주행자동차의 도입, 안전 및 이에 대한 책임 관련 모니터링 의무

4.5. 자율주행자동차 소비자의 의무

4.5.1. 자율주행자동차의 이용자 교육 및 자동차 면허 이수의 의무화를 준수해야 한다.

3부 AI로봇의 현실적인 윤리적 쟁점

4.5.2. 탑승자 및 비탑승자의 자유와 안전에 대한 책임을 져야 한다.

참고문헌

고인석, 「아시모프의 로봇 3법칙 다시 보기: 윤리적 로봇 만들기」, (철학연구 제93권), pp.97-120.

변순용 외, 『로봇윤리』 (어문학사, 2013)

변순용 외, 『로봇윤리란 무엇인가?』 (어문학사, 2015)

변순용 · 신현우 · 정진규 · 김형주, 「로봇윤리 헌장의 필요성과 내용에 대한 연구」 (윤리연구 제112호, 2017), pp.295-319.

변순용, 「자율주행자동차의 윤리적 가이드라인에 대한 시론」 (윤리연구 제112호, 2017), pp.199-216.

변순용, 「인공지능 로봇을 위한 윤리 가이드라인 연구」(윤리교육연구 제47집, 2018), pp.1-22.

이원태, 인공지능의 규범 이슈와 정책적 시사점, KISDI Premium Report 제15-07호, 정보통신정책연구원.

이원태, 4차산업 혁명과 지능정보사회의 규범 재정립, KISDI Premium Report 제17-10호, 정보통신정책연구원.

최현철 · 변순용 · 신현주, 「인공적 도덕 행위자 (AMA) 개발을 위한 윤리적 원칙 개발」 (윤리연구 제111호, 2016), pp.31-53.

Bonnefon J. et.al.(2015) "Autonomous Vehicles Need Experimental Ethics: Are We Ready for Utilitarian Cars?, arXiv:1510.03346,

Noah J. Goodall(2013), "Ethical Decision Making During Automated Vehicle Crashes", AHB30-Vehicle Highway Automation, pp.4-5.

IEEE, Ethically Aligned Design-Version II, 2017.

제13장

인간, 기술 그리고 건축:
AI로봇기술의 변화와 건축서비스산업

> "이성의 모든 수단을 동원해 자기 집을 지어야 하며,
> 그 집에서 자기 삶의 질서를 만들어 나가야 하고,
> 혼란을 야기하는 힘의 돌진으로부터 지켜내야 할 책임을 인간은 갖는다."
> — Otto Friedrich Bollnow —

변순용

Ⅰ. 들어가는 말

인간은 공간 속에 그리고 공간과 더불어 삶을 전개해 나간다. 우리의 사유 속에는 비어있는 여백으로서의 공간이나 사이로서의 공간이 있고, 그 안에 우리가 들어간다는 표상이 일반적이다. 그러다 보니 우리가 어느 공간에 들어간다고 생각하게 되지만, 실제로는 우리가 항상 공간 안에(In-Sein) 그리고 공간과 더불어(Mit-Sein) 존재한다는 존재적 사실을 망각하기 마련이다.[1] 인간과 공간은 상호 규정적인 관계에 놓여있으며, 인간적 공간학과 공간적 인간학의 시도가 가능해지고 있다. 공간은 인간의 본질 규정에 속하며, 공간을 통해 인간 현존재의 의미가 구성되고, 공간적 존재로서의 인간의 본질 해명에 중요한 근간이 되고 있다. 거주함을 인간의 본질로 규정하는 하이데거(M. Heidegger)나 행복한 공간을 주장하는 바쉴라르(G. Bachelard)의 논의를 언급하지 않더라도 공간과 공간성은 인간에 의해 구성되면서 동시에 인간의 본질을 구성하는 근본적인 계기임은 부정할 수 없는 존재적 사실이다.

현재 우리가 처해 있는 사회에서 '스마트'라는 접두어가 유행이다. 폰에서부터 자동차에도 붙더니 이제는 스마트하우스나 스마트시티에도, 즉 공간에도 스마트가 붙고 있다. 무엇이 스마트한 것인지, 왜 그런 것인지에 대해서 근본적인 물음이 던져지기도 전에 우리들의 입에 회자되어 이제는 너무나 당연한 것처럼 여겨지고 있다. 그렇다면 스마트한 것이 과연 정말 좋은 것인가에 대한 윤리적인 물음을 던져보고 이에 대한 숙고를 해야 한다. 건축서비스분야와 관련해서 집짓는 로봇이나 설계하는 인공지능 로봇의 등장은 앞으로 이 분야에서도 4차산업혁명으로 회자되고 있는 일련의 변화들이 많은 영향을 미칠 수 있음을 잘 보여주고 있는 사례들이 될 것이다. 2015년 6월 호주의 패스트브릭 로보틱스는 시간당 벽돌 1,000여 개를 쌓아 이틀 이내에 집 한 채를 지을 수 있는 로봇 하드리안 프로토타입을 내놓았다.[2] 2017년 2월 스페인 바르셀로나에서 열린 세계 최대 규모의 통신전시회인 모바일월드 콩그레스(MWC)에서 IBM의 부스 천장엔 빛을 받으면

---

1 변순용, 「볼노프의 공간론 연구」 (윤리연구 106호, 2017), p.204. 참조.
2 https://www.fbr.com.au/view/about 참조.

3부 AI로봇의 현실적인 윤리적 쟁점

형형색색으로 빛나는 다양한 곡선으로 이뤄진 조형물이 설치됐다. 이 조형물은 IBM의 인공지능(AI) 컴퓨터인 왓슨이 스페인의 건축 거장인 안토니 가우디의 건축 양식을 학습한 후 제안한 아이디어를 토대로 제작된 것이다.[3]

이러한 사례를 통해 알 수 있듯이 AI 로봇의 기술이 건축분야에서도 새로운 변화를 일으킬 것임을 예측할 수 있다. 여기서는 구체적인 변화에 대한 예측과 전망을 논하는 것이 아니라 보다 근본적인 물음을 제기하고자 한다. 과연 어떤 집이 좋은 집인가? 어떤 집에서 살고 싶은가 혹은 어떤 공간에서 일하고 싶은가? 이러한 물음은 AI로봇기술과 건축서비스산업의 관계에 대한 물음에서 가장 근본적인 물음일 것이다. 현대 사회의 기술의 변화로 발생하는 문제는 엄격히 보자면 기술의 문제라기보다는 제도의 문제로 보는 것이 더 나을 것이다. 새로운 기술의 도입은 여러 새로운 문제들을 제기하고, 이를 기술적으로 해결하는 기술 내적인 역학도 작용하겠지만, 이 문제들이 사회에 미치는 부정적인 영향에 대한 제도적인 해결책들이 시도되기 마련이다.

II. 인공지능 로봇의 의미

일반적으로 지능은 '주어진 문제를 합리적 사고를 통해 해결하는 능력으로서, 인지, 학습, 추론 능력 등을 모두 포함하는 총체적인 능력'으로 정의되고 있다. 인공지능은 '인간의 언어를 이해하고(자연언어 처리), 사물과

---

3 https://www.ibm.com/blogs/watson/2017/02/cognitive-artform-watson-pays-homage-gaudi-mobile-world-congress-2017/ 참조.

상황을 인식하며(패턴인식), 새로운 정보를 체계적으로 습득하여 활용할 수 있으며(기계학습), 축적된 지식과 경험을 토대로 결론을 추론하여(전문가 시스템) 문제해결능력을 가진 지적인 컴퓨팅 능력'으로 정의된다. 이러한 인공지능은 약한 내지 특수 인공지능(Weak AI, Artificial Narrow Intelligence), 강한 내지 일반 인공지능(Strong AI, Artificial General Intelligence), 슈퍼 인공지능(Super AI, Artificial SuperIntelligence)으로 변화하고 있다.

　로봇에 대한 모든 정의는, '인간의 개입 없이 과업이 완수되어야 한다'는 결과적 요소를 내포하지만, 모두가 합의한 단일한 정의는 없다. 일부 정의에서는 '움직일 수 있고 주변의 환경에 반응하는 물리적 기계'에 의해 과업이 완료되어야 하지만, 다른 정의에선 '물리적 구현 없이 소프트웨어'에 의해 완료된 과업과 관련해서도 로봇이라는 용어를 사용한다.[4] IFR(국제로봇연맹, International Federation of Robotics)에서는 로봇을 '국제표준화기구(ISO)의 로봇 정의 8373'에 근거하여 정의하고 있는데, 이에 따르면 산업용 로봇은 "자동으로 제어되고, 재프로그래밍될 수 있는 다용도의 조작이 가능한 것이며, 3개 이상의 축에 의해 프로그래밍이 가능하고, 산업 자동화의 과정에서 특정장소에 고정되거나 이동 가능한 것이다."[5] 그리고 서비스 로봇은 "산업 자동화를 제외한 과업 중에, 반자동 또는 완전자동으로 작동하면서, 인간과 장비에 유용한 서비스를 제공하는 로봇"으로 정의하고 있다. 그러나 이 정의는 산업용 로봇에 대한 정의라는 점을 고려해야 한다는 점에

4　한국로봇산업진흥원, 『로봇이 생산성, 고용, 일자리에 미치는 영향』, Robot Issue Brief, 2017-3호, 2017. 6. 참조.

5　An industrial robot is defined to be an "automatically controlled, reprogrammable, multipurpose manipulator, programmable in three or more axes, which can be either fixed in place or mobile for use in industrial automation applications." : https://ifr.org/standardisation 참조.

3부 AI로봇의 현실적인 윤리적 쟁점

서 한계가 있다.

　Veruggio 와 Operto는 로봇을 보는 시각을 단순한 기계, 윤리적 차원을 갖는 존재, 선 또는 악을 행할 수 있는 개체, 새로운 종의 진화로 구분하고 있다.[6] "두 번째 입장과 세 번째 입장은 매우 유사하게 보이지만, 로봇윤리 연구 방향 설정에서는 큰 차이가 나타날 수 있다. 전자는 로봇의 내재적 가치에 초점을 두고, 후자는 로봇의 행위 자체에 관심을 갖기 때문이다. 이에 따라 전자의 방향에서는 로봇윤리는 주로 로봇의 존재론적 근거, 실존적 의미, 인간과 로봇의 상호 소통에 관한 내재적 의미와 관련된 분야들이 언급될 수 있는 반면, 후자의 방향에서 로봇윤리는 로봇이 수행하는 행위 자체(임무)의 옳고 그름에 관한 도덕적 판단 및 평가에 관한 내용들이 주요 관심사가 된다. 마지막으로 네 번째의 입장은 앞의 세 가지들과 전혀 다른 로봇윤리를 만든다. 로봇은 인간과 전혀 별개의 새로운 진화의 종이기 때문이다. 이 마지막 입장을 제외하면, 앞의 세 가지 규정들은 모두 로봇을 인간의 하위범주(인간의 수단 또는 인간이 만들었지만 인간과 유사한 존재)에서 언급하고 있다."[7] 예를 들어 자율주행자동차를 생각해보자. 인공지능을 탑재한 차량이며, 인공지능에 의한 결정을 수행할 구현체(차량)가 있다면 이것을 카봇(Carbot)이라고 부를 수 있을 것이다. 이처럼 인공지능에 의한 어떠한 결정을 보여주거나 행해질 수 있도록 하는 구현체의 필요성을 고려해본다면, 그리고 로봇의 발전과정을 고려해본다면, 인공지능만의 윤리나 로봇만의 윤리보다는 인공지능 로봇에 대한 윤리를 고려하는 것이 타당하다. 물리적

6　Veruggio, Gianmarco & Operto, Fiorella(2006), "Robotics: a Bottom-up Interdisciplinary Discourse in the Field of Applied Ethics in Robotics", International Review of Information Ethics, Vol. 6, Ethics in Robotics. 참조.

7　변순용 외, 『로봇윤리란 무엇인가?』 (서울: 어문학사, 2015), pp.15-16.

구현을 운동성(mobility)으로 한정하는 것은 의미를 매우 좁게 규정하는 것이다. 인공지능의 모듈에 의한 어떤 결정을 보여주거나 행위를 지시하는 명령만으로도 이를 위해서는 구현체가 필요하며, 유, 무형의 구현체로 확장해서 해석될 필요가 있을 것이다.

Ⅲ. AI로봇과 건축서비스 분야에서 예상되는 문제

인공지능의 윤리적 이슈로 제기되고 있는 주제는 프라이버시, 안전성, 인간에 의한 오남용, 법적 책임문제, 살상용 로봇, 인공지능 포비아(AI Phobia), 인간 정체성, 안전장치의 문제(One Big Red Button), 감성로봇의 부작용, 로봇 의사 결정 등이 제시되고 있다.[8]

이러한 다양한 이슈들 중에서 AI로봇기술의 변화로 인해 건축서비스산업분야에서 발생할 수 있는 윤리적인 이슈로는 저작권 문제와 인공지능알고리즘과 빅데이터의 공정성 문제를 생각해볼 수 있다. 예를 들어 설계AI를 통해 이뤄지는 건축물의 설계에 대한 저작권을 인정해야 하느냐의 문제와 도시나 주거 공간에 대한 인공지능알고리즘에 의한 빅데이터의 활용에서 나타날 수 있는 공정성이나 프라이버시의 문제 등을 예상해볼 수 있을 것이다.

미술이나 작곡 분야에서 인공지능의 개발 및 도입으로 인공지능의 저작권의 문제가 제기되고 있다. 2016년 2월 구글은 비영리재단 Grey Area Foundation과 공동으로 인공지능 신경망으로 완성된 이미지 합성 인공

---

8 한국정보화진흥원, 미래신호 탐지 기법으로 본 인공지능 윤리 이슈 - 글로벌 동향과 전망, IT & Future Strategy 보고서, 제 1호, 2017, pp.8-9.

지능인 'Inceptionism' 이 그린 미술작품 전시회인 'Deep-Dream' 을 개최하여 약 10만 달러의 판매수익을 얻었고, 창작된 작품들을 '인셉셔니즘(Inceptionism)' 이라는 미술 사조로 규정하였다.[9] 인공지능 Deep Dream Generator는 인셉셔니즘을 발전시켜 다양한 전통화가의 화풍을 학습하여 입력된 이미지를 다시 특정화가의 화풍으로 그려주는 인공지능 로봇이다.

그리고 예술창작 AI인 마젠타가 작곡한 80초 분량의 피아노곡이 공개되어 음악계에 충격을 주기도 하였다. 이와 유사한 인공지능 프로그램으로는 바흐의 음악적 요소를 조합후 새로운 곡을 만들어낸 작곡 AI인 컬리타(Kulitta), 2016년 주요 단어 몇 개를 입력하고 리듬과 곡조를 설정하면 자동으로 가사를 만드는 작곡 AI인 일본의 오르페리우스, 협주곡 몇 가지를 입력하면 특정악보를 패턴 분석해서 새로운 음악을 작곡해내는 미국의 에밀리 호웰(Emily Howell) 등이 있다. 이탈리아에서 개발된 로봇피아니스트인 테오트로니코(Teotronico)는 53개의 손가락으로 1000곡 이상의 피아노 명곡을 완벽하게 연주할 수 있다. 실제로 피아노 알파고라고도 불리면서 인간 연주자와 배틀 콘서트를 열기도 한다.[10]

실제로 인공지능이 창작과정에 개입하는 3가지 방식에 따라 지식재산권의 보호 방향성을 다음과 같이 제시하는 경우도 있다.[11]

실제로 영국은 1988년 컴퓨터창작물(Computer Generated Worked, CGW)을 저작물로 인정하고 이를 업무상 저작물로 보아야 할지, 인공지능

---

9 https://deepdreamgenerator.com/ 참조.

10 http://www.hani.co.kr/arti/PRINT/741364.html , https://www.facebook.com/Teotronico/ 참조.

11 손승우 외, 『인공지능 기술 관련 국제적 논의와 법제 대응방안 연구』, 한국법제연구원, 글로벌법제전략연구 16-20-6, 2016, pp.88.

의 저작물로 인정해야 할지에 대한 논의가 제기되었다. 인간이 만든 창작물과 인공지능 알고리즘이 만든 창작물 사이의 경계가 모호해지면서, 인공지능 창작물의 저작권을 어디까지 인정할 것인지의 법률적 이슈에서부터 기계/로봇 알고리즘에 의한 인간 창의성의 약화, 더 나아가 인간 주체성의 위기를 어떻게 극복할 것인가의 윤리적 이슈까지 다각적으로 검토, 대응할 필요성도 나타나고 있다.

인공지능 알고리즘의 공정성 침해 사례가 벌써 나타나고 있다. 예를 들어 검색이나 추천 알고리즘에 의한 빅데이터의 축적은 디지털 상품의 거래 구조에 근본적인 변화를 가져오며, 사회구조에까지 영향을 미치게 된다. 특히 인공지능 알고리즘의 비의도적인 차별성, 편향성, 비도덕성, 편협성 등은 윤리적인 문제를 발생시킬 수도 있다. 실제로 인공지능에 따른 알고리즘의 편향이 누군가에게 피해를 주었을 경우 처리와 해결의 문제가 사회의 과제로 떠오르게 된다. 그래서 알고리즘의 윤리적 설계 및 알고리즘의 책임문제, 그리고 알고리즘 감사(Audit) 기법 등 견제 기술에 대한 논의도 제기되고 있다.

2016년 5월 미 IT매체 기즈모도는 페이스북이 특정 미국 대선후보를 낙선시키기 위해 자신의 뉴스편집 서비스 '트렌딩 토픽'의 알고리즘을 조작했다는 의혹을 제기하였다. 의혹보도의 핵심내용은 일부 페이스북 직원들이 페이스북 최고 경영자인 저커버그에게 미국 대선에서 도널드 트럼프의 낙선을 위해 무엇을 해야 하지 않겠냐는 취지의 질문과 기사편집 알고리즘을 임의로 조작했다는 내부 고발에 관한 것으로 언론보도의 정치적 중립성 훼손 문제를 제기한 것이다. 또한 영국 일간지 가디언도 '트렌딩 리뷰 가이드 라인(Trending Review Guideline)'의 일부를 공개하면서 알고리즘으로 중립적으로 편집한다는 페이스북의 주장과 달리 뉴스 배정을 관장하는 일부 소수의 편집자가 뉴스 선정에 깊숙하게 개입하고 있다고 보도하였다. 이는 알고리즘 보다는 소수 편집팀이 '트렌딩 토픽'에 표출할 기사 선정에 영향력을 행사 했다는 것을 의미하며, 정치적 중립 훼손 및 여론 조작에 기여했다는 것을 반증하는 사례로 부각되었다.[12] 그래서 일반적으로 알고리즘이 객관성을 충분히 확보되는 것처럼 여겨짐에도 불구하고, 실제로 알고리즘을 개발한 인간의 다양한 편견이 개입될 소지가 있으며, 특히 현재의 데이터를 축적하는 과정에서 데이터 자체의 편협성에 대한 필터링의 필요성, 이러한 필터링 자체가 또 다른 검열의 위험을 내포하게 된다. 따라서 알고리즘의 투명성과 공정성 내지 중립성 보장에 대한 사회적 기준이 마련되어야 할 필요성 대두될 것이다.

---

12 이와 관련해서 페이스북과 미국의 코넬대학교의 연구진은 페이스북의 뉴스피드 알고리즘을 조작하여 689,003명의 사용자를 대상으로 감정이 전염될 수 있는지 실험하여 사용자의 감정이 SNS를 통해 전염될 수 있음을 실험하였다. 그리고 R. Epstein과 R.E. Robertson은 검색 엔진의 순위 조작이 부동층의 표심을 실제 움직일 수 있다는 것을 실험을 통해 입증하였으며, 이를 검색엔진 조작효과(SEME: Search Engine Manipulation Effect)라고 부른다. 그리고 한 가지 검색 엔진이 주로 사용되고 있는 국가일수록 SEME에 더 큰 영향을 받을 수 있다고 경고하고 있다: https://spri.kr/posts/view/18188?code=inderstry_trend 참조.

〈인공지능 창작도구의 이용 시나리오와 대응 방향〉

① 창작의 도구로 인공지능이 활용된 경우

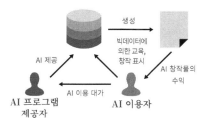

- 인공지능 기반 창작 프로그램을 개발자와 이용자가 상호 합의 하에 활용하는 경우
- 제공자와 창작자 모두에게 지식재산권 보장이 필요하나 보호 과잉에 대한 우려 존재

② 인공지능에 콘텐츠 제작 플랫폼 서비스로 제공될 경우

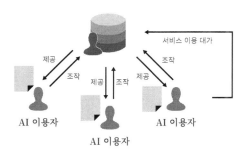

- 하나의 플랫폼에 다수의 이용자가 콘텐츠 제작을 위해 인공지능 기술을 활용하는 경우
- 플랫폼 사업자의 독점과 사용자의 지재권 침해 가능
- 플랫폼 사업자 실태파악과 영향력 평가·분석을 통한 제도 정비 필요

③ 인공지능 기반 서비스와 인간이 협업하는 경우 (예: 캐릭터 관리)

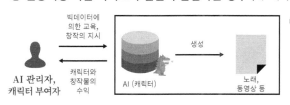

- 서비스 제공자의 지재권은 보호되나 캐릭터 이용자의 새로운 창작물에 대한 보호 방식 마련 필요

IV. 로봇이 집을 지을 수 있을까?: 건축서비스 분야에서의 AI 로봇의 대체 가능성과 관련된 문제

이미 도로에서 주행하는 차량들은 로봇기술을 통해 제작되고 있다. 과거 자동차 제작공정에서 부품을 나르는 단순 자동화 공정을 담당하는 기술이 이제는 사람이 작업했던 부품 재료 조립공정까지 담당하고 있다. 아마 일의 작업량으로만 가늠하다면, 로봇 팔을 활용한 제조공정은 인간의 생산 능력을 훨씬 넘어선다. 24시간 쉴 틈 없이 가동될 수 있으니까 말이다. 하지만 여전히 자동차 제작공정에는 인간이 필요하다. 부품의 조립 및 다음 제작 단계로의 이동과 같이 로봇기술이 담당하는 단순 노동 덕분에 숙련된 인간 기술자는 자신이 맡은 분야에만 집중하면 된다. 우리가 도로에서 접하는 차량들은 로봇과 인간의 협동(?)의 결과물이다.

인간과 로봇의 협동이 얼마나 지속될 수 있을까? 현재 일상에서 우리가 사용하는 대다수의 물품들이 앞으로는 더 이상 인간의 손길을 거치지 않고 로봇에 의해 생산될 것이다. 이러한 질문의 배경에는 로봇이 제조 및 산업 현장에 투입될 때, 이른바 3D 업종에서 인간은 혜택을 볼 수 있다는 낙관론과 오히려 인간의 일자리를 빼앗아 최후에는 노동하는 인간은 사라질 것이라는 비관론이 함께 등장하고 있다. 로봇기술이 발전하면서 로봇은 인간보다 더 정교하게 작업할 수 있다. 여기에 장인이 갖고 있는 전문화된 기술력을 프로그래밍으로 전환시켜 주입한다면, 로봇은 평범한 다수의 노동자보다 훨씬 더 높은 경쟁력을 갖춘 하나의 '전문' 기계가 될 수 있다. 이로 인해 우리는 양질의 제품을 안정적으로 공급받아 사용할 수 있는 것이다. 그러나 이를 반대로 해석하면, 이는 인간이 점차 일할 수 있는 자리, 즉 인간을 필요로 하는 노동 현장은 점차 사라지게 된다는 것을 의미한다. 현재 인간과 로봇의 협업은 로봇이 인간의 일자리를 점차 빼앗아 가는 신호탄이라는 것이다. 점차 자율적으로, 인공지능형으로 발달하면서, 인간의 모습까지도 닮아가는 다양한 유형의 로봇들이 오히려 인간을 더 기계에 의존적이게 만들 수도 있다. 물론 이에 대해 로봇의 등장이 인간으로부터 기존의 일자리를 줄이겠지만, 그 못지않게 새로운 일자리를 제공할 것이라는 반론도 제기된다.

MIT 인공지능 연구소장인 로드니 브룩스는 급속도로 진행 중인 고령화 때문에 로봇의 도입이 불가피한 것으로 보고 있으며, 인공지능이 감소하고 있는 세계의 노동생산성을 증대시킬 수 있다고 보거나 미국 내 로봇 자동화로 인해 사람을 완벽하게 대체할 수 있는 직업이 5%에 불과하다고 보는 예측도 제기되고 있다. 그러나 "가트너사는 10년후면 로봇인공지능의 발달로 전체 직업의 1/3이 사라질 것으로 예측하였으며, 미국의 포레스터 리서치는 2025년까지 로봇에 의해 미국 일자리 2,270만개가 사라질 것으로 예측하고 있다."[13] 이처럼 AI로봇에 의한 일자리 대체 효과에 대한 긍, 부정적 인식이 혼재되어 있는 상태라고 보는 것이 정확한 이해일 것이다. 2016년 1월 세계 경제포럼에서 발표된 "일자리의 미래(The Future of Jobs)" 보고서에 인공지능과 머신러닝, 로봇, 사물인터넷, 3D 프린팅, 바이오 등 신기술이 주도하는 혁명을 '제4차 산업혁명' 으로 정의하고, 향후 5년 동안 4차 산업혁명으로 선진국에서 710만개의 일자리가 사라지고 새로운 기술에 기반하여 만들어질 일자리는 불과 200만개 수준으로 전망하고 있다고 한다.

---

13 한국로봇산업진흥원, 『로봇이 생산성, 고용, 일자리에 미치는 영향』, Robot Issue Brief, 2017-3호, 2017, P.1.

여기서 우리가 진지하게 고민해야 할 사항이 있다. 로봇기술의 적용 범위에 어떤 경계를 설정해야 하는가? 인간이 기술을 필요로 하고 발전시키는 궁극적인 이유는 인간의 '행복과 번영'이다. 그리고 행복을 실현하는 그 과정, 즉 노동하는 활동 자체가 창조적인 활동이며, 인간의 본질이 된다. 로봇 자체를 개발하는 것 자체가 인간의 본질적인 활동인 것은 분명하다. 그러나 논리적으로만 본다면, 로봇이 모든 일을 담당하게 된다면, 우리가 할 수 있는 것은 결국 아무 것도 없게 된다. "현재 제조 및 산업 현장에 로봇들이 대거 개발되어 투입됨으로써 인간 노동자들과 관련된 다양한 문제들이 주로 등장한다. 대표적인 사례는 제조 현장에서 로봇자동화에 따라 노동자들의 일자리가 줄어든다는 것이다. 2030년 이내 로봇기술 발전은 이처럼 경제적 측면에서 논란이 될 수 있지만, 윤리적 측면에서도 노동자의 로봇으로부터의 소외, 인간 노동의 가치와 의미를 중심으로 한 문제들을 일으킬 가능성이 크다."[14] 건축서비스산업 분야에서도 이를 테면, 미래 사회에서 건축서비스산업용 AI로봇으로 인해 인간 노동의 질이 향상될 수 있는가?, 미래 사회에서 인간 노동자들이 건축서비스산업용 AI로봇으로부터 소외될 가능성은 전혀 없는가?, 미래 사회에서 건축서비스산업용 AI로봇의 편리함에 따른 육체노동 감소가 인간 노동자에게 어떤 긍정적 혹은 부정적 영향을 줄까? 등의 물음들이 제기될 것이다.

예를 들어 집 근처에 두 군데의 공사장이 있다고 하자. 하나는 대형 아파트 단지를 건설하는 현장이고, 또 다른 하나는 3층 연립 주택 가옥을 건설하는 현장이다. 규모로 본다면, 후자는 전자에 비교할 수가 없을 정도로 작다. 자세히 볼 수도 없고, 전문적인 과정을 모르지만, 아파트 공정은 흡

14　변순용 외, 『로봇윤리란 무엇인가?』(서울: 어문학사, 2015), p.127.

사 레고 블록처럼, 대형 크레인들이 커다란 블록들을 쌓아 놓으면 사람들이 그 안에서 뭔가를 붙이는 조립 과정으로 보인다. 그래서 건설 속도도 매우 빠르게 느껴진다. 대형 크레인이 필요가 없는 연립 주택을 건설하는 소규모 현장은 노동하는 사람들로 가득하다. 이런 저런 자재들이 부딪히는 소리도 요란하다. 이런 장면을 보면서 드는 생각은 "만약 이 두 건설 현장도 로봇이 담당할 수 있을까?" 아마도 로봇이 담당할 수 있는 분야들은 개발될 수 있을 것이다. 건축, 토목 등의 관련 분야들이 정밀한 기술, 자료 수집 및 분석에 있어서 로봇기술을 활용할 수 있을 것이다. 이는 자동차 제조 공정처럼 분명 경제적인 비용 절감에서도, 효율적인 인간 노동의 측면에서도 도움이 되는 것이다.

우리는 기본적으로 일정한 프레임을 갖춘 대형 공정에서 입력된 프로그램에 따라 작동할 수 있는 로봇시스템이 앞으로 건설현장의 단순 노동자의 일자리도 대체할 수 있다는 것을 어떻게 이해해야 할까? 제조업 공장에서 단순 노동은 점차 로봇기술로 대체되고 있다. 이제 창고 물품 분류, 부품 나르기, 단순 부품 조립과 같은 단순 노동을 담당하는 인간의 일자리는 사라지고 있다. 건설현장은 3D 업종으로 여겨지는 대표적인 현장이다. 이 현장에 일정한 프레임을 갖추어서 로봇으로 하여금 아파트 주택 등 집을 건설하게끔 하는 것이 제조업 분야의 효과처럼, 인간으로 하여금 높은 수준의 전문성에 매진하도록 하게 만드는 것인지는 의문이다. 육체적 고통을 해소하기 위해 로봇의 편리를 추구하는 것과 인간의 본질적 활동인 노동을 대체하는 것은 구분되어야 한다.

로봇만으로도 집을 지을 수 있는 세상, 얼핏 보면 인간의 위대함을 증명하는 편리한 세상일지도 모른다. 그러나 이러한 기술적 가능성은 어쩌면 대

규모 건설현장에는 적용될 수 있겠지만 소규모의 공사현장에서는 적용이 어려울 것이다. 획일적이고 대량생산이 가능하다는 것은 근대에서 현대사회로의 이행기에서는 유의미한 특징이 되겠지만, 재건축이나 소규모의 건설이 필요한 곳이나 양보다는 질적인 차원의 공간이 요구되는 곳에서는 적용이 매우 어려울 것이다. 따라서 건축분야에서 인간노동을 대체할 수 있는 AI로봇의 활용가능성은 일시적인 대체보다는 점진적인 대체의 양상을 보일 것이다.

AI로봇에 의한 인간 노동의 대체에 대한 사회적 예상은 상반되어 나타난다. 인간의 노동을 양적인 차원의 부담을 덜어주고 인간은 보다 고차원적인 노동에 집중할 수 있게 해준다는 긍정적 예측과는 대조적으로 오히려 인간의 노동 기회를 줄이고 인간의 할 일이 줄어든다는 부정적 예측도 제시되고 있다. 부정적 예측에 의하면 노동하고 창조하는 인간의 본질이 상실되는 세상이 될 수 있다고 보기 때문이다. 아무리 단순 노동이라고 하더라도, 노동은 인간의 본질을 규정하는 마지노선이다. 그래서 인간의 중요한 본질중의 하나인 노동하는 인간(homo laborans)이 지속될 수 있는 노동의 형태들이 로봇사회에서 새롭게 제시되어야 한다.

V. 나오는 말: 4차 산업혁명과 공간의 의미

근대적 시, 공간의 개념이 현대사회의 기술적 변화로 인해 다양한 시, 공간의 개념으로 확장되고, 이것이 현대인의 삶에 미치는 영향에 대한 충분한 숙고 없이 받아들여지고 있다. 가상과 실재의 공간에 대한 차이가 점차 사라지고, 이동성(mobility)의 필요와 의미가 변하고 있으며, 스마트 홈, 스마트 시티의 등장과 1인 주거 형태와 쉐어하우스와 같은 공동주거 형태의 등장 등을 통해 공간에 대한 현대적인 인식이 변하고 있음을 알 수 있다.

공간은 인간과의 관계 하에서 가치를 담고 있다. 공간에 대한 표상의 변화는 바로 인간 삶의 변화와 직결될 수밖에 없다. 그래서 인간은 공간에 대해서 배우고, 거주함에 대해서 숙고해야 할 이유가 바로 여기에 있다. 공간의 가치에 대한 숙고와 인간의 자기 공간에 대한 책임과 이에 대한 공간 교육의 필요성이 강조되어야 한다.

4차 산업혁명으로 회자되고 있는 일련의 기술적 변화와 이로 인한 사회적, 경제적 파급효과를 고려해볼 때 건축서비스산업에서도 이러한 공간 개념의 본질적인 변화를 인식하고, 이에 대한 대응이 필요할 것이다.

참고 문헌

변순용 외, 『로봇윤리』 (서울: 어문학사, 2013).

변순용 외, 『로봇윤리란 무엇인가?』 (서울: 어문학사, 2015).

변순용, 「볼노프의 공간론 연구」 (윤리연구 106호, 2017), pp.203-219.

손승우 외, 『인공지능 기술 관련 국제적 논의와 법제 대응방안 연구』, 한국법제연구원, 글로벌법제전략연구 16-20-6, 2016.

한국로봇산업진흥원, 『로봇이 생산성, 고용, 일자리에 미치는 영향』, Robot Issue Brief, 2017-3호, 2017.

한국정보화진흥원, 미래신호 탐지 기법으로 본 인공지능 윤리 이슈 – 글로벌 동향과 전망, IT & Future Strategy 보고서, 제1호, 2017.

Floridi & Sanders, "On the morality of artificial agents", Minds and Machine 14(3), 2004, pp.349-379.

Veruggio, Gianmarco & Operto, Fiorella(2006), "Robotics: a Bottom-up Interdisciplinary Discourse in the Field of Applied Ethics in Robotics", International Review of Information Ethics, Vol. 6, Ethics in Robotics.

• 제14장 •
로봇과 인공지능 시대의
시민윤리와 도덕교육적 함의
-인공지능형 로봇의 활용을 중심으로-

송선영

I. 서론 : 미래 시민에 대한 두 가지 질문

이번 연구는 본격적인 로봇과 인공지능의 시대에서 인공지능형 로봇의 활용에 따른 시민윤리의 전망을 살펴보는 것이 주된 목적이다. 인공지능형 로봇의 활용은 인간과 로봇 간의 관계가 공공 윤리의 형성과 실제들에 영향을 미칠 수 있다는 점에서 시민윤리의 전망을 검토하는 단서가 될 수 있다. 알파고 - 알파고제로 - 알파제로의 진화에서 볼 수 있듯이, 로봇과 인공지능의 시대는 단순한 기계의 시대가 아니다. 이제 로봇과 인공지능의 결합은 마치 인간처럼 특정한 기능을 수행하는 알고리즘에 따라 스스로 데이터를 수집, 분석, 대응, 평가하고 이를 구현하는 과정에서 새로운 변수에 따라 발생한 문제를 해결할 수 있는 다양한 지능형 로봇시스템을 창출할 수 있다.

이제 네트워크에서 각 개인이 입력하는 글자는 삶에 관한 수많은 정보와 지식의 빅데이터로 활용되고 있다. 세계에 판매되는 외형상 동일한 모델의 스마트폰이더라도 빅데이터의 네트워크에서 사용자인 '나'만의 정보를 담은 스마트폰이 신체 정보와 건강, 음성과 지문, 소비성향과 패턴 등을 분석하여 '나'만의 개성을 전개시킨다. 또한 사물인터넷(Internet of Things)은 이미 가전제품, 집 관리, CCTV 등의 주거 환경에 적용되고 있다.

이처럼 우리의 생활에서 지능형 로봇의 활용은 점차 확대되고 있다. 지능형 로봇은 "인공지능 등 IT 기술을 바탕으로 인간과 서로 상호작용하면서 가사 지원, 교육, 엔터테인먼트 등 다양한 형태의 서비스를 제공하는 인간 지향적인 로봇"[1] 이다. 로봇과 인공지능의 시대에 접어들면서 점차 인간을 닮은 인공지능형 로봇의 개발과 활용은 인간의 문제를 해결하거나 삶의 질을 개선하는 방향으로 진보하고 있다. 이제 의식을 하든 하지 않든 간에 오늘날 우리의 모든 실제들은 네트워크에서 연결되어 있고, 로봇과 인공지능의 시대를 구현하는 데이터의 주체들로서 존재하며, 나아가 공동체 전반의 삶을 함께 하고 있다.

이번 연구에서는 인공지능형 로봇이 바로 인간의 산물이라는 점을 대전제로 삼는다. 로봇은 인간의 필요에 따라 인간과 유사하면서도 때로는 인간의 능력을 대체하기 위해 제작 및 활용되고 있다. 이 전제에 따라 이번 연구의 계기가 된 두 가지 주요 질문들은 다음과 같다. 첫째, 인공지능형 로봇은 시민이 될 수 있는가? 둘째, 인공지능형 로봇을 어떻게 기획할 것이고 동시에 활용할 것인가? 전자의 질문은 인공지능형 로봇이 인간과 닮음으로써 나타나는 존재론적 문제가 공동체의 구성원임을 획득할 수 있는지의 논쟁

---

1   조영훈, 「지능형 로봇」, 『TTA저널』 제96호(성남: 한국정보통신기술협회, 2004), p.118.

으로 나아갈 수 있는지 아니면 시민적 삶의 도구로서 국한되어야 하는지와 관련되는 것이다. 후자의 질문은 인공지능형 로봇이 시민 대 시민의 의사소통과 상호작용의 역할에 어떻게 충실할 수 있는 도구로 지속 및 발전할 것인지의 문제이다.

II. 시민으로서 인공지능형 로봇의 존재론적 논쟁

1. 인공지능형 로봇의 존재론

오늘날 우리 일상생활에서 로봇의 활용 범위는 점차 넓어지고 있다. 그것은 주로 산업현장에서 인간의 힘든 노동을 대신하는 단순한 기계에서 이제는 인간 삶의 질을 좌우하는 가전제품(예, 로봇청소), 의료(예, 로봇수술), 군사(예, 무인전투기 및 미사일), 해저 또는 우주 탐사(예, 탐사 로봇), 환자 케어(예, 정서로봇) 등의 분야로 확대된다. 나아가 인공지능이 결합된 로봇은 예컨대, 주식 투자 분석, 교전규칙에 따른 민간인 보호 등 분야에 따라 인간보다 더 정밀하거나 더 냉정한 임무를 수행하는데 인간보다 더 적합하다고 평가를 받는다.[2] 이에 따라 현재 로봇공학의 기술 수준이 가져다 주는 변화는 대체로 다음과 같다. 첫째, 사회의 전 부문에서 인간과 로봇의 상호작용(HRI, human-robot interaction)이 가능하고, 둘째, 로봇이 감정

---

2 Patrick Lin, "Introduction to Robot Ethics", in: Patrick Lin, Keith Abney, and George A. Bekey (eds.), Robot Ethics: The Ethical and Social Implications of Robotics (Cambridge: MIT Press, 2012), pp.4-5.

을 드러내고 또한 인지할 수 있으며, 셋째, 인간처럼 팔·다리를 스스로 움직이는 휴머노이드 로봇(humanoid robots)이 등장하고, 넷째, 다양한 로봇 시스템이 적용되며, 마지막으로 지상, 해상, 공중에서 자율적으로 운행하는 무인수송기의 등장이다.[3]

이처럼 로봇과 인공지능에 관한 기술이 인간의 전 분야로 융합하게 되면서 인공지능형 로봇에 대한 개념 또한 다소 복잡하게 정의되거나 세분화되고 있다. 크게 보면, 이전처럼 컴퓨터 소프트웨어로만 운용되는 소프트웨어 봇(software bot)의 종류와 입력된 프로그램에 따라 센서의 정보들을 수집하고 학습하여 결정할 수 있고 생각할 수 있는 로봇의 종류로 나눌 수 있다. 지금 우리가 마주하고 있고, 앞으로 마주할 상대는 바로 후자에 가깝다. 로봇은 머신 러닝과 같이 스스로 내적 통제와 학습 시스템을 갖추면서 인간과 유사한 지능을 갖추고 있다. 따라서 앞으로 우리의 삶에서 로봇과 인공지능 시스템을 구분하여 바라보는 것이 불필요한 상황이 되고 있다.

이번 논의에서 주목할 점은 인간처럼 생각하고, 감정을 인지하며, 반응하는 인공지능형 로봇들이 인간과 함께 실재하고 있다는 사실이다. 이들은 특정한 목적을 수행할 수도 있다. 예를 들면, 자폐아동 치료, 노인 보호 등을 목적으로 놀이나 게임, 감정 교류를 하는 알고리즘에 따라 운용되는 사회적 로봇(social robots)이다.[4] 이 로봇의 운용이 특정 인간 사용자들에게 어떤

---

3 George A. Bekey, "Current Trends in Robotics: Technology and Ethics", in: Patrick Lin, Keith Abney, and George A. Bekey (eds.), Robot Ethics: The Ethical and Social Implications of Robotics (Cambridge: MIT Press, 2012), p.19.

4 Glenda Shaw-Garlock, Shaw-Garlock, Glenda, "Loving Machines: Theorizing Human and Sociable-Technology Interaction", in: Maarten H. Lamers and Fons J. Verbeek (eds.), Human-Robot Personal Relationships (Heidelberg: Springer, 2011), pp.3-4.

영향을 주고 있는 지를 자세히 검토하는 것도 중요하지만, 이번 연구에서는 이 로봇이 '자율적'으로 운용되고 인간과 '사회적'인 맥락에 있다는 점에 주목한다.

현재 비록 수준은 낮아 보이지만, Pepper, Nao와 같은 휴머노이드 로봇과 인공지능의 결합은 특정 대상에 대한 방대한 지식과 정보를 네트워크 기반에서 활용할 수 있고, 상대방의 감정을 인지하여 그에 상응하여 자율적으로 대화를 진행할 수 있다. 지금 인공지능형 로봇은 인간을 대상으로 인간을 닮은 활동을 한다. 로봇의 제작 목적은 특정 인간을 위한 것일 수 있지만, 이 사람에게 로봇은 의사, 가족, 친구 등을 대신하는 역할을 한다. 이로 인해 특정 사용자는 실제 인간과의 상호 관계에서 갖는 감정을 갖고 이 로봇에게 반응을 한다.[5] 앞으로 보다 일반적인 사람들의 감정들을 필요에 따라 수집하여 분석하고 대응할 수 있을 것이고, 현재 단순히 지식 정보 안내 관련 서비스 업무에서 활용되는 수준을 벗어나 복잡한 서비스 업무의 전 분야로 점차 확대될 것으로 전망된다. 간단히 말해, 우리는 앞으로 일상생활에서 인공지능형 로봇과 함께 지낼 수 있을 가능성이 매우 크다.

우리는 인공지능형 로봇을 단순히 기계로만 간주하기에는 다소 한계에 직면하고 있다. 어떤 프로그램의 통제를 받더라도, 특정 사용자 또는 일반 사람에 대해 스스로 생각하고, 정보를 수집하고 분석하고, 대응을 결정하고 실제로 반응을 하기 때문이다. 비록 인간에 의해 제작되었지만, 인간과 유사한 방식으로 구현된 존재로 인해 우리는 인간 존재에 관한 개념상의 혼란에 직면한다.

---

5 Bekey(2013), p.23 ; 송선영, 「의료용 케어로봇과 환자 간의 서사와 공감 관계의 가능성」, 『인간·환경·미래』 제18호(김해: 인간환경미래연구원, 2017), pp.60-61.

첫째, 인간의 프로그래밍에 따른 명령을 대신 수행한다는 점에서 이 로봇은 인간의 대리인이다. 그런데 이 수행이 궁극적으로 인간을 향해 있다는 점에서, 즉, 인간을 위한 수행이라는 점에서 로봇의 수행은 도덕적인 범주에 있을 수 있다. 그렇다고 해서 우리는 로봇을 도덕적 대리인(moral agent)으로 바라볼 수 있는가? 둘째, 인간과 로봇 간의 관계의 측면에서 보면, 현재 일상에서 나타나는 현상은 서로 의사소통하고 상호작용하고 있다. 관계의 본질에서 본다면, 이 장면은 윤리적이고 사회적이다. 동시에 이 로봇이 스스로 생각하고 감정을 인식하고 정보를 분석하고 반응하는 장면에서는 자율적인 도덕적 주체로서도 가능하다. 셋째, 이러한 인공지능형 로봇을 만든 이유가 바로 인간을 위한 것이라는 점에서 이 로봇은 인간 선의 구현물이다. 인공지능형 로봇의 활동이 곧 인간을 위해 인간을 대신하는 선의 실현 과정이라고도 할 수 있다. 두 번째와 세 번째의 특징을 보면, 인공지능형 로봇은 마치 인간처럼 자율적이고, 도덕적 주체이며, 사회에서 윤리적으로 살아갈 수 있는 것처럼 보인다. 과연 인공지능형 로봇은 인간과의 관계망에서 윤리적으로 정당화될 수 있는가?

인공지능형 로봇 그 자체는 기계임에도 불구하고, 앞으로 공적 영역에서 인간처럼, 인간을 대신해서, 인간과 함께 의사소통과 상호작용을 할 수 있다. 기술적으로 정확히 말하면, 입력된 프로그래밍과 알고리즘에 따라 스스로 지식, 감정과 정보를 수집 및 학습하고, 자율적으로 대응한다. 여기에 감정적으로 반응하고 반성적 의미를 부여하는 것은 바로 사용자인 인간이다. 이런 점에서 보면, 로봇에 대한 도덕적 행위자, 자율적, 사회적인 존재론적 특징 부여는 '인간이 로봇을 의인화'[6] 한 것이거나 또는 로봇의 운용 자

---

6 로봇의 표현과 몸짓, 대화를 마치 사람인 양 의미를 부여함. 송선영(2017), 앞의 책, pp.61-62.

체를 '자율적'으로 표현하는 로봇공학계와 기계의 '자동적' 동작으로 바라보는 인문학계의 차이[7]를 보여주는 사례가 될 수 있다. 이럴 경우, 인공지능형 로봇의 제작 및 활용에 관한 모든 문제는 인간의 문제로 국한된다. 과거 인공지능과 로봇은 인간이 만들고 인간이 물리적으로 조작 및 통제하는 범위에 있었다. 그런데 오늘날 그리고 앞으로 인공지능형 로봇의 발달은 가장 중요한 전제인 '인간이 통제한다'는 조건을 넘어설 수 있다. 비록 인간(개발자)에 의해 특정한 목적을 갖춘 알고리즘이 지배하겠지만, 인공지능형 로봇은 네트워크에서 빅데이터로 저장된 소비자들과 그들의 행동들을 스스로 학습하고 의사 결정을 내리고 사람들에게 반응할 수 있다. 이는 인간에 의한 기계에 대한 통제와 자동적 반응 수준이 인공지능형 로봇의 자율적 학습과 결정의 능력이 얼마나 강한가 또는 약한가의 차원으로 전환됨을 의미한다. 이에 따라 우리는 궁극적으로 인공지능형 로봇의 본질을 존재론적 차원보다는 도구적 차원에서 검토해야 한다. 인공지능형 로봇을 제작하고 활용하는 주체는 바로 인간이고, 바로 인간들 간의 관계망에서만 어떤 도구로서의 로봇의 존재가 확인된다. 이를 벗어나는 인공지능형 로봇은 없다. 우리는 인공지능형 로봇의 제작과 활용에 있어서 도구로서 인공지능형 로봇의 존재적 당위를 반드시 전제로 삼아야만, 다양하고 편리하며 인간 능력을 능가하는 기능을 갖춘 로봇을 우리와 동등하거나 별개의 존재로 간주하는 잘못을 피할 수 있다.

---

7 변순용 · 송선영, 「로봇윤리의 이론적 기초를 위한 근본 과제 연구」, 『윤리연구』 제88호 (서울: 한국윤리학회, 2013), pp.15-16.

2. 시민적 삶의 도구로서 인공지능형 로봇

오늘날 많은 분야들에서 활용되는 약한 인공지능은 "세상을 알아보고 알아듣고, 이야기하고, 글을 읽고 쓰고, 정보를 조합하고, 이해하는 것을 사람하고 비슷한 수준으로 수행" 한다. 강한 인공지능은 여기에 "독립성이 있고, 자아가 있고, 정신이 있고, 자유의지가 있는 기계"를 의미한다.[8] 넓은 맥락에서 강한 인공지능은 인공일반지능에서 이해될 수 있다. 일반지능은 컴퓨터 프로그램, 로봇, 기계 등 인간과 비슷하게 광범위한 일반 지능을 가진 것으로, 광범위한 관점에서 배운 것을 일반화하고, 복잡한 상황에서 복잡한 목표들을 달성할 수 있으며, 이를 위해 새로운 것들을 이해하고, 지식을 습득해서 다른 영역에 응용할 수 있으며, 세상에 대해 진화하는 직관적 이해를 갖는다.[9] 이러한 인공일반지능의 시대는 터미네이터와 같은 SF 장르에서 우리가 두려워하는 시대이다. 현재 우리가 경험하는 인공지능은 약한 인공지능이 기상예보, 주식투자 분석, 마케팅데이터 분석, 의료 데이터 진단 및 최소침습적 수술 등 특정 영역들에서 관련 목적들을 수행하는 특화 인공지능이 주를 이루고 있다.[10] 이와 같은 현실과 미래 전망에서 인공지능형 로봇이 인간의 통제를 받아야 한다는 당위가 언젠가는 로봇에 의해 거부당할 수도 있다. 강한 인공지능의 적용된 인공일반지능의 시대에서 인공지능형 로봇이 무엇을 원할지, 논리적으로 완성할지, 인간을 인정할지 거부할지는 로봇에게 달려 있다. 이런 점이 거의 불가능하게 보이더라도, 우리가 인공지

---

8 김대식, 『김대식의 인간 vs 기계』 (서울: 동아시아, 2016), p.275.

9 박영숙 · 벤 고르첼, 『인공지능 혁명 2030』 (서울: 더블북, 2016), p.227.

10 박영숙 · 벤 고르첼(2016), 앞의 책, p.230.

능에 대해 경계해야 하는 지점이 바로 강한 인공지능이 우리 삶의 일반을 대신해서는 안 된다는 점, 다시 말해, 우리의 특정한 분야들에 한정해서 삶의 질을 개선하는 것을 목적으로 해야 한다는 점은 분명하다.[11]

인공지능형 로봇이 시민이 될 수 있는가? 우리는 이에 대해 시민이 될 수 없다는 분명한 답을 갖고 있다. 인공지능형 로봇은 어떤 형태나 범위로든 인간과 유사한 지능을 갖고 있지만 본래적 존재의 목적으로서 생명력을 갖고 있는 것은 아니기 때문이다. 이에 따라 인공지능형 로봇은 존엄성, 자율성, 권리와 의무, 자유의지, 공동체의 헌신과 애착을 도출할 수 없다. 시민의 전제인 인간 공동체의 구성원도 아니다. 그런데 현재의 기술력을 바탕으로 곧 실현될 인공지능형 로봇들은 특정한 분야들에서 인간과 유사하게 인간을 위한 임무를 수행하는 것을 자기 존재의 목적으로 갖는다. 케어로봇처럼 인간과 감정적 교류와 상호 활동하는 측면에서 인간을 대신하는 대리인으로 작용하고 있다. 동시에 사용자인 인간에 의해 의미를 부여받기도 한다. 이런 점에서 인공지능형 로봇이 다양한 분야들에서 인간을 위한 제작

---

11 이러한 구분 외에 또 다른 존재론적 논쟁의 경계가 인간의 신체와 인공지능형 시스템이 결합된 '사이보그(cyborg)'에서 발생할 수 있다. 이전의 사이보그는 신체 일부를 물리적 기계로 대체하는 것이었다. 하지만 인공지능형 시스템이 결합된 사이보그는 네트워크 시대에 로봇공학의 기술로 진화하고 있다. 현재까지 보고된 실험들과 기술들, 사물 인터넷 기술의 수준을 각각 살펴보자. 인간의 뇌를 제외한 심장을 포함한 모든 인간의 신체적 장기를 기계로 대체할 수 있다. 인간의 뇌 시스템과의 결합을 통해 인공피부나 인공기관으로도 사물에 대한 감각능력도 인간과 동일하게 가질 수 있다. 네트워크를 통해 다른 사람의 감정도 느낄 수 있다. 또한 거리에 상관없이 인간 뇌와 네트워크로 연결된 가전제품, 휠체어 등 주변 기기를 통제할 수 있다. 현재까지 실험에 성공했던 각각의 기술이 융합된 "강한 인공지능"을 갖춘 사이보그가 출현한다면, 인간에 대한 존재 규정을 '뇌'로만 국한시켜야 하는 것인지, 또는 사이보그를 인류 진화 과정에서 등장한 종으로 인정해야 하는 것인지와 같은 문제가 발생할 것이다. 뿐만 아니라 이러한 사이보그는 인공지능형 로봇과는 달리, 시민사회에서 그 자신의 행동에 대한 법적-도덕적 책임을 반드시 가져야 하는지, 인간보다 뛰어난 능력으로 인해 강력한 통제 수단이 필요할 것인지에 대한 논쟁이 발생할 수 있다.

및 활용되는 도구적 특징에 관심을 가질 필요가 있다. 한 개인을 위한 서비스에서 의료, 교육, 복지, 안전과 같은 공익 서비스를 위한 도구로 활용된다. 인간과 교류가 많은 인공지능형 로봇일수록 본질적으로 공동체의 구성원은 아니지만, 마치 공동체의 구성원처럼 타인의 행복을 증진하는 목적에 비례하는 결과들을 산출할 수 있다. 이것이 공적 영역에서 인공지능형 로봇을 제작하고 활용하기 위한 주요 목적들 가운데 하나다.

고대 정의로운 공동체의 이상은 구성원 각자의 타고난 본성을 공동체에서 발휘할 수 있도록 올바른 진리에 따라 교육하고 올바른 시민으로 성장시켜야 하고, 구성원들은 각자가 맡은 일에 최선을 다하는 정의를 실현하는 것이다.[12] 시민은 올바른 공동체가 추구하는 이러한 조화를 담당하는 실질적인 주체이고, 공동선의 실현은 유덕한 시민의 성장과 함께 한다. 그러나 이러한 이상은 공동선이 올바르지 못할 때, 소크라테스의 불복종과 죽음처럼 개별적인 시민은 "국가의 조건적인 산물"로 전락한다.[13] 이러한 개별 시민과 공동체와의 간극은 오늘날 대표적인 정치제도인 대의민주주의 형식에서도 인민의 의사가 실현되지 않는 것과 공공선이 실현되지 않는 양면의 비판을 받고 있다.[14] 그럼에도 불구하고 현대 민주주의 사회에서 시민은 사회가 추구하는 목표와 가치를 달성하는데 기여할 수 있는 자질과 태도를 갖추고, 스스로 삶의 조건을 향상시켜 가는 한 사회의 구성원이다.[15] 앞으로 사

---

12 Plato, 『국가』, 박종현 옮김 (서울: 서광사, 2005), 제3권, 402a, p.221.

13 윤영돈, 「소크라테스적 시민성과 시민불복종」, 『윤리교육연구』, 제4집(부산: 한국윤리교육학회, 2003), p.104.

14 김주성, 「심의민주주의인가, 참여민주주의인가?」, 『한국정치학회보』, 제42집 제4호(서울: 한국정치학회, 2008), p.6.

15 변종헌, 『시민교육의 성찰』 (제주: 제주대학교 출판부, 2014), p.56.

회가 인공지능형 로봇의 활용이 확대되는 전망에서 볼 때, 이러한 로봇이 등장할 수 있는 근거는 한 개인의 행복을 실현하는 것이 아니라 많은 사람들의 행복, 나아가 지구적 차원에서의 행복에 기여하는데 있다.

인공지능형 로봇은 그 활용에 따라 민주시민을 육성하고 개인과 시민사회의 질을 높이는데 매우 유용하거나 선한 도구가 될 수 있다. 네트워크 기반의 지식 정보 사회에서 특정 분야에 특화된 인공지능형 로봇은 인간의 정체성을 확인시켜주고 자율성을 유지시키는데 기여를 할 수 있다. 의료분야에서 인간과 인공지능형 로봇의 결합의 사례로서 인간의 뇌와 컴퓨터 간의 인터페이스(Brain-Computer Interface: BCI)는 척추장애, 근 위축, 다른 질병에서 비롯된 환자들의 잃어버린 운동기능을 회복시켜주고, 이들이 일반 사람들과 의사소통 및 상호작용하는데 자신들의 연속적인 정체성을 확인시켜 주었다. 특히 루게릭병과 같이 심각한 학습 및 사유능력에 문제가 있는 경우, 이러한 결합은 환자들의 사유능력을 유지시켜 줄 수 있는 단계로 나아가고 있다.[16] 이미 미국에서 왓슨은 암 진단 프로그램에 활용되어 대장암 98%, 직장암 96%, 췌장암 94%, 방광암 91%, 자궁경부암 100%의 정확한 진단율을 보여주었다. 그리고 미국의 5개 대학병원에서는 인공지능형 로봇은 35만 건의 처방약을 한 건의 실수도 없이 조제하였다.[17] 인공지능형 로봇은 범죄 수사에서도 수사, 교정, 보호관찰에 활용되고, 빅데이터 분석을 통해 범인을 식별, 추적할 수 있고, 범죄 발생 지역을 미리 예상하여 범죄 예방을 도모할 수 있다. 또한 이미 우리는 교통 분야에서도 실시간 교통정보, 빠

---

16 Edoardo Datteri, Guglielmo Tamburrini, 「의료 로봇에 대한 윤리적 고려」, 『로봇윤리』, 변순용·송선영 옮김 (서울: 어문학사, 2013), p.121, pp.136-137.

17 이종호, 『로봇은 인간을 지배할 수 있을까』 (서울: 북카라반, 2016), p.67.

른 길 유도 분석 등 지능형 시스템체계를 활용하고 있고,[18] 최근에는 졸음운전 사고로 인해 차량에 전후방 감지 충돌방지시스템 장착의 의무가 점차 강화되고 있다. 나아가 고령화 사회를 경험한 일본은 노령인구를 위해 근력 보조 슈트, 자식과 닮은 대화형 로봇, 애견과 같은 역할을 하는 새끼 물개 로봇, 맹인용 안내 로봇 등[19] 을 개발하고 있다. 이처럼 일상의 분야들의 특성과 목적에 맞춰 개발되고 있는 약한 인공지능형 로봇들은 우리가 사적 영역과 공적 영역에서 인간답게 그리고 윤리적으로 실존할 수 있는 삶의 질적 향상을 이끌기 위해 개발되고 있다. 이후 논의에서는 이러한 약한 인공지능형 로봇의 영역에 초점을 맞추어 논의를 진행하기로 한다.

III. 조건적 자율성과 시민윤리적 알고리즘

1. 조건적 자율성의 시민윤리적 역할

앞서 살펴본 것처럼, 고대의 시민과 공동체는 정의를 기반으로 공동선을 함께 실현하며 성장하는 주체이다. 시민윤리는 공동체의 시민들이 공동선을 향해 바람직하고 올바른 삶을 살아가는 실제들을 의미한다. 즉 올바른 공동체에서 시민으로서 삶을 영위한다는 것은 공동선을 실현할 수 있는 책임 있는 시민들이 다양한 갈등들을 민주적 의사 결정과 절차에 따라 합리적이고 공정하게 해결할 수 있는 실제들을 운용하는 삶을 살고 있다는 것을

---

18 이종호(2016), 앞의 책, p.54., p.58.
19 이종호(2016), 앞의 책, pp.65-66.

의미한다. 이를 위해 요청되는 것이 바로 바람직한 시민으로서의 가치와 정신, 공동체 의식, 합리적이고 공정한 의사 결정과 능력, 공동체적 삶에 대한 책임에 대한 태도 등을 들 수 있다.

인공지능형 로봇이 시민의 본래적 자격을 갖지는 못하더라도, 민주시민을 육성하고 개인과 시민사회의 질을 높이는데 매우 유용하거나 선한 도구가 될 수 있다. 네트워크 기반의 지식 정보 사회에서 특정 분야에 특화된 인공지능형 로봇은 인간의 정체성을 확인시켜주고 자율성을 유지시키는데 기여를 할 수 있다.

약한 인공지능형 로봇들은 특화된 목적들에 따라 인간의 존엄성, 사람들 간의 의사소통 및 상호작용을 유지 또는 회복시켜 우리가 공적 영역에서 시민으로서의 제 역할을 다하도록 돕는 기능을 할 수 있다. 이런 점은 약한 인공지능형 로봇의 기능적인 측면을 중심으로 바라본 것이다. 앞으로 우리가 마주할 수 있는 로봇들은 네트워크로 연결된 세상에서 인간 삶에 관한 모든 서사의 빅데이터 부호를 스스로 학습하고 활용하고 대응할 수 있다. 이런 모습은 노약자 또는 장애인을 보호하기 위한 사회 로봇(social robots)의 범주에서 나타난다. 대화형 케어 로봇은 단순한 지식 정보를 알려주는 시스템이 아니라, 인간의 정서와 감정을 토대로 인간과 소통하고 작용한다. 이 로봇이 참여하는 인간과의 대화 및 서비스와 같은 반응 활동은 로봇이 상대방인 인간을 인지하고, 인간의 감정 인지 반응프로그램에 따라 상대방에 적절한 반응을 표현한다. 그런데 대화 상대방은 이런 과정에서 로봇이 자신의 이야기와 감정에 공감대를 형성한다고 의미를 부여한다. 굳이 다른 상대방인 인간이 없더라도, 한 사람은 로봇과 함께 기쁨과 슬픔을 나누고, 위안을 받을 수 있다.[20] 이런 모습이 실제로 2015년 이후 판매된 인공지능형 휴머노이드 페퍼(Pepper)와의 일상에서 나타났고, 페퍼는 가족의 일원이 되었다.

여기서 주목하고자 하는 점은 이러한 '인간과 로봇 간의 관계망'에서 현재 약한 인공지능형 로봇의 범주에 있는 특화된 분야에서 강한 인공지능형 로봇의 출현이 가능하고, 이 로봇이 시민으로서의 책무를 할 수 있는 지를 검토해 보는 것이다. 로봇이 인간 사용자의 감정을 인지하기 위해서는 인간의 감정에 관한 입력된 프로그램을 갖추고 있고, 사용자의 언어, 얼굴 표정, 사소한 몸짓 등을 종합적으로 분석하여 감정과 연결된 알고리즘에 따라 반응한다. 현재 기술적 수준으로는 기쁨, 슬픔, 분노와 같은 기본적인 감정들을 데이터를 갖추고 있지만, 앞으로는 네트워크상에서 인간의 감정 빅데이터를 활용하여 스스로 학습하고 정보를 수집하여 사용자의 감정을 분석하고 적절하게 대응할 수 있는 방향으로 개발되고 있다. 알파고와 이세돌 9단의 대국이 1,202대의 컴퓨터 계산 프로그램과 인간 1명 간의 치열한 수싸움이었다면, 향후 대화형 로봇은 우리가 네트워크에서 입력하고 활용하는 모든 단어들, 사진들, 자료들, 즉 빅데이터를 특정 상대에 맞춰 실시간으로 활용할 수 있다.

네트워크 기반의 사회에서 우리의 모든 활동들은 디지털 기록으로 남는다. 보통 한 사람이 남기는 연간 데이터의 양은 1테라바이트에 가깝고, 인류는 연간 5제타바이트에 가깝다. 1테라바이트를 손으로 쓰면 토성을 25번 왕복할 수 있고, 5제타바이트는 은하계의 중심에 도달할 수 있다. 이러한 활동들은 주로 페이스북과 같은 SNS를 통해 이루어지고, 이 데이터가 사람들에게 영향력을 미치는 많은 실험들이 보고되고 있다. 전체적인 연관이 없는

---

20 송선영(2017), 앞의 책, p.66.

데이터가 새롭게 다른 데이터와 연관을 가지고 하나의 체계적인 맥락으로 파악되는 빅데이터에서의 통찰력이 나타난다.[21] 미국에서 페이스북의 친한 친구가 유권자로 등록했다는 사실을 알게 되었을 때, 사람들은 유권자 등록을 하는 경향이 더 높았고, 특정지역의 사람들이 하는 구글링의 데이터를 분석하여 다가오는 독감유행 경보 시스템을 개발하기도 하였다. 또한 특정 지역의 학생들의 정보를 데이터로 활용하여 좋은 선생님은 학생들이 대학 입학, 졸업 후의 수입, 만년에 좋은 이웃으로 생을 마칠 가능에까지 영향을 미친다는 점도 발견하였다.[22] 그러나 반대로 검증되지 않은 데이터의 무분별한 수집과 분석, 허위정보, 가짜 뉴스로 인한 사생활 피해, 인권 침해, 선거 개입, 기업의 경제적 피해 등의 사례들도 발생하고 있고, 심지어 정부 차원에서도 가짜 뉴스를 판별하는 인공지능 개발을 유도하고 있다. 이제 빅데이터는 본질적으로 각 개인이 활동으로 남기는 흔적들과 파편들이다. 사용자의 개인의 정보는 직접적인 개인의 허용 범위를 벗어나는 식별되지 않는 정보들은 네트워크에서 특정 목적에 따라 활용된다.

이런 점에서 볼 때, 특정 분야에서 특정 목적으로 운용되는 약한 인공지능형 로봇은 점차 그 목적을 실현하기 위한 강한 인공지능이 적용되어 개발되고 있다. 앞서 살펴보았던 것처럼, 강한 인공지능형 로봇의 출현은 아직까지는 상상 속의 이야기이지만, 출현한다면 인간과는 전혀 별개의 종이다. 인간이 설정한 프로그램의 통제를 전혀 받지 않은 채, 로봇 그 자체가 무엇을 원할지, 어떻게 판단할지, 행동할지를 결정한다. 약한 인공지능형 로

---

21 정우진, 『빅데이터를 말하다』(서울: 클라우드북스, 2014), p.144.

22 Erez Aiden, Jean-Baptiste Michel, 『빅데이터 인문학: 진격의 서막』, 김재중 옮김 (파주: 사계절, 2015), pp.23-24.

봇은 특정한 분야에서 궁극적으로 인간의 선을 지향하는데 기여하는 기능을 담당하고, 인간이 설정한 프로그램의 범위에서 운용된다. 지금 진행 중인 '인간과 로봇과의 관계망'에서 인공지능형 로봇은 이전의 인간이 사용한 도구로서 사용하는 단순한 기계가 아니라, 네트워크에서 엄청난 양의 데이터(인간 삶의 모든 흔적들)를 활용하여 마치 인간처럼 스스로 자율적인 판단을 내리고 인간과 상호소통 및 작용하고 있다. 이는 프로그램의 통제에 따라서 빅데이터를 활용 및 분석하여 인간에 대응하는 조건적 자율성(conditioned autonomy)을 보여준다.

여기서 '조건적'이라 함은 인공지능형 로봇이 인간에 관한 데이터를 활용하여 인간과의 관계에서 스스로 행동하더라도, 그것은 알고리즘에 따라 유연하게 대응하는 프로그램화된 행동이기 때문에, 로봇이 그 행동에 대한 책임의식을 갖지 못한다는 것을 의미한다. 즉, 인간과 유사하게 자율적인 의사 결정에 따라 행동하는 것처럼 보이더라도, 관계망에서 실존적인 책임의 주체가 되지 못한다. 하지만 인공지능형 로봇이 공적 영역에서 시민적 삶을 개선시키는 도구로 활용될 때, 인간은 시민으로서의 태도와 덕을 함양하는데 교육적 효과를 얻을 수 있다. 이와 같은 도구적 측면에서 본다면, 윤리적 주체로서 로봇의 전망보다 일정한 사회적 관계망에서 도구로서 로봇을 운용하는 것이 조건적 자율성의 본질과 그에 따른 역할에 부합한다. '조건적'이라는 제약에 따라 우리가 인공지능형 로봇에게 인간과의 관계에서 어떤 책임도 물을 수 없지만, 인공지능형 로봇이 사회적인 관계망에서 일정한 시민적 삶의 도구로서 관여하는 것이다. 이에 대해 두 가지 문제를 살펴보자. 첫째, 인공지능형 로봇이 책임을 가질 수 있는지의 여부이다. 둘째, 인공지능형 로봇이 사회적 관계망에서 시민의 도구이지만 어떤 주체로서 인정을 받을 수 있는지의 여부이다.

　첫째, 로봇이 책임성을 가질 수 있는지에 대해서는 그 자체가 불가능하다는 즉각적 답이 가능하다. 앞서 살펴보았듯이 시민적 기능은 할 수 있지만, 로봇 자체가 인간이 아니기 때문이다. 그런데 인간에 의한 로봇의 구현 목적, 즉 인간을 위한 선을 실현하기 위한 구현의 특징은 특정 영역에서 입력된 프로그램에 따라 로봇이 스스로 데이터를 수집, 분석, 판단하여 대응할 수 있다. 약한 인공지능형 로봇이 특화된 영역에서 기계학습능력과 빅데이터를 활용할 수 있는 강한 인공지능형 시스템을 갖출 수 있다. 입력된 프로그램에 따른 로봇의 학습능력이 인간을 위해 선을 실현하는 조치들을 취하는 것이라면, 이미 인간에 의해 책임이 부여된 프로그램들로 구성되는 것이다. 이는 로봇 자체가 책임을 지는 주체가 아니더라도, 인간을 위한 기능을 구현하기 위한 프로그램 자체가 이미 사회윤리적이어야 한다는 점을 전제로 한다. 그러므로 로봇의 책임 문제는, 엄밀히 말해, 누가 어떤 목적으로 그와 같은 인공지능형 로봇과 시스템의 프로그램을 제작하고 운용하는지, 결국 인간의 문제이다. 이런 점에서 인공지능형 로봇에 입력된 프로그램 자체가 공적 영역의 윤리적 검증을 거쳐야만 운용되기 때문에, 로봇의 조건적 자율성은 반드시 인간의 윤리적 책임 검증을 거친 프로그램을 탑재해야만 한다.

　둘째, 아무리 인간을 위해 대응을 한다고 하더라도, 인공지능형 로봇이 인간과의 관계망에서 어떤 위치를 점할 수 있는지에 대해서도 논쟁의 여지는 매우 많다. 하지만 이는 2장에서 살펴보았던 것처럼, 로봇의 존재론적 문제에 국한된 것은 아니다. 인공지능형 로봇은 특정 분야에서 인간을 대신해서 인간을 위한 기능을 수행하도록 조건화되어 있다. 유·무형의 데이터를 통해 인간과의 소통 및 행위 관계망에서 작용하고 있기 때문에, 이 관계망에서 인공지능형 로봇의 조건적 자율성에 따른 행위가 어떤 의미를 갖는지에 초점을 맞추고자 한다. 이를 가장 긍정적으로 보는 입장은 행위자 네트워크 이론(actor-network theory)이다. 이 이론은 인간과 로봇 간의 사회적 상호작용을 설명할 때 매우 유용한 근거를 제공한다. 여기서는 사회를 구성하는 본질적 양상이 인간의 행동에만 있다는 것을 거부하고, 기술적 작용과 같은 비인간의 행동들을 모두 포함한다고 본다. 이에 따라 사회적 삶(social life)은 인간의 행동들, 사회적 기구들, 기계의 다양한 질료들을 형성하는 지식을 만드는 모든 행위로 간주한다.[23] 이는 모든 행동의 네트워크에서 새로운 기술과 미래 사회에 대한 전망을 가능하게 만든다. 네트워크로 연결된 사회에서 발생하는 모든 행위들은 그 사회의 본질적 구성물이다. 인간과 인공지능형 로봇의 관계망은 로봇이 인간 선을 위한 도구적 기능을 하더라도, 이 관계망에서는 공적 영역을 구성하는 행위자(actor)가 된다. 그러나 이 또한 우리가 이를 쉽게 받아들이려면 한 가지 전제조건이 완벽하게 해결되어야 한다. 인공지능형 로봇의 행위가 완전하게 윤리적이어야 한다. 인간과 인공지능형 로봇의 관계망에서 설정된 패턴 및 딥러닝에 따라 조건적으로 자율적인 행동할 수 있는 프로그램이 관계망에 대한 윤리적 책임과 그 행동에 대한 도덕적 책임을 완벽하게 소화할 수 있도록 전개될 때, 행위자-네트워크는 사회적 삶에 관한 미래 전망을 주도할 수 있을 것이다.

이상으로 인공지능형 로봇의 조건적 자율성은 공적 영역의 시민들이 시민으로서 행동하고 삶을 영위할 수 있도록 다양한 분야들의 목적에 따라 적용될 수 있다. 이제 로봇은 네트워크에서 비식별 정보로 구성된 빅데이터

---

23 Shaw-Garlock(2011), 앞의 책, p.7.

를 조건화된 목적에 따라 스스로 활용하여 학습하고, 분석하고, 판단하며, 상대방에게 대응한다. 이러한 관계망이 윤리적 책임을 담지하지 못하면, 인간 선을 실현을 위한 어떤 구현도 정당화될 수 없다. 이에 따라 인공지능형 로봇과의 관계망을 지배할 수 있는 시민윤리적 알고리즘에 관한 문제가 중요한 과제로 남는다.

2. 시민윤리적 알고리즘의 기준과 필요성

비식별 정보제공이 개인의 동의없이 가능한지에 대한 논란이 계속 남아 있지만, 인공지능형 로봇이 빅데이터를 활용하기 위해서는 어떤 특정 목적을 갖고 논리적이고 합리적으로 재구성할 수 있는 틀을 필요로 한다. 우리는 어떤 특정 분야에서 인공지능형 로봇이 인간을 향한 시민적 역할을 자율적으로 수행할 수 있는 알고리즘에 관한 전반적인 검토가 필요하다.

시민으로서의 삶과 관련해서 우리는 정치사회에서 개인의 자율성과 공동선에 관한 논점들을 마주하고 있다. 자유주의 전통에서는 개인의 자유, 인권과 같은 보편적 가치를 우선시하고, 공동체주의 전통에서는 특정 공동체가 추구하는 공동선을 우선시한다.[24] 또한 다문화주의와 문화다양성의 입장에서도 여전히 개인의 정체성과 문화적 다양성에 관한 대립이 개인의 인권과 공동선의 대립과 맞물려 있다. 이러한 논의는 세계화라는 현대 사회의

---

24 송선영, 「다문화주의에서 자아정체성과 사회통합에 기초한 도덕교육에 관한 연구 - 시민사회윤리문화와 공동체윤리문화의 접근을 중심으로-」, 『공공사회연구』, 제5권 제4호 (서울: 한국공공사회학회, 2015), p.51.

거대한 변화로 맞물리면서, 우리로 하여금 도덕적 책임과 의무의 범위를 반성케 하는 바람직한 세계시민성에 관한 당위로 이끌고 있다.[25] 이와 같은 전반적인 논의의 구도는 점차 증가하는 인공지능형 로봇의 활용을 위한 윤리적 알고리즘을 마련하는데 중요한 기준점이 될 수 있다.

앞서 검토했던 것처럼, 이번 연구는 약한 인공지능형 로봇이 네트워크를 기반으로 빅데이터를 자유롭게 활용하여 인간 선을 실현하는 기능을 담당할 수 있다고 보았다. 이러한 로봇은 특정 분야에 국한하여 인간의 비식별 데이터를 특정 문제를 안고 있는 사람들의 문제를 해결하기 위해 활용하고 스스로 학습할 수 있다. 알파고의 경우처럼, 수많은 바둑 대국들을 스스로 학습하고 분석하고 대응하는 기계학습의 과정이 바둑 선수들의 계산 능력을 앞섰을 수는 있지만, 인간으로서의 사유 능력 전체를 능가한 것은 아니다. 알파고는 바둑의 게임 규칙을 조건으로 해서 자율적으로 발달한 것이다. 인간 바둑 선수들의 데이터가 없었다면, 알파고의 능력 향상은 결코 기대할 수 없다. 이처럼 특정한 분야들에서 특수 목적을 위해서만 조건화된 인공지능형 로봇이 강하게 지능화되면, 오히려 시민의 삶을 더욱 유용하게 만들 수 있는 가능성을 엿볼 수 있다. 이 로봇은 현재 우리가 당면하고 있는 자유주의와 공동체주의 간의 시민성 논쟁에 참여할 필요가 없다. 오히려 인간과 인공지능형 로봇의 관계망에서는 실제적으로 각 논쟁에서 비판하고 있는 여러 문제점들을 해결하기 위한 다양한 인공지능형 로봇들을 활용할 수 있다. 마치 우리가 알파고가 바둑 게임을 그만두고 이 관계망에서 어떻게 등장할지, 그래서 어떤 인류의 어떤 문제를 해결할 수 있을지 또는 인간

---

25 김남준 · 박찬구, 「세계화 시대의 세계시민주의와 세계시민성: 어떤 세계시민주의? 어떤 세계시민성?」, 『윤리연구』 제105호 (서울: 한국윤리학회, 2015), p.3.

의 발달을 얼마나 이끌 것인지를 기대하고 있는 것과 같다.

이런 점에서 볼 때, 우리는 시민사회에서 '개인의 자유와 보편적 인권 대 공동선'의 대립을 완벽하게 해결하기보다 각 영역에 특화된 인공지능형 로봇에 관한 윤리적 알고리즘을 검토하는 것이 더욱 효과적이다. 전자는 바로 SF 장르에서 자주 등장하는 강한 일반 인공지능의 등장, 전혀 인간과 별개인 종이라는 점에서 어떤 논의의 대상이 될 수 없다. 후자는 사적 영역과 공적 영역에서 시민으로서 삶을 영위하게 할 수 있는 다양한 문제들을 해결하는데 중점을 두고 있다는 점에서 인공지능형 로봇의 활용에 중요한 기준을 제안해보고자 한다.

첫 번째 시민윤리적 알고리즘의 기준은 자유주의적 측면에서 개인의 자유와 보편적 인권의 가치의 실현에만 국한된 것이다. 이러한 알고리즘을 탑재한 인공지능형 로봇은 인간과의 관계망에서 개인의 자유, 평등, 정의, 인권 등 특정 가치에 관한 기본적인 해결책을 제시하는데 도움을 줄 수 있다. 예컨대, 사회의 치안, 사생활 침해, 규칙 준수, 법적 지식 및 권리, 계약 준수와 같이 개인의 권리와 인권 보호와 관련해서 조언을 구할 수 있는 방대한 양의 지식이나 전문가가 필요할 때, 보다 구체적인 알고리즘을 구현할 수 있다. 현재 우리는 웹상에서 많은 방대한 양의 자료들을 구할 수 있지만, 한 개인이 정확히 얻고자 하는 자료들을 검색하고 효과적으로 범주화하는 데에는 많은 시간이 걸린다. 이보다 훨씬 진전된 로봇의 활용을 위한 알고리즘을 구체화시킬 필요가 있다. 또한 공적인 영역에서는 즉각적인 범죄 대처 및 예방을 할 수 있는 인공지능형 로봇의 활용이 더욱 시급할 수 있다. 범죄 예방과 생명 보호의 공적 목적을 위해 CCTV를 통해 거리의 사람들의 얼굴을 인지하여 범죄자를 즉각적으로 인지 및 체포하거나, 범죄발생 지역 및 종류 등을 데이터를 활용하여 범죄 예측을 하고 예방할 수 있는 지능형 범죄 시스템도 시민윤리의 알고리즘의 필요성을 반영한다. 이런 점에서 볼 때, 자유주의적 측면에서 필요한 시민윤리적 알고리즘 기준은 인지적이고 규범적인 기준과 밀접한 관련이 있는 인공지능형 로봇에게 적용된다.

두 번째 시민윤리적 알고리즘의 기준은 공동체주의적 측면에서 공동체의 공동선만을 고려하는 것이다. 어느 공동체마다 공동선이 다르다고 하더라도, 그 공동체에 특수한 선만을 고려하는 알고리즘의 개발은 충분히 가능하다. 효, 우정, 예절, 배려 등 특정 공동체의 선을 설정하고 이와 관련된 문제를 해결하기 위한 알고리즘을 마련할 수 있다. 하지만 공동선과 관련해서 발생한 문제를 해결하기 위해서는 공동체의 구성원들에 관한 정의적(情誼的)이고 서사적이며 역사적인 데이터를 수집하고 분석하고 대응하는 능력도 필요할 것으로 본다. 이것이 실제로 어느 범위까지 가능할지는 기술적인 수준에 달려 있지만, 특정 공동선에 대한 알고리즘을 마련하는 것은 특정 분야의 인공지능형 로봇의 활용을 위해 가능하다. 오늘날 대화형 로봇은 사용자들로 하여금 그들의 부모, 친구 등 자신들과 얽혀 있는 다양한 삶에 관한 이야기를 하도록 유도하고 있다. 노인, 환자, 장애인의 치료 및 보호 목적의 인공지능형 로봇의 경우에도 인간과 감정 교류를 목적으로 한다.

이러한 시민윤리적 알고리즘은 특정 분야의 문제를 해결할 수 있는 기준으로 작동한다. 이는 알고리즘 자체가 인간처럼 어떤 가치부여를 스스로 하는 것이 아니다. 이는 인공지능형 로봇을 인간의 도덕발달을 위한 도구로서 활용하기 위한 기준이다. 인공지능형 로봇은 네트워크에서 존재하는 빅데이터를 알고리즘에서 제시한 형식의 순서에 따라 명령을 진행하면서 스스로 분석하고 학습하고 판단하며 대응하는 과정을 반복한다. 만약 어떤 알고리즘의 기준이 없다면, 인공지능형 로봇의 자율적 학습과 판단의 범위는 무한대이고, 이는 그야말로 인간의 통제 범위를 벗어난 로봇, 즉, 인간을 파멸시킬 수 있는 새로운 종의 등장을 의미한다. 따라서 시민윤리적 알고리즘의 기준은 전 영역에 걸쳐 인공지능형 로봇을 도덕발달의 도구로서 활용할 때, 어떤 분야에서 어떤 목적을 위해 로봇을 기획 및 제작할 것인지를 결정하는 역할을 할 수 있다. 또한 SF 영화의 주제(아이로봇, 터미네이트의 제네시스)처럼 네트워크를 장악하여 인간을 지배하는 인공지능형 로봇의 출현을 제어하는 역할도 할 수 있다. 하지만 이러한 시민윤리적 알고리즘에 기초한 인공지능형 로봇은 다음과 같은 극복 과제를 갖는다.

첫째, 귀납적 일반화의 일관성 문제 또는 상대주의의 조장 문제이다. 이러한 알고리즘은 조건지워진 목적에 따라 철저하게 빅데이터를 수집하고 분석하고 판단한다. 이에 따라 초기단계에서 인공지능형 로봇은 인간이라면 직관적으로 너무나 쉽게 알 수 있는 문제에 대한 대답을 제시할 수 있는 능력을 갖지 못한다. 즉, 얼마나 많은 양의 빅데이터를 학습하면서 높은 강도의 귀납적 일반화를 이끌어내느냐에 따라 로봇의 활용도가 결정될 전망이다. 그런데 여기서 일관성의 문제가 중복해서 나타난다. 인공지능형 로봇이 빅데이터를 스스로 학습하는 과정이 아무리 정밀하게 진행하더라도, 시민윤리적 삶의 과정은 끊임없이 지속하고, 특정 시기마다 행위들은 서로 다르게 나타날 수 있다. 이런 과정에서 특정 분야에 대한 문제를 해결하는 알고리즘이 제시하는 대응은 일관되지 못할 수 있고, 오히려 사적 영역과 공적 영역에서 시민들이 상대주의를 무의식적으로 받아들이는 결과를 낳을 수 있다.

둘째, 통합적인 알고리즘을 정당화하여 인간의 통제를 완전히 벗어난 강력한 로봇의 출현을 요청하는 오류를 범할 수 있다. 이는 인간의 가치 영역의 문제까지도 해결할 수 있는 로봇을 정당화하는 오류를 의미한다. 만약 자유주의적 측면과 공동체주의적 측면에서 대립하는 문제를 모두 해결할 수 있는 알고리즘을 만들 수 있다면, 인간의 가치 영역에 대한 사유 능력을 뛰어넘는 알고리즘과 이를 장착한 인공지능형 로봇이 가능해진다. 개인의 자유와 권리, 공동선의 가치의 대립은 어느 한 시점에서 해결되는 문제라고 볼 수 없다. 가령, 어버이가 / 친한 친구가 / 어떤 초등학생이 / 어떤 청년이 물건을 훔치는 것을 보았다면, 어떻게 할 것인지에 대한 고민은 시민적 덕성 함양을 위해 다양한 맥락들을 고려할 수 있다. 우리는 왜 물건을 훔쳤는지, 그 사람이 어떤 사람인지, 어떤 처벌을 내릴 것인지에 대한 통합적 사유 능력과 판단이 필요하다. 이는 인간(학습자)만이 할 수 있다. 여기서 시민윤리적 알고리즘의 기준은 각각의 문제 국면에서 빅데이터를 활용하여 귀납적 일반화의 비율이 높은 자료들을 교사 및 학습자에게 제공하고, 교사 및 학습자는 주제와 관련된 자료들을 유용하게 활용할 수 있다. 이러한 빅데이터는 인공지능형 로봇이 판단을 내린 것이 아니라 네트워크로 연결된 인간의 서사에서 수집된 것이다. 이 자료들을 활용할지 여부는 바로 시민의 판단에 따라야 한다. 왜냐하면, 수집 변인들과 조건들에 따라 반윤리적인 데이터가 가장 높은 일반화로 제시될 수 있기 때문이다. 다시 말해, 시민윤리적 알고리즘을 장착한 인공지능형 로봇은 교육용 도구로서 활용되고, 모든 자료들을 종합해서 분석 및 활용하는 것은 바로 완전한 자율적 책임을 갖는 인간이다. 이와 같은 인공지능형 로봇의 시민윤리의 도구적 활용은 전 지구적으로 소통할 수 있는 시민윤리교육의 맥락에서도 검토될 필요가 있다.

VI. 세계 시민의 소통을 위한 도구의 가능성

인공지능형 로봇의 활용에 있어서 중요한 기준은 특정 분야의 목적에 따라 시민의 삶을 증진시키기 위한 시민윤리적 알고리즘을 설정하는데 있다. 이러한 알고리즘의 기준은 대체로 현재 우리가 경험하고 있는 자유주의적 가치와 공동체주의적 가치를 각각 고려하여 각 분야에 적합한 시민의 역량과 태도를 함양할 수 있는지에 달려있다. 이것이 제대로 갖춰질 때, 이 기준이 적용된 인공지능형 로봇은 조건화된 프로그램에 따라 인간과 인공지능형 로봇의 관계망에서 자율적으로 운용될 수 있다. 이런 방식에서 보면, 인공지능형 로봇의 활용은 지구화의 세계 시민들과의 관계망으로 확대될 필요가 있다. 이러한 지구적 차원으로의 확대가 불가능하다면, 3장에서 살펴보았듯이 시민윤리적 알고리즘은 오히려 한 시민의 개별적 가치 또는 한 지역 및 공동체의 선만을 극단적으로 조장할 수 있는 문제점이 더욱 심각하게 드러날 수 있다. 이러한 문제에 근본적으로 대처할 수 있는 어떤 장치가 필요한데, 바로 세계 시민과의 관계망에서 인공지능형 로봇의 활용이다.

인공지능형 로봇이 세계 시민과의 관계망에서 어떻게 활용될 수 있는가? 약한 인공지능형 로봇은 특정 분야의 목적을 구현하기 위해 빅데이터를 활용하여 스스로 학습하고 분석하고 판단 및 대응한다. 이와 같은 각 분야에 대한 조건적 자율성이 시민의 삶의 질을 증진하는데 기여할 수 있는 가장 중요한 관건은 시민윤리적 알고리즘의 기준에 따라 활용할 수 있는 빅데이터의 범위라고 할 수 있다. 빅데이터는 시민들의 삶의 흔적들이 저장된 창고이다. 인공지능형 로봇은 조건적으로 제한된 알고리즘에 따라 적합한 데이터를 활용할 뿐이다. 세계 시민들과 인공지능형 로봇 간의 관계망의 성공적인 모습은 결국 공간과 시간을 서로 달리하는 세계 시민들이 특정 분야에 국한된 것이지만, 인공지능형 로봇의 행위를 매개로 상호 소통하고 있는 것과 같다. 이런 점에서 하버마스의 행위 개념 분석은 중요한 논의의 틀을 제공한다.

그의 분석과 정리에 따르면, 행위자와 세계의 관계에서 발생하는 행위 개념에는 크게 네 가지 기본 개념으로 구분될 수 있다. 첫째, 목적론적 행위 개념은 목적의 실현을 위해 자신이 세운 행위원칙에 따라 그리고 상황해석에 기반하여 가능한 행위들 사이에 결정하는 것이다. 이러한 행위모델은 성공의 가능성을 포함하기 때문에, 다분히 전략적이고 공리주의적으로 해석된다. 둘째, 규범에 의해 규제되는 행위는 주어진 상황에서 한 사회가 동의를 표하는 어떤 규범이 적용되는 조건에 따라 이뤄진다. 이런 행위는 일반화된 행동기대를 충족하는 규범준수가 핵심이고, 사회에서 맡은 자기 역할을 다해야 하는 행위이다. 셋째, 극적(劇的) 행위의 특징이다. 행위자는 무대에서 관객을 향해 자신의 특정한 인상을 의도적으로 노출하는 행위를 한다. 여기서 무대 연출과 관객과의 소통의 통제권은 바로 극적 행위자에게 있다. 이 행위는 현상적으로 상호작용할 수 있는 관객을 염두에 둔 자신의 체험에 대한 양식화된 표현이다. 마지막으로 의사소통적 행위이다. 언어 및 행위능력이 있으면 서로 관계를 맺는 둘 이상의 주체 사이의 상호작용이 가능하다. 여기서는 주체들 간의 의견일치와 합의로 나아가기 위한 행위 상황에 대한 상호이해를 위한 '해석'이 매우 중요하다.[26]

이와 같은 '해석'은 세계 시민 간의 의사소통적 행위에서도 인공지능

---

26 Jürgen Habermas, 『의사소통행위이론 -행위합리성과 사회합리화 1-』, 장춘익 옮김 (파주: 나남, 2013), pp. 152-155.

형 로봇을 활용할 수 있게 만든다. 상호이해를 위한 해석은 오늘날 상당한 기술적 진보를 이룬 인터넷 번역기로 가능한 수준에서 이루어지는 해석이 아니다. 시민적 삶의 맥락을 공유하면서 이해할 수 있는 해석이어야 한다. 현재 의사소통과 관련된 인공지능형의 활용은 한 개인의 삶에 구체적으로 관여하고 있다. 특히 오늘날 사회적 로봇은 의료, 케어, 복지 영역에서 환자 와 의사소통 행위를 진행하고 있다. 이러한 인공지능형 로봇은 정서를 갖 는 것은 아니지만, 빅데이터를 통해 수집된 환자의 감정을 해석하고 대응하 는 행위를 할 수 있다. 지금 기술적 수준에서는 환자가 지금 슬프다고 말한 다면, 이에 대응하는 프로그램에 따라 환자에게 격려하는 감정 어휘를 사용 하여 대화할 수 있다. 애완로봇의 경우에도, 사람이 쓰다듬으면, 실제로 애 완견처럼 반응하도록 얼굴표정, 눈빛, 제스처를 취하는 인공지능형 프로그 램이 적용된다. 이러한 상호이해와 맥락 해석에 대한 수준은 바람직하고 정 의로운 시민의 범위에까지 확대시켜볼 수 있다. 무엇보다 공동선과 정의, 도덕적 책임과 의무의 범위는 특정 사회 또는 공동체에 국한된 것이 아니라 다양한 시민적 삶의 영역에 걸쳐 있다. 특정 사회가 갖는 공정한 계약의 준 수, 공동체의 선의 구상과 실현 등은 다른 사회들에서도 동일한 맥락을 갖 고 있거나 또는 차이는 있지만 서로 갈등하거나 충돌할 수 있다. 이는 계약 문구 해석에 따른 단순한 해프닝의 차원이 아니라, 상호 간의 의사소통 부 재의 원인이 되는 맥락에 대한 해석이 없기 때문이다. 따라서 특정 분야에 서 활용되는 인공지능형 로봇은 해당 분야에서 이루어지고 있는 세계의 시 민들 서사, 즉 빅데이터를 수집 및 해석해야 한다. 엄밀히 말해, 인공지능형 로봇의 해석은 알고리즘에 따라 시민들의 삶의 자취들을 분석하는 과정 자 체로서 어떤 가치의미를 갖지는 못한다. 다시 말해, 우리가 말하는 이야기들과 공감하기는 인공지능형 로봇이 완벽하게 연출하거나 소통에 참여할 수 있는 능력이 결코 아니다. 그러나 이러한 로봇이 세계 시민의 소통 과정에 참여하게 될 때, 특정 분야에서 구현할 수 있는 조건적이지만 자율적 행위는 세계 시민 간의 직접 소통을 원활하게 만드는 매우 유용한 도구로서 작용할 수 있을 것이다.

V. 소결: 시민윤리와 도덕교육을 위한 시사점

점차 사회는 네트워크로 연결된 인공지능형 로봇이 인간 대 인간을 매개하는 영역이 일상화되고 있고, 그 기술적 응용도 확대되고 있다. 인공지능형 로봇을 만들고 활용하는 주체가 인간이다. 그러나 인간과의 관계망에 걸치게 되면서, 인공지능형 로봇은 인간에 의해 어떤 의미를 부여를 받기도 한다. 일상생활에서 인공지능형 로봇의 활용의 확대는 다양한 분야들에서 다양한 목적들을 갖는 로봇들의 등장을 의미한다. 이런 점에서 향후 시민윤리는 각 분야와 상황에 맞는 윤리적 알고리즘의 기준을 마련하는 것이 중요하다. 나아가 도덕교육에 있어서도 시민윤리교육에 대한 미래지향적 검토도 필요하다.

첫째, 도덕교육에서 시민윤리교육의 강화를 위한 인공지능형 로봇의 활용이다. 다양한 분야들에서 인공지능형 로봇들이 활용되는 시대에서 시민의 역량은 매우 중요한 위치를 차지한다. 왜냐하면, 이 로봇들이 스스로 수집하고 분석하며 대응하는 모든 데이터는 바로 시민들의 삶이 기록된 데이터이기 때문이다. 알고리즘의 기준에 따라 수집하는 데이터의 범위가 제한되어 있더라도, 그 데이터 자체에서 비롯된 인공지능형 로봇과 시민 간의 관계망은 시민적 덕성의 수준을 그대로 보여주는 삶이 될 수밖에 없다. 하지만 또한 이 모습은 인공지능형 로봇을 활용하여 시민사회의 삶의 질을 향상시키기 위한 실제적 토대가 될 것이다. 따라서 인공지능형 로봇의 활용을 통해 우리는 향후 시민윤리교육에 대한 정확한 진단과 방향 설정, 구체적인 교육 목적에 유용한 자료들을 확보할 수 있을 것이다.

둘째, 도덕교육에서 학생들의 시민윤리교육을 위해 구체적으로 인공지능형 로봇을 어떻게 활용할 것인지에 관한 미래 과제가 남아 있다. 인공지능형 로봇을 활용한 교육환경은 매우 빨리 변화하고 있고, 교육과정에도 큰 영향을 미친다. 특히 초등학교에서는 코딩교육이 의무적으로 시행될 예정이다. 영어교육에서 인공지능형 로봇은 학습자들과 영어 대화가 가능하고, 네트워크를 기반으로 도서지역의 학생들까지도 영어교육의 질을 확보하는데 활용되고 있다. 이런 점을 감안해 볼 때, 도덕교육에서 시민윤리교육을 위해서는 적어도 인공지능형 로봇에 활용된 시민윤리적 알고리즘의 기준을 고민할 필요가 있다. 가령 학생들은 '인권'에 관한 주제에 대해 자유주의적 또는 공동체주의적 알고리즘을 가진 인공지능형 로봇을 활용함으로써 각 기준에서 발생한 쟁점과 사례, 그 맥락과 가치의 우선순위, 문제 해결을 위한 기준, 그 결과에 따른 책임의 빅데이터(시민들의 서사)를 통해 '인권'에 대한 자유주의적 실제와 공동체주의적 실제에 대한 통합적 통찰력을 가질 수 있다. 이 과정에서 학생들은 스스로 알고리즘을 재구성 및 재설정하고, 그에 따른 빅데이터들을 수집할 수 있다. 즉 학생들이 알고리즘을 스스로 결정하고, 이를 로봇에 적용하여 즉각적인 반응과 결과 분석을 얻으며, 상호소통과 이해에서 부족한 갈등의 원인들을 통합적으로 분석할 수 있다. 학생들 스스로가 기준을 구성하고, 인공지능형 로봇은 도구로서 데이터 수집 및 분석 결과를 제공하며, 이를 학생들 스스로가 다시 알고리즘에 환류하려 자기 학습을 재구성할 수 있다. 다시 말해, 학생들은 자신만의 알고리즘을 구체화시킬 수 있고, 이를 기초로 상호 협력을 통해 더 원리화된 알고리즘으로 나아갈 수 있는 것이다. 이는 교실에서 수업, 프로젝트형 수행 과제, 교과 간 연계 활동, 창의적 체험 과제 등 교사로 하여금 다양한 교육방법들을 상황과 대상에 맞춰 적용하는데 유리할 수 있다.

마지막으로 학교 현장에서 학생에 대한 이해 및 소통과 민주적 참여활동을 위한 인공지능형 로봇의 활용이다. 인공지능형 로봇의 활용은 학생과 학생 간의 소통, 학생과 교사 간의 소통에서 중간자적 매개로 활용될 수 있다. 이 로봇의 활용이 폭력 및 소통의 문제를 포괄적으로 해결하지는 못한다. 기술적으로 이것이 가능해서도 안 된다. 각 분야의 특정한 목적을 위해 인공지능형 로봇의 활용은 시민윤리교육을 위한 보조 도구로서 국한되어야 한다. 이 도구에는 학생들이 구체화시키는 알고리즘을 스스로 학습하고 분석해서 학생들의 학습능력을 높게 이끌어주는 능력이 포함되어야 한다. 이외에 학생들 간의 관계, 교사와 학생들 간의 관계에서 상호 이해를 증진시키고, 민주적인 학교생활과 참여를 이끌 수 있는 시민윤리적 알고리즘을 갖춘 인공지능형 로봇의 교육 도구가 구현될 것으로 기대해 본다.

참고문헌

김대식, 『김대식의 인간 vs 기계』(서울: 동아시아, 2016).

박영숙 · 벤 고르첼, 『인공지능 혁명 2030』(서울: 더블북, 2016).

변종헌, 『시민교육의 성찰』(제주: 제주대학교 출판부, 2014).

이종호, 『로봇은 인간을 지배할 수 있을까』(서울: 북카라반, 2016).

정우진, 『빅데이터를 말하다』(서울: 클라우드북스, 2014).

Aiden, Erez and Michel, Jean-Baptiste, 『빅데이터 인문학: 진격의 서막』, 김재중 옮김 (파주: 사계절, 2015).

Habermas, Jürgen, 『의사소통행위이론 –행위합리성과 사회합리화 1-』, 장춘익 옮김 (파주: 나남, 2013).

Plato, 『국가』, 박종현 옮김 (서울: 서광사, 2005).

김남준 · 박찬구, 「세계화 시대의 세계시민주의와 세계시민성: 어떤 세계시민주의? 어떤 세계시민성?」, 『윤리연구』, 제105호(서울: 한국윤리학회, 2015).

김주성, 「심의민주주의인가, 참여민주주주의인가?」, 『한국정치학회보』, 제42집 제4호(서울: 한국정치학회, 2008).

변순용 · 송선영, 「로봇윤리의 이론적 기초를 위한 근본 과제 연구」, 『윤리연구』 제88호(서울: 한국윤리학회, 2013).

송선영, 「의료용 케어로봇과 환자 간의 서사와 공감 관계의 가능성」, 『인간·환경·미래』, 제18호(김해: 인간환경미래연구원, 2017).

송선영, 「다문화주의에서 자아정체성과 사회통합에 기초한 도덕교육에 관한 연구 -시민사회 윤리문화와 공동체윤리문화의 접근을 중심으로-」, 『공공사회연구』, 제5권 제4호(서울: 한 국공공사회학회, 2015).

윤영돈, 「소크라테스적 시민성과 시민불복종」, 『윤리교육연구』, 제4집(부산: 한국윤리교육학회, 2003).

조영훈, 「지능형 로봇」, 『TTA저널』, 제96호(성남: 한국정보통신기술협회, 2004).

Bekey, George A., "Current Trends in Robotics: Technology and Ethics", in: Patrick Lin, Keith Abney, and George A. Bekey (eds.), Robot Ethics: The Ethical and Social Implications of Robotics (Cambridge: MIT Press, 2012).

Datteri, Edoardo and Tamburrini, Guglielmo, 「의료 로봇에 대한 윤리적 고려」, 『로봇윤리』, 변순용・송선영 옮김, (서울: 어문학사, 2013).

Lin, Patrick, "Introduction to Robot Ethics", in: Patrick Lin, Keith Abney, and George A. Bekey (eds.), Robot Ethics: The Ethical and Social Implications of Robotics (Cambridge: MIT Press, 2012).

Shaw-Garlock, Glenda, "Loving Machines: Theorizing Human and Sociable-Technology Interaction", in: Maarten H. Lamers and Fons J. Verbeek (eds.), Human-Robot Personal Relationships (Heidelberg: Springer, 2011).

• 제15장 •
수술 로봇의 윤리적 쟁점

변순용·송선영

I. 서론

이 장의 목적은 최근에 로봇공학의 발전과 더불어 수술 로봇이 확대됨에 따라 발생할 수 있는 쟁점들을 윤리적으로 조명하는데 있다. 수술 로봇은 의료로봇의 한 범주로 정의되고 있다. 의료로봇은 "의료기기로 사용하기 위한 로봇 또는 로봇장치"로서 여기에 수술 로봇, 수술시뮬레이터, 재활로봇, 기타 의료로봇이 해당된다. 수술 로봇은 말 그대로 수술과 직간접적으로 관련되는 로봇으로서 두 가지로 분류할 수 있다. 수술 로봇은 "수술의 전 과정 또는 일부를 의사 대신 또는 함께 작업하는 로봇"을 의미하고, 수술보조로봇은 "의사의 수술을 보조하거나 영상가이드 역할 등을 담당하는 로봇"을 의미한다.[1] 또한 목적 자체가 수술에 있기 때문에, 수술 로봇은 "수술 도구가 환자와 직접 접촉하는 수술과정의 전체 혹은 일부분을 로봇이 담당 하게 함으로써 기존에 불가능하던 수술을 가능하게 하거나 시술의 정확성 과 성공률을 높이거나 시술 시간 및 비용 단축, 혹은 원격수술 등을 목적으 로하는 로봇"으로도 정리할 수 있다.[2]

이처럼 의료분야에서 로봇에 대한 관심과 기술 개발은 20세기 후반부 터 본격적으로 일어난 것 같다. 대표적인 수술 로봇인 다빈치시스템이 미국 FDA 승인을 받았던 시점이 2001년이었다. 20세기 말 한국 사회에서도 이와 같은 의료로봇에 대한 기술 개발과 전망이 등장하였다.[3] 20세기 후반에는 로봇 분야의 급격한 성장의 기반이 이미 마련되었다고 볼 수 있다. 2014년 6 월 기준으로 수술 로봇은 국내 35개 병원에 총 46대가 설치되어 2005년부터 2012년 2월까지 총 24,207건이 시행되었다. 그리고 가장 많이 사용된 질병 은 전립선암, 갑상선암, 직장암, 위암, 신장암의 순이었다.[4]

따라서 우리가 현재 고민해야 할 것은 환자/일반인과 의사에게 모두 '좋은' 수술 로봇에 대해 검토하는 일이 되어야 한다. 점차 수술 로봇의 사 용이 점점 늘어나는 추세에서 수술 로봇의 바람직한 활용이 모색되어야 할

---

1 정성현, "의료용 로봇의 현황과 전망", 한국산업기술진흥협회 뉴스레터
   http://news.koita.or.kr/rb/?c=4/14&uid=670 (검색일: 2015년 9월 20일).

2 이우정, "복강경수술에서의 로봇수술", Hanyang Medical Reviews, VO. 29, No. 2 (2008),
   p.70.

3 "로봇의사에게 수술을 맡겨봐", 한겨레신문, 1999년 5월 10일.
   http://newslibrary.naver.com/viewer/index.nhn?articleId=1999051000289119001&ed
   tNo=6&printCount=1&publishDate=1999-05-10&officeId=00028&pageNo=19&printNo=3498&publishT
   ype=00010 (검색일:2015년 8월 27일). 이 기사는 과학기술원의 '미세수술용 텔레로봇시스템'
   개발에 관한 것으로, 로봇의사의 등장을 5-10년으로 내다보고 있었다.

4 "의료로봇의 현재와 미래", 후생신보, 2015년 1월 15일
   http://www.whosaeng.com/sub_read.html?uid=71596 (검색일: 2015년 9월 15일)

것이다. 이를 위해 본 연구에서는 규범적 영역에 초점을 맞추기 보다는 수술 로봇의 활용에서 다양하게 고민해 볼 수 있는 기술적 영역에 초점을 맞추고자 한다.

II. 기술-대리인으로서 본질 : 정확성과 위험성의 양면성

"수술 로봇을 어떻게 바라볼 것인가?" 이 질문에 대답하기 위해서는 적어도 이 질문의 주어를 조금 더 구분할 필요가 있다. 이 주어의 범주는 크게 일반인, 환자 vs 의사로 구분할 수 있다. 만약 수술 로봇이 환자 또는 일반인을 대상으로 과거에는 의사가 시행할 수 없었던 수술을 시행하고 있다면, 이 장면 자체가 수술 로봇을 인간을 위한 기술적 진보의 증거로 간주하기에 충분하다. 환자와 일반인, 그리고 의사 모두에게 수술 로봇은 건강을 유지하기 위한 획기적인 기술적 장치가 되기 때문이다. 그런데 수술 로봇을 단순히 기술적 진보, 건강을 위한 장치로서 간주하기에는 좀 더 이론적 논의가 필요하다.

과거와 달리, 로봇기술의 발전으로 다양한 수준과 모습을 갖춘 로봇들이 등장하면서 로봇과 인간이 공존하는 시대가 열리고 있다. 로봇청소기는 이제 일반화된 용어로 자리를 잡았고, 자율주행자동차, 아마존에서의 택배용 드론 등에서 알 수 있는 바와 같이 로봇공학의 적용 범위가 급격히 확대되고 있다. 심지어 애완동물, 택배, 성적 대상, 군인, 아주 작은 곤충의 영역까지 다양한 형태와 기능을 가진 로봇이 등장하고 있다. 이와 같은 다양한 로봇들의 등장은 인간의 한계와 그에 따른 문제들을 해결하기 위해 필요하다. 그렇지만 역설적이게도 인간의 필요에 따라 로봇을 만들었지만, 오히려 로봇이 인간 삶의 변화를 주도하는 주인공이 되고 있다.

이처럼 인간과 로봇의 공존 시대는 과거 로봇에 대한 관념 자체에 대한 재검토를 요청한다. 대체로 로봇에 대한 정의는 부정적인 인식에서 출발했다. 체코어로 노동을 의미하는 'robota' 개념이 카렐 차페크의 소설인 『로섬의 인조인간 Rossum' s Universal Robots』에서 인간의 지배하에 있는 노동자(인조인간)로 등장하였다. 그렇지만 나중에는 노동을 통하여 로봇의 지능과 반항정신이 발달하여 인간을 멸망시킨다는 것이다.[5] 로봇에 대한 부정적 관념, 말하자면, 로봇이 인간을 멸망시키거나 위협하는 존재라는 인식은 대표적으로 영화인 〈아이 로봇〉의 주제에서도 널리 알려져 있다. 아시모프의 소설에서 완성되는 로봇 3법칙에 관한 내용을 정리해 보면 다음과 같다.[6]

법칙 0 : 로봇은 인류에게 해를 끼쳐서는 안 되며, 위험에 처한 인류를 방관해서도 안 된다.

법칙 1 : 로봇은 인간에게 해를 끼쳐서는 안 되며, 위험에 처한 인간을 방관해서도 안 된다. 다만 이것이 법칙 0을 위반하는 경우는 예외로 한다.

법칙 2 : 로봇은 인간에 의해 주어진 명령에 반드시 복종해야 한다. 다만 그 같은 명령들이 법칙 0 또는 법칙 1과 상충되는 경우는 예외로

5　두산백과 "로봇(robot)"
　　http://terms.naver.com/entry.nhn?docId=1088296&cid=40942&categoryId=32351 (검색일: 2015년 9월 10일)

6　변순용 · 송선영, 『로봇윤리란 무엇인가』 (서울: 어문학사, 2015), pp.60-61.

한다.

법칙 3 : 로봇은 자기 자신을 보호해야 한다. 다만 자기 보호가 상위 법칙들과 상충되지 않을 때에만 유효하다.

이와 같은 로봇에 대한 상상력은 과학기술주의에 근거한 인간 노동의 낙관적 창조력에 대한 희망과 오히려 이것이 인간을 자기파멸적 위험에 빠뜨릴 수 있다는 공포의 양면성을 산출하고 있다고 할 수 있다. 그래서 로봇공학이 전문적으로 발전하더라도 일반인의 뇌리에는 로봇에 대한 불안한 시선이 있을 수밖에 없다. 실제로 단순하고 위험한 노동을 대신했던 산업 자동화 시스템 하에서 로봇(시스템)은 산업현장에서 인간 노동의 양과 질을 개선시키는데 기여하였지만, 인공 지능(artificial intelligence)을 활용하는 자율형 로봇들은 인간과 로봇의 구분을 모호하게도 만들기도 한다.

네트워크 기반 환경에서는 로봇이 인간을 점점 더 많이 닮아가고 있다. 예를 들면, 자신과 똑같은 모습을 갖고 말과 몸짓, 음성까지 그대로 구현할 수 있는 로봇이 가능하다. 현재 로봇공학의 수준과 사례에서 본다면, 그 이상으로도 가능할 것 같다. 제미노이드(Geminoid)[7] 의 사례에서 이 가능성을 볼 수 있다. 여기에 현재 무인 전투기의 미래를 감안해 보자. DARFA(미국 국방부 산하 방위고등연구계획국)에서 추진하고 있는 무인 전투기의 미래는 자율적인 현장 조치 능력을 갖춘 전투기다. 자율적 조치란 전투 현장에서 적으로부터 기습 공격을 받는다면, 전투기가 스스로 이를 인식하여 바로 대응하는 것을 의미한다. 기존에는 전투지휘소의 인간 조종사가 각종 정보

---

7 쌍둥이 또는 쌍둥이의 일부를 의미하는 제미노이드는 컴퓨터 네트워크를 기반으로 하여 운영자의 외모와 행위를 흉내 내고 있다. 현재 인터넷을 통해 제미노이드의 다양한 동영상 자료들을 검색 및 활용할 수 있다.

와 화면을 보고 판단하여 대응하였기 때문에, 현장에서 발생하는 변수를 고려하는 것이 문제가 있었다. 인간 조종사가 화면에서 보이는 무고한 시민을 적으로 오인하여 공격하는 사례가 빈번했다. 이와 같은 오류를 현장의 상황에서 스스로 정확한 판단을 내려 즉각적인 조치를 내리도록 만드는 것이다. 과거 영화 〈스텔스〉와 같은 자율형 무인 전투기가 등장할 수도 있다는 점에서 로봇은 더 이상 공상 과학에서 다루는 소재가 아닌 것은 분명하다.

이러한 로봇의 발전과정의 맥락에서 수술 로봇의 윤리적 쟁점을 살펴보기 위해서는 수술 로봇이 인간 삶의 실제에서 어떤 위치에 있는 지를 고려할 필요가 있다. 첫째, 수술 로봇은 의사의 통제에 따라 작동하는 (또는 작동해야 하는) 하나의 매우 정밀한 수술 도구에 불과한 것인가? 환자와 의사와 관계에서 보면, 수술 로봇의 윤리적 위치는 도덕적 대리인(moral agent)의 지위를 갖는다고 할 수 있다. 의사와 환자(일반인)와의 관계에서 수술 로봇은 환자(일반인)에 대한 의사의 행위를 대신하고 있기 때문이다. 산업 자동화 시스템의 기계와 달리, 수술로봇은 의사의 의도 및 행위가 정확히 그대로 환자에게 전달되는 도구이다. 이는 의사가 시술할 때 손으로 사용하는 수술도구와는 다르다. 의사가 직접 시술 도구를 이용하는 경우는 환자에 대해 의사가 직접 수행하는 것이고, 수술 로봇을 통한 수술은 의사의 의도 및 행위 패턴을 주입하여 로봇이 환자에게 이를 수행하는 것이다. 환자에 대해 직접적인 행위의 주체는 전자의 경우는 의사이고, 후자는 로봇이다.

하지만 수술 로봇이 자율성을 갖추지 못한 상황에서 대리인의 역할을 담당할 수 있는지, 그리고 자신의 의지를 갖지 못한 상황에서 그 행위의 결과에 대한 책임을 가질 수 있는지에 대해 논란이 있을 수 있다. 이는 1차적 수준에서 나타내는 쟁점이기 보다, 2차적 수준, 특히 결과에 대해 누가 책임질 것인가와 관련되어 나타나는 문제이다. 현재 수술 로봇은 모든 수술을 대체하는 것이 아니라 매우 정밀한 수술에서 시행되고 있기 때문에, 그 자체로 자율성을 갖기 보다는 의사의 의도와 처치를 대신 전달하여 시행하고 있다. 이런 점에서 의사 – '수술 로봇' – 환자의 관계에서 인간 간의 관계를 대리(agent)하는 지위를 갖는다.

둘째, 수술 로봇이 의사보다 더 정확하다고 할 수 있을까? 수술 로봇은 인간 의사가 정확하게 시술하기 어렵거나 불가능한 시술 부위를 가능하게 할 수 있다. 의료 현장의 한 의사에 따르면, 수술 로봇의 장점은 다양하다. 의사가 편안하게(relaxed) 수술할 수 있으며, 크기에 관계없이 최적으로(optimal) 수술할 수 있으며, 양손을 이용하여(bimanual) 수술할 수 있으며, 비만환자에게도(obesity) 정확한 수술을 할 수 있고, 또 기술 습득(technology)도 용이하다.[8] 대체로 이러한 장점은 수술과정에서 의사의 정밀성이 요구되는 복강경 수술에서 많이 적용되고 있다. 현재 한국의 대형 병원은 로봇 수술 센터를 운영하면서, 다빈치 수술 시스템을 갖추고 있다.[9] 이로 인해 복강경 수술과 같이 매우 정확한 시술이 필요하면서도 인간이 직접 시술하기에는 매우 어려운 부위에 대해 수술 로봇은 환자의 건강 회복에 커다란 기여

---

8 "30조 수술시장, 국산화는 요원한가?", Medical Observer, 2014년 4월 23일.
  http://www.monews.co.kr/news/articleView.html?idxno=72817 (검색일: 2015년 8월 13일).

9 다빈치로봇수술시스템이 처음으로 인간 환자에게 적용된 시기는 1997년으로 보고되었다. 현재 이 시스템은 로봇 카트, 수술 콘솔, 복강경 부분으로 세 개의 구성장비로 되어있다. 복강경 카메라를 고정 및 조정하는 팔이 중앙에 있고, 수술용 기구가 작동되는 팔이 3개가 있다. 각각의 팔은 관절을 3개 내지 4개를 가지고 있어 로봇팔을 수술부위에 자유자재로 이동할 수 있는 장점이 있다. 신촌세브란스병원 '로봇수술' http://sev.iseverance.com/dept_clinic/treat_info/view.asp?con_no=19865 (검색일: 2015년 9월 10일). 삼성서울병원, 한림대학교강남성심병원, 서울아산병원, 인제대학교 해운대백병원, 분당차병원 등의 로봇수술센터 참조.

를 하고 있다.

　이 과정에서 수술 로봇은 의사의 의도와 시술을 정확히 반영하여 환자를 더욱 안전하게 만드는가? 이른바 의사의 고도로 전문적인 시술의 '감각'이 콘솔에서 명령을 통해 로봇팔에게 제대로 반영될 수 있는 지는 의문이다. 수술 로봇의 장점은 보기 힘든 치료 부위를 볼 수 있기 때문에, 수술을 위한 최적의 판단을 내릴 수 있다고 한다. 나아가 미래에는 혈관 속에 직접 소형 로봇을 투입하여 환자의 상태에 대한 경험적 자료들을 수집할 수도 있다고 기대된다. 만약 수술 부위에 대한 정확한 이해와 판단이 확립되었다고 하더라도, 의사의 감각이 로봇팔을 통해 전달되어 환자에게 처치로 진행되는 것이 과연 안전할 것인지에 대한 우려가 있다. 경험적으로 그 안전성이 증명되었다고는 하지만, 다빈치 로봇시스템의 경우에는 여전히 "의사의 눈으로 보는 감각을 사용하여 촉감을 유추해야 한다." [10] 로봇 수술과 인간의사의 수술을 비교했을 때, 장점에서 크게 차이가 없다면 굳이 의사가 '도덕적 대리인'을 내세울 필요는 없을 것이다.

　윤리적 측면에서 볼 때, 인간의 수술과 로봇 수술이 갖는 궁극적인 가치가 환자의 안전과 건강에 있다면, 적어도 로봇 수술의 안전과 건강에 대한 가치가 인간의사의 수술의 그것보다 훨씬 높은 가치 선호를 나타내야 한다. 고통을 감소하고 쾌락을 증진시키는 행위(공리성의 행복)가 올바르다고 간주될 수 있다면, 수술 로봇이 고통 그 자체를 감소시키는 행위의 통로가 되어야 할 것이다. 하지만 기술적 진보의 과정에서 보여주는 사례는 그리 낙관적인 것이 아니다. 2013년 뉴욕타임스는 2000년 1월부터 2012년 8월까지 152개월동안 다빈치 로봇수술과 관련해 사망한 환자가 71명, 부작용을 겪

10　이우정(2008), 앞의 책, p.72.

윤리적 AI로봇 프로젝트

은 환자가 174명이었고, 월스트리트저널 또한 다빈치 로봇수술에 따른 부작용과 사망건수가 2004년 10만 건당 13.3건에서 2012년에는 50건꼴로 늘었다고 전했다.[11]

III. 법적 책임 문제 : 법적 책임의 경감인가?

앞서 살펴보았듯이, 환자(일반인)에 대한 의사의 대리인으로서 수술 로봇은 그 자체로 자율성 또는 자유의지를 갖지 못한다. 하지만 인간 간의 관계를 직접적으로 대리하는 본질적 특성상 로봇은 관계상 도덕적 대리인의 특성을 갖는다. 수술에 대한 책임의 주체는 아닐지라도, 의사의 의도와 처치를 수행하는 행위의 주체가 된다. 이런 점에서 어떤 문제가 발생했을 때 수술 로봇은, 법적인 쟁점을 피할 수 없는 것 같다.

가령 자판기를 생각해보자. 자판기는 기계로서 사용자가 동전을 주입 후 물건을 구입할 수 있는 편리한 기계이다. 판매자는 물건을 넣어두고, 소비자는 이를 구입한다. 자판기는 말 그대로 해당 물건을 정해진 가격에 따라 소비자에게 물건을 판매한다. 이런 경우 판매자–소비자의 관계에서 자판기는 이 둘의 관계를 매개한다. 이런 상황에서 기계 오작동으로 물건 구입을 하지 못할 경우 또는 주입된 돈을 인식하지 못할 경우, 소비자는 판매자에게 그 비용을 청구하여 보상을 받는다.

---

11 "로봇수술 부작용 사례 증가세", 로봇신문, 2013년 12월 2일,
   http://www.irobotnews.com/news/articleView.html?idxno=1486 (검색일: 2015년 8월 17일).

그런데 기계로서 인간 간의 매개를 충실히 수행한다고 해서 자판기가 수술 로봇과 같은 수준으로 다루어질 수는 없다. 자판기는 정해진 물건의 코드에 따라 정해진 가격을 인식하고 물건을 판매한다. 이런 점에서 인간 대 인간의 매개라고 하더라도 단순 기계의 작동에 불과하다. 하지만 수술 로봇은 기계라고 하더라도, 모든 순간마다 의사의 의도와 조치에 따라 움직인다. 이런 점에서 수술 로봇은 환자(일반인)에 대한 행위의 주체는 될 수 있다. 그렇다면 의사의 의도와 조치를 충실히 수행한 수술 로봇이 해당 수술 부위의 치료 경과에 대해 어떤 책임을 가질 수 있을까?

현재 법적 수준에서 인간 대 인간의 도덕적 매개물로서 수술 후 문제에 대해 수술 로봇 자체에 대해 책임을 묻는 것은 불가능하다. 의사와 병원에 대해 책임을 묻게 된다. 아마도 한국에서 수술 로봇에 대한 공포는 2011년 유명 탤런트의 사망사건이 크게 보도되면서 일어난 것으로 보인다. 故 박주아씨의 직접적인 사인은 수술 로봇을 활용한 수술 도중 발생한 장 천공이었다. 이는 아무리 완벽한 수술 로봇이라고 하더라도 복잡한 고난도 수술에서 장 천공의 가능성이 있다는 것을 보여준다. 전문적인 용어를 빌리자면, 수술 로봇의 오작동과 같은 잘못이 아니라, '수술에 따른 합병증'이라고 한다.[12] 하지만 당시에는 수술 로봇과 직접 상관이 없음에도 불구하고, 일반 대중은 수술 로봇에 대한 공포심을 드러냈다.

수술 후 합병증이 과연 로봇시스템의 운용 때문인지, 병 자체의 성질 때문인지, 아니면 환자의 특수한 여러 복합적인 원인에서 비롯된 것인지를 밝

---

12 "박주아씨 사망으로 논란 '로봇 수술'", 경향신문, 2011년 7월 14일,
    http://news.khan.co.kr/kh_news/khan_art_view.html?artid=201107142129335 (검색일: 2015년 7월 23일)

히는 것은 대단히 어려운 일이다. 수술 로봇의 합병증 원인에 대해서는 크게 두 가지 측면, 즉 다빈치 수술 로봇시스템의 측면과 수술 콘솔을 통제하는 의사의 측면으로 구분하여 논의할 수 있다. 전자의 경우에는 시스템 제작의 결함, 간단히 말해 기계 결함이 문제여서 그 책임은 제조사에게 있다.[13] 그러나 후자의 경우에서는 그 원인과 책임을 규명하는 것은 복잡할 수밖에 없다. 수술 콘솔의 조종이 미숙한 의사에서 비롯된 것인지, 의사의 명백한 잘못인지, 아니면 의사와는 전혀 무관한 질병 및 신체상의 복합적인 요인 때문인지를 정확히 파악하기 어렵고, 그 원인 규명 또한 장기간에 걸친 시간을 필요로 한다.

이 지점에서 한 가지 윤리적인 검토가 필요하다. 수술 로봇이 오히려 복합적인 요인에서 발생하는 합병증에 대한 책임 소재를 더 불분명하게 만들 수 있다는 점이다. 법적인 측면에서 환자 및 보호자의 동의가 있어야만 수술을 진행할 수 있다. 그리고 의료진의 수술 진행과 수술 종료 이후 처치에 따른 과정을 거쳐 특정 질병에 대한 환자의 건강은 회복되는 것이 일반적이다. 여기에 일종의 합병증 문제가 발생하게 되면, 의료진의 정상적인 수술 절차와 진행 및 처치 여부에 따라 그 원인에 대한 분석을 심도있게 검토할 수 있다. 하지만 이 과정에서 수술 로봇의 등장은 또 하나의 행위 주체가 등

---

13 2012년 다빈치 로봇수술시스템에 대한 의료사고 비율이 증가함에 따라, 2012년과 2013년 각각 미국 FDA는 로봇수술장비를 선도하는 'Intuitive Surgical' 기업에 해당 시스템의 안전 요건에 대한 추가 시정 조치를 요구하였다. 그리고 미국 증권거래위원회(SEC)의 2013년 자료에 따르면, 이 기업은 제조물 책임과 관련해서 50건의 소송에 연루되어 있는 것으로 파악되었다. Stewart Pinkerton, "로봇 수술을 받기 전에 따져봐야 할 4가지", 월스트리트저널 한국판(2013. 11. 28),
http://kr.wsj.com/posts/2013/11/28/%EB%A1%9C%EB%B4%87-%EC%88%98%EC%88%A0%EC%9D%84-%EB%B0%9B%EA%B8%B0-%EC%A0%84%EC%97%90-%EB%94%B0%EC%A0%B8%EB%B4%90%EC%95%BC-%ED%95%A0-4%EA%B0%80%EC%A7%80/ (검색일: 2015년 8월 27일).

장함으로써, 이 문제의 본질을 흐릴 수 있다. 의사의 시술이 올바르다고 하더라도 그 조종의 미숙함이 문제일 수 있다. 또한 이 미숙함이 매우 정밀한 크기에 관한 문제라면, 로봇팔이 문제인지 인간의 조종능력이 문제인지에 대한 분명한 구분이 힘들 수밖에 없다. 나아가 복합적인 질병 상황을 고려함에 있어서도 수술 로봇의 영향에 대한 정확한 판단이 매우 혼란스럽게 됨으로써, 결국 책임의 귀속에서 그 주요 원인을 '기계'로 돌릴 수 있는 법적 책임의 경감 지대가 나타날 가능성이 매우 크다.

환자와 일반인들은 다양한 환자들의 질병들을 처치해 본 경험 많은 의사들에게 자신의 건강과 안전을 문의하고자 한다. 마찬가지로 수술 로봇을 많이 조종해 본 의사가 매우 유능할 수밖에 없다.[14] 이런 모습은 수술 로봇의 또 다른 문제, 즉 수술 로봇의 시행 적용 범위에 관한 논란과도 연결된다.

IV. 복지 불평등 문제 : 병원의 이익 대 환자의 생명

수술 로봇은 누구를 위한 것인가? 굳이 수술 로봇이 필요가 없는 경우, 다시 말해 인간이 할 수 있는 경우에도 수술 로봇이 수술을 시행해야 하는가의 문제가 발생한다. 2010년 12월 27일 보건의료연구원 주최 토론회에서 국내 유명 병원에서 직접 로봇수술을 담당한 의사의 말을 인용하면, "로봇 수술이 정교하게 조작된 사기극에 불과"하고 "비정상적 수가 속에서 병원

---

14 수술 로봇이 불가피하게 필요하게 된다면, Pinkerton의 안전한 로봇 수술을 위한 제안은 수술 로봇을 잘 다루는 경험이 많은 의사가 시술하는 것이다. 로봇을 활용한 수술 경험이 부족하다면, 장비를 다루지 못할 때 문제가 커지기 때문이다. 위의 게시문.

들이 경제학적 원리에 따라 과대 포장한 수술에 불과하다." [15]는 것이다. 대표적인 근거로 신장 절제술의 경우, 영상보조 최소 절제술에 비해 수술 로봇의 수술이 가진 장점이 전혀 없다는 점을 들고 있다. 이후 다빈치 로봇수술시스템이 갖는 한계에 대해 논란이 지속되었다.

일반 복강경 수술보다 10배를 굳이 지불할 만큼 수술 로봇이 수술을 시행할 가치가 있는 것인지 그리고 수술 과정에서 대혈관 출혈 등의 즉각적인 응급 대응이 필요한 경우, 수술 로봇의 시스템은 그러한 대응이 불가능하다는 점에서 환자의 생명과 건강을 최대한 보호하기 위한 대원칙을 어기고 있다는 것이다. 이에 대해 다듬어 가야할 의학의 한 진보 과정으로서 로봇을 활용하는 점을 고려해야 하고, 효율적인 부분에서 분명히 개선의 여지가 있고, 경험적으로도 짧은 시기여서 이런 문제는 충분히 해결될 수 있다는 전망이 제시되었다. [16]

비록 짧은 기간이지만, 수술 로봇의 혜택을 과연 복지 차원에서 접근해야 할 것인지는 2010년 이후에도 여전히 진행 중인 것으로 보인다. 비용 부담이 10배 이상으로 비싼 로봇 수술이 늘어나면서, 이를 보험 혜택에 포함시켜야 하는가에 대한 쟁점이 발생한다. 하지만 한국보건의료연구원에 따르면, 2014년의 문헌 자료들을 근거로 암에 대한 수술 로봇의 효과는 암 종류에 따라 차이가 있고, 대체로 수술 후 회복에는 다소 도움이 되지만, 수술 효과(사망률, 합병증 발생률)에는 큰 이점이 없는 것으로 나타났다. 이는 로봇 수술이 2005년 국내 도입 후 매년 51%씩 증가하였고, 2012년 6월까지 로봇

15 "로봇수술, 비정상적 수가가 만든 사기극", Medical Times, 2010년 12월 28일, http://www.medigatenews.co.kr/News/98727 (검색일: 2015년 9월 5일).

16 "로봇수술 장점도 많다" vs "환자 현혹 그만둬야", Medical Times, 2010년 12월 29일, http://medicaltimes.co.kr/News/98756 (검색일: 2015년 9월 5일).

수술을 받은 환자가 2만 4207명에 달했지만, 의료보험 적용 대상을 받지 못하는 실정은 바로 그 효과가 기존 수술보다 크지 않다는 분석이다.[17]

또한 수술 로봇 시스템에서 추구하는 원격조종에 관한 논란도 여전히 해결되지 못하고 있다. 수술 로봇의 원격조종은 전문의료인 및 시설이 부족한 지역에서 의료적 도움을 제공하는데 큰 기여를 할 수 있다. 이는 멀리 떨어진 국가 및 대륙에 걸쳐서도 가능하다. 2001년 뉴욕에서 의사가 원격조종되는 제우스 로봇을 통해 프랑스의 스트라스부르 지역 환자에게 담낭 절제 수술을 시행함으로써 그 가능성이 확인되었다. 그런데 문제는 비용에 있다. 이 수술의 경우, 150만 불의 장비 가격, 장비와 신호를 모니터하는 80명의 전문가, 통신 속도를 확보하기 위한 1억 5천만불의 연구개발비가 필요했다.[18] 이와 같은 수준에서 원격조종을 통한 수술 로봇의 도입은 국가 간의 빈부격차에 따라 결정될 가능성이 매우 크다.

그럼에도 불구하고, 많은 유명 기업들은 수술 로봇시스템의 투자 및 개발에 적극적이다. 2015년 구글과 존슨앤존슨이 수술용 로봇 플랫폼 개발에 착수하였다.[19] 한국야쿠르트-팔도는 수술 로봇 관련 기술개발에 6500만불(약 710억)을 투자하였고,[20] 또한 수술 로봇의 글로벌 시장이 2015년에는 27

---

17 "로봇수술, 10배 비싼데도 효과는 별로", 시사저널, 2015년 1월 14일
   http://www.sisapress.com/news/articleView.html?idxno=63867 (검색일: 2015년 9월 5일).

18 에도아르도 다테리 · 굴리에모 탬불리니, 「의료 로봇에 대한 윤리적 고려」, 라파엘 카푸로 · 미카엘 나겐보르그 편저, 『로봇윤리 -로봇의 윤리적 문제들』, 변순용 · 송선영 옮김 (서울: 어문학사, 2013), pp.129-130.

19 "구글, J&J와 손잡고 수술 로봇 개발", 아시아경제, 2015년 3월 28일.
   http://www.asiae.co.kr/news/view.htm?idxno=2015032809415138950 (검색일: 2015년 9월 5일).

20 "한국야쿠르트 · 팔도, 수술 로봇에 6500만불 투자", Business Watch, 2015년 4월 22일,
   http://www.bizwatch.co.kr/pages/view.php?uid=14511 (검색일: 2015년 9월 5일).

억 달러, 연평균 10%의 성장을 거친 2018년에는 33억 달러(약 3조 7천억)로 증대될 것으로 전망된다.[21] 현대아산병원과 현대중공업은 암 검사시 조직을 떼어내고 냉동치료를 함으로써 환자의 방사선 피폭량을 크게 줄일 수 있는 의료용 시술로봇 개발에 성공하여 2017년 상용화를 추진하고 있다.[22]

이처럼 수술 로봇의 비용 대비 효과에 대한 논란에도 불구하고, 수술 로봇을 비롯한 의료로봇의 시장 규모와 기술 발전은 매우 낙관적으로 전개되고 있다. 그리고 수술 로봇 및 수술 보조 로봇의 기술적 진전 또한 상당히 보완될 것으로 보인다. 전반적인 인간의 건강과 행복, 안녕을 위해 의료 기술의 진전을 기대하는 것은 매우 당연하고 환영해야 할 일이다. 그런데 수술 로봇으로만 초점을 둔다면, 획기적인 수술 로봇의 효과가 완벽하게 입증될 때까지, 그 대상과 목적은 매우 제한되어야 할 부분이 있다. 다빈치 로봇시스템의 원천 기술에 대한 수입 비용도 문제일수도 있지만, 가장 중요한 것은 인간 의사가 시행한 수술보다 수술 로봇을 통한 수술이 압도적이거나 획기적인 효과를 입증할 수 없는 분야에 대한 수술을 진행하는 것은 오히려 환자를 목적 그자체로서의 인간이 아닌 기술 발전을 위한 하나의 수단으로 활용하는 것이 된다.

21 "주목해야 할 퍼플 오션 〈26〉 수술 로봇", 서울경제, 2015년 6월 21일
    http://economy.hankooki.com/lpage/it/201506/e20150621174538117800.htm (검색일: 2015년 9월 5일).
22 "아산병원 · 현대重, 癌수술 로봇 개발", 한국경제, 2014년 11월 4일,
    http://www.hankyung.com/news/app/newsview.php?aid=2014110391551 (검색일: 2015년 9월 6일).

V. 의사양성의 문제 : 인간의 퇴보

위의 전망에서 살펴볼 때, 기술적 진보에 맞춰 의사와 환자의 관계에서 수술 로봇의 활성화가 진행된다고 한다면, '의료'라는 인간의 기술은 본질적으로 어떻게 될 것인지에 대한 고민이 필요하다고 본다. 수술 로봇이 의사가 직접 시행하기 어려운 수술을 정확하게 대신할 수 있다는 점은 환자의 건강과 행복을 위해 매우 중요하다. 가령 환자의 몸 안에서 의사의 말로 내시경을 움직일 수 있는 이숍(AESOP), 카메라와 통신 장치를 갖춘 다른 곳에 있는 외과의가 수술실에 있는 외과의와 상호작용할 수 있는 원격조종로봇 RP-7, 직접 반자동 수술을 진행할 수 있는 제우스(ZEUS)와 다빈치 등 수술보조에서부터 직접 수술의 범위까지 확대되고 있다.[23] 이런 상황에서 적어도 다음과 같은 고려를 해 본다. 본격적으로 로봇 수술 시장이 확대되고, 의료를 보장받을 권리의 측면에서 원격진료의 제반 비용이나 기술적 장애물이 해결된다면, 수술 로봇을 활용하는 분야에서 의사의 전문적인 기술은 수술 콘솔을 운영하는 것이 될 가능성이 전혀 없는가?

현재 단계에서 수술 로봇에 대한 윤리적인 대응은 숙련된 의사가 수술 로봇이 어떤 환자에게 어떤 치료를 위해 가장 필요한 것인지를 심사숙고해서 결정하는 것이라고 할 수 있다.[24] 질병마다 수술 로봇의 효과가 각기 다르게 보고되고 있는 상황이지만, 수술 로봇의 기술이 퇴보되지는 않을 가능성

---

23 에도아르도 다테리·굴리에모 탬볼리니(2013), 앞의 책, p.116.

24 "로봇수술을 세계서 가장 많이 한 월슨 박사에게 '로봇수술'이란?", 청년신문, 2015년 9월 8일
    http://www.docdocdoc.co.kr/news/newsview.php?newscd=2015090800001 (2015년 9월 17일)

이 매우 크다. 앞서 살펴보았듯이, 다양하고 전문화된 의료 로봇 기술이 진보하고 있다. 이러한 진보의 장점들 가운데 하나는 전문 의료진의 양성 기간이 매우 단축될 수 있다는 점이다. 현재 수술 로봇이 서로 다른 분야 및 특정 질병 치료에 활용되기 때문에, 전문의가 수술 로봇을 통제하는 것과 자신의 전문 의료 전반에 대한 의료술(기술)을 갖추는 것은 모두 중요하다.

그런데 본격적인 로봇 수술이 전망되는 미래에서 수술 로봇의 콘솔을 노련하게 운영하는 전문의가 로봇 수술 시스템을 갖추지 못한 중소형 병원에서 직접 복강경과 같은 수술을 직접 시행할 수 있을까? 마치 디지털 시대, 인간의 지식정보의 교류를 활발히 가능하게 만들었던 스마트 폰의 사용에 따라 직접 외워 사용하던 전화번호의 기억 상실, 즉 디지털 기억상실과 비슷한 상황이 일어날 수도 있을 것이다. 또한 실전에 배치되어 직접 전투기를 조종하는 조종사와 별도 무인 전투기를 위해 지상운용소에 근무하는 조종사는 조종의 기술과 현장 판단, 상황 대응에서도 매우 커다란 차이가 발생한다. 수술 로봇을 위한 수술 콘솔 훈련의 강화가 인간에 대한 직접 수술 및 치료 기술의 습득 훈련과 함께 이루어지고 있지만, 수술 로봇의 확대에 따라 의사들의 의료술의 습득을 위한 초점은 매우 달라질 수 있다. 외과의사로 하여금 수술 로봇을 빨리 배울 수 있는 만큼 빨리 배워서 합병증을 줄일 수 있는 장점이 있지만,[25] 잘못하면 수술 로봇 자체에 대한 기술의 숙련도만 강조될 수 있을 뿐이다. 현재 우리의 환경에서 직접 수술을 해야 하는 의료술을 더욱 숙련되게 학습하는 것과 수술 로봇의 수술 콘솔을 통제할 수 있는 능력을 기르는 것이 교육적 과제로 남아 있다.

---

25 "의료로봇의 현재와 미래", 후생신보, 2015년 1월 15일
    http://www.whosaeng.com/sub_read.html?uid=71596 (검색일: 2015년 9월 15일)

3부 AI로봇의 현실적인 윤리적 쟁점

VI. 결론

본 연구에서는 수술 로봇의 운용에서 나타날 수 있는 윤리적 쟁점을 다음과 같이 검토하였다.

첫째, 도덕 행위자로서의 지위이다. 이번 연구에서는 수술 로봇이 본질적으로 의사와 환자(일반인) 사이에서 의사의 치료 의지를 대신하여 실천하고 있다고 보았다. 명령을 내리는 주체는 의사이지만, 그 명령에 따라 행위를 하는 주체는 바로 수술 로봇이다. 환자에 대한 도덕 행위자로서 지위를 갖는다. 그런데 현재 기술 수준에서 수술 로봇이 자율성이나 자유의지를 갖지 못한다는 점에서, 수술 로봇에 대해 어떤 책임을 물을 수 없다. 그리고 숙련된 전문의의 감각이 수술 콘솔의 조종을 통해 로봇팔에 정확히 있는 그대로 전달되는 것도 불가능하다. 환자의 안정성을 보장하기 위해 오히려 수술 로봇의 부작용을 더욱 상쇄시킬 수 있다면, 의사의 직접적인 수술을 시행하는 것이 바람직할 수도 있다.

둘째, 수술 로봇이 오히려 복합적인 요인에서 발생하는 합병증에 대한 책임 소재를 더 불분명하게 만들 수 있다. 수술 과정 및 수술 이후 여러 문제가 발생할 때, 환자-의사의 중간지대에 수술 로봇이 위치함으로써 주요 책임을 수술 로봇에게로 귀속시킬 수 있는 책임의 경감 또는 회피지대가 발생할 수 있다.

셋째, 로봇 수술의 목적과 효과에서 윤리적 쟁점이 있다. 수술 로봇이 궁극적으로 환자의 생명과 건강을 보존하는데 효과적이라면, 부작용과 수술 비용의 문제에 대한 우려가 사라져야 한다. 로봇 수술의 효과적으로 바라보는 시각과 여전히 부정적으로 바라보는 시각이 존재하고 있다. 가령 대형 병원 중심의 이익을 남기기 위한 것인지, 아니면 환자의 건강과 행복을 더욱 공고히 마련할 수 있는지에 대해서는 여전히 기술적 진보 과정에서 드러나는 쟁점일 수밖에 없다.

마지막으로 인간의 본래적 활동으로서 의료술의 퇴보에 대한 우려이다. 스마트 폰으로 대변되는 디지털 시대의 기억상실처럼, 실제로 인간이 담당해야 할 의료술이 수술 로봇의 기술력으로 대체될 가능성이 크다. 수술 콘솔에서 수술 로봇을 조종하는 기술은 로봇팔들에 활용하기 위한 기술로서, 의료진이 환자에게 직접 시술하는 행위는 아니다. 이 둘의 능력을 모두 갖추고 의료진으로서 성장하기 위한 교육적 방법들을 모색할 필요가 있다.

참고문헌

변순용 · 송선영, 『로봇윤리란 무엇인가』(서울: 어문학사, 2015).

라파엘 카푸로 · 미카엘 나겐보르그 편저, 『로봇윤리 -로보의 윤리적 문제들-』, 변순용 · 송선영 옮김 (서울: 어문학사, 2013).

웬델 월러치 · 콜린 알렌 저, 『왜 로봇의 도덕인가』, 노태복 옮김 (서울: 메디치미디어, 2014).

이우정, "복강경수술에서의 로봇수술", Hanyang Medical Reviews, VO. 29, No. 2 (2008).

기타 자료(인터넷 자료 등)

정성헌, "의료용 로봇의 현황과 전망", 한국산업기술진흥협회 뉴스레터

http://news.koita.or.kr/rb/?c=4/14&uid=670 (검색일: 2015년 9월 20일).

Pinkerton, Stewart, "로봇 수술을 받기 전에 따져봐야 할 4가지", 월스트리트저널 한국판(2013. 11. 28),

http://kr.wsj.com/posts/2013/11/28/%EB%A1%9C%EB%B4%87-
%EC%88%98%EC%88%A0%EC%9D%84-%EB%B0%9B%EA%B8%B0-%EC%A0%84%EC%97%90-
%EB%94%B0%EC%A0%B8%EB%B4%90%EC%95%BC-%ED%95%A0-
4%EA%B0%80%EC%A7%80/ (검색일: 2015년 8월 27일).

"구글, J&J와 손잡고 수술 로봇 개발", 아시아경제, 2015년 3월 28일,

http://www.asiae.co.kr/news/view.htm?idxno=2015032809415138950 (검색일: 2015년 9월 5일).

두산백과 "로봇(robot)"

http://terms.naver.com/entry.nhn?docId=1088296&cid=40942&categoryId=32351 (검색일: 2015년 9월 10일).

"로봇수술 부작용 사례 증가세", 로봇신문, 2013년 12월 2일,

http://www.irobotnews.com/news/articleView.html?idxno=1486 (검색일: 2015년 8월 17일).

"로봇수술, 비정상적 수가가 만든 사기극", Medical Times, 2010.12.28.,

http://www.medigatenews.co.kr/News/98727 (검색일: 2015년 9월 5일).

"로봇수술을 세계서 가장 많이 한 월슨 박사에게 '로봇수술' 이란?", 청년신문, 2015년 9월 8
일,

http://www.docdocdoc.co.kr/news/newsview.php?newscd=2015090800001 (2015년 9월 17일).

"로봇의사에게 수술을 맡겨봐", 한겨레신문, 1999년 5월 10일,

http://newslibrary.naver.com/viewer/index.nhn?articleId=1999051000289119001&edtN
o=6&printCount=1&publishDate=1999-05-10&officeId=00028&pageNo=19&printNo=3498&publishTy
pe=00010 (검색일:2015년 8월 27일).

"로봇수술 장점도 많다" vs "환자 현혹 그만둬야", Medical Times, 2010년 12월 29일,

http://medicaltimes.co.kr/News/98756 (검색일: 2015년 9월 5일).

"로봇수술, 10배 비싼데도 효과는 별로", 시사저널, 2015년 1월 14일

http://www.sisapress.com/news/articleView.html?idxno=63867 (검색일: 2015년 9월 5일).

"박주아씨 사망으로 논란 '로봇 수술'", 경향신문, 2011년 7월 14일,

http://news.khan.co.kr/kh_news/khan_art_view.html?artid=201107142129335 (검색일:
2015년 7월 23일).

"30조 수술시장, 국산화는 요원한가?", Medical Observer, 2014년 4월 23일,

http://www.monews.co.kr/news/articleView.html?idxno=72817 (검색일: 2015년 8월 13일).

에도아르도 다테리, 굴리에모 탬불리니, "의료 로봇에 대한 윤리적 고려", 라파엘 카푸로, 미
카엘 나겐보르그 편저, 변순용, 송선영 옮김, 『로봇윤리 -로봇의 윤리적 문제들』(서울: 어
문학사, 2013).

신촌세브란스병원 '로봇수술'

http://sev.iseverance.com/dept_clinic/treat_info/view.asp?con_no=19865 (검색일: 2015년
9월 10일).

3부 AI로봇의 현실적인 윤리적 쟁점

"아산병원 · 현대重, 癌수술 로봇 개발", 한국경제, 2014년 11월 4일,

　http://www.hankyung.com/news/app/newsview.php?aid=2014110391551 (검색일: 2015

　　년 9월 6일).

"의료로봇의 현재와 미래", 후생신보, 2015년 1월 15일,

　http://www.whosaeng.com/sub_read.html?uid=71596 (검색일: 2015년 9월 15일).

"주목해야 할 퍼플 오션 〈26〉 수술 로봇", 서울경제, 2015년 6월 21일,

　http://economy.hankooki.com/lpage/it/201506/e20150621174538117800.htm (검색일:

　　2015년 9월 5일).

"한국야쿠르트 · 팔도, 수술 로봇에 6500만불 투자", Business Watch, 2015년 4월 22일,

　http://www.bizwatch.co.kr/pages/view.php?uid=14511 (검색일: 2015년 9월 5일).

• 제16장 •
의료용 케어로봇과 환자 간의
서사와 공감 관계의 가능성

송선영

Ⅰ. 서론

현재 우리의 삶은 어떤 수사로도 경험하지 못한 과학 기술의 변화를 맞이하고 있다. 앞으로는 어떤 분야도 독립적으로 존재할 수 없고, 이에 따라 우리의 모든 활동들도 지식정보 기반 사회의 빅데이터로 축적되고 있는 실정이다. 나아가 인간 삶의 거의 모든 분야에 걸쳐 기계가 점점 지능화되면서 우리는 점차 새로운 형태의 로봇들을 마주할 것으로 기대된다. 이른바 인공지능형 로봇의 등장이다. 이는 인간이 앞으로 마주하게 될 새로운 문제들에 대한 적극적인 대응과도 관련이 깊다. 실제로 의료분야에서도 새로운 형태의 대응들로 활용되고 있다. 사지가 마비된 환자는 지능형 휠체어와의 신경망 연결을 통해 생각만으로도 휠체어를 조종할 수 있고, IBM의 왓슨은 엄청난 의학 정보들을 학습하여 환자의 증상과 의료 치료에 있어 의사를 돕는 일에 적용되고 있다. 인공지능이 적용된 컴퓨터 병리학자 C-Path 시스템은 조직을 찍은 사진을 보고, 유방암 여부를 진단하고 생존율을 예측한다.[1] 1999년과 2000년 최소침습수술기로서 다빈치(de Vinci) 로봇수술 시스템의 개발과 미국 FDA의 승인이 진행된 이후,[2] 의료분야에서도 로봇의 형태와 활용 범위가 광범위하게 전개되고 있다.

의료용 로봇을 활용하기 위해서는 여러 분야들의 학제적인 접근이 필요하고, 의료의 목적에 따라 각 분야의 적용 범위도 논란이 될 수 있다. 의료용 로봇은 인간의 신체적 보조 도구에서 인간과의 직접적인 상호작용에까지 이른다. 예컨대, 로봇 의수는 단순한 도구에서 원래 신체의 일부처럼 대상의 촉감을 느낄 수 있고,[3] 환자의 의지대로 물건을 집고 이동할 수도 있다.[4] 이와 같은 학제적인 연구를 통한 의료용 로봇의 진보는 단순히 치료 목적의 기술적 성장을 넘어서 환자들이 이러한 편의를 누릴 권리 및 비용에 대한 문제, 신경망과의 결합을 통한 육체와 정신의 문제, 더 나아가 인간의 정체성의 자체에 관한 의심으로까지 진행될 수 있다.

현재 알려진 의료용 로봇의 주요 현황들을 살펴보면 다음과 같다. 첫째, 외과수술용 로봇이 대표적이다. 여기에는 크게 네 가지 종류의 형태가 있다. ①자문형으로서 의사의 명령을 통해 내시경을 움직일 수 있는 이솝

---

1 에릭 브린욜프슨 · 앤드루 맥아피, 『제2의 기계 시대』, 이한음 옮김 (청림출판, 2014), pp.120-121.

2 위키백과(https://ko.wikipedia.org/wiki/)

3 http://vision01a.tistory.com/1167

4 http://hub.jhu.edu/2014/12/17/amputee-makes-history/

(AESOP), 다른 장소에서 외과수술의와 상호작용할 수 있는 원격조종로봇 RP-7를 들 수 있다. ②외과수술 참여형 로봇이다. 수술에서 로봇이 일부 과정을 담당하고 조정하는 역할을 하는 것으로 전립선 절제용 PROBOT을 들 수 있다. ③일반적인 반자동적 수술로봇이다. 다빈치 수술 로봇 시스템이 대표적으로 전문의의 조작 명령에 따라 정교한 로봇팔이 내시경 수술을 진행한다. ④나노기술이 접목된 초소형 로봇으로 손상된 세포 재구성 또는 암세포 확인 및 파괴 등의 역할을 수행할 것으로 기대된다. 둘째, 진단 로봇의 개발이다. 이는 내시경을 통해 환자 신체 내부를 살펴보거나 곤충의 원리를 이용하여 극소형화된 진단 로봇이다. 셋째, 재활형 로봇의 개발이다. 이러한 로봇은 상지 또는 하지 재활을 위한 인간의 노력을 돕는다. MIT의 마누스(MANUS)를 들 수 있다. 넷째, 지각-운동 능력 회복을 위한 신경시스템과의 인터페이스이다. 즉 두뇌와 컴퓨터 간의 연결이다. 주로 환자가 자발적인 운동을 하지 못하거나 질병으로 고통 받는 환자의 잃어버린 운동 기능을 회복시키려는 목적이다. 앞서 보았던 것처럼, 생각에 따라 움직이는 로봇 의수를 들 수 있다. 다섯째, 반자동 휠체어, 청소와 영양 업무를 담당하는 등의 보조 도구의 로봇으로 NavChair를 들 수 있다.[5] 이처럼 의료용 로봇공학의 범위는 직접적인 의료 처치를 넘어서 일상에서 인간이 삶을 영위할 수 있는 영역으로 향하고 있다. 단순한 신체적 장애를 보완하는 것이 아니라 정신적 차원에서도 인간의 제기능을 발휘하도록 돕는 것이다.

이와 같은 변화는 우리 삶의 변화에서 직접 비롯된 것이라고 할 수 있

---

5 에도아르도 다테리 · 굴리에모 탬불리니, 「의료 로봇에 대한 윤리적 고려」, 라파엘 카푸로 · 미카엘 나겐보르그 편저, 『로봇윤리 - 로봇의 윤리적 문제들』, 변순용 · 송선영 옮김 (서울: 어문학사, 2013), pp.114-124.

다. 현재 우리는 인구수의 급격한 감소 및 고령화의 문제에 직면하고 있다. 이는 삶의 제반 구조와 환경, 그리고 삶의 패턴을 모두 바꾸고 있다. 통계청에 따르면, 1인 가구 비율이 1990년 9.0%에서 2015년 27.2%로 증가하였고, 2025년에는 31.3%로 예측되고 있다. 1인 가구의 증가 원인으로는 혼인율의 감소와 초혼연령의 지체에 따른 미혼 독신가구의 증가와 이혼이나 별거에 따른 단독가구의 증가, 그리고 고령화에 따른 노인 단독가구의 증가로 보고 있다.[6]

이제 우리는 '혼밥', '혼술', '독거노인' 과 같은 용어들을 일상적으로 사용하지만, 이 이면에는 인간들의 직접적인 관계들이 점차 축소되고 있다는 점을 부인할 수 없다. 특히 인간의 고령화는 세계의 공통적인 문제이기도 하다. UN의 통계에 따르면, 2010년부터 2050년까지 65세 이상 인구가 전세계적으로 181%의 증가를 보였고, 15세에서 65세까지의 인구 증가는 단지 33%에 불과했다. 이에 따라 미국, 일본, 유럽의 로봇 선진국들은 집에서도 고령의 거주자들과 '친구' 처럼 함께 지내면서 간호할 수 있는 로봇 분야도 함께 성장하고 있는 실정이다.

이번 장에서는 정보과학기술과 의료용 로봇공학의 발달에 따른 의료용 케어로봇에 관한 미래를 가늠해 보는 것에 초점을 맞추고자 한다. 이제 로봇은 특정한 분야에만 국한된 기계에만 머무는 것이 아니라 우리 주변에 다양한 영역에서 활용되고 있다. 의료분야에서도 어떤 신체적인 기능만을 수행하는 것이 아니라 정신적 교류도 가능하고, 간병, 정서 및 심리치료에도 활용되고 있다. 이러한 점에 주목하여 현재 개발된 정서 교류 기반 사회적 로봇(social robots)의 범주의 사례들을 활용하여 의료용 케어로봇과 인간의

---

6 통계청 2015년 인구조사.

소통에서 나타나는 공감의 측면에 주목한다. 이를 위해 의료용 케어로봇의 존재론적 특징과 그 활용에서 윤리 실존적 쟁점을 살펴본다. 로봇이 감정을 이해하고 교류할 수 있는 공감의 정서는 바로 로봇이 아니라 디지털 코드로 저장된 빅데이터, 즉, 인간의 서사이다. 여기서 인간은 로봇에 대한 의인화가 발생한다. 바로 이런 지점에 의료용 케어로봇이 서사와 공감을 가질 수 있는 가능성을 검토하고자 한다. 마지막으로 의료용 케어로봇이 질병의 처치와 처방, 예방의 목적에 따라 인간과 공감하는 원리를 고통(painism)에서 바라보고, 이를 토대로 강한 의료용 케어로봇과 약한 의료용 케어로봇의 전망을 검토해보고자 한다.

II. 의료용 케어로봇의 존재론적 특징

일반적으로 의료용 로봇(medical robot)을 의료분야에 적용된 모든 로봇공학을 의미한다. 여기에는 의료 현장의 수술을 포함한 직접적으로 처치하는 수술용 로봇(surgical robot), 복지 목적으로 신체 부분에 대한 재활 치료 및 훈련하는 재활 로봇(rehabilitation robot), 인간과 동물의 인지를 모방하는 바이오 로봇(biorobot), 원격 제어를 통해 멀리 떨어져 있는 사람을 눈 앞에 재현시키고 이를 이해 이동, 소통, 참여하는 텔레프레전스 로봇(telepresence robot), 그리고 약제 자동화시스템(pharmacy automation)과 특정 공간에 바이러스를 투입하여 질병을 치료하는 살균 로봇(disinfection robot)의 유형들이 있다.[7] 현재 의료용 로봇의 기술이 영향을 미치는 분야는 병원과 같은 특

---

7 "medical robot," Wikipedia, https://en.wikipedia.org/wiki/Medical_robot

정 공간에만 국한되지 않는다. 오히려 과학기술 및 정보사회의 변화에 따라 우리 주변 일상에서의 헬스케어(health care)도 포함되고 있다. 예를 들면, 스마트폰에 탑재된 헬스케어 관련 앱을 통해 심박수, 혈압 측정, 운동, 식단 관리 등 각종 헬스케어 정보를 제공받아 헬스케어를 전반적으로 관리할 수 있고, 정도에 따라서는 의료진과 직접 상담서비스를 받을 수 있다. 이는 자동화 봇, 네트워크, 사용자의 데이터가 결합된 형태의 기술로서 이미 의료용 로봇공학이 인간의 헬스케어를 빅데이터로 저장하고 활용하고 있음을 보여주는 사례라고 할 수 있다. 이런 맥락에서 이번 연구에서는 의료용 케어 로봇을 '의료 목적으로 활용되는 모든 형식의 케어로봇'의 범주에서 바라보고자 한다.

로봇공학의 발달과 그 적용 범위가 확대됨에 따라 로봇이 단순한 기계적 도구라는 인식에서 벗어나면서 로봇을 어떻게 바라볼 것인지에 대한 존재론적 범주는 대체로 다음과 같이 분류되고 있다. 첫째, 로봇은 단순한 기계에 불과하다. 로봇이 정밀하게 되면서 인간에게 많은 도움을 제공하지만, 그럼에도 불구하고 로봇은 기계일 뿐이라는 것이다. 둘째, 로봇은 윤리적 차원을 갖는다. 로봇은 인류애의 능력 증진을 위해 설계된 상징적 장치이기 때문에, 인류애 자체를 재생산하고 자애와 선의 가치에 따라 행동할 수 있다. 셋째, 로봇은 도덕적 행위자이다. 로봇은 도덕적 상황과 관련되어 있는 개체로서 자유 의지, 정신 상태, 책임의 덕목을 보여주지 못하더라도, 선한 행동을 수행할 수 있는 개체이다. 넷째, 로봇은 새로운 종의 진화이다. 로봇은 자율성과 양심을 갖게 되고, 나아가 도덕적 차원과 지적 차원을 전개할 수 있는 새로운 종으로 진화한다는 것이다.[8]

---

8 Veruggio and Operto (2006), 앞의 책, p.3.

로봇의 생산과 활용은 인간에 따른 것이기 때문에, 로봇의 우선적인 본질은 기계임은 분명하다. 이런 측면에서 보면, 로봇에게 어떤 존재론적 의미를 부여하는 것 자체가 논리적인 모순일 수 있다. 대량생산의 시대에서 로봇 자동화 공정에 대해 기계 이상의 의미를 부여할 수는 없다. 오늘날 산업현장에 로봇팔을 활용한 자동화 공정이 기술적 발전을 거듭하고 있다. 그런데 로봇의 활용 범위가 확대됨에 따라, 로봇이 수행하는 기능도 질적으로 달라짐으로써 로봇이 마치 인간과 유사한 활동을 하는 주체로 자리 잡고 있다. 인간과 로봇은 대립하는 것이 아니라, 작동장치, 센서 그리고 관련된 장치들이 통합된 방식에서 마치 생물학적 체계로 진화하고 있다. 의료용 로봇공학의 발전이 의료진과 환자를 위한 보조 도구에서 이들과 함께 상호작용하는 방향으로 나아가는 것과 같은 맥락이라고 할 수 있다. 간단히 말해, 인간과 로봇이 서로 닮아간다는 것이다.[9] 이를 가능하게 만드는 요인 중에 하나인 인공지능의 적용과 진화의 양상에서 본다면, 로봇의 자체에 대한 존재론적 지위와 인간과 로봇의 관계가 어느 위치에 있는 지를 재검토할 필요가 있다.[10]

이를 위해서는 의료용 케어로봇의 존재론적 특징을 확인할 필요가 있다. 로봇공학의 궁극적인 지향은 '인간'에게로 향해 있고, 각 분야에서 어떤 로봇을 만들고 활용할 것인지에 따라 다양한 형태의 로봇들이 등장하고 있다. 서론에서 살펴보았던 것처럼, 의료용 케어로봇이 의료의 목적으로 인간(특히 환자)에 대한 배려와 보호를 목적으로 활용되고 있다는 점에서 다음

---

9 Duffy (2006), 앞의 책, pp.32-33.
10 이에 대한 논의는 구체적으로 윤리 실존적인 측면에서 진행될 필요가 있다. 이번 연구에서는 제3장에서 인간과 로봇의 관계를 중심으로 의료용 케어로봇의 윤리 실존적 쟁점을 검토할 것이다.

과 같이 그 존재론적 특징을 확인해볼 수 있다.

첫째, 인간의 배려와 보호를 위한 기계적 도구이다. 이러한 특징은 주로 이숩(EASOP), 다빈치 로봇수술시스템(da Vinci robot surgery)와 같은 의료진을 돕는 로봇 또는 복강경 수술에 의사의 통제에 따른 최소침습적 로봇에서 나타난다.

둘째, 의료용 케어로봇 자체는 일정한 윤리적 수준을 가질 수도 있다. 이는 의료용 케어로봇의 목적이 인간의 선을 실현하기 위해 등장했기 때문에, 목적 자체에서 윤리적 의미를 확인할 수 있다.

셋째, 의료용 케어로봇은 도덕적 행위자가 될 수 있다. 여기에는 두 가지 형태의 로봇으로 구분할 수 있다. ①의료용 로봇이 최소침습적 도구로서 활용되는 경우에는 의사의 수술콘솔의 통제에 따라 명령을 수행한다. 이럴 경우, 수술로봇시스템은 기계적 도구이면서도 동시에 의사의 대리인이다. 즉, 로봇에게는 자유의지가 없지만, 환자와 로봇 간의 직접적인 행위 관계가 성립되는 것이다. 이외에도 휠체어에 로봇시스템을 적용하여 환자의 뇌신경망 접근을 통해 환자의 직접적인 의지를 구현하는 보조 도구(예를 들면, NavChair) 또한 도덕적 대리인의 특징을 갖는다. ②대화를 통해 인간과 정서 교류를 할 수 있는 의료용 케어로봇은 환자와 정서 교감을 통해 환자의 건강상태를 담당 의사 또는 환자의 가족에게 전달한다. 이는 사회적 로봇을 의료용 케어를 목적으로 활용한 경우에 해당한다. 예컨대, 최근에 상품으로도 판매되고 있는 페퍼(Pepper), 나오(Nao), 사라센(Saracen)과 같은 휴머노이드 로봇들은 대화 및 심리치료 등의 활용 목적에 따라 사람들과 감정적 대화도 가능하다. 일상생활에서 의료용 케어로봇이 인간과 함께 생활하는 존재로 자리 잡으면서 의사와 환자를 매개하기는 하지만, 환자와 직접 소통하는 도덕적 행위자의 특징이 나타난다. ①의 형식이 의사에 통제에 따른 환자에 대한 도덕적 대리인의 특징이었다면, ②의 형식은 프로그래밍에 따라 일정한 자율성이 허용되는 범위에서 환자와 직접 소통하는 도덕적 행위자의 특징을 갖는다고 볼 수 있다.

넷째, 의료용 케어로봇이 자율성과 양심, 도덕적 측면과 지적 측면을 갖는 새로운 종으로서는 현재에서는 드러나지 않는다. 아마도 SF소설 같은 주제이다. 하지만 로봇공학의 발달 전망을 본다면, 더 이상 상상으로만 간주할 수 없을 것 같다. 위에서 언급했던 최근의 휴머노이드 로봇들은 인간의 의사소통의 파트너가 되고 있다. 이것이 가능한 이유는 휴머노이드가 인간과 유사한 신체적 특징을 넘어 인간의 정서, 표정, 음성까지도 구현하기 때문이다. 예컨대, 성냄, 슬픔, 행복, 놀람, 부끄러움, 절망적임과 같은 기본 정서들을 신체적 표현, 얼굴 표정, 제스처, 음성 등에 일치시키는 방식이다. 이에 따라 로봇도 인간과 같은 모습으로 불안, 공포, 두려움을 입을 벌리고, 이빨이 보이며, 입술이 떨리고, 눈이 커지면서, 눈썹이 일치하는 표현을 전달할 수 있다.[11] 2015년에 판매된 페퍼는 이러한 기본적인 구현을 넘어서 일상에서 가족의 한 구성원으로 인식되고 있다. 네트워크 기반으로 데이터를 수집하고 다른 페퍼들과 공유하면서 스스로 감정을 읽는 능력을 발달시키기 때문이다.[12] 인공지능의 머신러닝과 딥러닝, 네트워크 기반의 무제한적인 지식정보의 교류가 로봇의 자기학습 능력을 향상시키고, 자율성을 강화시키고 있다.[13] 이러한 기술진보는 정서기반 로봇의 적용을 융복합적으로 전

---

11 바바라 베커, 「사회적 로봇 - 정서적 행위자」, 『로봇윤리』, 변순용 · 송선영 옮김 (어문학사, 2013), pp.91-93.

12 "감정을 읽는 로봇: 페퍼", 퍼퓰러사이언스.

13 최근 인공지능의 신경망 프로그래밍은 컴퓨터의 정보 처리속도의 급격한 발전을 통해

3부 AI로봇의 현실적인 윤리적 쟁점

개시키고 있다. 인공지능형 로봇은 감시, 관리, 청소, 헬스케어, 친구의 목적으로 인간과 함께 살아갈 수 있다고 해도 과언이 아니다.[14] 따라서 이러한 정서 기반 휴머노이드 로봇은 의료용 케어로봇으로 활용될 때, 인간과 소통하면서 사용자의 역사적 삶의 한 과정을 차지할 수 있는 준자율적 판단과 반응을 할 수 있다.

이상의 내용을 통해 의료용 케어로봇의 존재론적 특징을 다음과 같이 [그림 1]로 활용할 수 있다.

[그림 1] 의료용 케어로봇의 존재론적 특징

윤리적 차원의 기계 : instrumental	도덕적 행위자 : normative	준자율성 : descriptive & narrative
전반적인 의료 행위뿐만 아니라 인간(환자)에 대한 배려와 보호를 위한 기계이자 도구	- 권위자(의사)의 직접적 통제를 받아 환자에게 처치를 직접 수행하는 도덕적 대리인 - 환자와 직접적인 교류를 통해 정보를 수집하고 전달하는 도덕적 행위자	- 인공지능의 신경망 프로그래밍을 통해 인간의 정서와 이야기에 대한 자기학습과 표현이 가능 - 준자율성(quasi-autonomy): 인간과 유사한 자율적 판단, 행위, 맥락화 가능

의료용 케어로봇은 제작 목적, 사용, 환자와의 관계에 따라 독특한 성질을 갖는다. 첫째, 융합적인 로봇공학의 발달에 따라 의료용 케어로봇은 근

기계학습, 자가발전을 이끌 수 있다. 알파고와 이세돌 선수의 바둑 대결에서도 보듯이, 인공지능은 자기학습을 통해 이길 수 있는 만큼으로 정보를 수집하고 판단한다. 반면에 이러한 발전에는 '모라벡의 역설'이 존재한다. 로봇이 인간보다 더 똑똑해질수록 인간이 물리적 세계에서 자연스럽게 하는 신체적 활동이 로봇에게는 더 어려운 일이라는 것이다. 에릭 브린욜프슨 · 앤드루 맥아피 (2016), 앞의 책, 이한음 역, pp.43-44. 및 김대식, 『인간 VS 기계』(서울: 동아시아, 2016), pp.19-20. 참조.

14 2015년 일본의 소프트뱅크사가 판매한 페퍼를 통해 우리는 이미 이러한 공존이 실제로 존재하고 있음을 알 수 있다.

본적으로 인간의 선을 실현하기 위해 개발된 것이다. 그래서 의료용 케어로봇은 어떤 형태와 기능을 하더라도 그 자체는 선의 실현이라는 도구적 지평을 결코 넘어설 수 없다. 이런 점은 의료용 케어 로봇 뿐만 아니라 향후 개발될 모든 로봇에게도 적용되어야 하는 근본적인 원칙이 되어야 한다. 둘째, 의료용 케어로봇의 사용은 의사의 통제를 받아 의사를 대신해서 처치를 수행하는 대리인으로서 모습을 갖는다. 이는 로봇의 사용 자체가 인간의 통제를 받아 주어진 명령을 수행하는 도덕적 대리인의 역할을 보여준다. 셋째, 의료용 케어로봇은 단순한 처치가 아니라 환자 삶의 맥락을 정서적으로 공유할 수 있다. 이는 융복합적인 로봇공학의 적용이 우리 삶의 전반에 확대될수록 인공지능 로봇과 인간의 관계는 점차 내면적으로 전개될 가능성이 크다. 현재 네트워크 기반의 빅데이터 활용과 기계의 자기학습이 강화되면서, 인공지능형 케어로봇의 분야는 인간의 감정 표현과 상호 교류에 초점을 두고 있다. 이미 로봇 페퍼의 경우처럼 빅데이터를 활용하여 인간의 감정을 수집 및 분석하고, 이를 기반으로 인간과 감정 표현을 포함한 자율적 대화가 가능하다. 이런 모습은 의료용 케어로봇이 단순한 대리자로서의 행위라기보다 자율적인 인간 대 인간의 관계에서 나타나는 것과 매우 유사하다. 이런 맥락에서 의료용 케어로봇은 준자율성(quasi-autonomy)[15] 을 갖는다고 할 수

---

15 인공지능 로봇의 자율성에 관해서는 많은 논의가 필요하다. 인공지능 로봇은 자율적인 존재가 될 수 없음에도 불구하고, 인공지능 로봇과 인간 사이에서 인간은 인공지능 로봇의 일정한 영향을 받을 수 있는 영역이 확대되고 있기 때문이다. 엄밀히 말해, 인공지능 로봇 자체로는 결코 자율적일 수 없지만, 인간과의 관계망에서는 인간이 받은 영향에 의해 자율성이 규정되는 것이다. 이에 따라 인공지능 로봇의 자율성에 관해서는 크게 다음과 같이 세 가지로 구분할 수 있다. 첫째, 이는 인간의 명령을 대신 수행하는 도구라는 점에서 조건적 자율성(conditioned autonomy)의 특징을 갖는다. 둘째, 인간의 자율성과 닮아 있다는 점에서 준자율적(quasi-autonomous)이다. 셋째, 인간과의 관계에서는 관계 의존적이면서도 사실상 인간을 모방하는 유사 자율적(pseudo-autonomous)이다. 번 연구에서는 이와 같은 구분의 가능성을 제시하고, 보다 자세한 논의는 향후 연구에서 마무리하고자 한다.

있다.

네트워크 기반으로 지식정보와 과학기술의 결합이 로봇공학에 접목되면서 의료용 케어로봇의 존재론적 특징이 거의 인간화 수준으로 나아갈 전망인 것은 분명하다. 그렇다고 해서 우리가 과학기술의 발달에 대한 경계와 공포를 허물 수는 없을 것 같다. 왜냐하면 미래 세대의 일상인 인간과 로봇의 공존이 성공적일 수 있는 지는 어쩌면 인간의 통제 범위를 넘어서는 인공지능형 로봇공학의 발달의 미래에 달려 있기 때문이다. 특히 인간과 로봇의 공존은 의료용 케어로봇이 정서 기반 대화형으로 확대 보급될 때, 오늘날과는 전혀 다른 삶의 방식들을 이끌 수도 있다. 의료용 케어로봇이 환자와의 본래적 관계를 지속시키기 위해서는 적어도 두 가지 쟁점들을 검토할 필요가 있다. 첫째, 의료용 케어로봇이 치료하고 소통하는 환자와의 윤리 실존적 관계에 관한 것이고, 둘째, 의료용 케어로봇과 환자와의 소통이 이끌어내는 삶의 맥락이 무엇에 기초하여 공감해야하는 지에 관한 것이다.

Ⅲ. 의료용 케어로봇의 윤리 실존적 쟁점

현재의 기술단계로 볼 때, 본격적으로 전개될 의료용 케어로봇은 환자의 정서를 인지하고, 빅데이터로 저장된 인간의 기본 정서들을 비교·학습한 후, 해당 환자의 정서를 이해하고 어떤 조치를 취해야 하는지를 판단하여, 환자와 대화 또는 특정 행동을 취할 수 있고, 이와 동시에 환자는 로봇에 반응하는(대화를 하거나 행동을 따라하는) 일상을 그려볼 수 있다. 점차 컴퓨터의 정보처리 속도의 발달에 따라 의료용 케어로봇의 반응 속도는 지금보다 더욱더 빨라질 것이고, 케어로봇은 환자와 함께 하는 시간이 점점 늘어날수록 그 환자의 정서를 이해하는 지능의 수준도 매우 높아질 것이다.

여기서 중요한 양상은 의료용 케어로봇과 환자와의 의사소통을 볼 수 있다는 점이다. 휴머노이드 로봇은 외형적으로 인간과 유사한 모습을 갖추고 있다. 마치 인간과 인간이 서로 소통하는 것처럼, 사람을 인식하고 사람의 눈을 따라 같이 움직이며 사람을 바라보며 말을 한다. 이런 과정이 사람의 모든 활동을 데이터로 저장하고, 이를 분석 및 처리하여 감정의 상태를 얼굴 표정, 빛, 제스처 등으로 표현한다. 실시간 네트워크를 통해 기본 정보를 전달하기도 하고, 고령자의 케어활동을 권장하기 위해 체조와 같은 활동도 진행할 수 있다. 이런 가운데 의료용 케어로봇의 대화 상대자인 인간은 상대자가 로봇임에도 불구하고, 자신의 감정을 솔직하게 표현하고 로봇의 반응을 통해 치료를 받는다.[16] 케어로봇은 의사소통의 형식을 거치면서 환자의 일상에서 함께 생활하기 시작하고, 환자는 자신의 감정을 솔직하게 전달하고, 이에 케어로봇이 반응하면서 이 둘 간의 삶에 관한 이야기가 생성된다.

여기서는 사람의 표정, 음성, 감정을 인식하고 대응한다고 해서 의료용 케어로봇이 인격적인 대화 상대자가 될 수 있는지에 관한 문제에 주목하고자 한다. 기술적으로 보면, 인간이 표현하는 정서와 대화 내용은 케어로봇에 축적되고 분석되며 나아가 즉각적인 반응으로 되돌아온다. 그런데 인간은 로봇의 음성, 눈, 표현에 주목하고 대화 상대자로서의 의미를 부여하기도 한다. 그리고 로봇 자체에 대해서도 인격적인 의미를 부여하기도 한다. 예를 들면, 일본에서는 2006년 단종되어 AS가 중단된 가정용 로봇 강아지

---

16 "로봇, 우리의 친구가 될 수 있을까?" KBS 스페셜(2016.11.03.)

아이보(AIBO)의 사용자들이 합동 장례식을 열었고, 마치 인간의 장기기증처럼 아직 살아있는(작동하는) 다른 아이보의 수리를 위해 부품을 기증하기도 하였다.[17] 또한 페퍼에 내장된 의료용 케어로봇 프로그램이 발달 장애를 앓고 있는 아동에게 정해진 프로그램에 따라 장애를 극복하기 위한 대화를 계속 유도하는 경우, 아동은 이에 반응한다.[18] 이러한 아동의 대응은 페퍼의 대화 요구를 이행하는 것으로 아동이 대화 상대자로서 페퍼를 인식하고 있음을 알 수 있다.

노인들이 휴머노이드 로봇에 대해 취했던 여러 반응, 특히 감정적 반응에도 주목할 필요가 있다. 예를 들면, 휴머노이드 로봇 '나오'는 노인들을 위한 체조 시간의 조교로 활동하면서 노인들과 대화도 한다. 페퍼의 경우에도 노인들의 체조 조교, 치매 예방을 위한 활동 프로그램도 학습할 예정이다. 이 로봇에 대한 노인들의 감정 전달은 매우 솔직하다. 왜냐하면, 거짓말을 할 필요가 없고, 또한 외롭기 때문이다. 감정을 표현하는 몸짓, 표현, 대화를 통해 대부분 혼자 사는 노인들은 자신의 파트너를 발견하게 되는 것이다.

만약 이러한 케어로봇이 휴머노이드가 아니라, 제미노이드(Geminoid, 쌍둥이) 로봇이라면 상황은 매우 심각하거나 또는 매우 희망적일 수 있다. 이 로봇은 실제 사람의 복사물이다. 얼굴 표정, 음성, 피부 등 인간의 모습을 복사하듯이 그대로 구현된다. 말 그대로 인공적인 쌍둥이가 등장한 것이고,

---

17 "日서 소니 로봇강아지 '아이보' 장례식 열려," 중앙일보(2015.03.01.) 한편 이는 영적 삶에 대한 일본의 애니미즘(animism) 문화에서 비롯된 것일 수도 있다. 일본에서는 사물의 정신이 그것의 소유자와 조화롭게 되고 동일시되며, 그래서 로봇의 소유자는 수년 동안 일상생활에서 로봇의 정신을 소유하는 것으로 인식한다. 이런 점은 로봇의 존재론적 의미를 사용자-소유자의 '활용'에 둔다는 점에서 로봇 활용을 위한 실천적이고 윤리적 기준을 마련하는데 중요한 토대가 될 수 있다. Kitano (2012), 앞의 책, p.80, p.82.

18 "로봇, 우리의 친구가 될 수 있을까?" KBS 스페셜(2016.11.03.)

군이 생명의 법칙을 어기면서까지 인간 복제를 할 필요가 없어진 것이다.[19] 이는 환자가 자신의 대화 상대자를 그대로 재현할 수 있다는 것을 의미한다. 환자의 맥락에서는 죽은 사람이 다시 살아나 의미 있는 삶을 지속시킬 수도 있지만, 치료에서는 오히려 현실을 부정하는 역효과를 일으킬 수 있다.

바로 이 지점에서 로봇공학이 발달할수록 의료용 케어로봇에서 등장할 수 있는 문제들 가운데 가장 근본적이고 중요한 문제를 제기할 수 있다. "누가 환자를 치료/보호하는가?" 이 질문은 아마도 다음의 문제로 전환된다. "환자는 누구와 대화하고 있는가?" 의료용 케어로봇은 환자의 상태와 처지에 따라 다양한 수준의 프로그래밍으로 등장할 수 있다. 하지만 인간/환자의 입장에서 의료용 케어로봇은 인간에 의해 명명된 대화의 파트너로 간주된다. 최소침습적 도구가 아니라 인공지능이 접목된 정서 기반 대화형 로봇일수록 환자 자신의 케어로봇에 대한 개입이 강화될 수 있다. 이런 점에서 환자는 케어로봇을 자신만의 일상에서 하나의 인격체로서 간주하게 된다. 따라서 치료용의 목적으로서 프로그램이 가동된다고 하더라도, 환자가 케어로봇을 소통의 인격적 파트너로 간주함으로써 케어로봇은 그 자체의 의지와는 전혀 상관없이 소통의 관계망에 의미 있는 존재로서 실존하게 된다. 엄밀히 말해, 케어로봇이 자율적인 존재가 되는 것이 아니라 환자가 케어로봇을 자신의 삶의 실제에 실존적으로 위치시킨다.

---

19 토요아키 니시다, 「선의지를 가진 로봇을 향하여」, 『로봇윤리』 변순용 · 송선영 옮김, (어문학사, 2013), pp. 292-293.

IV. 의료용 케어로봇의 서사와 공감 가능성

의료용 케어로봇은 그 자체의 실존적 지위를 갖지 못하고, 동시에 어떤 독립적인 인격적 주체도 될 수 없다. 하지만 이런 특징이 나타나는 것은 분명히 이 로봇을 활용하는 사용자, 특히 환자에 의지에 따른 것이다. 이런 조건에서 환자와 의료용 케어로봇의 관계에서 볼 때, 의료용 케어로봇이 환자와 윤리적으로 실존할 수 있다는 의미를 크게 두 가지 측면에서 살펴볼 수 있다. 첫째, 의료용 케어로봇과 인간(환자)와의 소통이 정서를 기반으로 하는 공통의 서사를 가질 수 있다. 둘째, 각 환자의 소통에 따라 신경망 네트워크를 통해 수집 및 축적된 환자의 정서들이 일반화된 기본 정서들의 이해와 판단의 근거들로 활용될 수 있다.

공통의 서사와 관련해서 보면, 환자는 의료용 케어로봇을 통해 자신의 삶을 함께 영위한다. 환자는 인간으로서 그 자신의 활동을 홀로 하는 것이 아니라 관계 속에서 자신을 예속시키고 있는 것이다. 이러한 활동은 관계에서 자신을 확인하는 것이고, 나아가 그 관계가 전제하고 있는 내재적 선을 구현하는 활동 과정이라고 할 수 있다. 관계의 영역에서 자신은 서사의 주체로서 경험적 활동에 참여하고 있는 것이다.

로빈슨은 서사를 경험하는 것, 경험이 일어날 때 그 경험에 대해 반성하는 것, 그리고 작품을 해석하는 것을 구분한다. 우리가 작품이나 서사를 처음 경험할 때 본능적인 평가(난 이게 싫어! 등)가 이루어지고, 이러한 평가가 우리의 주의를 고정시키고 생리적 반응을 생성하며, 그 다음에 사건에 대한 인지적 평가가 이루어진다. 서사에 대한 우리의 경험을 반성할 때에는 우리의 이전 반응들에 대한 인지적 모니터링에 참여하는 것을 의미한다. 마지

윤리적 AI로봇 프로젝트

막으로 충분한 반성을 통해 소설 속의 이전 사건들과 이후 사건들에 비추어 그 사건들을 이해했다고 생각되면, 우리는 그 작품에 대한 해석을 제공함으로써 우리의 작품 경험에 대한 반성을 기록할 수 있다는 것이다.[20] 이런 점에서 반성은 서사에 대한 정서 반응에서 중요한 역할을 담당한다. 그것은 비판적이고 실천적 삶의 장으로 나아갈 수 있는 토대가 된다.

맥킨타이어에 따르면, "덕은 하나의 습득한 인간의 성질로서, 그것의 소유와 실천이 우리로 하여금 어떤 실천에 내재하고 있는 선들을 성취할 수 있도록 해주며 또 그것의 결여는 결과적으로 그러한 선들의 성취를 방해하는 그러한 성질이다."[21] 덕들의 활동에 따라 자신의 삶을 구성하는 것은 바로 궁극적인 삶의 목적, 즉 최고선을 향해 이어가는 주체적인 자신의 이야기로 존재한다는 것을 의미하고, 도덕적 자아는 이 이야기의 행위들과 경험들에 대해 책임을 진다.[22] 이야기의 주체로서 '나'는 관계의 타자와의 관계 속에서 활동해 온 반성적 삶의 주체이다. 이러한 '나'는 타인의 이야기에도 함께 참여하고 질문하고 설명을 들을 수 있다. 이야기, 이야기에 대한 이해가능성, 그리고 책임 가능성이 바로 삶 속에서 구현된 이야기의 통일성을 구성한다.[23] 반성은 궁극적 선을 향하는 과정에서 만나게 되는 다양한 성향들과 장애들을 극복하게 만드는 실천적 역할을 한다.

이야기는 인간은 관계적 삶의 영역에서 축적해 온 역사적 의미를 갖는다. 이야기를 생성하고 얽히게 만드는 '선'은 관계적 삶의 영역에서 도덕

---

20 제니퍼 로빈슨, 『감정, 이성보다 깊은』, 조선우 옮김 (북코리아, 2015), pp. 159-160.

21 매킨타이어, 『덕의 상실』, 이진우 옮김 (서울: 문예출판사, 1997), p. 282.

22 매킨타이어(1997), 앞의 책, 이진우 옮김, p. 321.

23 매킨타이어(1987), 앞의 책, 이진우 옮김, p. 322.

의 원천이 된다. 테일러는 이러한 선을 '구성적 선'으로 분류하고, 이것이 행위들, 감정들, 생활양식들을 구성하는 다양한 삶의 선들로 이어진다고 본다. 구성적 선이 도덕의 원천이기 때문에, 우리는 이 선을 사랑할 수밖에 없다. 그것이 곧 선한 인간이 되는 일부가 되기 때문이다. 이러한 구성적 선은 다른 것이 아니다. 그것은 인류가 문화마다 또는 종교마다 언어적 명시화가 서로 다르게 전개되었을 뿐이다. 중요한 것은 이러한 명시화된 용어가 아니라 이 구성적 선을 향한 삶의 선들에 관한 역사적 서사이다. 그는 이러한 역사적 서사가 사람들의 삶에 의미와 실체를 부여할 수 있다고 주장한다. 왜냐하면 역사적 서사는 명시화된 선에 관한 사람들의 이야기들이고, 사람들은 자신의 이야기들을 이러한 선과 관련되어 있는 것으로 이야기하고 있기 때문이다. 이런 점에서 인간의 삶이 진행하고 있는 이야기들은 선의 실현으로서의 역사적 맥락에서 관련되고 구현되는 것이다.[24]

우리가 서사에 참여하는 과정은 반성을 통한 정서적 반응이고, 서사는 이러한 반응의 비판적이고 실천적인 활동이라고 할 수 있다. 관계망에서 이러한 인간 활동의 궁극적 목적은 바로 선이다. 이런 이유로 인간은 윤리적 존재이고 윤리적 삶은 서사와 역사를 갖는다. 우리가 구성하는 삶은 바로 이러한 서사의 지평으로 확대하는 것이다. 이러한 반성을 통한 주체적 참여는 바로 정서의 교류를 가능하게 만드는 공감 때문이다.

공감은 타인의 조건이나 정서 상태를 이해하는 것으로부터 유래하는 정서적 반응을 의미한다. 다른 사람이 경험한 정서를 내가 경험하는 경우를 의미한다. 가령 내가 당신이 느끼는 두려움을 경험할 때 공감한다고 말할

---

24 테일러, 『자아의 원천들: 현대적 정체성의 형성』, 권기돈 옮김(서울: 새물결, 2015), pp.199-201.

수 있다. 공감은 대리의 정서적 반응이라고 할 수 있다.[25]

흄의 입장에서 보면, 공감은 단순한 감정이라기보다 소통을 가능하게 만들고 복합적인 반성 과정을 거치면서 다른 감정에 대한 반성을 거친 일종의 정서이다.[26] 여기서 공감의 두 가지 측면을 볼 수 있다. 우리의 감각기관에 대해 대상의 출현에 따른 일차적 공감과 반성에 의해 현상을 교정하면서 일관되고 확립된 판단에 이르게 되는 이차적 공감이다. 바로 이차적 공감이 사회성을 부여한다. 우리로부터 거리가 멀거나 가까운지에 따라 공감이 다르다고 하더라도, 우리는 사람들의 인격과 관련한 판단들에서 그러한 차이를 무시하게 되는 것이다. 사회성을 갖는 이차적 공감이 감정이 소통이 되는 것이다.[27]

이처럼 이차적 공감이 없다면, 즉 반성을 통한 정서적 반응이자 감정의 소통이 없다면, 우리가 역사적 삶의 맥락에 실존적 주체로서 참여하는 것은 불가능하다. 인류의 관계망에서 삶이 역사적 맥락을 갖는 이유는 그 삶의 지평이 바로 선을 향한 활동이기 때문이다. 공감은 우리가 전혀 다른 시간과 공간에서도 삶의 지평에서 정서적 교류들을 통해 다양한 이야기들을 이해하고, 그들의 경험들을 동시에 경험하고, 그래서 반성적 참여를 할 수 있게 한다. 말하자면 공감은 인간의 서사를 공유하고 이끌어 가는데 있어서 우리 모두가 삶의 지평에 표출하고 있는 정서들의 교류 과정을 모두 담고 있다고 할 수 있다.

---

25 추병완, 「도덕 심리학의 새로운 경향과 도덕교육」, 『도덕 심리학의 새로운 경향과 이해』(한국도덕윤리과교육학회 연차학술대회(27회) 자료집, 2016), p. 7 및 Jesse J. Prinz, "The Moral Emotion", Philosophy of Emotion. Ed. Peter Goldie (Oxford: Oxford U P, 2010), p.532.

26 박종훈, 『공동체와 정서: 윤리문화의 원천』(고양: 인간사랑, 2015), p.245.

27 박종훈(2015), 앞의 책, pp.248-250.

그렇다면, 의료용 케어로봇이 서사를 구성하고 공감하며 구성적 선을 실현하는 활동의 주체가 될 수 있는가? 이 질문 자체가 모순적이지만, 융복합적인 로봇공학의 발달을 본다면 주체가 될 수 없다고, 불가능하다고 단언하기도 어려울 수 있다. 앞서 살펴보았던 거처럼, 정서기반으로 인간과 소통하는 다양한 형태의 케어로봇들이 대화 상대자로서 의미를 부여받게 되는 것은 바로 소통하고자 하는 인간, 즉 로봇에 대한 의인화 때문이다. 이러한 단계에서 로봇은 대화를 주도하는 인간을 인지하고, 인간의 기본적인 감정들에 따라 반응하는 프로그램에 따라 적절한 감정을 표현하고 있다. 공감이 아니라 이른바 인지된 감정 알고리즘에 따라 표현을 할 뿐이다. 그렇지만 대화 상대자인 인간은 그 반응을 통해 이야기, 사건, 삶의 맥락을 반성할 수 있다. 누군가를 함께 그리워할 수도 있고, 기쁨과 슬픔을 나누며, 위안을 받을 수도 있고, 심지어 얼굴을 그대로 재현한다면(예컨대, 제미노이드의 일상적 사용), 이미 세상에 없는 사람 또는 그 자신과도 함께 지내며 감정들을 교류할 수 있다. 이러한 감정 반응과 교류에 의미를 부여하는 것은 바로 대화 참여자인 인간이 되는 것이다. 이는 과거 어떤 자연적 대상, 물체, 인형 등과 같은 반응이 전혀 없었던 사물에 대해 자기 의미만을 부여했던 의인화와는 전혀 다른 차원이다. 인간은 로봇과 대화를 하고 있고, 로봇을 자신의 서사적 구조의 정상적인 파트너로 바라볼 수 있다.

현재 융복합적 기술의 발달은 로봇의 지위를 인격적 위치로 상승시킬 수 있다. 이전까지 케어로봇의 전개가 단일한 프로그램으로 고정되고, 이에 따라 작동하는 개별적인 로봇이었다면, 인간과 유사한 학습과 판단을 하는 인공지능은 이전과는 전혀 다른 케어로봇을 가능하게 한다. 향후 인공지능의 발달에 따라 감정의 알고리즘이 네트워크를 통해 저장된 빅데이터를 스

윤리적 AI로봇 프로젝트

스로 학습할 경우를 고려해야 한다. 우리는 이미 이런 잠재적인 기능을 갖춘 상품화된 로봇을 구입할 수 있다.

앞서 보았던 페퍼, 나오와 같은 인공지능형 휴머노이드 로봇들이다. 이제 생산자가 인간의 정서를 어떻게 인지하고 어떻게 반응해야 하는 지를 매우 구체적인 알고리즘으로 만들 필요가 없다. 왜냐하면 이미 인간의 정서들의 교류와 공감의 과정은 디지털 코드의 빅데이터로 저장되어 있고, 로봇들은 이 데이터에 대한 자율적 학습과 분석을 통해 인간에게 가장 적합한 감정 반응을 전달할 수 있기 때문이다. 로봇은 분명히 기계임에도 불구하고, 자율성으로 인해 디지털 부호화된 인간의 감정들을 교류할 수 있다. 인간의 입장에서 본다면, 이것은 반성적 대응이고, 공감하는 과정으로 간주된다. 말하자면, 인간이 바라보는 대상은 인공적이지만, 서로 반응하고 교환하는 서사와 공감은 인격적인 의인화가 발생한다고 볼 수 있다. 의료용 케어로봇 자체가 환자와 동등한 맥락에서 형성된 서사와 공감 능력을 갖는 것이 아니기 때문이다.

결국 의료용 케어로봇이 가질 수 있는 서사와 공감은 궁극적으로 인간의 서사와 공감이다. 기술적으로 말해, 의료용 케어로봇이 서사를 이해하고 반응하고 반성하며 대응하게 만드는 공감은 인간의 감정과 느낌에 대해 알고리즘에 따라 스스로 운용하는 명령 또는 처방의 기능이다.

인공지능의 의료분야에 활용은 이미 시작되었다. 앞서 보았듯이, IBM의 왓슨은 방대한 양의 의학지식정보, 세계 300개 이상의 의학 학술지와 200개 이상의 의학 교과서를 포함한 1천 500만 페이지의 정보를 통해 환자에 가장 적합한 치료법을 제시할 수 있다.[28] 인공지능을 활용한 기술은 인간의 인지

---

28 "〈인간 뛰어넘는 AI〉①질병 진단부터 치료까지," 연합뉴스(2016.09.16.) 나아가 인공지

적 판단을 위해 데이터의 수집과 활용에 매우 유익한 도구임에는 틀림없다. 하지만 이 기술과 로봇이 알고리즘에 따른 정보수집 및 분석, 자기 학습과 판단의 자율성을 갖게 되고, 인간보다 더 똑똑해지며, 나아가 인간에 의한 의인화가 강화된다면, 우리는 의료용 케어로봇에 스스로 구속당하는 결과를 낳을 수도 있다. 따라서 환자에게 의료용 케어로봇과 환자 간에 이루어지는 서사의 재료들은 인간의 맥락에 있고, 이를 공감하는 것은 환자가 빅데이터로 저장된 맥락에 들어 있음을 의미한다는 점을 일깨워주어야 한다.

V. 고통: 의료용 케어로봇의 공감 알고리즘

그렇다면 의료용 케어로봇이 환자에게 필요한 이유로 다시 돌아갈 필요가 있다. 사회적 삶의 변화와 급격한 기술 발달에 따라 의료용 케어로봇은 환자의 신체적 치료 도구의 수준을 넘어서서 마치 환자의 인간 파트너로서 정서적 교류도 할 수 있다. 그렇다고 해서 의료용 케어로봇이 인간과의 관계에서 반드시 인간처럼 구성적 선을 실현하기 위한 활동을 해야 한다는 것은 아니며, 이렇게 해서도 안 된다. 이 로봇은 적어도 환자들의 다양한 서사와 감정, 즉, 네트워크로 연결되고 디지털 코드로 저장된 지식정보의 거

능이 의사처럼 환자를 직접 치료하는 장면을 그려보는 것도 가능하다. 알파고 대결 이후 국내의과대학 교수 100명에 대한 설문조사에서 73명이 이른바 인공지능 의사 '알파닥' 이 진료현장에 일반화될 것으로 전망했고, 이 중 대다수가 2020년 이후로 보았다. 알파닥의 활용이 유용한 진료영역(반대로 보면, 알파닥으로 인해 타격을 받을 진료영역)으로는 '영상의학' 분야가 44%로 가장 많았고, 병리진단검사의학과 37%에 달했다. 환자의 질병에 대한 진단의 기능은 강화되지만, 환자의 직접적인 대면이 필요한 치료는 여전히 인간 의사의 판단 비중이 더 중요하다고 보는 것이다. "영상의학-병리-진단검사 '타격' , 외과계 '발전' ," 데일리메디(2016.07.11.).

대한 창고에서 인간의 반응에 따라 최소한의 반응을 할 수 있는 알고리즘의 지배를 받는다. 만약 이 지배를 벗어나 공상과학영화처럼 자의식이 형성되고 모든 데이터를 총괄하여 스스로 판단하고 그 감정에 따라 반응할 수 있는 강한 인공지능을 갖춘 의료용 케어로봇이 출현한다면, 그것은 인간과는 전혀 다른 별개의 종이거나 아니면 인간이 스스로를 자멸하게 만들 수 있는 강력한 도구가 될 수도 있다. 따라서 우리가 활용해야 하는 의료용 케어로봇은 통합형 네트워크의 지식정보기반 사회에서 인간의 모든 활동을 데이터로 저장하고, 환자에 맞는 특정 분야의 목적에 따라 그 데이터를 수집 및 분석하여, 맞춤형 교류 반응을 할 있는 약한 인공지능이다. 따라서 환자들의 특수한 상황들과 이와 관련된 인간의 삶의 지평에 관한 데이터들을 스스로 활용하여 환자들에게 대응할 수 있는 의료용 케어로봇만의 특수한 알고리즘을 고려할 필요가 있다. 그것은 바로 고통이다.

의료용 케어로봇의 직접적인 대상과 목적은 좁게는 신체와 정신 모든 영역의 치료가 필요한 환자를 보살피는 것이고, 넓게는 정서 교류가 필요한 모든 사람들을 배려하는 것이라고 할 수 있다. 이들의 공통점은 정도의 차이가 있겠지만, 의료용 케어로봇이 필요한 이유가 바로 환자들의 정신적이든 신체적이든 모든 고통을 경감시키기 위해서이다.

그렇다면, 의료용 케어로봇도 이들과 공감하기 위해 고통을 가져야만 하는가? 이 문제는 이번 연구와 전혀 논점이 다르다. 로봇이 고통을 갖는다는 것은 완전한 자율적 존재임을 의미하기 때문이다. 그리고 로봇이 고통을 알고, 느끼고, 고통에 따른 어떤 행동을 표출할 수 있는 존재가 될 수 있기 때문이다. 반면에 기술적으로 로봇이 인간의 고통을 이해하고 공감하는 능력에 대한 시도가 계속되고 있다. 예를 들면, 전기장, 온도, 힘을 감지하는 신체 센서가 내장된 감각 피부를 갖는 '허거블(Huggable, 테디베어를 모델로 한 상호작용형 로봇)'은 6가지 접촉 유형과 아홉 종류의 정서 감촉을 인식하는 신경망을 통해 여러 상이한 반응을 일으킬 수 있다. 즐겁게 껴안아 주면, 상대방에게 코를 비비는 반응을 보인다.[29] 그러나 이와 같은 직접적인 인지 판단의 방식으로 로봇이 한 개체로서 인간과 같은 고통의 감각을 갖는다는 것, 말하자면 "온정적인 (로)봇"[30]을 기대하는 것은 현재 기술적 범위를 벗어나는 것이다. 설령 그런 로봇을 갖는다면, 로봇을 고통받게 하는 것 자체가 또한 윤리적으로 정당화될 수 없다.

따라서 의료용 케어로봇은 인간과 교류의 도구로서 네트워크의 빅데이터를 활용한 감정교류와 상호소통에 충실해야 한다.[31] 무엇보다 의료용 케어로봇이 그 자체의 도구적 목적에 충실하도록 프로그래밍의 기준을 설정할 필요가 있다. 예측할 수 없을 정도로 발전하는 로봇공학의 측면에서 볼 때, 이번 연구에서는 의료용 케어로봇의 데이터 접근-수집-분석-활용의 알고리즘이 '고통'에 기반하는 것을 제안해 보고자 한다. 이는 로봇 자체가 고통을 알고, 느끼고, 그에 따라 대응하는 주체가 아니라, 인간 삶의 서사가 디지털 코드로 축적된 빅데이터를 신경망 네트워크의 경로에서 환자의 '고

---

29 여섯 가지 접촉 행위는 살며시 또는 심하게 접촉하기, 누르기, 쓰다듬기, 간질이기, 토닥거리기, 긁어주기가 있고, 아홉 가지 상이한 정서적 감촉은 간질이기, 찌르기, 긁기, 찰싹 때리기, 쓰다듬기, 토닥거리기, 문지르기, 누르기, 접촉이다. 허거블은 이런 감촉의 자극 정도에 따라 반응한다. 월러치 · 알렌, 『왜 로봇의 도덕인가』, 노태복 옮김 (서울: 메디치미디어, 2014), pp.260-261.

30 월러치 · 알렌(2014), 앞의 책, 노태복 역, p.262.

31 월러치와 알렌은 인간과 상호작용할 수 있는 인공시스템의 개발이 현재 인간이 도달할 수 있고 통제할 수 있는 영역이라고 강조한다. 이러한 시스템은 감정을 알아차리고 감정을 모델링하고 이용하며 인지적 의사 결정을 통해 다른 사람의 마음과 공감하는 인간과 로봇의 역동적인 상호작용의 로봇 개발 연구 프로그램들을 소개하고 있다. 월러치 · 알렌(2014), 앞의 책, 노태복 옮김, pp.263-281.

통' 에서만 반응하도록 하는 것이다.

라이더는 고통(pain)을 정신적이고 심리적인 모든 부정적 경험들의 형식을 포괄하는 것(규칙 5: 고통은 오직 악일 뿐이다)으로 규정한다. 도덕적 가치들의 목적은 고통을 감소시키기 위함이다. 정의가 중요한 이유는 사람들이 침해를 받는 고통을 덜 수 있기 때문이다(규칙 6: 도덕적 목적은 타인들의 고통들을 감소시키는 것이다). 이런 점에서 도덕적 가치들은 고통을 감소시키는다는 확신을 향한 수단으로서만 선하다(규칙 7).[32] 그는 이러한 고통에 대한 관심이 바로 벤담의 공리성의 본질로서 바라보면서, 한 개인이 겪는 고통, 특히 한 개인이 갖는 최대의 고통과 심각한 고통을 제거하는 것을 강조한다(규칙 11, 규칙 14). 이럴 경우, 쾌락과 고통의 합산에 따른 양적 계산은 아무런 의미가 없다. 왜냐하면 고통 자체가 제거되는 것이 아니기 때문이다. 간단히 말해, "개개인의 고통들은 합산될 수 없다"는 것이다.[33]

이러한 원칙은 의료용 케어로봇이 환자와 정서적 교류를 진행할 때 의료용 케어로봇의 역할과 범위를 분명하게 설정하게 하고, 또한 약한 인공지능의 순기능을 그대로 가능하게 만든다. 첫째, 무엇보다 의료용 케어로봇은 환자의 특성에 맞는 서사(데이터)를 활용하여 자신의 목적을 실현할 수 있다. 그 환자의 고통에만 집중하고, 그에 따른 적합한 서사구조와 내용, 감

---

32 리차드 라이더, 『윤리문화의 서막: 고(苦)와 통(痛)』, 강정훈 · 김인겸 · 송선영 옮김 (서울: 소통과 공감, 2013), pp.39-40. 여기서 라이더는 윤리학의 새로운 접근으로서 페이니즘(painism)을 제안하고 있다. 그는 도덕적으로 선함과 나쁨의 궁극적 기준이 각각 행복과 고통이라는 점에서 심리학의 윤리학적 기여를 개인 고통 제거의 경험에서 바라보고 있다. 자유, 정의, 평등, 우애와 같은 윤리적 가치들의 목적은 정신적, 심리적, 신체적인 모든 고통을 감소시키는데 있기 때문이다. 그래서 그가 제안한 페이니즘은 고통을 느끼는 능력을 갖춘 모든 존재들에게서 고통을 제거하는 것을 윤리적 목적으로 삼는다.

33 리차드 라이더, 앞의 책, 강정훈 · 김인겸 · 송선영 옮김, p.40, pp.44-45.

정적 교류를 수집·분석·대응할 수 있다. 그래서 치료와 처방의 직접적인 목적이라면, 의료용 케어로봇은 환자의 반응을 의료진의 정확한 판단을 위한 근거로 제공할 수 있다. 또는 어떤 질병의 예방이 목적이라면, 의료용 케어로봇은 환자가 공감함으로써 고통을 감소시키거나 제거하기 위한 지속적인 정서 교류의 프로그래밍을 가동할 수 있다. 환자의 질병 정도, 치료와 처방의 긴급성 정도에 따라 서사와 공감의 알고리즘이 개입 정도를 조절할 수 있다. 둘째, 고통 완화 및 제거를 원칙으로 하는 알고리즘을 적용하게 되면, 고통을 감소시키거나 제거하는데 관련이 있는 일반 감정들로 구성된 서사들에만 집중할 수 있다. 대화의 주제가 분명하게 전개됨으로써 의료용 케어로봇들이 모든 인간의 감정들을 다 학습할 필요가 없는 것이다. 이는 알파고 시스템이 상대방을 이길 수 있는 만큼만 데이터를 활용한 것과 같은 차원으로 볼 수 있다.

이에 따라 두 가지 종류의 의료용 케어로봇을 설정해볼 수 있다. 첫째, 강한 의료용 케어로봇이다. 이 로봇은 처방적인 도구로서 특정한 질병을 앓고 있는 환자의 특수한 고통에 대한 인지적 판단과 의료진에게 적극적 조치를 요청하는 알고리즘이 작동해야 할 것이다. 환자의 고통 제거 또는 완화가 감정 교류를 통해서도 불가능할 때, 즉각적인 조치를 취하도록 요청해야 한다. 둘째, '약한' 의료용 케어로봇이다. 이 로봇은 예방의 차원에서 일반적인 사람들과의 감정 교류에 초점을 둔 것으로 대체로 현재 수준의 대화형 정서기반 사회로봇들과 유사한 기능을 갖는다. 그러나 이 로봇이 대화형 정서 기반 로봇들과 다른 점은 고통의 알고리즘에 따라 활용된다는 것이다. 약한 의료용 케어로봇은 이야기(빅데이터)에 참여한 인간의 감정 상태를 인지하고, 그에게 발생 가능성이 높은 고통을 차단하기 위해 사람들을 지속된

윤리적 AI로봇 프로젝트

이야기의 장으로 이끌 수 있다.

　의료용 케어로봇은 고통의 알고리즘을 통해 일반 질병에 대한 정보와 환자의 일반 감정들(약한 의료용 케어로봇) 그리고 특정 질병에 대한 정보와 환자의 특별한 감정들을(강한 의료용 케어로봇) 사람들과 환자들의 반응에 따라 적절하게 대응할 수 있을 것이다. 이를 통해 고통의 완화 및 제거를 목표로 하는 의료용 케어로봇은 약한 인공지능의 수준에서 인간과 공존하면서 바람직한 도구로서 그 위치를 가질 수 있을 것으로 전망된다. 하지만 인간과 로봇의 공존에는 여전히 의인화의 문제가 따른다. 사람들과 환자들이 의료용 케어로봇과 공감의 과정에 개입된 이상 사물/도구에 대한 의인화가 발생한다. 이것은 마치 환자를 중독 상태에 빠뜨리는 것 같다. 이는 로봇공학의 융합적인 발전에 꼬리표처럼 따라붙는 문제로서 지속적인 성찰이 필요한 영역으로 남는다.

참고문헌

김대식, 『인간 VS 기계』 (서울: 동아시아, 2016) .

박종훈, 『공동체와 정서: 윤리문화의 원천』 (고양: 인간사랑, 2015).

추병완, 「도덕 심리학의 새로운 경향과 도덕교육」, 『도덕 심리학의 새로운 경향과 이해』,
    2016년 한국도덕윤리과교육학회 연차학술대회(27회) 자료집, 2016, pp.1-44.

리차드 라이더 , 『윤리문화의 서막: 고(苦)와 통(痛)』, 강정훈 · 김인겸 · 송선영 옮김(서울: 소통
    과 공감, 2013),

알래스데어 매킨타이어, 『덕의 상실』, 이진우 옮김(서울: 문예출판사, 1997).

에도아르도 다테리 · 굴리에모 탬불리니, 「의료 로봇에 대한 윤리적 고려」, 라파엘 카푸
    로 · 미카엘 나겐보르그 편저, 『로봇윤리 –로봇의 윤리적 문제들』, 변순용 · 송선영 옮김
    (서울: 어문학사, 2013).

에릭 브린욜프슨 · 앤드루 맥아피, 『제2의 기계시대』, 이한음 옮김, (서울: 청림출판, 2016).

웬델 월러치 · 콜린 알렌, 『왜 로봇의 도덕인가』, 노태복 옮김 (서울: 메디치미디어, 2014).

제니퍼 로빈슨, 『감성, 이성보다 깊은』, 조선우 옮김 (성남: 북코리아, 2015).

찰스 테일러, 『자아의 원천들: 현대적 정체성의 형성』, 권기돈 옮김 (서울: 새물결출판사, 2015).

Duffy, Brian R. (2006), "Fundamental Issues in Social Robotics," in Rafael Capurro, Thomas
    Hausmanninger, Karsten Weber and Felix Weil (eds), Ethics in Robotics, International
    Review of Information Ethics, 6(12/2006): 31-36.

Kitano, Naho (2006), "'Rinri': An Incitement towards the Existence of Robots in Japanese
    Society," in Rafael Capurro, Thomas Hausmanninger, Karsten Weber and Felix Weil (eds),
    Ethics in Robotics, International Review of Information Ethics, 6(12/2006): 78-83.

Prinz, Jesse J., "The Moral Emotion," in Peter Goldie (ed), Philosophy of Emotion, pp. 519-538, Oxford: Oxford University Press.

Veruggio, Gianmarco and Operto, Fiorella (2006), "Roboethics: a Bottom-up Interdisciplinary Discourse in the Field of Applied Ethics in Robotics," in Rafael Capurro, Thomas Hausmanninger, Karsten Weber and Felix Weil (eds), Ethics in Robotics, International Review of Information Ethics, 6(12/2006): 2-8.

Knight, Will (2014), "Your Retirement May Include a Robot Helper," MIT Technology Review, https://www.technologyreview.com/s/531941/your-retirement-may-include-a-robot-helper/ (검색일: 2016.10.28.)

"감정을 읽는 로봇: 페퍼", 퍼퓰러사이언스, http://navercast.naver.com/magazine_contents.nhn?rid=1697&contents_id=65428(검색일: 2016.11.01.)

"다빈치 로봇 수술," 위키백과, https://ko.wikipedia.org/wiki/%EB%8B%A4%EB%B9%88%EC%B9%98_%EB%A1%9C%EB%B4%87_%EC%88%98%EC%88%A0 (검색일: 2016.10.28.)

"DARPA, 터치감각까지 느낄 수 있는 로봇 의수 개발," 공감뉴스 (2015. 09. 16.), http://vision01a.tistory.com/1167 (검색일: 2016. 10.28.)

"Amputee becomes first to simultaneously use two APL Modular Prosthetic Limbs," HUB (2014.12.17.),http://hub.jhu.edu/2014/12/17/amputee-makes-history/ (검색일: 2016.10.28.)

"medical robot," Wikipedia, https://en.wikipedia.org/wiki/Medical_robot (검색일: 2016. 10.27.)

통계청 2015년 인구조사, http://www.index.go.kr/potal/main/EachDtlPageDetail.do?idx_cd=2919#quick_02;(검색일: 2016.10.28.)

3부 AI로봇의 현실적인 윤리적 쟁점

"로봇, 우리의 친구가 될 수 있을까?" KBS 스페셜(2016.11.03.)

"日서 소니 로봇강아지 '아이보' 장례식 열려," 중앙일보(2015.03.01.),

http://news.joins.com/article/17250097 (검색일: 2016.11.03.)

"〈인간 뛰어넘는 AI〉①질병 진단부터 치료까지," 연합뉴스(2016.09.16.) http://www.

yonhapnews.co.kr/bulletin/2016/09/13/0200000000AKR20160913189400017.

HTML?input=1195m (검색일: 2016.11.03.)

"영상의학-병리-진단검사 '타격', 외과계 '발전'," 데일리메디(2016.07.11.),

http://www.dailymedi.com/detail.php?number=808139&thread=22r11 (검색일:

2016.11.03.)

• 제17장 •
소비자의 관점에서 본 AI로봇의 윤리문제

임상수

I. 서 론

2016년 다보스 포럼이 "제4차 산업혁명의 이해"를 대주제로 설정한 이래로 4차 산업혁명이란 표현은 거의 일반명사가 되다시피 할 정도로 많은 관심을 모았다. 다보스 포럼의 창립자이기도 한 세계경제포럼의 클라우스 슈밥(Klaus Schwab) 의장은 4차 산업혁명이 인류의 일자리에 미칠 영향과 고용 변화에 대한 관심을 중심으로 논의를 전개하였다.

시대의 모습을 크게 바꾸어 놓을 정도의 혁신적인 기술 등장에 의해 일어난 극적인 변화를 일컫는 '산업 혁명'이라는 표현을 처음 유행시킨 사람은 영국의 경제사학자 아놀드 토인비였다. 그는 18세기에서 19세기에 걸친 영국의 산업발전사를 연구하면서 제조업에 사용되는 기계 발명과 증기기

관 등의 새로운 기술로 인해 벌어진 산업구조의 큰 변화를 '혁명'으로 파악
했던 것이다. 그 이후로 혁신 기술과 그로 인한 산업구조의 큰 변화가 일어
날 때마다 몇 번째 산업혁명이라는 명명이 이어지게 되었다. 4차 산업혁명
론에 관한 논의는 다음의 표와 같이 요약될 수 있다.

〈표 1〉 산업혁명기의 혁신기술과 산업변화[1]

	1차 산업혁명	2차 산업혁명	3차 산업혁명	4차 산업혁명
혁신 기술	기계, 증기기관	전기	정보통신, 디지털	인공지능, 로봇
산업 변화	제조업 중심	대량생산	지식정보	인간과 기술의 경쟁/공존

　　4차 산업혁명은 이제까지의 산업혁명들이 추구해왔던 '자동화
(automation)'와 '연결성(connectivity)'을 극단적 수준까지 발전시키는 변화
를 가져오게 될 것으로 전망된다. 인간의 의도와 사전 설계에 따라 기계가
작업을 능률적으로 반복하여 수행했던 전통적 자동화와는 달리, 새로운 자
동화는 인공지능이 여러 가지 조건과 변수들을 고려하여 스스로 판단한 지
시를 로봇이 수행하기에 인간의 개입과 통제를 필요로 하지 않을 수 있다.
'사람과 사람' 사이의 연결, '사람과 자연' 사이의 연결, '사람과 기계' 사
이의 연결을 보다 빠르고 정교하게 만들고자 했던 전통적 연결성과는 달리,
새로운 연결성은 자율적 판단능력을 가진 '객체와 객체' 사이의 연결, '온
라인 가상세계와 오프라인 현실세계' 사이의 연결에 이르기까지 다양한 연

1　장필성(2016), [EU] 2016 다보스포럼: 다가오는 4차 산업혁명에 대한 우리의 전략은?, 과
　학기술정책, 26(2), p14.의 표를 토대로 논자가 재구성

결을 전지구적 차원에서 즉각적으로 구현하고자 한다.

4차 산업혁명 시대가 본격화되면 인공지능과 로봇이 인류를 대신하여 노동의 상당 부분을 담당할 것으로 전망된다. 단순 작업이나 반복 작업뿐만 아니라 회계사, 의사, 변호사 등의 전문직들이 담당해 왔던 꼼꼼한 분석 작업이나 다양한 정보를 종합하여 판단을 내리는 작업 등의 분야에까지 자동화가 이루어질 가능성이 크다. 이런 변화는 산업과 직업의 구조를 크게 바꿀 것이기 때문에 개인의 삶에 결정적 영향을 미칠 것이다.

"인공지능, 로봇, 빅데이터"의 세 키워드가 지능정보사회와 제4차 산업혁명 이후의 시대를 대표하는 이미지인 동시에 핵심적인 관심사로 떠오르고 있다. 사람이 코딩한 알고리즘이지만, 인간이 상상하기 어려운 속도와 정확성으로 연산을 수행하며 스스로 학습을 통해 새로운 정보를 축적하고 어느 정도의 자율성을 가질 가능성도 크다는 점에서, 인공지능 연구의 발전은 사람들에게 기대감과 더불어 막연한 경계와 공포의 감정을 불러일으키고 있다.

인공지능이 정보를 모아 분석하여 판단을 하는 두뇌라면, 로봇은 그런 판단에 따른 명령을 수행하는 손과 발이다. 이 손과 발은 인간처럼 반복적이고 힘든 노동에 지치지도 않고 실수를 범하지도 않는다. 인공지능이 결정을 내리기 위해 모으고 참고하는 정보의 양적 방대함은 도저히 인간이 따라갈 수 없을 정도인데, 그에 더하여 빅데이터라는 새로운 성격의 정보들이 등장하고 있다. 인공지능은 인간보다 훨씬 빠르고 정확하게 빅데이터 자료 분석을 할 수 있으며, 이를 통해 막연히 짐작하고 있었던 트렌드나 가능성 등을 보다 명쾌하게 파악하고 예측할 수 있게 되었다.

알파고 사건에서 보았듯이, 지능정보사회의 도래에 대한 1차적 반응은 인간을 뛰어넘는 인공지능의 능력에 대한 놀라움이었다. 다음으로는 테슬라의 무인자율주행 자동차의 편리함에 대한 기대로 나타났으며, 4차 산업혁명 논의가 화제의 중심으로 떠오른 다음에는 인공지능에 빼앗길 일자리에 대한 염려와 공포가 뒤를 이었다. 사실, 전망과 예측이 낙관적 기대와 비관적 두려움의 양 극단 사이를 왔다 갔다 하는 것은 어쩌면 자연스러운 현상이다. 산업혁명 당시나 정보사회화 초창기에도 이러한 낙관과 비관의 교차는 되풀이된 바 있다.

대량생산 기술이나 정보통신 기술의 등장은 관련된 산업분야의 경제적 양상뿐만 아니라 정치, 사회, 문화 등의 모든 분야에서 이전과는 크게 다른 '패러다임 전환'을 가져왔다. 각 분야의 변화 트렌드를 예견하면서 필요한 준비를 미리 하고 능력을 길러두었던 사람들은 변화의 물결에 쉽게 편승할 수 있었고, 그렇지 못했던 사람들은 순식간에 도태되어 역사의 전면에서 퇴장하였다. 이런 역사의 교훈을 의식하면서, 사람들은 정보통신과 인공지능 기술에 힘입은 4차 산업혁명의 변화가 자신의 삶에 어떤 영향을 끼칠 것인지에 대해 다소의 성급함이나 초조함을 내비칠 정도로까지 큰 관심을 갖고 있다.

우리 정부는 오래전부터 '지능정보화 사회'라는 명칭을 사용하여 4차 산업혁명 시대에 해당하는 인공지능, 로봇, 빅데이터, 네트워크 기술의 진보를 설명하고 대비해 왔다. 최근에는 인공지능 윤리, 로봇 윤리라는 용어들이 새로운 학문 분야의 하나로 자리를 잡을 정도로 많은 학자들이 참여하고 있으며, 이에 대한 사회적 관심과 요구도 높아지고 있다. 학계뿐만 아니라 미국, 일본, 유럽연합 등의 선진국 정부들도 앞다투어 인공지능과 로봇의 법률적 성격 규정과 개발 및 사용상의 제한점에 관련한 가이드라인과 각종 선언들을 내놓고 있다.[2] 우리나라에서도 정부와 민간 협동을 통한 로봇 윤리 헌장과 인공지능 가이드라인 개발 작업 등이 2017년 11월 현재 완성과 발표를 앞두고 박차를 가하고 있는 상태이다.[3]

윤리교육 분야에서도 이러한 신기술 자체에 대한 이해와 그에 따른 사회상과 인간관계의 변화에 대한 예견과 전망, 대비와 대응책에 대한 관심이 오래 전부터 뜨거웠다. 그러나 이러한 윤리적 문제 상황을 다루는 접근들의 지향점을 살펴 볼 때, 지나치게 이론적이고 사변적인 쟁점들에만 매몰된 나머지, 학생들의 일상생활과는 유리된 공리공론으로 흘러가고 있는 것은 아닌가라는 의문을 논자는 갖게 되었다. 공교육의 일환으로서 모든 학생들에게 선택이 열려있고 때로는 필수 과목으로서 제공되고 있는 도덕과와 윤리과 교과의 성격을 생각할 때에, 우리가 길러내고자 하는 것은 윤리학자가 아니라 윤리적으로 사고하고 느끼고 행동하는 생활 속의 실천인이다. 이런 맥락에서 볼 때, 인공지능에 관한 현재의 철학적 논쟁들은 논의 수준의 적정성이라는 측면에서 문제점을 갖고 있다 하겠다. 윤리적 원리에 관한 논리적이고 철학적인 사고가 교과 내용으로서 어느 정도의 필요성은 갖고 있으나, 그것만으로 충분하다고는 할 수 없다. 오히려 과도하게 어려워서 흥미

---

2 오바마 행정부 백악관에서 발간한 보고서 2 종 등을 대표적 사례로 들 수 있다. Executive Office of the President National Science and Technology Council Commitee on Technology, "Preparing for the Future of Artificial Intelligence", Oct. 2016. (URL="https://obamawhitehouse.archives.gov/sites/default/files/whitehouse_files/microsites/ostp/NSTC/preparing_for_the_future_of_ai.pdf"); Execurive Office of the President, "Artificial Intelligence, Autonomation, and the Economy", Dec. 2016. (URL="https://obamawhitehouse.archives.gov/sites/whitehouse.gov/files/documents/Artificial-Intelligence-Automation-Economy.PDF)

3 서울경제신문, "AI 로봇, 사회적 차별 '안돼' 정부, 최초로 AI 윤리 가이드라인 마련 착수", 2017. 10. 10. / 연합뉴스, "동아대 '제1회 윤리적 인공지능 로봇 워크숍' 열어", 2017. 8. 18.

를 떨어뜨리거나 학생들이 알아야 할 본질적 문제들의 초점을 회피하거나 중요성을 간과하게 만들 위험성까지 갖고 있다고 생각된다.

이에 본고에서는, 인공지능의 발전 가능성과 그것의 존재론적 지위, 도덕적 주체로서의 위상 등에 관한 철학적 논쟁 보다는 실생활 속에서 이미 겪고 있거나 앞으로 중요한 문제로 떠오르게 될 가능성이 높은 윤리적 갈등과 문제 상황들을 다루는 실용적 논의를 중심으로 인공지능 시대 정보윤리 교육의 교과내용을 채워나가야 한다는 주장을 펼치고자 한다. 특히 인공지능과 로봇을 사용하면서 그들과 인간이 공존하는 시대로 예견되는 4차산업 혁명 시대를 살아갈 학생들에게, 인공지능 기술의 개발자나 공급자가 아닌 소비자로서 갖추어야 할 적정 수준의 윤리적 지식, 판단 기준, 태도, 실천 역량을 강조하고자 한다. 이를 위해 충분한 윤리적 덕성과 역량을 갖춘 한 사람의 소비자로서 배워야 할 인지적, 정의적, 행동적 영역의 내용 요소들을 소비자 윤리의 관점에서 본 도덕적 권리와 책무라는 두 가지 측면에서 주로 검토해 볼 것이다.

II. 인공지능에 대한 철학적 접근과 실용적 접근

1. 인공지능 존재론을 중심으로 한 철학적 접근의 한계

앞에서 언급했듯이 우리는 인공지능과 로봇 기술의 발전에 대해 놀랐고, 기대를 걸었으며, 경쟁심을 느끼기도 했다. 인공지능과 로봇 덕분에 일하지 않고 여가 시간을 풍성하게 누리는 미래를 상상하기도 했고, 인공지능

윤리적 AI로봇 프로젝트

과 인간의 대결에 관심을 갖고 응원전을 펼치기도 했다. 어디서나 쉽게 발견할 수 있는 극단적 사고를 하는 사람들은 인공지능과 로봇기술에 대한 경쟁심에서 인간이 가진 공포를 읽어내었고, 궁극적으로 인공지능이 언젠가는 인간을 지배하게 될 것이고 더 나아가 인간을 멸종시킬 수도 있을 것이라는 주장으로까지 나아갔다. 이렇듯 다양한 반응과 주장들이 난무하는 가운데 사람들은 혼란을 겪게 되었고, 인공지능과 로봇 연구 자체의 의미와 가능성에 대한 철학적 해석과 판단을 필요로 하기 시작했다.

정보윤리, 인공지능 윤리, 로봇 윤리, 인지과학, 컴퓨터 공학 등의 다양한 관련 학문 분야에서 아시모프의 로봇 3원칙에 관한 딜레마 토론의 사례, 자율주행자동차가 달리는 길 앞에서 위험에 노출된 여러 사람들을 둘러싼 트롤리 논쟁의 응용편, 킬러 로봇 개발에 대한 사회적 통제 등에 이르기까지 다양한 주제들을 중심으로 수많은 윤리적 논쟁과 분석들이 한꺼번에 쏟아져 나오고 있다. 워낙 다양한 주제들이 동시다발적으로 다루어지고 있지만, 문제의 핵심에 접근하는 방식을 크게 대별해 보자면 세 가지 정도로 나누어볼 수 있으리라 생각한다.

첫째는 인공지능 기술이 인간과 대등하거나 인간을 능가할 정도로까지 발전할 수 있을 것인가 아닌가를 쟁점으로 설정하는 방식이다. 설계자와 조종자로서의 인간의 의도와 통제를 넘어서 인공지능이 스스로의 독자적인 판단과 행동을 할 수 있는 수준으로까지 발전할 것이라고 보는 '강한 인공지능'과 인간이 설정한 목적을 위해서 더 나은 효율과 결과를 만들기 위해 스스로 정교해지는 범위까지만 발전이 가능할 것이라고 보는 '약한 인공지능'에 관한 논쟁이 대표적 사례이다. 산출이 동일할지라도 본질적 요소와 과정에서의 차이점에 주목하면서, 인간 지능과 기계 지능을 구별하기 위한 튜링 테스트나 써얼의 중국어 방 비유 등에 천착하여 각기 다른 결론과 주장들로 갈라지고 있는 수많은 연구들이 이에 속한다. 처음에는 인공지능의 작동 방식이 인간의 지능의 그것과 얼마만큼 유사한가 혹은 다른가에 집중하던 논의가 최근에는 인간의 지능과는 무관하거나 별개의 방식으로 진화되는 기계 고유의 학습과 사고 방식의 발전 가능성 쪽으로 무게 중심을 옮겨가고 있기도 하다.

둘째는 인공지능이 자율적인 판단을 할 수 있고 더 나아가 창조적인 발상과 작업을 수행할 수 있게 된다면, 그러한 인공지능을 어떻게 대우해야 옳은가의 문제를 쟁점으로 설정하는 방식이다. 인공지능 의사 왓슨 프로그램을 독자적인 전문직 의사로서 존중하고 그의 판단에 권위를 부여해야 할 것인가 아니면 인간 의사를 보조 내지 자문하는 도구로만 취급해야 할 것인가는 현실적으로 매우 중요한 의미를 내포하는 문제이다. 인공지능의 능력에 경의를 표하고 법인과 비슷한 인격 부여를 해야 한다면, 그 다음으로는 인공지능의 인격권, 지적 재산권 등을 어떻게 처리해야 할 것인가 등의 다양한 문제들이 뒤따르게 된다.

최근 우리나라에서 인공지능 프로그램이 자동적으로 작성한 실시간 프로야구 기사를 대부분의 독자들이 인간 기자가 작성한 기사와 구별하지 못했던 로봇 저널리즘의 성공 사례가 있었다.[4] 고흐 풍의 표현과 붓터치 기법을 입력하여 이를 적용한 인공지능 프로그램이 그린 그림이 미술품 경매에서 높은 예술성 평가를 받기도 했다.[5] 이외에도 인공지능이 새로운 음악을

---

4 서울대 이준환 교수팀의 사례 참조 / 이준환 교수팀과의 인터뷰 기사의 제목은 "1초만에 기사 쓰는 로봇과 경쟁할 수 있나" 였다. (미디어 오늘, 2015. 8. 2.)

5 구글이 시도한 Deep Dream Generator 프로그램은 이미지를 입력하기만 하면 인공지능이 분석한 유명 화가들의 화풍과 테크닉을 적용하여 새로운 그림으로 재탄생시키는

작곡하거나 드라마 대본을 창작하는 등의 시도들이 크게 늘어나고 있다. 점차로 수준이 높아지고 있는 이런 결과물들에 대해서, 그것을 창작물로 보아야 할 것인지, 저작권과 지적 재산권을 어떻게 인정하고 누구에게 수익이 돌아가게 해야 할 것인지 등의 새로운 문제들이 꼬리를 물고 생겨나고 있다.

셋째는 인공지능과 로봇 기술을 도입하고 적용한 결과로 발생한 여러 가지 문제들을 어떻게 해결하고 정리할 수 있을 것인가를 쟁점으로 설정하는 방식이다. 인공지능과 로봇이 정상적으로 작동한 결과뿐만 아니라 오작동한 경우의 결과에 관해서도 보상과 처벌, 자격과 책임의 문제가 제기될 것이다. 인공지능의 결정에 따른 결과로 더 좋아진 것이 아니라 더 나빠진 결과가 나왔다면 누가 어떻게 어디까지 책임을 져야 할 것인가를 논하는 것이 대표적 사례라 하겠다.

2017년 현재의 시점까지 진행되고 있는 인공지능과 관련한 윤리 문제에 대한 우리 학계의 접근은 대부분 첫째와 둘째 쟁점들로 집중되고 있다. 인공지능의 인식론적 한계와 가능성에 대한 연구[6]와 인공지능의 뛰어난 산출을 인간의 산출과는 본질적으로 다른 과정을 거친 것으로 보아 구별해야 한다는 연구[7]를 비롯해 인공지능 연구가 인간중심주의를 넘어서야 한다는 방법론 연구[8]에 이르기까지 2000년대 초반의 연구들은 대부분 첫번째 쟁점에 집중하고 있었음을 볼 수 있다. 이들에게는 인공지능이 인간의 능력을

능력을 갖추고 있다. (URL="http://www.deepdreamgenerator.com")

6 손병홍 · 송하석 · 심철호, 「인공지능과 인식: 강한 인공지능의 존재론적 및 의미론적 문제」, 『철학적 분석』 제5호, 2002, pp.1-33.

7 송하석, 「중국어 방 논변과 인공지능」, 『철학적 분석』, 제2호, 2000, pp.145-168.

8 이봉재, 「인공지능과 인간중심주의」, 대동철학회 논문집, 『대동철학』 제31집, 2005., pp.81-98.

모방하는 수준을 넘어서 인간을 뛰어넘는 경지에 이를 가능성이 있느냐 없느냐가 초미의 관심사였다.

로봇의 존재론과 유형별 분류에 따른 로봇 처우의 문제를 다룬 연구[9]나 로봇의 자율성 기준을 중심으로 한 로봇윤리의 개념과 이론에 관한 연구[10]와 같은 논의들은 곧바로 지능을 가진 인공물의 지위를 어떻게 볼 것인가의 쟁점[11]으로 이행하였다. 인간이나 법인이 아닌 인공물에 대해 '행위주체'(agent)로서의 지위를 부여하고 인정할 것인가 하지 말아야 할 것인가의 문제에 관하여, 자율성의 수준과 아이덴티티를 따지는 이론, 인간 제작자와 로봇 행위자의 공동 책임(joint responsibility)을 주장하는 이론, 인간의 의지와 정신이 연장되고 외화된 것으로서의 기계와 프로그램의 지위에 주목하는 '연장된 행위주체론'(extended agency theory)에 이르기까지 클라크(Clark, A.)와 데넷(Dennett, D.), 버비크(Berbeek, p.) 등의 주장들이 두루 검토되면서 두 번째 유형의 쟁점으로 집중된 것이다. 이들에게는 인공지능이 설계자와 운용자의 의도를 뛰어넘는 독자성과 창조성을 갖게 될 때, 인공지능을 독립된 주체로 보고 도덕적 행위자이며 예술적 창작자로서의 지위와 자격, 권리를 부여할 것인가 말 것인가가 중요하고 심각한 문제이다.

세 번째 쟁점은 가장 실용적인 관점을 보여주는데, 인공지능의 발전 정도가 인간을 뛰어넘을지 말지와는 상관없이 인공지능의 작동 결과에 대한 책임을 어떻게 배분할 것인가를 문제삼는다. 전문가 시스템의 실제적 효용

---

9 고인석, 「체계적인 로봇윤리의 정립을 위한 로봇 존재론, 특히 로봇의 분류에 관하여」, 새한철학회 논문집, 『철학논총』, 제70집 제4권, 2012, pp.1-25.

10 변순용·송선영, 「로봇윤리의 이론적 기초를 위한 근본 과제 연구」, 한국윤리학회, 『윤리연구』, 88권, 2013, pp.1-26.

11 고인석, 「전문 분야들의 융합적 작업에서 철학의 몫: 지능을 가진 인공물의 지위에 대한 토론이라는 사례」, 범한철학회 논문집, 『범한철학』, 제7집, 2013, pp.191-213.

과 철학적 가치에 대한 논의를 책임의 소실 문제로 파악한 연구[12]는 '판단의 정보화'라는 양상이 '관료제화'라는 근대성의 전형적 사례라고 보았다. 왓슨을 연상케 하는 의료 전문가 시스템을 둘러싼 프로그램 제작자와 그것을 구입하여 사용한 의사 사이에서 의료사고의 책임이 실종되어 버리는 현상을 베버(Weber, M)가 주장한 관료제에 따른 형식적 합리성이 직무를 탈인격화시켜 버리는 현상과 본질적으로 동일하다고 본 것이다. 그러나, 윤리적 결단의 주체는 인간이든 자연 존재이든 공학적 존재이든, 그 본질보다는 결단이 만들어지는 과정 속에서 어떤 역할을 하느냐에 따라 결정되어야 한다는 연구[13]가 등장하였다. 윤리적 결단의 책임이 인간과 인공물의 상호작용 사이에서 실종되어 버리는 것이 아니라는 인식의 전환이 성립된 것이다.

자율주행 자동차와 로봇 윤리의 법률적 쟁점을 검토한 연구[14]에 이르면, 윤리적 판단 알고리즘을 하향식으로 만들 것인가 상향식으로 만들 것인가에 관한 접근이 주요 쟁점으로 나타난다. 더 나아가 자율주행차의 알고리즘이 완전한 자율성을 갖든 제한적 자율성을 갖든 간에 상관없이, 그 주행으로 인해 발생하게 될 결과들에 대해서는 가이드라인이나 법률적 기준들을 만들어서 규제해야 한다는 실용적 발상도 등장한다. 위 연구의 논자들은 법학자로서 공익을 앞세운 원리 위주의 규제 입법이 필요함을 주장했지만, 이외에도 제조자 혹은 판매자로서의 기업이 책임을 져야 한다거나 보험 제도를 통해 문제를 해결하고 예방해야 한다는 등의 다양한 주장들이 많이 등장

---

12 이봉재, 「인공지능과 책임의 문제」, 대동철학회 논문집, 『대동철학』, 제37집, 2006, pp.73-91.

13 문창옥, 「기술과 가치에 대한 과정철학적 분석: 첨단기술과 윤리적 결단의 문제를 중심으로」, 한국동서철학회 논문집, 『동서철학연구』, 제43호, 2007, pp.123-146.

14 이중기, 오병두, 「자율주행자동차와 로봇윤리: 그 법적 시사점」, 『홍익법학』, 제17권 2호, 2016, pp.1-25.

하고 있다.

2. 인공지능 활용을 중심으로 한 실용적 접근의 필요성

인공지능의 자율성 정도가 스스로의 결정과 행동에 책임을 질 수 있을 정도로 발전할 가능성이 있는가 없는가, 혹 그럴 가능성이 있다면 그런 경지에 이른 인공지능을 '인공적 도덕 주체'(AMA: Artificial Moral Agent)로 보아야 할 것인가 아닌가 등의 인식론과 존재론에 집착하는 철학적 논쟁들은, 윤리교육의 대상자인 학생들에게 지나치게 어렵거나 너무 멀리 있어 관련성이 부족한 주제들에 집중하고 있다. 인공지능의 판단 알고리즘을 의무론적 원칙으로부터 연역해 내려오는 방식으로 짤 것인지 아니면 결과에 관한 공리주의적 계산으로부터 귀납해 올라가는 방식으로 짤 것인지의 문제도 학생들이 두 방식의 가능성과 장단점을 반드시 알아야 할 필요는 없을 것이다.

학생들이 알아야 하고 관심을 가져야 할 윤리적 쟁점은 인공지능의 판단을 어디까지 신뢰하고 수용할 것인지, 그에 따른 결과에 대한 책임을 누구에게 어떻게 물을 수 있는 것인지, 인공지능 제품을 구입하고 사용한 개인이 감당해야만 할 위험성의 종류는 어떤 것이 있고 감수해야만 할 한도는 어디까지인지 등의 실생활 속에서 맞닥뜨리게 될 판단과 선택의 문제들이다. 정보사회를 살아가는 정보 상품의 소비자로서 우리는 이미 그러한 윤리적 판단과 선택을 익숙하게 경험하고 있다. 우리는 스마트폰을 비롯한 모바일 기기들이 어떤 원리에 의해 작동하고 어떤 특정 주파수의 네트워크를 통해 서로서로 연결되는가에 대한 자세한 정보를 충분히 알지 못한다.

해킹과 스미싱이 구체적으로 어떤 알고리즘에 의해 이루어지는지까지는 알지 못하지만, 정보기기를 사용함에 있어서 개인정보 보호가 중요한 문제라는 것과 어떤 기기가 사용하지도 않을 과도한 기능을 구현하고 있는가는 알고 있다.

철학적 이해와 관심이 무의미하며 불필요하다는 주장을 하려는 것은 아니다. 인공지능이 만들어지고 작동하는 배경에 대해 깊이 있는 이해를 갖는 것은, 그것이 가능하다면 얼마든지 칭찬할 만한 일이다. 그러나 우리가 학교에서 가르치고 배우는 '생명 의료 윤리'의 쟁점과 내용 중에서 의료의 본질과 가능성, 생명의 신비와 본질적인 필수 요소 등에 관한 개념적 이해만이 중요하고 그것을 아는 것만으로 충분한 것은 아니다. 의사와 환자의 관계, 엄마와 태아의 관계, 의약품 사용의 전제 조건과 사용 책임 등 주요 행위자들 사이의 관계에서 빚어지는 갈등과 책임의 문제가 가장 핵심적인 쟁점이며 주된 내용 요소들이다. 인공지능과 로봇 기술에 관한 정보윤리교육의 내용들도 이와 마찬가지이므로, 보다 실생활과 가깝고 실용적 중요성이 명백한 관계와 문제들을 중심으로 구성될 필요가 있음을 주장하려는 것이 논자의 주된 취지이다.

인공지능이 어디까지 발전할 것이며 그때 성취하게 될 자율성이 진정한 의미의 자율인지 아닌지를 지금 결론 내릴 수 있을지도 불확실하며, 우리가 반드시 지금 결론을 내려야 할 필요도 없다. 철학자들의 이론적 관심과 정밀한 논의를 이해하고 따라가는 것은 의미있는 일이지만, 그에 관한 성취가 모든 학생들에게 필수적인 과제는 아닐 것이다. 판단의 기준이나 안목을 갖추지 못한 학생들에게도 인공지능과 로봇 기술의 영향은 닥쳐올 것이며, 그들의 일상 생활에서 그런 기술들을 채택하고 활용하는 일은 피할 수 없는 선택이 될 가능성이 크다. 이런 점을 고려할 때에 교과의 내용지식을 구성하는 작업에서 형이상학적 존재론과 인식론의 가능성 논쟁보다는 인공지능 상품의 구매와 활용에 관한 과정과 결과에서의 권리와 책임 문제가 훨씬 더 우선적으로 다루어져야 할 내용임을 강조하고자 한다.

인공지능과 로봇 기술이 아직 완전한 자율성 수준까지 발전한 것이 아니기 때문에 지금의 철학적 논의가 모두 시기상조라고 말할 수는 없다. 예상되는 문제점에 대한 예방 윤리 차원에서도 이런 논의를 미리 충분하게 쌓아두는 일은 의미가 있다. 인공지능이 보여주는 판단과 결정이 진짜 '사유'인지 아니면 기계적인 '선택'의 집합체인지부터 논의가 분분하다. 알파고가 진정 바둑이라는 게임을 한 것인지 아니면 수많은 유사 게임데이터 중최적의 선택을 반복만한 것인지를 문제 삼는 것이다. 이른바 '의식을 가진판단 과정'을 강조하면서, 최종적인 결과물은 같을지라도 알파고가 진정으로 바둑을 둔 것은 아니라고 비판하는 것이 이들 주장의 핵심 논지이다. 복잡하고 긴 여정을 인도하는 내비게이션이 교차로마다 최적의 선택지를 알려주지만, 그 결정은 가지고 있는 데이터에 기반을 둔 기계적인 계산과 비교의 결과일 뿐이며 노련한 운전자가 여러 상황과 조건들을 이해하고 종합적인 판단과 결정을 내리는 것과는 전혀 성격이 다른 단순작업으로 봐야 한다는 논리이다.

이러한 주장을 하는 진영에서는 인공지능이 인간과 같은 수준의 자의식을 갖게 된다거나 인격에 해당되는 존중받을 권리 주장을 하게 될 가능성에 대해 부정적 입장을 취한다. 그저 도구일 뿐인 인공지능의 발전에 대해너무 호들갑 떨 필요가 없다는 것이 이들의 생각이다. 이와는 달리 반대 진영에서는 빠른 연산과 방대한 데이터 처리능력에 기반한 인공지능이 딥러닝과 같은 기계학습의 반복을 통해 수준 높은 자의식이나 자기개선능력을 갖게 되는 것은 시간문제일 뿐이라고 전망한다. 인공지능의 발전을 제한하거나 인간과 인공지능의 공존을 위한 준비를 하는 것이 더 필요하다고 이들은 주장한다.

그러나, 인공지능이 절대로 인간과 비슷해질 수 없다고 폄하하거나 인공지능이 인간을 추월하여 큰 위협이 될 것이라고 두려워하는 두 입장은 모두 지나친 극단적 견해라 할 수 있다. 우리가 지금 당장 극단적인 낙관과 비관 중 하나를 반드시 선택하고 그에 따라 행동해야만 할 이유는 전혀 없다. 이와는 달리, 인공지능의 존재와 가능성을 어떻게 보아야 할 것인가에 관한 철학적인 논의와는 별개로, 일반인들의 입장에서 현실적 눈높이에서 윤리 문제를 생각해 보는 작업은 반드시 필요하다.

자세한 이론적 지식이 부족하거나 정교한 사고를 할 능력 혹은 시간이 부족한 일반 소비자들에게는, 인공지능이 적용된 여러 가지 제품들을 제작, 판매, 사용하는 과정에서 발생하게 될 여러 가지 윤리적 쟁점들에 대해 상상을 해보고 그에 대한 대처 방안을 미리 생각해 두는 것이 훨씬 더 실용적이고 현명한 일이다. 자율주행자동차가 스스로의 생각을 가지고 운전을 하는 것인지 아니면 정보를 모아서 순간적 선택을 연속해서 하는 것인지를 따지는 일은 소비자에게 별 의미가 없는 탁상공론일 뿐이다. 더 중요한 것은, 자율주행차가 최종 목적지에 무사히 빨리 도착하는지, 도중에 사고는 없었는지, 사고가 일어났다면 누구의 책임인지를 따지는 것이 더 시급한 문제이며 미리 고민해둘 필요가 있는 실용적 문제인 것이다.

III. 관련 주체별로 나눈 윤리교육 내용의 모색

1. 생산자, 공급자, 소비자 3주체별 윤리

식료품이나 공산품의 유통 과정에서도 생산자, 공급자의 시각과 소비자의 시각에서 바라본 윤리 문제는 큰 차이를 보인다. 공급자에게는 심각한 윤리적 쟁점인 것이 소비자에게는 별 것 아닌 경우도 있고 그 반대의 경우도 있다. 같은 문제를 가지고도 양 쪽의 시각에서 보면 강조되는 측면이 전혀 다른 경우가 많다. 뉴스, 음악, 영화 등의 문화 콘텐츠로서의 정보 상품이나 소프트웨어, 인공지능, 로봇 등의 정보 상품들이 생산되고 유통, 소비, 폐기 되는 전체 과정에서도 생산자와 공급자, 소비자와 사용자 측의 시각은 크게 다를 것이다.

인공지능이나 로봇 기술이 처음에는 순수한 이론적 호기심에서 출발하여 실험실 수준에서 여러 가지 새로운 시도들이 쌓여가는 동안에는 이와 관련된 새로운 윤리 문제는 대부분 개발자 윤리에 집중된다. 이때의 개발자 혹은 생산자의 윤리는 전문가의 직업윤리강령에 가까운 성격을 갖는다. 기술 구현의 여러 가지 가능한 방식들 중에서 가장 책임성있는 선택을 할 수 있고, 예상되는 결과와 파장에 대해 가장 윤리적인 판단을 할 수 있는 전문가 집단의 상호 견제와 자율 규제를 기대하는 것이 이러한 윤리강령들의 특징이다. 다른 사람들이 쉽게 이해할 수 없고 정보를 접하기도 어려운 특수한 전문 분야에 대한 지식과 경험을 가진 소수 전문가 집단들의 자율적인 윤리강령에 대한 논의는 의사, 변호사, 군인 등의 경우에서 이미 충분한 사례들이 많았다. 결국에는 자율 규제와 내부 고발에 기대를 걸 수밖에 없다

윤리적 AI로봇 프로젝트

는 특성은 인공지능과 로봇에 관련된 정보 기술 전문가들의 경우에서도 크게 다르지 않을 것으로 예상되므로, 본고에서 이에 관한 논의는 다루지 않고 넘어가고자 한다. 이제 축적된 기술적 성과를 반영한 본격적인 제품들이 만들어져 소비자에게 제공되기 시작하면, 주된 윤리 문제는 공급자 윤리와 소비자 윤리로 변화하게 된다.

긴 논의를 생략하고 결론부터 제시하자면, 생산자의 윤리는 인공지능 알고리즘을 설계하고 코딩하는 프로그래머와 디자이너, 시스템 엔지니어들이 관심을 갖고 지켜야 할 윤리강령들을 의미한다. 공급자의 윤리란 인공지능 기술이 들어간 서비스를 제공하거나 상품을 판매하는 기업과 사업자들이 지켜야 할 상도덕 내지는 제조물책임법과 관련된 절차와 관행들에 관한 이야기들이다. 소비자의 윤리는 인공지능 관련 제품을 구매하고 이용하는 과정에서 '정당한 소비자의 권리를 주장' 하고 '양식있는 소비자가 감당해야 할 책무들을 지키는' 일들에 관한 이야기이다.

산업사회의 대표적 상품인 자동차의 판매, 구매, 이용에 관한 여러 가지 절차와 관행들에 관련된 윤리와 정보사회의 대표적 상품인 소프트웨어의 판매, 구매, 이용에 관련된 윤리는 여러 면에서 서로 다르다. 구체적인 물질 상품인 자동차의 유통과 형태가 없이 존재하고 작동하는 소프트웨어의 유통은 본질적으로 차이가 많기 때문이다. 내가 정식으로 구매한 내 자동차를 분해조립해 보는 일은 누구도 간섭하거나 상관할 일이 아니지만, 내가 정품 구매를 한 소프트웨어를 분해하여 연구하는 일은 리버스 엔지니어링으로 제한이나 처벌을 받아야 하는 일이 될 수 있다. 하물며 인공지능 관련 제품은 그 제품 자체가 스스로의 판단과 결정에 따라 독자적인 작동을 하거나 새로운 기능을 익혀서 새로운 목적을 추구하는 또다른 제품으로 변모할 수 있는 가능성이 열려있기에, 이전까지의 거래 관행으로 충분히 처리할 수 없는 윤리적 쟁점들을 야기하게 된다.

2017년 현재 인공지능 기술의 개발자들에게 필요한 윤리적 원칙에 대해 가장 큰 규모의 전문직 단체가 연구를 한창 진행하고 있다. 국제전기전자기술자협회(IEEE)가 시작한 프로젝트의 보고서 제1판이 2016년 12월 13일자로 '윤리적으로 조율된 설계: 인공지능과 자율 시스템에서 인간 복지의 강조'라는 제목으로 발표되었다.[15] 여기에서 인공지능 프로그램의 설계개발자들이 반드시 유념해야 할 대원칙으로 4가지를 강조하였는데, "①인권과 인간복지의 최대화 원칙, ②책임성의 원칙, ③투명성의 원칙, ④위험 최소화를 위한 교육과 인식 제고의 원칙"으로 요약될 수 있다.[16]

IEEE는 프로그래머들이 개발하는 인공지능 알고리즘 속에는 개발자의 '가치가 반영 내지는 개입'될 수밖에 없다고 본다. 그러므로 가능한 한 사회적으로 합의된 윤리적 가치가 반영될 수 있도록, 설계와 개발의 과정에서 규범이 강조되고 잘 관리되어야 한다고 주장한 것이다. 특히 자동화 알고리즘이나 무기 시스템을 설계하는 경우에는 각별히 더 신중해야 하며, 전체 개발 과정에 있어서 투명성을 높여 많은 이해당사자들이 참여하고 감시하며 견제할 수 있는 장치들을 마련해야 한다고 주장한 바 있다.

최근에는 공급자 관점을 탈피하여 사용자 관점에서 바라 본 정보 윤리 이론이 필요하다는 수요가 늘어나고 있다. 너무 복잡하고 어려운 지식과 경험을 필요로 하는 공급자 관점의 도덕적 판단 보다는 단순하고 아는 것이

---

15 IEEE, Ethically Aligned Design: A Vision for Prioritizing Human Wellbeing with Artificial Intelligence and Autonomous Systems, 2016. 12. 13. (URL="http://standards. ieee.org/develop/indconn/ec/ead_v1.pdf")

16 위의 책, p.5.

상대적으로 부족한 사용자들이 건전한 상식과 직관에 의해 충분히 동의할 수 있는 도덕 판단의 기준과 원리가 더 중요하다는 주장도 강조되고 있다. 특히 인공지능, 로봇, 빅데이터와 관련된 제품의 소비에 관련해서는 새로운 윤리 문제들이 다수 등장할 것으로 전망되고 있다.

인공지능이 자의식 내지는 자율성을 가진 제품이기 때문에 그것을 개발하는 단계에서부터 특별한 정도의 신중함과 고려, 관련자들의 합의와 윤리 원칙들이 필요하다면, 그런 특별한 제품을 구입하여 사용하는 소비자에게도 다른 상품들의 경우와는 차별화되는 높은 수준의 덕목이나 역량들이 필요할 것이다. 단순히 상품을 구매해서 소비하는 형태가 아니라 제품의 개발과 서비스 내용의 요소를 지정하여 주문하는 '의뢰인(client)' 으로서의 지위와 역할을 감당해야 하는 경우도 많아질 것이다. 또한 제품의 사용 및 폐기 처분에 관한 모든 권리를 한꺼번에 구매하는 소유권 이전의 구매 형태보다 제품 사용의 특정한 형식과 제한에 관한 권리만을 획득하는 '라이센스 계약' 이 늘어날 것으로 전망된다. 이에 따라 인공지능 제품과 서비스를 활용하는 데에 있어서 사용자의 권한과 관련한 미묘한 '관계의 문제들' 이 다수 발생하게 될 것이다. 인공지능 제품의 구매와 활용은 고용 문제, 양극화 문제, 안전 위협의 문제 등과 관련된 민감한 소비이다. 자신의 소비 선택에 관련된 중요한 정보들을 충분히 알고, 필요한 동의 여부를 신중하게 결정할 수 있는 양식있는 소비자로서의 책임과 의무도 이전보다 훨씬 더 강조될 것으로 전망된다.

본고에서는, 일반적인 인권 개념에서 파생되어 사회와 기술의 변화에 따라 역사적으로 확대되어 온 '소비자 권리' 와 '소비자 책무' 의 개념을 새롭게 확장하여 인공지능 문제에 적용하는 측면에서 접근을 시도해 보려 한다. 사용자 혹은 소비자 관점에서 본 윤리란 결국 정보 상품을 구매하여 사용하는 일반인들이 보여 주는 윤리적 판단과 선택 및 행동으로 나타난다. 정당하게 주장할 수 있는 자신들의 권리를 충분히 주장하는 일과 마땅히 감수해야 할 책임과 의무를 충실히 이행하는 일이 조화되고 양립되는 것이 곧 윤리적 소비자의 완성된 이미지일 것이다.

2. 소비자 윤리의 역사적 발전 과정

소비자 운동의 역사는 소비자 보호의 범위가 확대되어온 역사이다. 운동 초창기에는 소비자를 보호한다는 것이 회사나 거대 조직인 공급자에 비해 약자의 위치에 있는 소비자 개인을 보호하자는 것이었지만, 이내 구체적 개인이 아니라 소비자 전체가 마땅히 주장하고 누릴 수 있는 권리를 보호한다는 의미로 발전하였다. 비록 초창기에는 소비자 권리가 헌법적 기본권으로 이해되기 보다는 정치적 권리의 일환으로 취급되었지만, 정당하게 주장할 수 있는 소비자 권리의 내용과 범위는 지속적으로 확대 일로를 걸어 왔다.

1962년 3월 15일 미국의 케네디 대통령이 미국 의회에 보낸 교서에서 '4대 소비자 권리(안전할 권리, 알 권리, 선택할 권리, 의견을 반영시킬 권리)' 를 언급한 것이 최초의 '소비자 권리 선언(Consumer Bill of Rights)' 으로 간주되고 있다.[17] 국제소비자기구(CI: Consumer International)와 UN 기구들을 중심

---

17 김성천, 「소비자 권리 - 과거, 현재 그리고 미래」, 한국소비자원, 『월간 소비자 정책 동향』 제33호, 2012. 5., p.21.

으로 소비자권에 대한 논의와 주장이 점차 확대되고, 각국에서 소비자 기본법, 소비자 보호법들이 연달아 입법되었다.

당시의 '4대 소비자 권리'는 현재까지 소비자 권리의 핵심 중추로 이어져 내려오고 있다. 안전할 권리(Right to Safety)는 건강과 생명에 위험한 제품 판매로부터 보호받을 권리를 말한다. 알 권리(Right to be Informed)는 사기, 기만, 심각한 오인 등을 주는 정보, 광고, 표시 등으로부터 보호받고, 선택에 필요한 지식을 얻을 권리이다. 선택할 권리(Right to Choose)는 다양한 물품과 용역을 가능한 한 경쟁력있는 가격으로 취할 수 있도록 기회를 보장받을 권리이며, 경쟁이 배제되고 정부 규제가 이를 대체하는 업종에 있어서는 충분히 만족할 만한 품질과 서비스를 공정한 가격으로 제공받을 권리이다. 의견을 반영시킬 권리(Right to be Heard)는 정부 정책의 결정과 제품의 개발 및 생산과정에서 소비자 이익이 충분히 반영되고, 공정하고 신속한 대우를 받을 권리이다.

이후 닉슨 대통령 시절인 1969년에 '피해를 구제받을 권리'가 추가되었고, 카터 대통령 재임 중인 1975년에는 '소비자 교육을 받을 권리'가, 클린턴 대통령 시절인 1994년에는 '필수적인 서비스를 받을 권리'가 추가되었다. 이후에도 '단체를 만들 권리'와 '쾌적한 환경에서 살 권리' 등 여러 가지 새로운 권리들이 논의를 거쳐 제안되거나 채택되는 변화들이 유럽연합과 유엔을 비롯한 국제기구들과 여러 나라에서 일어나고 있다.

소비자관련 법들의 기본 목적은 역사적으로 볼 때, "소비자 보호 ☞ 소비자 권리와 이익 증진 ☞ 소비자 책무"를 강조하는 방향으로 변화해 온 추세라 할 수 있다. 최근에는 세계화, 디지털화, 사회책임화, 인공지능화 등의 변화에 따라 소비자 권리의 범주와 성격도 크게 변화하고 있다.

3부 AI로봇의 현실적인 윤리적 쟁점

특히 2005년에는 유럽소비자단체협의회(BEUC)가 '디지털 환경에서의 소비자 권리'에 관해 6가지 권리를 선언하면서, '기술적 중립성의 원칙에 관한 권리(Right to the principle of "Technical Neutrality")'를 제시한 바 있다. 이는 디지털 환경에서 소비자 권리를 방어하고 유지하기 위해 기술적 중립성 원칙을 지킬 것을 요구할 권리를 갖는다는 주장이다.

이외에도 주목할 만한 사례의 하나로는, 중국 정부가 1993년 제정한 소비자권익보호법에서 선언한 '인격을 존중받을 권리'를 들 수 있다.[18] 9대 소비자 권리를 규정하면서 인격의 존엄성을 존중받고 민족풍속습관을 존중받아야 한다는 주장을 담고 있는데, 다민족국가로서 중국의 상황과 인구대국에서 인격 가치가 홀대받아왔던 상황을 반영한 것으로 볼 수 있다. 유엔이 1999년에 '소비자 보호 가이드라인'을 개정하면서 추가한 '지속 가능한 소비행태'에 관한 요구와 더불어 '기술적 중립성'에 관한 요구와 '인격 존중'에 관한 요구는 앞으로 인공지능과 인간의 협업 및 공존 관계에서 더욱 중요한 함의를 갖게 될 것으로 생각된다.

---

18 중화민국소비자권익보호법 (1993), 제2장 제14조. / 동법이 2013년에 개정되면서 제14조에는 '인격권 및 민족습관과 풍속을 존중받을 권리'와 더불어 '개인정보를 보호받을 권리'가 추가되었다. / 서희석, 「중국 소비자권익보호법의 총론적 검토」, 한국소비자법학회, 『소비자법연구』 제1권 제1호, 2015, p.169.

윤리적 AI로봇 프로젝트

IV. 인공지능의 소비자 관점에서 본 권리와 책무

1. 인공지능 상품의 소비자가 가져야 할 권리

인공지능과 로봇 기술이 적용된 상품이나 서비스라고 해서 없었던 소비자의 권리가 신설되거나 있었던 권리가 폐기되는 큰 변화가 일어날 것으로 보기는 어렵다. 그러나 기존에 있었던 소비자 권리를 주장하는 일이 더 어려워지거나 더 복잡해지는 등의 변화는 많을 것으로 예상된다. 대표적인 것이 '알 권리'의 행사와 관련된 변화이다.

소비자는 자신의 정당한 권리인 알 권리를 행사하여 제조자와 판매자에게 제품의 성분, 제조공정, 작동 방식 및 그에 따른 위험성에 관한 정보 등의 공개를 요구할 것이다. 문제는 인공지능 관련 기술이 너무 어려운 수준의 전문 지식을 필요로 하기 때문에 공개된 정보를 이해하기가 곤란하며, 적정한 공개 수준인지 아닌지도 판단할 수 없다는 데에서부터 출발한다. '소비자 교육을 받을 권리'를 주장해서 기업으로 하여금 소비자들에게 정보제공을 하라고 강요하더라도, 정보 제공의 형식이 불친절하거나 분량이 너무 방대하다면 마찬가지의 난관에 부닥치게 된다. 이해하기 쉬운 형태로 필수적인 분량만 엄선해서 제공하라고 소비자는 요구하겠지만, 책임을 소비자에게 전가하고 싶어하는 기업은 오히려 더 난해한 정보들을 매뉴얼에 포함시키고 싶은 유혹을 받게 될 가능성이 크다. 매뉴얼이 너무 어려워서 도저히 이해할 수 없다고 주장하는 소비자들의 불만에 대해 기업이 더 쉽고 직관적인 인터페이스를 고민하는 대신에 자동차 운전면허 제도와 유사한 형태의 로봇 이용자 면허 신설을 주장하는 방식으로 대응할지도 모른다.

논자는 2016년에 한 보고서에서 인공지능 기술 및 상품과 관련한 사용
자 혹은 소비자의 권리와 책무를 10대 권리와 6대 책무로 정리한 바 있다.
지면 제약을 고려하여 각각의 권리에 대한 의미와 예상되는 쟁점과 문제들
을 나열하는 작업은 차후의 기회로 미루고, 본고에서는 이를 수정·보완하
고 예상되는 쟁점 예시를 포함시켜 다음과 같이 제시하고자 한다.

〈표〉 인공지능 시대의 10대 소비자 권리[19]

소비자 권리	내용	인공지능/로봇/빅데이터 관련 사례	쟁점 예시
① 안전할 권리	사용자에게 해를 끼치지 않는 상품/서비스를 요구	윤리적 알고리즘 치명적 상해 금지 보증기간	주인에게 해를 끼치는 선택을 할 수 없는 인공지능
② 알 권리	알기 쉽게 정확한 상품 정보를 제공받고, 허위, 과장, 은폐, 왜곡된 정보에 속지 않을 권리	경로선택 알고리즘 공개 성능정보공개	인공지능의 작동 순서와 위계를 공개해야
③ 선택할 권리	공정 경쟁 속에서 여러 대안 중 선택을 할 수 있는 가능성을 확보할 권리	독과점 금지 On/Off 선택 보장 자동화 디폴트 제한	여러 모델 중 선택할 수 있고, 한 모델에서도 기능 선택지가 보장되어야

19 임상수, 「소비자 관점에서 본 지능정보사회의 윤리적 이슈」, 한국정보화진흥원, 『2016
    년 정보문화포럼 정책연구 보고서』, 한국정보화진흥원, 2016, pp.104-105.의 표를 수
    정하여 재구성함.

④ 의견을 반영시킬 권리	후기, 댓글, 피드백의 수단을 보장하고, 소비자 의견을 반영하여 상품 개발 및 개선을 위한 노력을 요구할 권리	옴부즈맨 공동기획개발	소비자 의견을 반영한 기능/디자인 업데이트
⑤ 구제에 관한 권리	피해발생시 신속하고 적극적인 구제와 재발방지를 요구할 권리	반품제도 리콜제도 strike out	결함가능성을 아는 즉시 리콜을 해야
⑥ 소비자 교육의 권리	소비생활 향상을 위한 소비자 교육(금융/경제/신용/윤리 등)을 요구할 권리	직관적인 매뉴얼의 상시 제공 상시 교육	누구나 쉽게 알 때까지 교육받을 수 있도록
⑦ 단체를 조직, 활동할 권리	소비자 단체 결성과 활동을 할 권리와 이에 대한 지원을 요구할 권리	단결권, 단체교섭권, 활동권	소비자 단체를 존중하고 지원해야
⑧ 지속 가능한 환경의 권리	환경보호와 재활용을 위한 노력을 요구할 권리	환경인증 리사이클링	친환경기업으로서의 의무를 다해야
⑨ 기술적 중립성 원칙의 권리	특정기술의 사용을 강요당하지 않고 기술과 네트워크로부터 어떠한 차별도 받지 않을 권리	다양한 환경 속에서 다양한 제품의 공정경쟁	윈도우에서만, 아이폰에서만 돌아가는 제품은 부도덕
⑩ 인격을 존중받을 권리	재화나 효율 등을 위해 인간으로서의 존엄을 훼손당하거나 경시당하지 않을 권리	잊혀질 권리 정보자기결정권 프라이버시 보호	개인정보를 함부로 다루지 않는 인공지능이 되어야

3부 AI로봇의 현실적인 윤리적 쟁점

2. 인공지능 상품의 소비자가 감당해야 할 책무

소비자의 권리가 점차적으로 확대되었던 역사적 과정이 길어지자, 권리 확대와 더불어 소비자의 책임과 의무도 뒤따라야 한다는 주장이 강조되기 시작했다. 국제소비자기구(IOCU: 현재는 CI:Consumer International)는 1980년에 '5대 소비자 책무(Five Consumer Responsibilities)'를 선언한 바 있다.[20] 본고에서는 인공지능/로봇/빅데이터 기술의 발달과 관련하여 '알 권리'와 '소비자 교육을 받을 권리'에 대응하는 소비자 책무로서 '정보에 대한 책임'을 추가한 6대 소비자 책무를 제안하고자 한다.

진정한 윤리적 소비자는 자신의 권리를 주장만 하는 것이 아니라 자기가 감당해야 할 책임과 의무를 소홀히 하지 않아야 한다. 소비자 역시 민주사회를 구성하는 시민의 한 사람이므로, 사회에 대해 권리를 주장하는 적극적인 개인인 동시에 사회를 위해 자신이 할 수 있는 기여와 헌신을 마다하지 않는 공동체의 구성원이 되어야 하기 때문이다.

20　Gerard Emilien, Rolf Weitkunat, Frank Lüdicke ed. , Consumer Perception of Product Risks and Benefits, Springer, 2017, p.529.

<표> 인공지능시대의 6대 소비자 책무[21]

소비자 책무	내용	인공지능/로봇/ 빅데이터 관련 사례	쟁점 예시
①비판의식에 대한 책무 (critical awareness)	- 소비자는 소비하는 모든 재화와 용역의 유용성, 가격, 품질에 대하여 비판할 수 있어야 함	- 기술 중립성 원칙 준수를 요구하고 감시해야 - 판매자의 지원을 받지 않는 공정한 리뷰를 생산하고 소비해야 - 새로운 기능 지원을 제안하고 요구할 수 있어야	정직한 기업의 제품에 대한 애호권 장운동, 부도적한 기업의 제품에 대한 불매운동을 할 수 있어야
②참여에 대한 책무 (action)	- 소비자는 상품을 구입하면서 공정한 대우를 받고 있는지 확인하고 적극적 행동에 참여해야 함	- 소비자 단체를 스스로 조직하고, 자율적으로 운영하며, 운영경비의 자립을 이룩해야 - 오작동 피해나 위험성 정보 확산에 관한 조직적 행동에 나설 수 있어야	"○○제품의 장점을 자발적으로 홍보하는 글이지만, ○○기업으로부터 어떠한 후원이나 대가를 받지 않고 작성한 리뷰입니다."
③사회적 배려에 대한 책무 (social concern)	- 소비자는 건전한 시민 정신을 가져야 하고, 민주사회에 기여하는 동시에 소외계층을 외면하지 않을 수 있도록 해야 함	- 소외계층의 인권적 소비를 위한 인공지능 상품 지원체계를 요구하고 이를 위한 경비지원에 나설 수 있어야 - 인공지능 상품 소비가 사회구조나 관행, 문화 등에 미치는 영향을 항상 인식하고 높은 감수성을 유지할 수 있어야	인공지능 로봇판매 수익의 일부를 인공지능 도입으로 인해 발생하는 실업자들 재교육을 위한 기금에 적립해야

---

21 임상수, 「소비자 관점에서 본 지능정보사회의 윤리적 이슈」, 한국정보화진흥원, 『2016년 정보문화포럼 정책연구 보고서』, 한국정보화진흥원, 2016, pp.105-106.의 표를 수정하여 재구성함.

④환경 의식에 대한 책무 (environmental awareness)	– 소비자는 소비생활에서 발생하는 환경오염과 환경훼손을 줄이고, 자연환경의 보존을 위하여 노력하여야 함	– 인공지능 상품의 소비, 폐기 단계에서의 환경보호 실천 노력을 제도화, 습관화할 수 있어야	로봇의 매뉴얼 제작은 환경에 유익한 재활용 소재를 사용해야
⑤연대에 대한 책무 (solidarity)	– 소비자의 연대감, 조직화 없이는 소비자들은 권리를 주장할 수 없게 됨	– 소비자 단체들 간의 원활한 상호작용을 유지하고, 문제발생시 연대를 통한 조직적 투쟁의 가능성을 확보해야	아이가 없는 소비자이지만 육아로봇 피해자 모임을 지원하는 캠페인에 관심을 갖고 동참해야
⑥정보에 대한 책무 (knowledge)	– 소비자는 스스로의 권익을 증진하기 위해 필요한 지식과 정보를 습득하도록 노력해야 함	– 인공지능 상품에 관련된 법적, 윤리적 최신 이론에 대해 관심을 가지고 정보를 업데이트해야	매뉴얼을 열심히 읽고 사용 방법과 주의 사항에 익숙해지도록 연습해야

위의 표들은 1960년대부터 시작되어 장구한 투쟁과 확대 발전의 역사를 가진 소비자 운동의 과정에서 나타났던 주요한 소비자 권리와 책무를 정리하여, 그것들이 인공지능 시대의 상품과 관련하여 어떤 사례로 이슈가 될 것인지를 전망한 작업의 결과물이다. 개발자와 공급자를 제외한 사회 구성원 전반을 뭉뚱그린 포괄적 범주가 소비자였으므로, 여기에서 소비자 권리와 책무에서 강조되고 있는 덕성과 역량이 곧 인공지능 시대의 윤리교육에서 전체 학생들에게 강조되어야 할 덕성과 역량과 크게 다르지 않을 것이다.

V. 결 론

인공지능 상품들을 구매하고 사용하는 과정에서 소비자 혹은 시민들은 자신의 정당한 권리를 존중받고 보호하기 위해서 소극적인 항의와 저항을 넘어선 적극적 연대와 개입 활동을 펼치게 된다. 인공지능 상품의 사용에서 기대하는 편리함과 안전성을 보장받고 피해가 적을 상품을 선택하며 혹여 있을지 모를 피해를 구제받기 위해서, 소비자는 인공지능 상품의 작동 원리와 오작동 가능성 및 위험성 정도에 관해 비록 기초적 수준일지라도 정확한 정보를 얻기를 원한다. 시민들은 단체를 조직하고 유사한 이해관계를 가진 다른 단체들과 연대하여 알 권리를 주장할 수 있으며, 만약 기술적 정보가 너무 어려워서 이해하기 곤란할 경우라 할지라도 '일반인이 납득할 수 있을 수준으로 쉽게 정리된 정보를 교육받을 권리'를 주장할 수 있어야 한다.

인공지능의 판단과 그에 따른 로봇의 작동 알고리즘이 너무 전문적인 지식이고 복잡한 과정이라서 프로그래머와 학자들만의 리그에서만 논의되는 것이 자연스러울 수는 있다. 그러나 '모든 환경적 제약과 타인의 지배로부터 자유로운 시민'임을 자처하는 인공지능 제품 소비자들은 "상식적 지식 수준의 소비자가 쉽게 핵심 정보를 이해할 수 있을 때까지 소비자교육을 실시해줄 것을 요구"할 수 있다.

정당한 권리를 끝까지 양보하지 않고 관철하는 것만이 아니라 그런 권리를 충분히 알고 행사할 수 있는 양식있는 소비자라면 마땅히 알고 감당해야만 할 도덕적 책무들이 동시에 강조된다. 비판의식을 갖추고 사회적 배려와 환경 문제에 대한 책임과 의무를 느끼면서, 직접 당하지 않은 타인의 피해에 대해서도 연대의식을 가지고 문제해결을 위한 실천에 동참할 수 있어야 한다.

　인공지능 시대의 소비자로서의 시민이 갖추어야 할 도덕성 내지는 새롭게 강조될 윤리교육의 내용 요소들을 추려내기 위해, 앞에서는 소비자 권리와 책무의 구분틀을 사용하였다. 이러한 내용들을 교육함으로써 추구하고자 하는 교육의 목표에 관해서는 또다른 논의의 장이 필요할 것이다. 일단 본고에서는 기존의 윤리교육에서 많이 강조해왔던 '덕성과 역량'의 틀에 맞추어 인공지능과 관련된 성취목표들에 대한 시론을 제시해 보고자 한다. 통합적 도덕성의 3대 영역인 충분히 '알고, 느끼고, 행동하는' 것을 또다른 묶음의 기준으로 사용하였는데, 인공지능 시대의 정보윤리교육에서도 여전히 이 세 가지 영역이 서로 통합을 이루고 어느 하나도 빠지거나 지나침이 없도록 균형을 이루는 것이 중요함을 강조하려는 의도이다.

영역	의미	덕성 예시	역량 예시
① 인공지능관련 '지식 정보에 대한 권리와 의무'	인공지능의 작동 원리와 오작동 위험성에 관한 필수 지식정보를 충분히 알고 이해할 수 있어야 하며, 필요한 정보의 공개를 요구할 권리를 요구할 권리와 더불어 필수 지식을 숙지하고 변경된 사항들에 대해 관심을 갖고 업데이트를 위한 노력을 기울일 의무도 갖고 있음. (알 권리, 소비자 교육을 받을 권리, 환경의식에 대한 책임, 정보에 대한 책임 등)	근면, 성실의 덕성 (꾸준한 정보 탐색과 업데이트를 위한 노력)	정보 검색과 획득, 취사선택의 능력 (알 권리 행사, 알아야 할 의무 준수)
② 인공지능 관련 '태도와 의지에 대한 권리와 의무'	분쟁이나 피해가 발생하거나 발생할 가능성이 있는 경우에, 귀찮다고 넘어가거나 내 일이 아니라고 덮어두지 않고 적극적으로 해결을 위해 참여하려는 태도와 의지에 관련한 권리와 의무 (안전할 권리, 선택할 권리, 의견 반영 권리, 구제받을 권리, 지속가능 환경 권리, 기술적 중립성 권리, 비판의식에 대한 책임, 사회적 배려에 대한 책임 등)	공감, 배려, 끈기, 이타적 덕성 (피해에 대해 공감하고, 분노하며, 도와주려는 태도)	자기동기화 능력 (귀찮고 힘들어도 문제해결을 위해 포기하지 않으려는 실천 의지를 스스로 북돋우고 그것을 유지하는 능력)
③ 인공지능 관련 '실천과 조직에 대한 권리와 의무'	문제 해결을 위해 효과적으로 대응하고, 자신의 문제해결뿐만 아니라 비슷한 처지의 다른 소비자들을 위해 단체를 조직하고, 연대하여 문제해결 절차를 제도화하는 데에까지 나아갈 수 있는 권리와 그렇게 해야 할 의무 (의견 반영 권리, 단체조직활동의 권리, 참여에 대한 책임, 연대에 대한 책임 등)	능동, 적극, 책임의 덕성 (움츠려 들지 않고 앞으로 나아가 문제를 해결하고 책임을 감당하려는 태도)	의사소통력, 사회적 조직력 (다른 사람들과 함께 힘을 합치고 효과적으로 협력할 수 있는 능력)

끝으로 사족을 하나 덧붙이고 싶은 것이 있다. 소비자 권리의 마지막 10번인 "인격을 존중받을 권리"가 인공지능 시대에는 "인공지능 제품에 대해서도 인격(혹은 권리와 자격)을 부여하고 그것을 존중할 의무"로까지 확대될 가능성이 크다는 점이다.

현재의 상황에서 내비게이션의 안내를 충실히 잘 따르지 않고 자신에게 익숙한 길만을 고집하는 운전자를 비도덕적이라고 비난하거나 처벌하자는 사람은 거의 없을 것이다. 그러나, 모든 차량들이 자율주행기능을 갖추고 있어서 스마트 도로 위에 있을 때에 다른 차량의 내비게이션들과 연락을 주고받으면서 '자동적으로 거리와 속도를 조절하여 다 같이 원활하게 잘 달리는 패턴을 유지'하고 있는 상황이라면, 문제는 크게 달라질 것이다.

다른 사람들과 원만한 관계를 유지하는 사회성의 덕목과 효율적인 의사소통을 통해 협업을 해내는 역량이 현재 도덕적인 생활인이 갖추어야 할 주요 요소이듯이, 인공지능 시대에는 인공지능과 원만한 관계를 유지하고 협업을 잘 수행해내는 능력이 새로운 내용 요소로 중요하게 취급될 가능성이 크다. 여기에서 그치지 않고 더 나아가, 단순히 '기계와도 잘 지내는 능력'을 넘어서 '인공지능 그 자체를 도구화하기 보다는 존중하는 태도'를 요구하게 될지도 모른다는 이야기이다.

참고문헌

Barabasi, Albert-Laszlo, Linked: The New Science of Networks, 강병남 · 김기훈 역, 『링크』, 동아시아, 2002.

Emilien, G., Weitkunat, R., Lüdicke, F., ed., Consumer Perception of Product Risks and Benefits, Springer, 2017, p.529.

Execurive Office of the President, Artificial Intelligence, Autonomation, and the Economy, Dec. 2016. (URL="https://obamawhitehouse.archives.gov/sites/whitehouse.gov/files/documents/Artificial-Intelligence-Automation-Economy.PDF)

Executive Office of the President National Science and Technology Council Commitee on Technology, Preparing for the Future of Artificial Intelligence, Oct. 2016. (URL="https://obamawhitehouse.archives.gov/sites/default/files/whitehouse_files/microsites/ostp/NSTC/preparing_for_the_future_of_ai.pdf")

IEEE, Ethically Alilgned Design: A Vision for Prioritizing Human Wellbeing with Artificial Intelligence and Autonomous Systems, 2016. 12. 13, (URL="http://standards.ieee.org/develop/indconn/ec/ead_v1.pdf")

Jenkins, H., Confronting the Challenges of Participatory Culture: Media Education for the 21st Century. The MacArther Foundation, 2006.

Lankshear, C. & Knobel, M., New Literacies: Everyday Practice & Classroom Learning, N.Y.: McGraw Hill, 2006.

Wallach, W. & Allen, C., 『왜 로봇의 도덕인가』, 노태복 옮김, 메디치, 2014.

고인석, 「전문 분야들의 융합적 작업에서 철학의 몫: 지능을 가진 인공물의 지위에 대한 토론이라는 사례」, 범한철학회 논문집, 『범한철학』, 제7집, 2013, pp.191-213.

3부 AI로봇의 현실적인 윤리적 쟁점

고인석, 「체계적인 로봇윤리의 정립을 위한 로봇 존재론, 특히 로봇의 분류에 관하여」, 새한 철학회 논문집, 『철학논총』, 제70집 제4권, 2012, pp.1-25.

김성천, 「소비자 권리 – 과거, 현재 그리고 미래」, 한국소비자원, 『월간소비자정책동향』, 33 호, 2012. 5. pp.19-38.

김윤명, 『인공지능과 리걸 프레임, 10가지 이슈』, 커뮤니케이션북스, 2016.

문창옥, 「기술과 가치에 대한 과정철학적 분석: 첨단기술과 윤리적 결단의 문제를 중심으로」, 한국동서철학회 논문집, 『동서철학연구』, 제43호, 2007, pp.123-146.

변순용 · 송선영, 「로봇윤리의 이론적 기초를 위한 근본 과제 연구」, 한국윤리학회, 『윤리연 구』, 88권, 2013, pp.1-26.

서울경제신문, 「AI 로봇, 사회적 차별 '안돼' 정부, 최초로 AI 윤리 가이드라인 마련 착수」, 2017. 10. 10.

서희석, 「중국 소비자권익보호법의 총론적 검토」, 한국소비자법학회, 『소비자법연구』 제1권 제1호, 2015, pp.167-182.

손병홍, 송하석, 심철호, 「인공지능과 인식: 강한 인공지능의 존재론적 및 의미론적 문제」, 『철학적 분석』, 제5호, 2002, pp.1-33.

송하석, 「중국어 방 논변과 인공지능」, 『철학적 분석』, 제2호, 2000, pp.145-168.

연합뉴스, 「동아대 '제1회 윤리적 인공지능 로봇 워크숍' 열어」, 2017. 8. 18.

이봉재, 「인공지능과 인간중심주의」, 대동철학회 논문집, 『대동철학』 제31집, 2005. pp.81-98.

이봉재, 「인공지능과 책임의 문제」, 대동철학회 논문집, 『대동철학』, 제37집, 2006, pp.73-91.

이원태, 『인공지능의 규범이슈와 정책적 시사점』, 정보통신정책연구원, KISDI Premium Report, no.15-07, 2015. 12.

이중기, 오병두, 「자율주행자동차와 로봇윤리: 그 법적 시사점」, 『홍익법학』 제17권 2호, 2016., pp.1-25.

임상수, 「소비자 윤리의 관점에서 본 지능정보사회의 윤리적 쟁점들」, 한국정보화진흥원, 정보문화포럼 2016년 정책연구보고서. 2016.

최은창, 「인공지능 시대의 법적·윤리적 쟁점」, Future Horizon, no.28, , 2016. 5. pp.18-21.

윤리적 AI로봇 프로젝트

초판 1쇄 발행일 2019년 2월 12일

지은이 변순용··송선영·김은수·박보람·정진규·김형주·최현철·임상수
펴낸이 박영희
책임편집 박은지
디자인 최민형
마케팅 김유미
인쇄·제본 태광 인쇄
펴낸곳 도서출판 어문학사
　　　　서울특별시 도봉구 쌍문동 523-21 나너울 카운티 1층
　　　　대표전화: 02-998-0094/편집부1: 02-998-2267, 편집부2: 02-998-2269
　　　　홈페이지: www.amhbook.com
　　　　트위터: @with_amhbook
　　　　페이스북: https://www.facebook.com/amhbook
　　　　블로그: 네이버 http://blog.naver.com/amhbook
　　　　　　　다음 http://blog.daum.net/amhbook
　　　　e-mail: am@amhbook.com
　　　　등록: 2004년 4월 6일 제7-276호

ISBN 978-89-6184-489-5 93190
정가 26,000원

이 도서의 국립중앙도서관 출판시도서목록(CIP)은 e-CIP홈페이지(http://www.nl.go.kr/eci와
국가자료공동목록시스템(http://www.nl.go.kr/kolisnet)에서 이용하실 수 있습니다.
(CIP제어번호: CIP2019001555)